K线技术分析

CANDLESTICK CHARTING TECHNICAL ANALYSIS

邱立波 ◎著

U0952924

中国宇航出版社
· 北京 ·

内容简介

本书是“趋势交易实战技术”系列图书之一，主要讲解K线分析理论，着重剖析各种K线形态，辨别技术图形，从K线形态和技术图形确定买卖点。不仅适合刚入市的新手学习，也适合那些已经掌握了一些技术分析知识和趋势交易技巧的读者。

版权所有　侵权必究

图书在版编目(CIP)数据

K线技术分析/邱立波著. --北京：中国宇航出版社，2012.6（2025.10重印）
（趋势交易实战技术系列）
ISBN 978-7-5159-0220-3

Ⅰ.①K…　Ⅱ.①邱…　Ⅲ.①股票交易—基本知识
Ⅳ.①F830.91

中国版本图书馆CIP数据核字(2012)第121685号

策划编辑　田方卿
责任编辑　卢　珊　　**装帧设计**　文道思

出版发行　**中国宇航出版社**

社　址　北京市阜成路8号　**邮　编**　100830
(010)68768548
网　址　www.caphbook.com
经　销　新华书店
发行部　(010)68371900　(010)88530478(传真)
(010)68768541　(010)68767294(传真)
零售店　读者服务部　北京宇航文苑
(010)68371105　(010)62529336
承　印　三河市君旺印务有限公司

版　次　2012年7月第1版
2025年10月第24次印刷
规　格　787×1092
开　本　1/16
印　张　21
字　数　379千字
书　号　ISBN 978-7-5159-0220-3
定　价　38.00元

本书如有印装质量问题，可与发行部联系调换

前　言

交易者亏损的原因，无外乎以下三种或三种的组合：不知；不自制；不自知。

所以，盈利就需要做到：知；自制；自知。

与之相应，趋势交易技术也就包含三部分内容，即趋势分析基本知识、交易系统和交易习惯。

趋势分析基本知识解决“是什么”的问题，属于“知”的范畴，这也是趋势交易的基础。趋势交易主要分析理论包括道氏理论、K线分析、均线分析、趋势线分析、量价分析等。

交易系统是分析理论在实盘交易中的综合运用，也是交易者经过长期学习和演练后，形成的一套区别于他人的交易法则。交易系统实际上解决的是“如何做”的问题，属于“自制”的范畴。

近于本能的交易习惯和宠辱不惊的交易心态，是区别高手、低手的根本标志，修炼心性，也是迈向大师的必由之路。交易习惯涉及到投资哲学、交易心理和心性修炼，可以解决“为什么”和“做什么”的问题，属于“自知”的范畴。

如果说股市如战场，那么趋势分析基本知识就是兵书，交易系统就是战阵，交易习惯就是兵道。在股票交易中获利不是一件容易的事。投资者如果不掌握基本的分析技术，不经过艰苦的学习和心性修炼，就很难在股市中长久生存。

趋势交易技术系列图书，是系统讲解趋势分析技术和趋势交易技巧的书籍，不仅适合刚入市的新手学习，也适合那些已经掌握了一些技术分析知识和趋势交易技巧的读者。

和其他的技术分析图书相比，该系列图书有以下几个方面的特点。

1.系统性。系列图书以道氏理论关于趋势的论述作为基础和主线，讲解了K线理论（包括技术图形）、均线、趋势线、成交量等各种分析技术，以及各分析技术之间的联系，几乎涵盖了趋势技术分析的所有理论和基础知识。同时，也从哲学和人性的角度，以趋势为绳，将交易趋势、交易系统、交易习惯、交易心性全部融会贯通。

2.通俗性。系列图书在讲解趋势交易基础知识时，注重从基本概念开始，由浅入深，方便交易者学习、理解和实战运用。在讲解各种交易知识、交易系统、交易习惯、交易心性之时，力求通俗易懂，贴近实盘。同时，还从市场的本质和根源出发，尽量以浅显的语言，阐述市场上存在的各种问题，以及各种应对和解决之道。

3.全面性。系列图书既解决“是什么”和“为什么”的问题，也解决“如何做”和“做什么”的问题；既讲解各种理论知识和分析技术，也讲解各种技能在实盘中的综合运用；既讲解如何破除不良交易习惯的制约，也讲解交易时心理情绪上的错觉和偏差、心性欲望上的弱点和妄念的解决之道。

4.实战性。系列图书在讲解基础知识时，注重从实战的角度出发，对各种技术形态和趋势进行定性和定量分析。在论述交易习惯和心性修炼时，也是结合股票和大盘的走势，以图文的形式进行讲解，很多实例都是当时所做的交易时评。

5.可模仿性。对于很多初学者而言，系列图书的内容也许太多，一下子很难消化和吸收。但是书中对各种趋势分析技术和基础理论，都进行了定性和定量的分析，大部分都指明了进场、离场的位置和区域。在讲解交易系统时，更是将仓位的进出增减一并阐明，交易者完全可以依样画葫芦地进行模仿操作。

系列图书从沪深股市中截取了千余幅K线走势图，每一幅图都明确标注了技术含义、进出场标准、仓位管理、主力行为、习惯心性影响等内容，方便初学的交易者按图索骥。

成功交易的最大障碍是什么？也许每一个交易者都有自己的理解和答案。但就作者个人而言，认识并超越自我，是横亘在成功之途的一座大山。

认识自我很难，因为没有人愿意自省并直面自身的弱点。超越自我更是难上加难，因为超越意味着要不断地否定自己，有时甚至是完全否定，这对个人精神的打击是巨大的。就像凤凰浴火重生一样，需要超强的勇气和毅力，需要独自承受无以言表的恐惧、痛苦和煎熬。

凤凰浴火涅磐，是一个人尽皆知的凄美动人故事。

涅磐是佛家用语，意思是重生或轮回的意思。凤凰浴火，则是燃尽旧我的桎梏，步入永生的起点。这是多么令人神往的境界！

在资产不断清零并继续向负数挺进的时候，笔者常常会想到凤凰涅磐这个故事，用以警醒自己。

相信没有交易者愿意看着资产不断减少，但却很少有成功者可以绕过去。交易就是这样，成功的旅途上没有对手，永远都是一场一个人的战争。即便是最伟大的交易者利弗莫尔，最终也是死在自己的枪口之下。所以，成功也许只需要两个字：克己。

系列图书在讲解交易习惯和心性修炼时，独创性地以图文方式讲解了习惯和心性在交易中的影响以及应对之道，希望能够给交易者带来一点启发和帮助，以便在交易的道路上少几番挫折，添几许精彩。

本书是“趋势交易技术”系列图书的一种，主要讲解K线分析理论，着重剖析各种K线形态，辨别技术图形，从K线形态和技术图形来确定买卖点。

K线分析理论是趋势交易技术中最基础的内容。在国内证券界，K线已经取代其他价格图（例如棒线图）成为趋势的唯一载体，同时，K线也是组成趋势的最小单元之一。对于通过技术分析手段获利的交易者来说，学会并读懂K线语言，是一个不可回避的内容。

需要提醒的是，仅仅根据K线分析结果，还不足以进行交易，因为交易不仅仅是一种寻找买卖点的游戏。进场标准、离场标准和仓位管理，三者不可分割，这是交易系统的核心内容，也是获取利润、控制风险的保障。K线分析技术之外的交易知识和操作技巧，则在其他图书中进行详细讲解。

感谢天涯财经板块管理员笑笑和中国宇航出版社编辑田方卿，正是在他们的帮助下，该系列图书才得以顺利出版。

目　录

第一章　K线类型及类别

一、K线类型

1. K线

K线图又称蜡烛图、日本线、阴阳线等，起源于日本18世纪德川幕府时代，最初用于记录米市价格的行情波动，现在已经成为资本市场应用最广泛的技术分析工具。

由于电脑的普及，现在人们已经不需要手工绘制K线图。各大券商提供的行情和交易软件，已经全部自动即时绘制好了。软件默认的行情界面，是以交易时间为横坐标，价格为纵坐标，以每一个交易日为单位连续绘制而成的日K线走势图。

K线是以一定交易周期（如周、日、分钟等）的开盘价、最高价、最低价和收盘价绘制而成的。开盘价和收盘价之间画成矩形，称为实体。最高价和实体之间用直线连接，该直线称为上影线。同理，最低价和实体间的直线就是下影线。

收盘价高于开盘价的K线称为阳线，用空心红色实体表示；反之为阴线，用实心绿色实体表示。如图1-1所示。在欧美等很多国外市场，默认的K线图颜色和国内正好相反：阳线用绿色实体表示，阴线用红色实体表示。

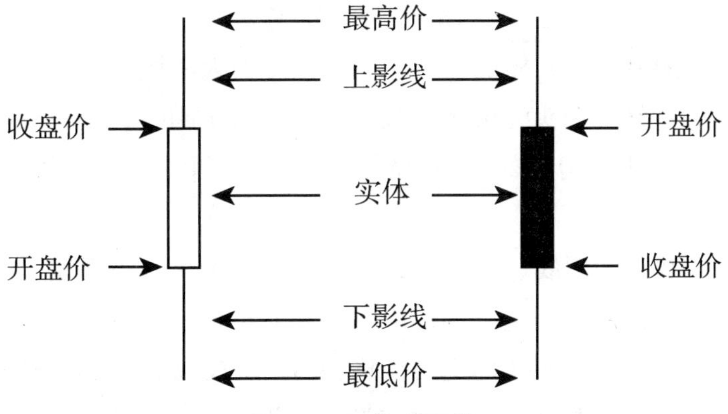

图1-1　阳线和阴线

2. 阴线和阳线

从形态上来说，K线可以分为阳线、阴线和同价位线。

根据上下影线的有无和实体的长短，阳线又分为大阳线(长阳线)、中阳线、小阳线、光头光脚大阳线、光头光脚中阳线、光头光脚小阳线、光脚大阳线、光脚中阳线、光脚小阳线、光头大阳线、光头中阳线、光头小阳线、阳十字星等。如图1–2、图1–3所示。

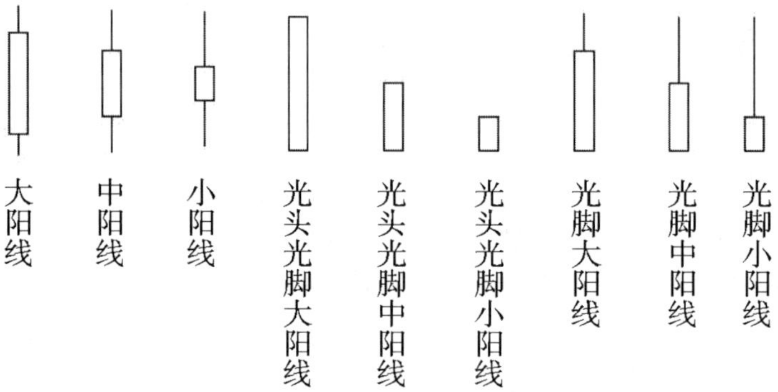

图1–2　阳线分类

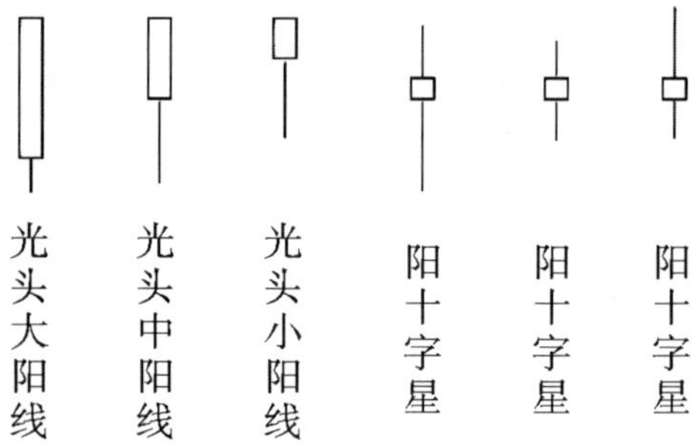

图1–3　阳线分类

根据上下影线的有无和实体的长短，阴线又分为大阴线（长阴线）、中阴线、小阴线、光头光脚大阴线、光头光脚中阴线、光头光脚小阴线、光脚大阴线、光脚中阴线、光脚小阴线、光头大阴线、光头中阴线、光头小阴线、阴十字星。如图1–4、图1–5所示。

如何区分大阴线、中阴线、小阴线，大阳线、中阳线、小阳线，以及阴十字星和阳十字星，市场上并没有一个统一的标准。沪深股市现在实行涨跌停板制度，除首日上市外，在一个交易日内，股票的交易价格相对上一交易日收市价格的涨跌幅度不得超过10%，ST股票（特别处理股票）的交易价格相对上一交易日收市价格的涨跌幅度不得超过5%，超过涨跌幅限价的委托为无效委托。在本书中，一般把实体长度相对上一交易日价格变动幅度在0.5%以下的，称为阴十字星和阳十字星；实体长度超过上一

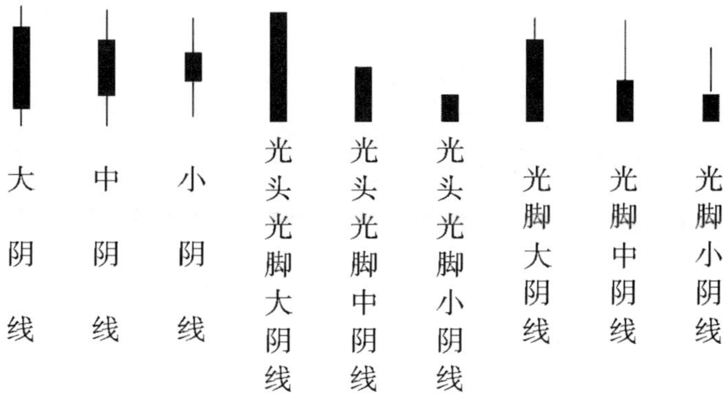

图1-4　阴线分类

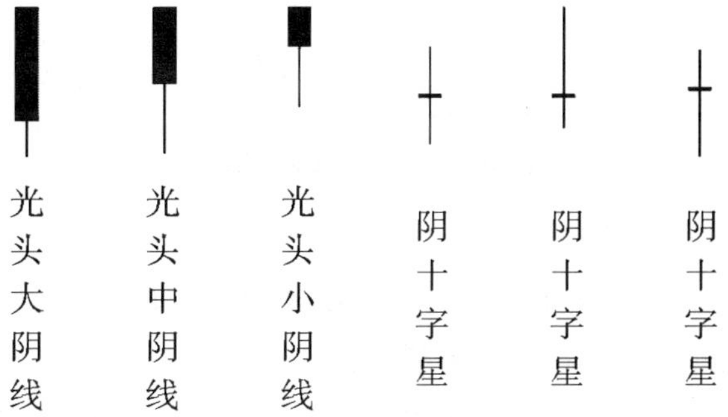

图1-5　阴线分类

交易日价格0.5%但不到1.5%的，称为小阴线和小阳线；超过1.5%但不到4%的，称为中阴线和中阳线；超过4%的，称为大阴线和大阳线。

需要提醒的是： 上述变动幅度是指K线实体的长度，并非价格涨跌幅度。因为股市中经常有股票大幅高开和低开，这种情况下，价格涨跌幅度和K线实体长度是不同的。

图1-6是大立科技（002214）的日K线走势图。2011年2月21日，该股前收盘价42.00元，开盘价38.02元，收盘价43.49元，涨幅为3.55%[（43.49元–42.00元）÷42.00元=3.55%]。如果按照当日涨幅计算，K线应为中阳线。但是该日K线大幅低开，收出的实体相当于前一交易日收盘价格的13.02% [（43.49元–38.02元）÷42.00元=13.02%]，实际上收出的是大阳线。开盘就涨停或跌停的股票，如果到收市时涨跌停板依然没有打开，那么收出的K线就是同价位线中的一字线。从这里可以看出，不能以涨跌幅大小指代阴线和阳线实体的大小。

对于大盘指数而言，判断大阳线、中阳线和小阳线，上述K线实体的长度都要相应减小。因为大盘很少出现剧烈波动，如果仍按上述标准来判断，那么大盘指数中大阳线和大阴线就非常罕见了。

实际交易中，交易者仅凭感官就可以判断出K线实体的大小，不必过分计较实体的长度。

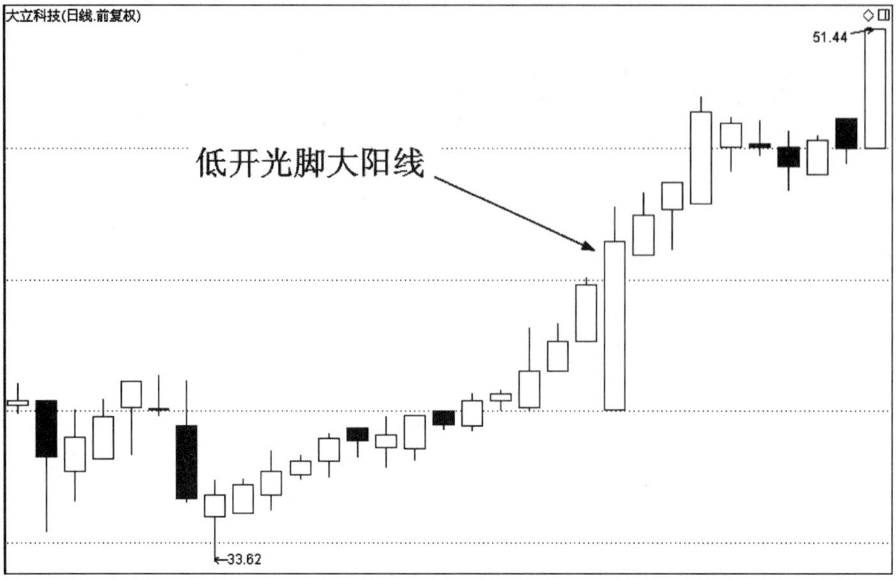

图1-6　低开光脚大阳线

对K线实体长度进行上述区分，具有一定的实战意义。一般而言，上影线和阴线实体表示空方力量强大，下影线和阳线实体表示多方力量强大。其中实体的长度表明攻击力度的强弱，影线长短预示着攻击欲望的强弱。

同价位线是收盘价等于开盘价的K线，又叫十字线和T字线。同价位线按照影线的有无和长短，又分为长十字线、十字线、T字线、倒T字线和一字线。如图1-7所示。

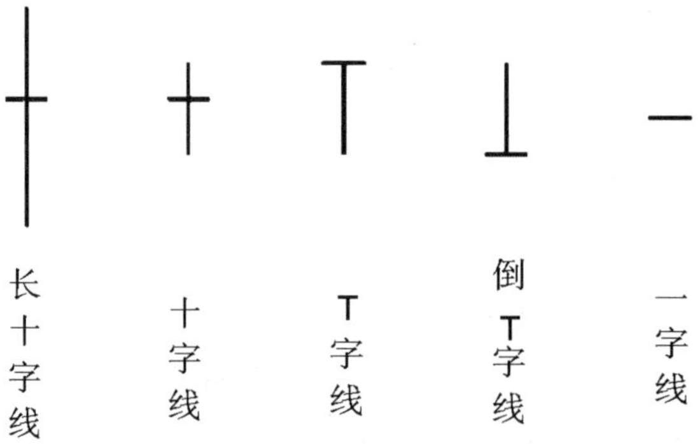

图1-7　同价位线

3. 对数坐标

交易者在研判K线走势时，有一个很基础的问题经常被忽略，这就是交易软件的行情界面的坐标。一般行情界面都默认为普通坐标。

普通坐标系中，所有当日涨跌金额相等的股票，其 K 线长度是一样的。比如，10元的股票和40元的股票，开盘价至收盘价都上涨 1 元，尽管前者收出的是大阳线，后者是小阳线，但它们的 K 线实体在坐标系中具有相等的长度。这样就造成了一个问题，当一只股票从10元上涨到40元时，在普通坐标系中，高价区的K线总是比低价区大，低价区的K线几乎全部成了小阴线、小阳线，甚至是阴十字星和阳十字星。趋势的角度也是这样，底部会显得很平缓，高位则显得比较陡峭，整体走势看起来有一定程度的失真。

如果换成对数坐标，K线图的直观感受和真实的上涨情况就完全一致了。在对数坐标系中，所有当日涨跌幅相等的股票价格，K 线长度都是一样的。比如，10元的股票和40元的股票，开盘价至收盘价都上涨10%，那么，它们的 K 线在坐标系中具有同样的长度。对数坐标反映的是价格变化的相对强度和股票实际盈亏的比率，表现在图表上，要比普通坐标真实得多。

图1–8、图1–9是海通证券（600837）相同时间段在不同坐标系中的K线图。从图中可以明显看到，在普通坐标系中，一字涨停线之间的距离越来越大，上涨趋势角度也越来越陡峭。随着股价的升高，K线实体越来越长。在对数坐标系中，一字涨停线之间的距离是相等的，涨速和趋势角度也没有变化。也就是说，K线实体的长度只和涨跌比例有关，和绝对价格无关。

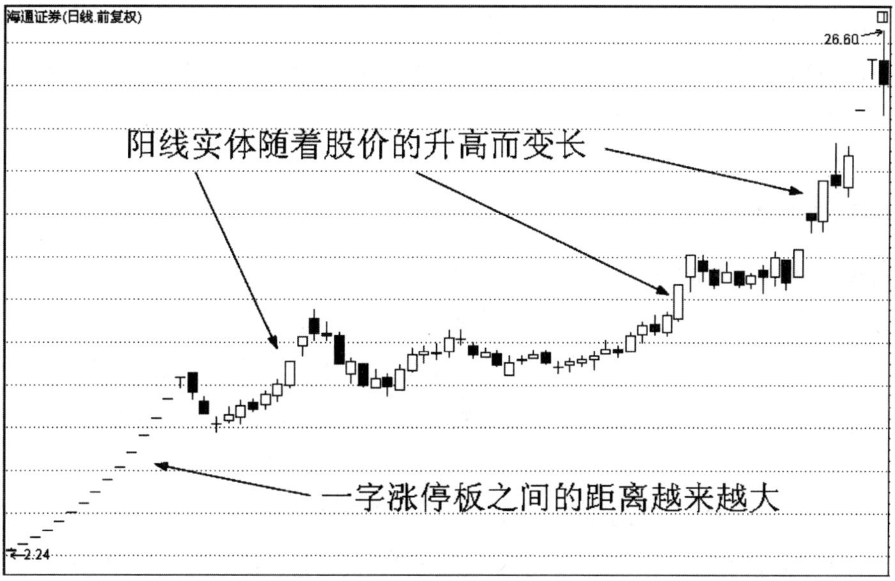

图1–8　普通坐标系中的K线图

众所周知，在涨跌停板制度下，一只股票最快的涨速就是连续涨停，所以只有连续涨停时，趋势的角度才是最陡峭的。对比两幅图，一眼就可以看出，对数坐标系的K线图反映了行情真实的趋势和涨速。

对数坐标中，无论指数和股价处于高位还是低位，大阳线都是大阳线，趋势的角度也只与一定时间周期内的涨跌幅和形态有关，不会因为在高位股价变动的绝对值增加而发生变化。

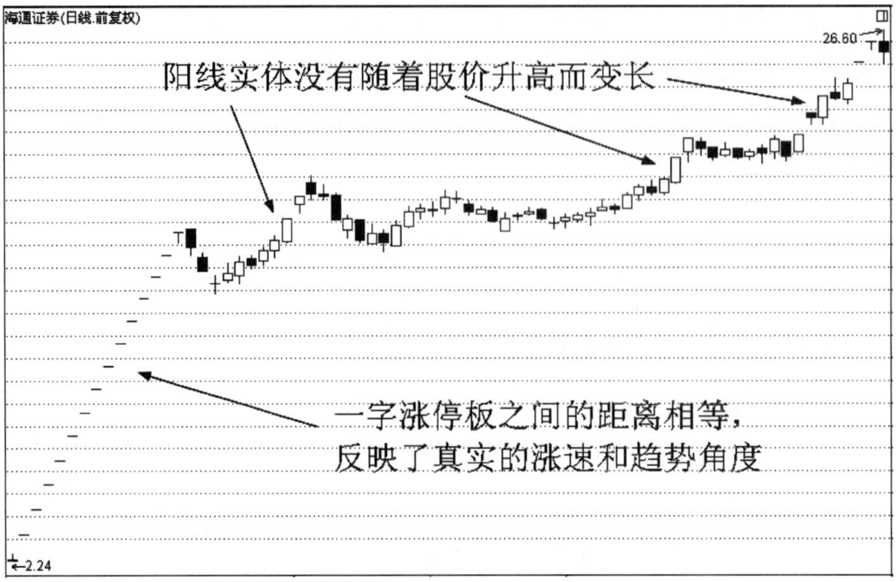

图1-9 对数坐标系中的K线图

交易者可以在K线图界面空白处点右键，弹出一栏菜单，再点坐标切换弹出子菜单，然后选中对数坐标，即可将默认的普通坐标系修改为对数坐标系。

关于普通坐标和对数坐标的优劣，将在趋势线部分做进一步的探讨。

在本书中，除了特别注明外，K线图坐标系均为对数坐标系。

4. 时间周期

根据每一根K线时间周期的长短，K线可以分为1分钟K线、5分钟K线、15分钟K线、30分钟K线、60分钟K线、日K线、周K线、月K线和年K线，甚至还可以设置成45天K线、60天K线等周期。一般券商提供的行情软件中，都有默认的上述周期K线图，可以按F8键在各种周期中进行切换。交易者还可以通过软件调整指标参数，自行设定K线的时间周期。

不同时间周期的K线代表不同的意义。超短线交易需要随时关注10分钟、30分钟、60分钟甚至是1分钟K线的走势变化，长线交易则要经常关注周K线、月K线、年K线等反映市场中长期走势的K线图。但无论是长线、中线还是短线交易者，日K线都是大家经常用到同时也是必须认真观察的K线图。本书中，凡是没有特别注明周期的K线图，都是日K线图。

图1-10是华阳科技（600532）2012年2月16日的分时走势图。从图上可以清楚地看到日K线形成的各阶段、步骤和形状。仔细观察双方力量此消彼长的过程，交易者就可以从中体味到多空双方的激烈搏杀：股价先是跳低开盘，然后短暂向下，形成一根小阴线，表明空方暂时占据优势。但多方很快发起反击，迅速将股价推升至前收盘价之

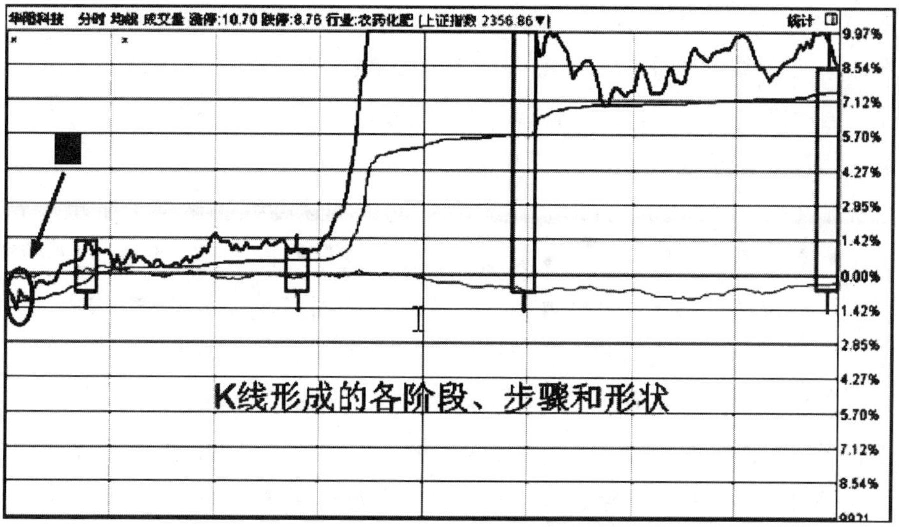

图1-10　K线展现了多空双方搏杀的全过程

上，然后长时间维系着强势整理的局面，从而形成小阳线。

在上午11点左右，多方突然发力，以秋风扫落叶之势，将股价近乎垂直拉至涨停板，从而形成一根光头大阳线，表明多方占据了绝对优势。

面对多方的强势，空方也并未死心。下午1点半前后，空方奋力反击，将涨停板打开。但多方实力太强，空方已经无力收复大片失地，仅仅将多方逼回一点。至收盘为止，收出上下影线都比较短的一根大阳线。

K线是交易趋势的图表化表述，具有直观、简单、携带信息量大等特点，它把交易周期内纷繁复杂的波动忽略掉，展示在交易者面前的都是基本而又重要的走势特征。K线和K线组合能够充分显示市场趋势的强弱、多空力量的搏杀，因此是最常用、最基础也是最有效的技术分析工具。

二、K线的类别

K线是一种特殊的市场语言，不同形态的K线有着不同的市场含义。交易者如果想通过技术分析在市场中获利，读懂K线是最基本的要求。

K线和K线组合分为两大类：K线组合形态和技术图形。

1. K线组合形态

K线组合形态是指两根或两根以上的K线组成的K线形态。

K线组合形态根据技术含义分为三类：A.既表示上升（见底）又表示下跌（见顶）的K线组合；B.表示见底和上升的K线组合；C. 表示见顶和下跌的K线组合。

既表示上升（见底）又表示下跌（见顶）的K线组合形态主要有：大阳线、大阴线、小阳线、小阴线、十字线、十字星、长十字线、螺旋桨、一字线、T字线、倒T字线、锤头（吊颈线）、倒锤头（射击之星、扫帚星、流星）、揉搓线、尽头线、穿头破脚、身怀六甲、镊子线、下跌三连阴等。

表示见底和上升的K线组合形态主要有：向下加速度线、早晨十字星（希望十字星）、早晨之星（希望之星）、好友反攻、曙光初现、旭日东升、平底（钳子底）、塔形底、圆底、低位并排阳线、低档五阳线、连续跳空三阴线、红三兵、冉冉上升、徐缓上升、稳步上涨、上升抵抗、向上弧形线、下探上涨、上涨两颗星、跳空上扬（升势鹤鸦缺口）、高位并排阳线（升势恋人肩并肩缺口）、跳空下跌三颗星、上升三部曲（升势三鸦）、多方尖兵（仙人指路）、两阳夹一阴（两红夹一黑）、上档盘旋等。

表示见顶和下跌的K线组合形态主要有：向上加速度线、黄昏十字星、黄昏之星、淡友反攻、乌云盖顶、倾盆大雨、平顶（镊子顶）、塔形顶、圆顶、双飞乌鸦、三只乌鸦（暴跌三杰）、高档五阴线、连续跳空三阳线、低档盘旋、黑三兵、绵绵阴跌、徐缓下跌、下跌不止、下降抵抗、下降弧形线、高开出逃、下跌三颗星、下降三部曲（降势三鹤）、空方尖兵、倒三阳、升势受阻、升势停顿、跛脚阳线、两阴夹一阳（两黑夹一红）、下降覆盖线等。

还有一种很常见的分类，是将K线组合形态分为反转形态和持续形态。凡是见顶和见底信号的K线组合形态，都属于反转形态；凡是看涨和看跌的K线组合形态，都是持续形态。

K线组合形态代表的反转走势，大多为短期趋势，较少为中期趋势，偶尔也会出现在长期趋势的两端。若不对这些反转走势加以区分，一律命名为反转，实战中难免容易混淆，所以本书不采用这种分类方法。

2. 技术图形

技术图形分为两类：转势技术图形和整理技术图形。

（1）转势技术图形。出现转势的技术图形后，股价运行的方向就会改变，由原来的上升趋势转为下跌趋势，或由原来的下跌趋势转为上升趋势。

由上升趋势转为下跌趋势的技术图形称为头（顶）部形态，主要有：头肩顶、双顶（M顶）、圆顶、倒置V形反转（尖顶）、向上竭尽（消耗）缺口、顶部岛形反转等。

由下跌趋势转为上升趋势的技术图形称为底部形态，主要有：头肩底、双底（W底）、圆底、潜伏底、V形反转、向下竭尽（消耗）缺口、底部岛形反转等。

（2）整理技术图形。整理技术图形又称为整理形态。出现整理形态后，股价就会向上或向下突破。整理形态分为以下三种。

①突破方向经常选择向上的整理形态。主要有：上升三角形、底部三角形、上升

（下飘）旗形、下降楔形。

②突破方向经常选择向下的整理形态。主要有：下降三角形、下降（上飘）旗形、上升楔形、扩散三角形、菱形（钻石形）。

③突破方向向上、向下概率各为50%的整理形态。主要有：收敛（对称）三角形、矩形（箱体、股票箱）。

这些形态和图形，将在本书的相关章节进行详细的讲解。

三、K线是人性独舞的脚印

K线是人性独舞的脚印。果真如此吗？

溯本求源。这里从股票市场设立之后第一笔交易开始分析。

第一笔成交，假设成交了30手（1手=100股），就这30手而言，买卖是平衡的，价格也是无法准确预测的。

当然，因为股票价格与企业的资产和经营情况相关，企业的资产和经营状况可以大致量化，所以运用基本面分析方法，结合供求关系进行分析，可以确定一个大致的股价区间。但是从市场的角度来说，成交价格就是市场认同的价值。

股票上市交易之后，买家愿意接受此价格，是因为买家认为该股票的价值高于此价格，以后还会上涨。卖家的心理正好相反。博弈和妥协的结果就是股票成交价格。

股票价格取决于买家和卖家的主观认识和价值判断，而不是基于客观真实的材料和科学评判，也不是企业自身真实价值的客观体现。所以总的来说，股票价格是不可预测的。这也是很多人坚持认为股市是赌场，股票价格运行是随机的重要原因之一。

进一步分析买卖双方的心理、动机和行为，可以发现，买方在参与购买时，受到了很多因素的影响：隔壁王大妈的一句话，证券图书上的零星知识，好奇心，碰运气，证券咨询专家、金融学者的理论和价值判断，媒体股评，企业基本面信息，内幕消息，等等，诸多偶然的、必然的、相关的、无关的因素，共同促成了买方入场买进的行为。

卖方的情况同买方基本一致。

第二笔交易的情形和第一笔基本一致。

每一笔单独的交易，其价格、时间、交易量都是确定无疑的，所以不存在向上或向下的趋势。但依附于交易之上的资金，则有着明确的方向。买方认为未来价格会高于现在，卖方则相反。经过一段时期以后，随着交易量的堆积，市场最终选择朝着有利于买卖一方的方向运行，股价走势随后呈现出明显的趋势。

也就是说，从单笔交易来看，每一笔成交都具有确定性。从群体行为上看，大量的成交表现出趋势性。该趋势的发展是一种概率事件，虽然不能准确预测未来股价按照什么方式运行，运行到什么位置，但是通过长期的观察和总结，可以大致判断股价未来运行趋势。

市场建立初期，市场容量还很小，参与的人数和资金也屈指可数，所以初期市场运行趋势的人为因素很大，表现出非常强烈的操纵性和波动性。

随着时间的推移，市场波动越来越显示出以趋势的方式演化。此时，市场趋势已经成为市场内影响交易者心理、情绪和欲望的最大因素。即使那些自称为价值投资的交易者也不例外。

另一方面，交易者人性中的贪婪，也成为影响市场趋势的最大因素。因为市场是一个特殊的场所，股价升跌和资金盈亏都是即时、巨大而快速的，股价的运行时刻撩拨着交易者的贪婪欲望，挑战交易者的意志和理智。

在市场中，交易者不需要考虑各种社会人际关系，不需要面对领导和同事，也不需要考虑交易行为对社会的影响。每一位交易者都卸下了平时的层层伪装，以其本来面目对待交易行为。肆无忌惮的结果，导致贪婪欲望被无限制地放大。其他如疯狂、恐惧、期望、猜测、忐忑、后悔、失望、惊喜等各种心理和情绪，都是贪婪人性在不同市场趋势中的表现。得势的贪婪就是疯狂，因为贪婪看到了飞奔的利润；逆势的贪婪就是恐惧，因为资金已经或者正在遭受巨大的损失。

交易者的贪婪与市场趋势之间的相互影响并不是同步的。在市场单边趋势开始和结束的阶段，影响是相逆的；在市场趋势运行过程中，则是相互强化的。换言之，在市场趋势反转阶段，市场趋势扭转交易者的情绪和行为目的；在市场趋势单向运行的延续阶段（即牛市或熊市），市场趋势强化交易者的行为目的，并且因为这种强化作用使市场趋势得到进一步加强。

比如，市场由熊市转为牛市初期，成交量日益稀少，市场呈现出一片死寂的景象。每一次的上涨和反弹，马上就会引来大量绝望的抛盘。在机构和媒体一致看空和专家的谆谆告诫下，只有很少的投资者敢于入场。此时，只有那些真正富有远见的技术交易者和价值投资者，才真正明白新的一轮牛市开始了。

到了牛市的后期，市场内人气鼎沸，场外的资金疯狂涌入，指数和股价就像一只巨大的风筝，扶摇直上。牛市走到这一阶段，股价似乎没有最高，只有更高，人人争相买入。除了买这只股票还是那只股票之外，投资者不会有其他的考虑和选择。不仅新手如此，即使那些专业的投资机构，甚至专业的价值投资人士，也会被牛市行情扭曲心态，忙不迭地修正个股的盈利预期和目标价格。

像2007年出现的大牛市，上海市场最高达到6124点，深圳市场最高达到19600点，当时有多少研究机构对股票做出了增持或者买入的评级。不论这些机构评级是有意还是无意，其评级逻辑不过如下：和同期大盘涨幅相比，该股涨幅不大；和同类股票比较，该股上涨滞后；虽然涨幅同等，但该股有潜在重大题材，理应享有一定的溢价……

这些理由无非是相对价值比较，参考坐标也都是已有的涨幅。在这种情况下，空方的声音早已被多方狂欢的浪潮淹没，而空头要么被消灭，要么在踏空的痛苦折磨下转为多头。和牛市初期一样，此时仍然只有少量交易者能够意识到市场潜藏的巨大风险。

从这里可以看出，从某种意义上说，趋势就是人性贪欲从激昂到消沉，又从消沉到激昂，不断循环往复的轨迹。K线则忠实地记录了这一切，因此可以说K线是贪欲之魔独舞的脚印，读K线就是读人性。

通过以上分析还可以看出，市场内外的所有信息，包括政策、消息、题材、欺诈和操纵，以及散户、庄家和机构等所有交易者的心态，不管是新手、普通交易者还是专业交易者，也不管是通过技术分析还是通过基本面分析得出买入卖出的结论，最终这些内容都会反映在每一笔的交易中，从而证实技术分析有效的第一大假设是客观存在的，而不仅仅是一种假设。

四、K线组合形态涨跌概率

和所有技术指标一样，K线组合形态传达出的涨跌信息也表达了一种概率。但是什么时候上涨概率大，什么时候上涨概率小，K线理论什么时候可用，什么时候不可用，是很多交易者头痛和迷茫的一件事。因为不知其所以然，一味生搬硬套，按照K线形态给出的信号买进卖出，结果方向总是做反，买进之后下跌，卖出之后上涨。如是反复几次，于是再也不相信K线理论有效了。

依据K线或K线组合形态指导操作，之所以经常出现失败的情况，关键原因是：K线组合形态少则一天，多则几日，其反映的多空力量对比，都只是短期的、局部的。就像一场战斗，相对于战役来说，对胜负起不到决定性的作用。如果把每一场战斗都当作具有决定性的战役来对待，那么错判全局形势也就理所当然了。

另外一个重要的原因是：K线和K线组合形态，其本身仅仅是短期趋势。道氏理论认为，短期趋势可能受到人为操纵，中期趋势也可能受到一定的影响，长期趋势则不会受到人为的操纵。为数不少的K线及K线组合形态，实际上是主力机构和庄家刻意操纵的结果。交易者如果仅仅按图索骥，就难免落入圈套，也就是俗称的“骗线”。

图1-11是ST宜纸（600793）的日线图。股价在加速上涨的时候，突然放量收出一根射击之星，接着是一根高开低走的大阴线。两根K线组合在一起，既是穿头破脚，又是乌云盖顶，预示股价见顶的信号很强烈，很多交易者因此卖出手中的筹码。但股价仅短暂停顿之后，便继续一路上升，令卖出筹码的交易者懊悔不已。

这两条见顶K线，实际上是主力洗盘刻意做出来的K线形态。主力在拉升股价的时候，既需要公众交易者的参与，以维系市场中的人气，减轻抛压，同时又不能有太多的跟风者，尤其是跟风者获利甚丰之时。所以股价涨到一定程度时，主力就要进行洗盘，把那些获利的公众交易者清洗出去，给那些一直踏空的公众交易者一个进场的机会。这样，场内公众交易者的持仓成本就会提高，主力拉升阻力也会减轻，主力抛货时，也不致因为公众交易者抢卖而无法脱身。

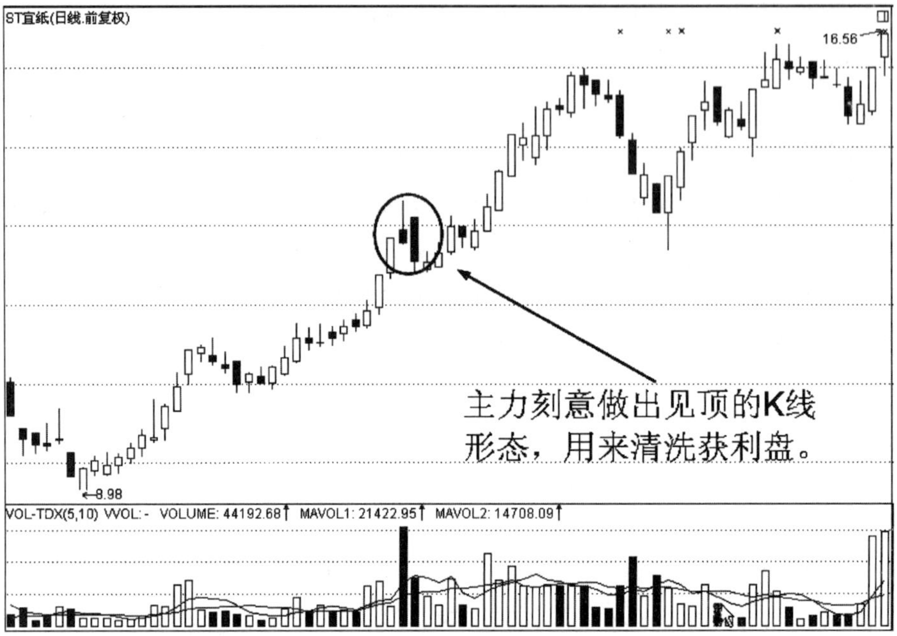

图1-11 主力操控股价做出的“骗线”

射击之星、穿头破脚和乌云盖顶这几种K线形态将在后文中讲解。

即使是主力“骗线”，K线及K线组合形态仍然能够传达其本身所具有的技术含义。没有主力“骗线”，K线及K线组合形态的技术含义，也永远只是一种概率事件。因为无论有无主力操控，股价或指数走势永远都是多空双方资金和心性博弈的结果。博弈，就意味着有胜有负，所以股价走势与K线形态技术含义相反的例子比比皆是。任何将K线和K线形态技术含义固化的思维模式（完全无用或完全有效），对于交易而言，都是一件有着致命危险的事情。

如何发现主力操纵的痕迹并恰当应对，将在本书的相关章节中讲解。

实战操盘中，K线形态分析只是一种辅助手段。K线形态表达的绝大部分技术含义，都只是短期趋势、至多是中期趋势的方向。交易者运用K线形态分析时，一定要和均线、趋势线、成交量等其他趋势技术分析方法结合起来，进行综合判断。仅仅依据K线形态进行操作，很难获得大概率的胜算。

总之，K线和K线组合形态是多空双方力量对比变化的直观、简洁和形象表达，具有很强的技术含义，能够有效指导交易者从事交易。相比其他技术分析方法，K线和K线组合形态具有灵敏、及时的特点，可以帮助交易者更早地捕捉趋势逆转和继续延续的信号。但由于仅仅是一日或几日的走势，导致K线和K线组合形态所代表的趋势以及所逆转的趋势大多是中、短期趋势。对于长期趋势以及股价运行方向和交易原则的把握，更多地还要依靠道氏理论、技术图形、均线和趋势线等各种趋势技术分析理论。

图1-12所示是上证指数（999999）2011年2月21日和22日两日收出的穿头破脚K线组合形态。该位置是在一个连续上涨了十几个交易日的地方，恰好是区分最大型短期趋势和最小型中期趋势的时间节点上（短期趋势一般不超过3个星期）。但是无论是最大型的短期趋势，还是最小型的中期趋势，顶端阴包阳的穿头破脚K线组合形态都是一个见顶信号，后市理应看淡。

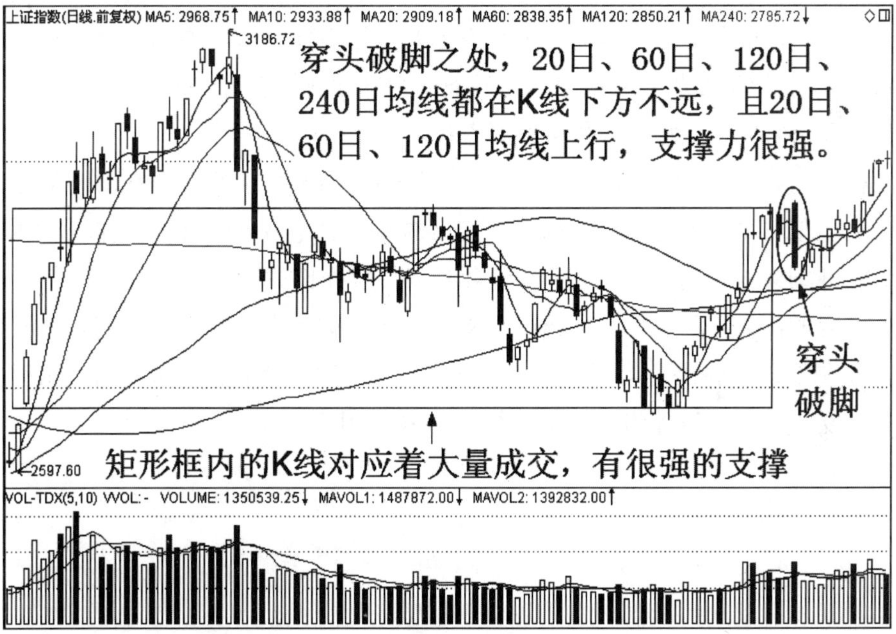

图1-12　穿头破脚形态综合判断

实际上，上证指数随后不仅没有下跌，反而创出超越穿头破脚K线组合形态的新高。这是什么原因呢?

主要因为连续上涨的十几个交易日里，成交量没有放出，表明场内持仓者看好后市，没有趁上涨卖出股票；上涨轻松穿越图中矩形框内的指数点位，穿越之后，矩形框内K线所对应的大量成交就由压力变为支撑；穿头破脚K线形态处在20日、60日、120日和240日均线的上方，上述各均线和K线相距不远，在下档支撑着指数和K线，且20日、60日和120日均线都在上行，表明中长期趋势略偏好。所以此处虽然收出了一根预示见顶的穿头破脚K线形态，但指数不跌反涨。

在这里提示一下：均线是市场内交易者的平均持仓成本，均线周期越长，支撑力度越强。

短期趋势服从中期趋势，中期趋势服从长期趋势，这是趋势运行的常态，在常态中应坚持持股或空仓；短期趋势扭转中期趋势，中期趋势扭转长期趋势，这是趋势运行的异态，只出现在趋势的转折之处，即底部和顶部，在异态中应选择进场或离场。以上两点，不仅仅是K线形态分析所应遵循的原则，也是趋势交易者运用各种技术分析工具和方法时所应遵循的原则。

如今有了融资融券，有了股指期货，上述原则的表述也应当有所改变，变为常态中做多或卖空；异态中选择做多点或卖空点。但是本书只讲解股票交易，不涉及其他，所以对于其他类型的交易，这里不做赘述。

出现见底的K线组合形态后，可以不必马上进场；但出现见顶的K线组合形态后，一般来说应该马上作出减仓或清仓动作。这是运用K线组合形态指导操作的一般原则。

由于反转形态的K线组合形态表达的趋势大多是短期趋势，在熊市当中，如果没有其他趋势技术分析方法发出的信号予以佐证，所有见底信号的K线组合形态都不能进场，所有见顶信号的K线组合形态都必须清仓。

与之相反，在一个牛市当中，如果没有其他趋势技术分析方法发出的信号予以佐证，所有见顶信号的K线组合形态都不一定要减仓或清仓，而所有见底信号的K线组合形态都可以进场买入。这是对上述K线组合形态一般操作原则的一个重要补充。

这里讲解的K线组合形态，和通行的K线理论并没有什么本质的不同。和其他图书的不同之处在于，这些讲解可以让交易者更容易理解K线理论的真谛，掌握K线组合形态在什么时候、什么位置才最有可能发挥其信号作用。

第二章　表上升和下跌的K线形态

一、大阳线（长阳线）

大阳线又叫长阳线、长红线，其K线实体长度为上一交易日价格4%以上。如果用于大盘指数，实体长度应相应缩小，一般实体长度为上一交易日价格的2%以上即可。大阳线可以有上下影线。如图2–1所示。

图2–1　大阳线

1. 大阳线的技术特征

（1）可以出现在任何位置和形态当中。

（2）实体很长，上下影线一般很短。

图2–2是形成大阳线的日分时走势图。

日K线收出阳线，说明一个交易日内多方取得了最终的胜利。周K线收出阳线，说明一个交易周内多方取得了最终的胜利。其他时间周期的阳线以此类推。阳线的实体越长，说明多方的力量越强，反之则越弱。沪深股市的股票，如果以跌停开盘，涨停收盘，最大日阳线实体可达20%。

一般情况下，股票收出大阳线，表明后市看涨。这是因为多方从一开盘就发动攻势，步步紧逼。空方虽然也会尽力反击，展开一些拉锯战，但终究难以抵挡多方的进攻。多方牢牢占据优势，推动股价或指数持续上涨直至收盘。收出大阳线，局面很显然是一边倒的态势。

从交易心理上看，大阳线充分表达了多方的信心，以及强烈的上涨势头。随着股价或指数的上升，交易者的热情越发高涨，更多的资金疯狂涌进，为了成交而频频高挂买单。那些已经持有股票的交易者，则沉浸在获利的狂欢当中，不愿抛售筹码，筹码供给减少，进一步加剧了供小于求的状况。

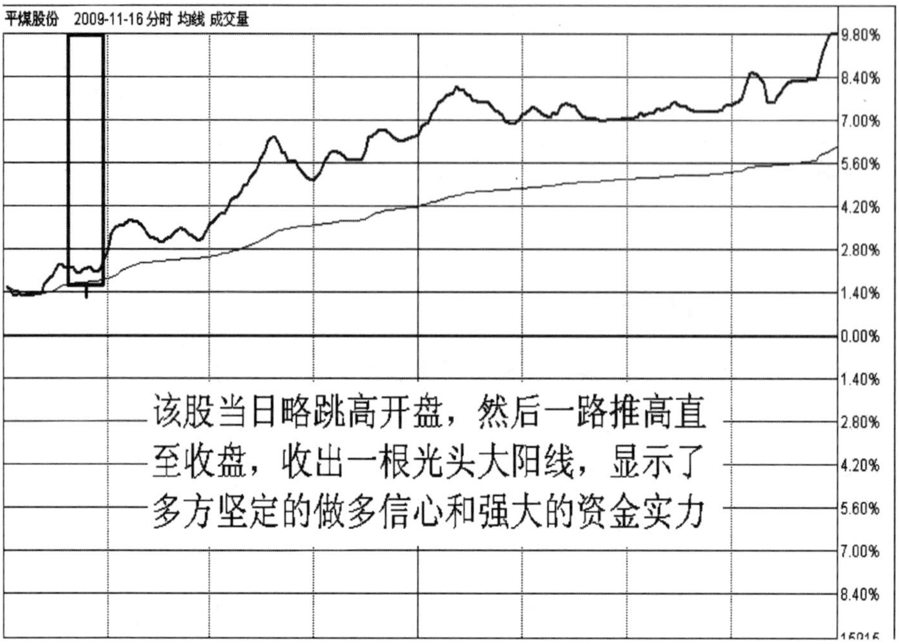

图2-2 形成大阳线的日分时走势图

需要提醒的是：单根阳线不足以代表全局，交易者还要根据大阳线在K线图所处的位置，具体情况具体分析。

2. 大阳线的技术含义

（1）在连续下跌时，出现一根大阳线，说明多方开始发起反攻，有可能否极泰来，股价就此见底回升。买入信号。

图2-3是悦达投资（600805）的日K线走势图。该股连续下跌，跌幅已深，短暂反弹后，走出下降楔形的整理形态。随后跌破楔形下轨，加速下跌，空方动能迅速释放。这时连收两根阴实体的锤头线，见底信号出现。之后的一根大阳线，吹响了多方反击的号角。

交易者可以在见到底部大阳线当日收盘前或次日适量买入。

下跌过程中，并不是每一次遇到大阳线，股价都会由跌转升。有时候以为此时股价已到见底，进去之后才发现是半山腰。如何判断股价是不是见底呢？这就要结合趋势、成交量、支撑、压力、均线等各种技术分析方法进行综合判断。

仍以悦达投资为例，如图2-4所示，图中收出大阳线处，就是图2-3中大阳线的位置，恰好处在图2-4中前高区域。一般情况下，前高、前低区域是很重要的支撑位和阻力位。

前高、前低区域为什么是重要的支撑位和阻力位呢？主要有以下几个原因。

①前高、前低区域经常堆积大量筹码，股价接近该区域时，常常有很多获利盘、

解套盘涌出，或者有很多抄底资金、护盘资金逢低承接。

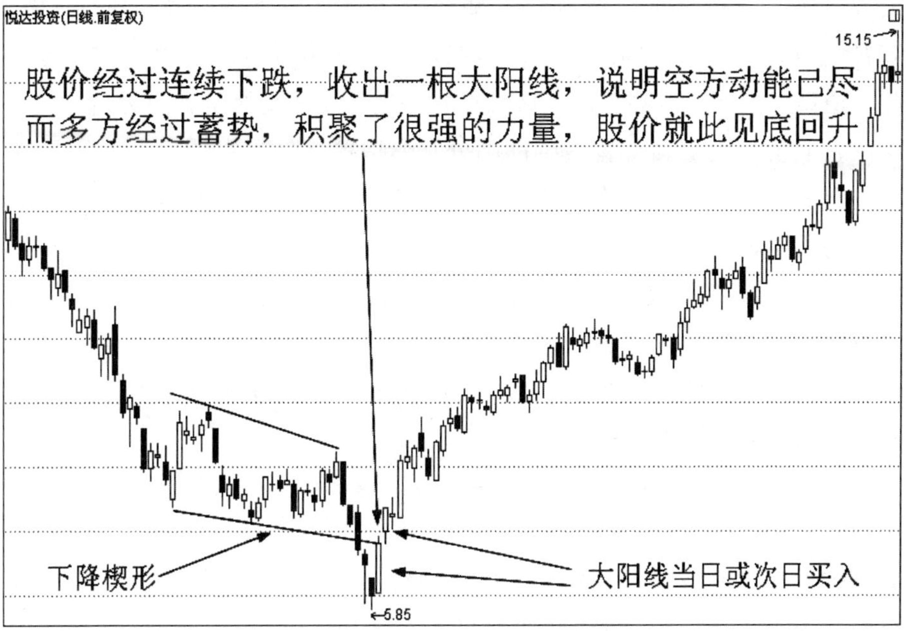

图2-3　大阳线的见底作用

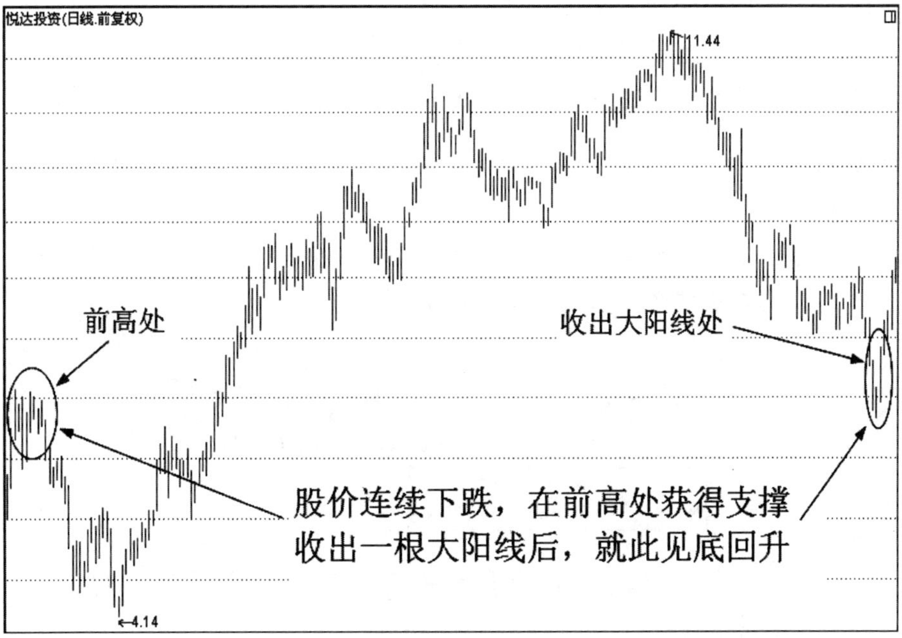

图2-4　遇支撑收出大阳线见底

②前高、前低区域画出了一个界限，股价每每走到附近，很多交易者就会想：哦，股价已经很高了，该卖出了。或者认为：股价又回到了低位，可以入场抄底了。

③当前高被突破，或前低被跌破时，就如同城防和天堑易手，原来的攻方变守

方，守方变攻方。前高的压力也会转为支撑，前低的支撑也会转为压力。

④失守一方抑郁的悔痛，胜利一方酣畅的张狂，都会在双方心里留下很深的印迹。一朝被蛇咬，十年怕井绳。当股价再次运行至前高或前低区域时，交易者心理上也会筑起一道堡垒。所以前高、前低区域经常是很重要的支撑位和阻力位。

在这里，股价是由更高位置跌到前高处，所以前高处是支撑。支撑位是多方的城堡，守住还是失守，对双方的意义都很重大。所以交易者必须要对股价在支撑位的表现给予特别的关注。

图2-4中，当股价跌到接近前高位置时，交易者就要进入战备状态，擦好枪，拿着望远镜仔细观察。当股价止跌并收出大阳线，交易者应该马上明白，此处多方不仅守住了城堡，而且还向空方发动反击，取得了绝对优势，说明多方的实力强劲，信心十足，交易者可以跟随买入股票做多。

（2）上涨初期出现大阳线，表示多方的战果继续扩大，涨势将会持续，股价有时会加速上扬。是买入信号。

如果出现在关键的位置，如技术图形的颈线和边线，整理行情的结束阶段，以及均线粘合形态的突破之处等，则大阳线的买入信号更为可靠。

图2-5是方大碳素（600516）2010年7月至11月之间的日K线走势图。图中的整理平台是股价由跌转升时，空方不死心，对多方进行打压所致。双方在此处的对阵比较激烈，平台内的交易量比此前下跌时明显放大。经过一个多月的拉锯，终于收出一根大阳线，并且是以涨停板的形式成功突破整理平台，显示了多方的实力和信心。交易者

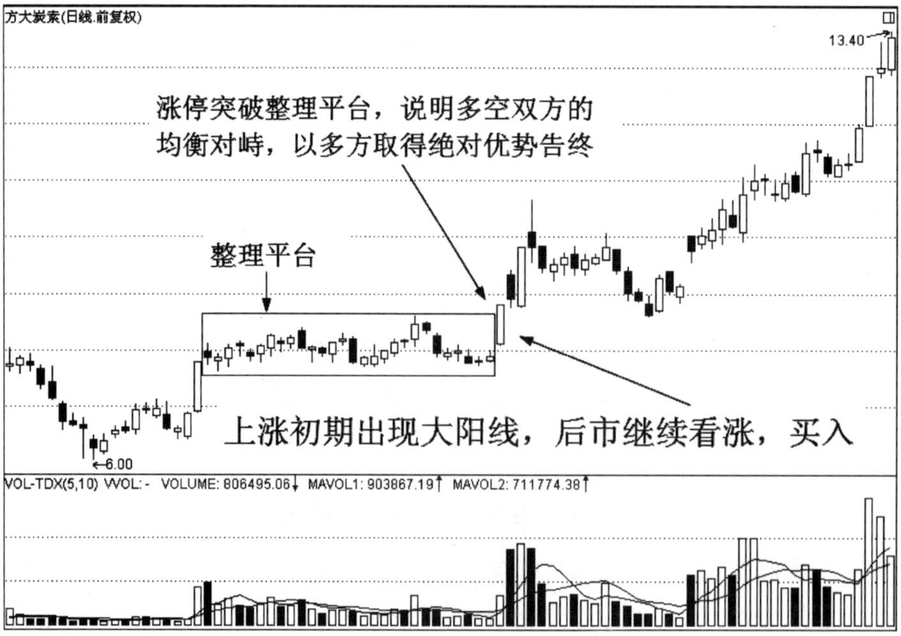

图2-5　上涨初期的大阳线是买入信号

可以在当日或次日进场买入。

（3）股价加速上扬，或大幅上涨后，出现大阳线有可能见顶回落。

如图2-6所示，郑州煤电（600121）在上涨过程中，跳空高开收出一根大阳线，呈加速上扬之势。但是次日即低开收出大阴线，说明空方突袭的力量非常大，多方拉升过程中，资金消耗过大，难以抵抗，股价就此见顶。交易者可以在次日收出大阴线时减仓或清仓离场。

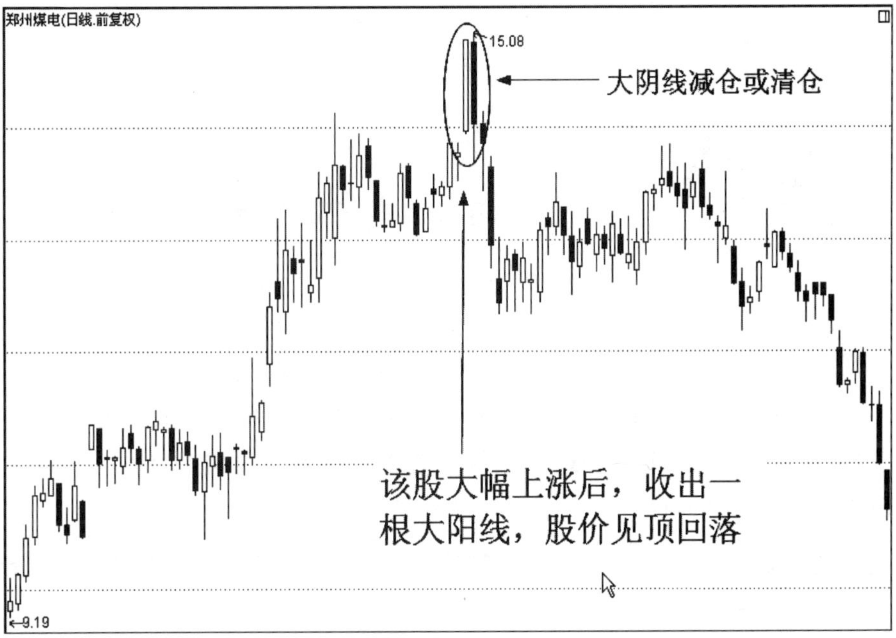

图2-6　顶部的大阳线有时是见顶信号

需要特别提醒的是：仅凭顶部的单根大阳线，并不能作为交易者减仓或清仓的信号。因为大阳线本身具有后市向好的意味，而且很多个股在上涨末期常常连续上涨，收出很多大阳线，甚至连拉涨停板。所以交易者见到涨幅已大的股票收出大阳线，不要马上减仓或清仓，而是应该引起足够的警觉，密切关注此后的动态。直到出现其他见顶信号，才可以根据情况付诸行动，这样就不至于错失强势个股的暴涨行情。

（4）股价上涨一段后进行调整，然后以大阳线的方式突破技术整理形态，后市继续看涨。是买入信号。

各种技术整理形态，是多空双方激战过后休养生息的结果。休养不是为了和平，而是为了决战。所以整理结束后的突破方向，决定了谁才是笑到最后的赢家。

如图2-7所示，中卫国脉（600640）在上涨过程中，先是走出了一个下降三角形，接着是一个下降楔形，都是以大阳线的方式突破整理形态。突破后，股价继续上涨。交易者可以在大阳线突破上述技术图形形态时进场买入。

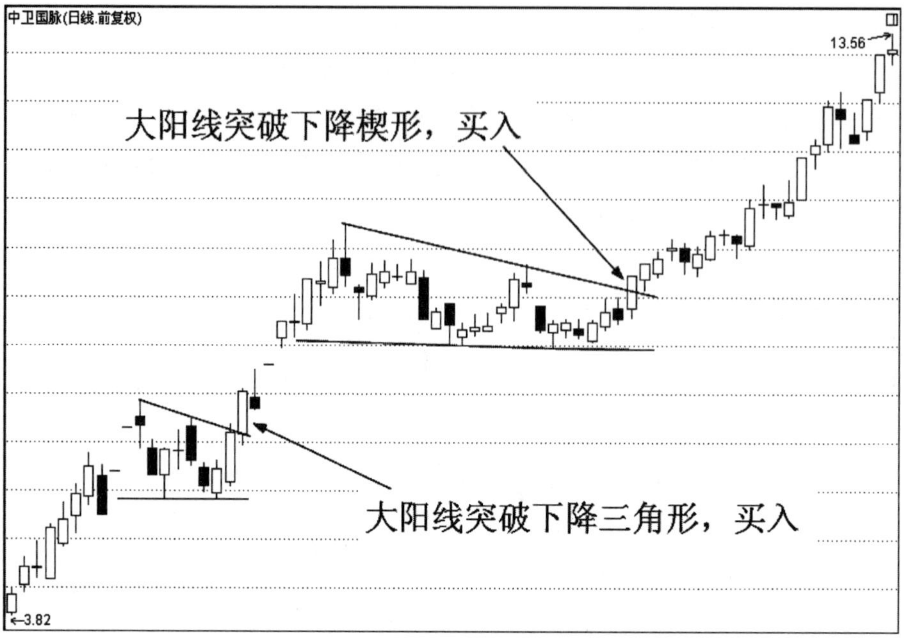

图2-7 大阳线突破整理形态，继续看涨

图2-8是康美药业（600518）的周线图。从图中可以看到，股价连续上涨一段时间后，涨势趋缓，在一个上升通道内运行。最后一根大阳线向上突破上升通道的返回线，预示后市看涨，此时可以买入。

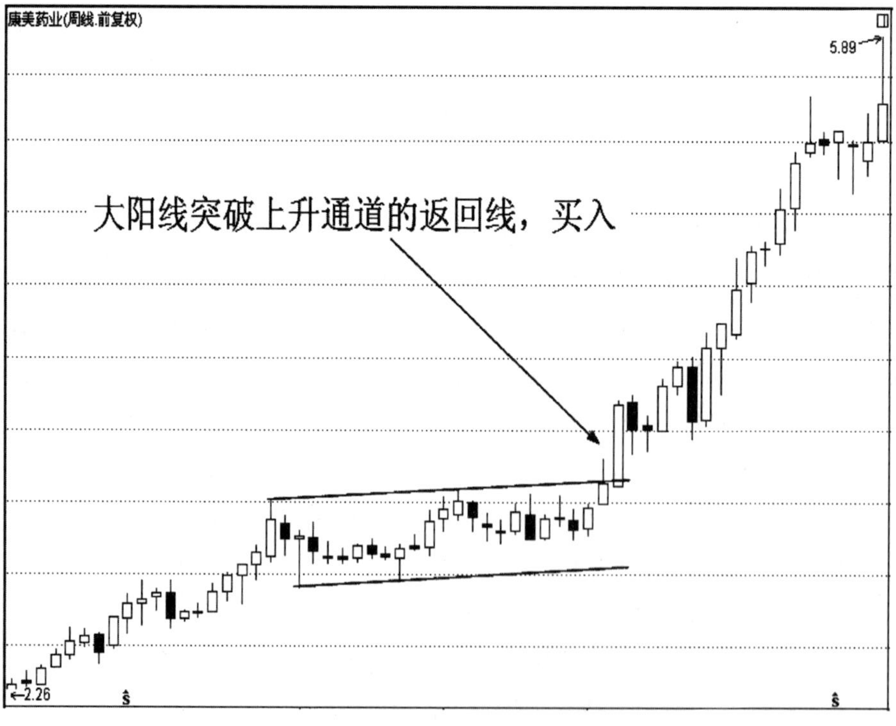

图2-8 大阳线突破上升通道，继续看涨，买入

略倾斜的上升通道表明，在通道内，多空双方暂时取得了一定的平衡，但是多方略占优势。大阳线向上突破，则表明多方奋力一击，打破了这种平衡，完全掌握了主动权，后市将会按照比上升通道更陡峭的角度上涨。

需要提醒的是：连续上涨和连续下跌时出现的大阳线，一般只表示短期股价将改变运行方向，形成一个短期或中期的顶部区域和底部区域，并不一定因此而逆转中长期的运行趋势。

如图2–9所示，华泰证券（601688）于2010年7月19日收出一根大阳线，随后股价继续上涨，但很快重回跌势，形成收敛三角形整理形态。中长期趋势是涨是跌，取决于三角形的突破方向。

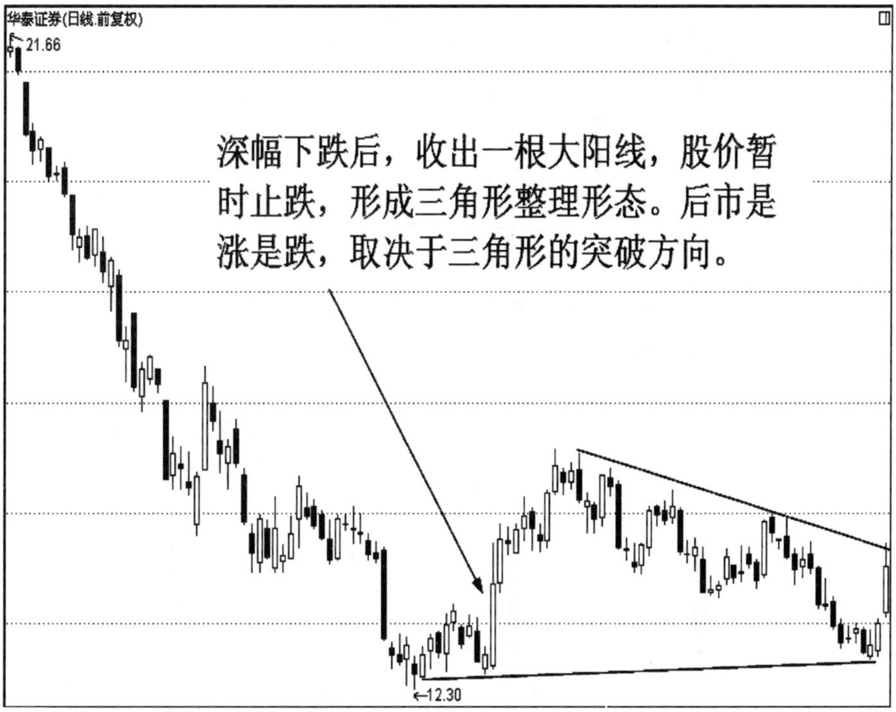

图2–9 底部的大阳线仅形成一个中期底部区域

如图2–10所示，该股后市以一根大阳线向上突破了收敛三角形上边线，走出了一波比较猛烈的反弹行情。交易者可以在大阳线突破三角形上边线时进场买入。

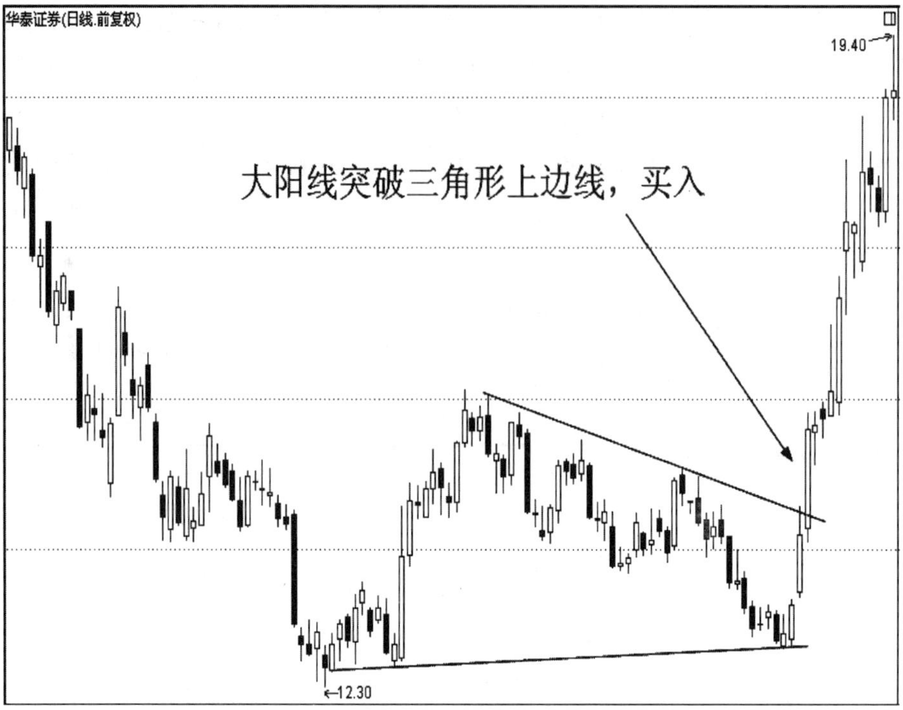

图2-10　大阳线突破三角形是看涨信号

二、大阴线（长阴线）

大阴线又叫长阴线、长黑线，其K线实体长度为上一交易日价格的4%以上，可以有上下影线。大盘K线实体长度在2%，就可以称为大阴线。如图2-11所示。

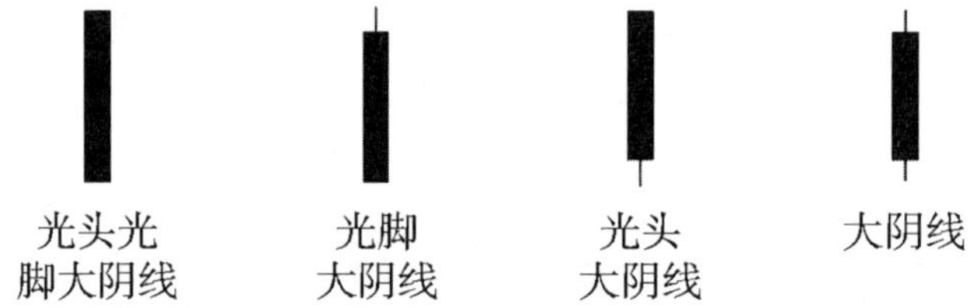

图2-11　大阴线

1. 大阴线的技术特征

（1）可以出现在任何位置和形态当中。

（2）实体很长，上下影线一般很短。

图2-12是形成大阴线的日分时走势图。

大阴线的含义和大阳线相反，表示多方在空方的打击下节节败退，毫无招架之力。在局势一边倒的情况下，多方不敢贸然入市，或者幸灾乐祸地持币观望。而那些已经持股在手的交易者，因为恐慌而不计代价地低挂卖单，唯恐不能成交，以致经常发生撤单、低挂，再撤单、再低挂的疯狂行为。多空双方的行为加剧了市场跌势，最终收出大阴线。和大阳线一样，大阴线的实体越长，代表空方的力量越强。

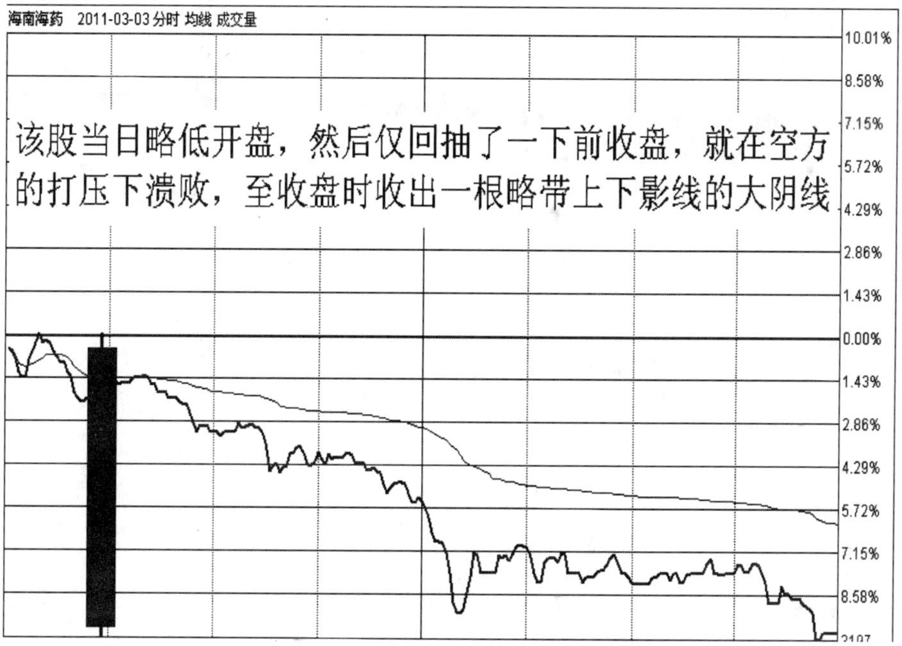

图2-12　形成大阴线的日分时走势图

2. 大阴线的技术含义

（1）股价或指数连续上涨之后，出现大阴线，是见顶信号。股价或指数的涨幅越大，大阴线的实体越长，信号越准确。

连续上涨，说明多方一直掌握主动权，牢牢控制着局面。这时突然收出一根大阴线，将多方的阵脚打乱，表明经过长期消耗，多方的粮草弹药出现问题，兵马损耗过多，有可能已是强弩之末。空方的突袭一击即中，也表明空方蓄积的能量不容小觑，后市很可能就此攻守移位。

如图2-13所示，ST东盛（600771）经过连续上涨，累积涨幅已大。图中所示的大阴线，是上涨过程中收出的第二根大阴线。第一根大阴线已经给出离场信号，第二根大阴线是对第一次离场信号的再次确认。第二根大阴线和前面的两根K线组成黄昏之星的K线组合形态，转向信号已经很强烈。交易者见到这种走势，唯一要做的就是尽快离场。前期这种单边上涨的走势，积累的获利盘很大，一有风吹草动，就会引发巨量抛盘。从图中可以看到，出现第二根大阴线后，股价开始快速下跌，很短的时间内就跌回原地。

持有连续上涨并且涨幅很大的股票，回避大阴线不失为一种很好的操作原则。

如图2-13所示，交易者可以在第一根大阴线出现时减仓，在第二根大阴线出现时清仓。如果当日因为跌停板等原因无法卖出，可以在次日继续卖出。回避连续上涨后的大阴线，既可以避免日后大跌带来的利润损失，又可以锁定股票上涨的绝大部分涨幅。

图2-13 顶部大阴线的见顶作用

（2）下跌刚开始时出现大阴线，继续看跌，有时股价会加速下跌，此时应当离场观望。

如图2-14所示，ST盛工（600335）的股价从顶部回落时，形成收敛三角形整理的技术图形，随后一根大阴线向下突破收敛三角形下边线，股价开始加速下跌。下跌初始收出大阴线，是空方即将发动大规模进攻的前兆。大阴线跌破三角形整理形态，表明经过长时间的拉锯战，空方一举击溃多方。两种信号叠加，技术含义的可靠性更强。交易者可以在收出大阴线当日，临近收盘时清仓离场。

（3）股价下跌一段时间后进行盘整，形成各种整理技术形态。随后以大阴线的方式突破整理形态，后市继续看跌。卖出信号。

如图2-15所示，深证成指（399001）下跌过程中形成一个下降旗形的整理形态，最后以一根向下跳空的大阴线跌破旗形下边线，结束了整理，指数继续快速回落。回落一段时间后，指数再次止跌整理，走出收敛三角形形态，后来依然是一根大阴线跌破三角形下边线，后市继续下跌。如果交易者此时持有仓位，应当在大阴线跌破整理技术形态的当日果断离场。

对于股票交易者而言，下降趋势以及整理期间，是不应该采取买入行动的。一个真正的严格执行交易纪律的趋势交易者，在上面谈及的市场走势中，是不会有仓位在

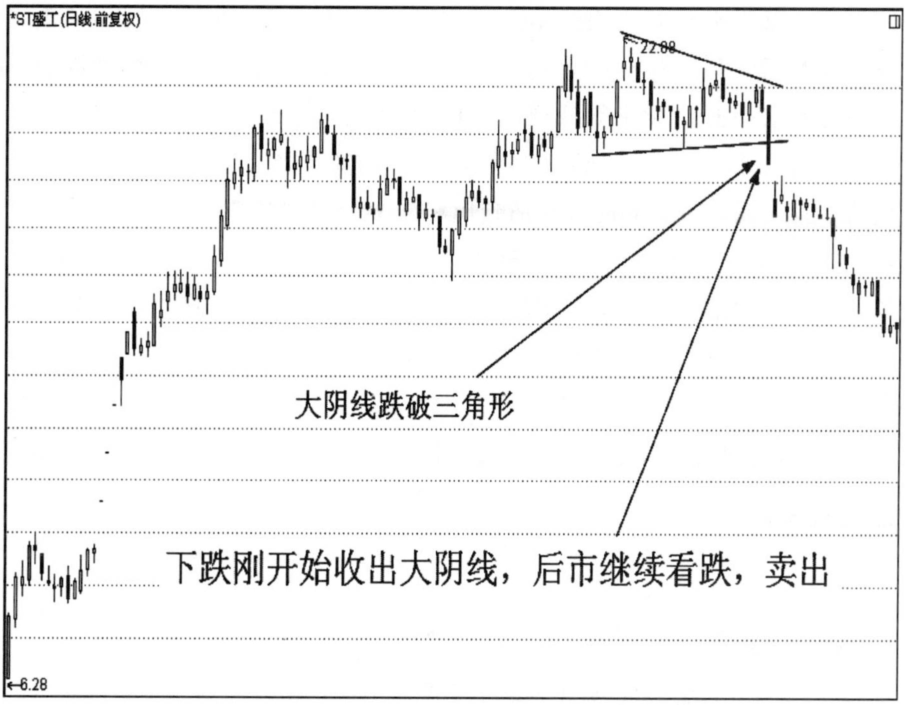

图2-14　下跌开始收出大阴线，后市看跌

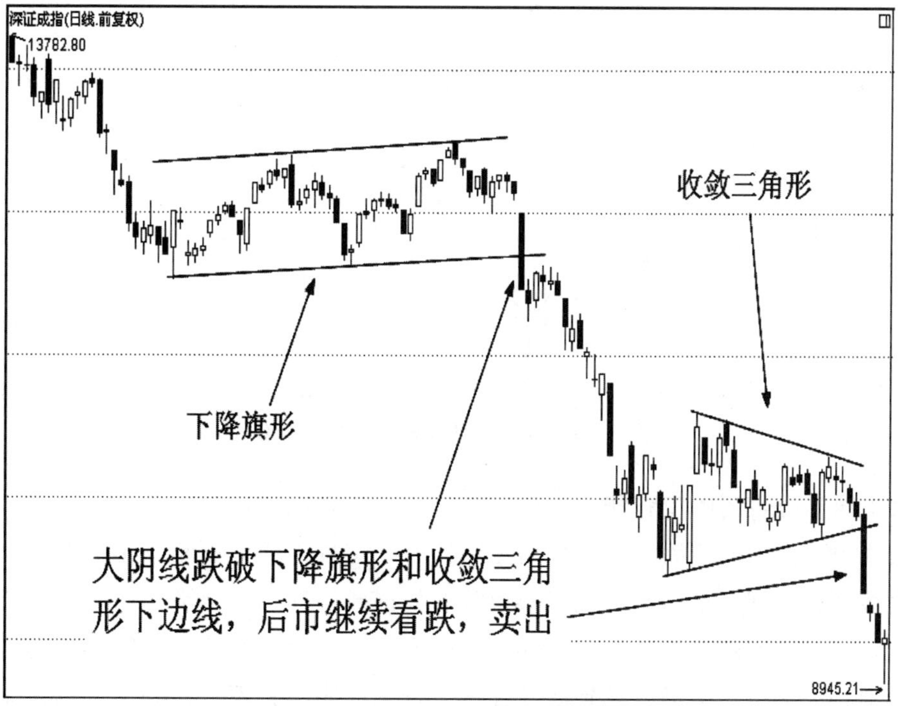

图2-15　跌破整理形态的大阴线

手的。图中的卖出点，是为方便讲解技术含义而特意标注的。如果是期货及外汇等交易，则图中标示的卖出点，可以作为建立空头头寸的开仓点。

一般而言，整理形态表明当时多空双方势均力敌，多空处于对峙和观望之中，或者该位置是多空反复拉锯抢夺的要塞。如果把一日的交易比喻成一场小规模的战斗，那么一个整理形态就是一场中等战役。整理形态之后收出大阴线，则宣告当日战斗空方完胜，赢取了战役的大捷，至少后期是一个中期看空的趋势。交易者见到这种走势，空仓的不宜入场，持仓的应果断清仓出局。

（4）股价已有较大跌幅，随后加速下跌，出现大阴线，股价有可能见底。

就像长跑快到终点时往往要加速冲刺一样，冲刺完了，比赛也就结束了。股价长期下跌，到最后加速下跌时，常常表明股价已近底部。

如图2-16所示，金发科技（600143）在大幅下挫之后加速下跌，做空动能得到充分释放，连续收出两根大阴线后，股价就此见底回升。

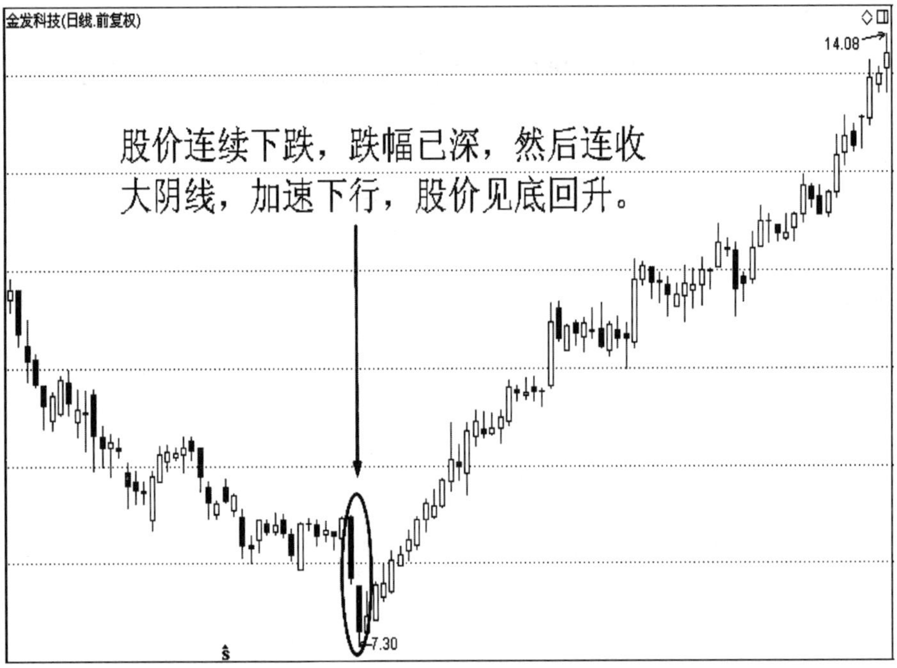

图2-16　底部大阴线有时是见底信号

大阴线本身表明后市看跌，但仅凭大阴线不能确定股价或指数马上见底。例如该股连续收出两根大阴线后，股价随后见底回升，这种走势并不是一个大概率事件。即使大阴线之后出现底部，大多数股票也并非如该股一样马上上涨，往往要振荡整理一段时间。趋势的逆转，尤其是中长期趋势的逆转，需要一个相对比较漫长的区域和区间，而不是一个点。交易者见到底部加速下行的大阴线，不一定马上入场，需要结合其他技术分析手段和大盘走势，选择恰当的入场时机。如果手中已持有仓位，此时卖出肯定不是一种明智之举。

大阴线表明后市向淡，是一种比较强烈的离场信号，下跌末期除外。但即使是下跌末期出现大阴线，也不是入场的可靠信号。因为是否是下跌末期，事后才能知晓。如前所述，趋势的逆转不是一蹴而就的，底部不是一个点，而是一个区域，交易者大可等待行情进一步明朗后再采取行动。

三、小阳线和小阴线

小阳线、小阴线是实体长度超过上一交易日价格0.5%但不到1.5%的K线。与大阳线和大阴线一样，大盘指数的小阳线、小阴线，其实体长度要比股票的实体长度相应缩小。小阳线和小阴线是最常见的K线之一。如图2-17所示。

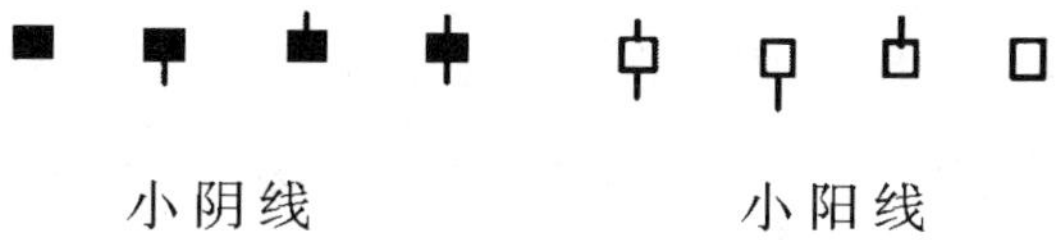

图2-17　小阴线和小阳线

1. 小阴线、小阳线的技术特征

（1）可以出现在任何位置和形态当中。

（2）实体很小，上下影线很短。

图2-18是形成小阳线的日分时走势图。

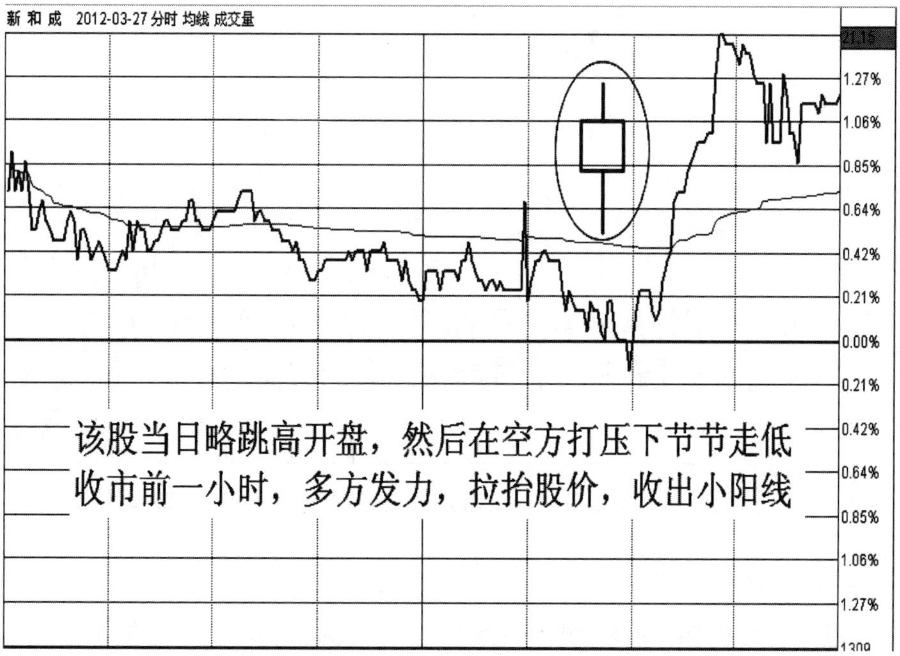

图2-18　形成小阳线的日分时走势图

2. 小阴线和小阳线的技术含义

出现小阴线和小阳线，说明空方或者多方都小心翼翼，收盘时一方仅取得微弱的优势。行情的发展方向不明朗。

仅凭单根小阴线和小阳线，难以对后市的趋势做出比较准确的判断。一般而言，小阴线和小阳线不会对趋势变化产生明显的影响。也可以认为，收出小阴线和小阳线，表明股价或指数的趋势、基本面、消息面等各个方面，没有发生任何实质性或突发性的改变，因此股价或指数走势才会波澜不惊。

小阴线和小阳线是K线图中最常见的K线，尤其是在大盘指数、冷门股、低价股、大盘股和基金的日线图上，绝大多数K线都是小阴线和小阳线。

一般而言，在股价或指数整理期间，小阴线和小阳线的数量大致相当；在股价或指数上涨期间，小阳线更多一些；在股价或指数下跌期间，小阴线会多一些。

图2-19是深证成指（399001）2011年7月至2012年1月期间的日线图。指数一直运行在下降趋势当中，期间偶有反弹。在整个下降走势当中，小阴线居多。

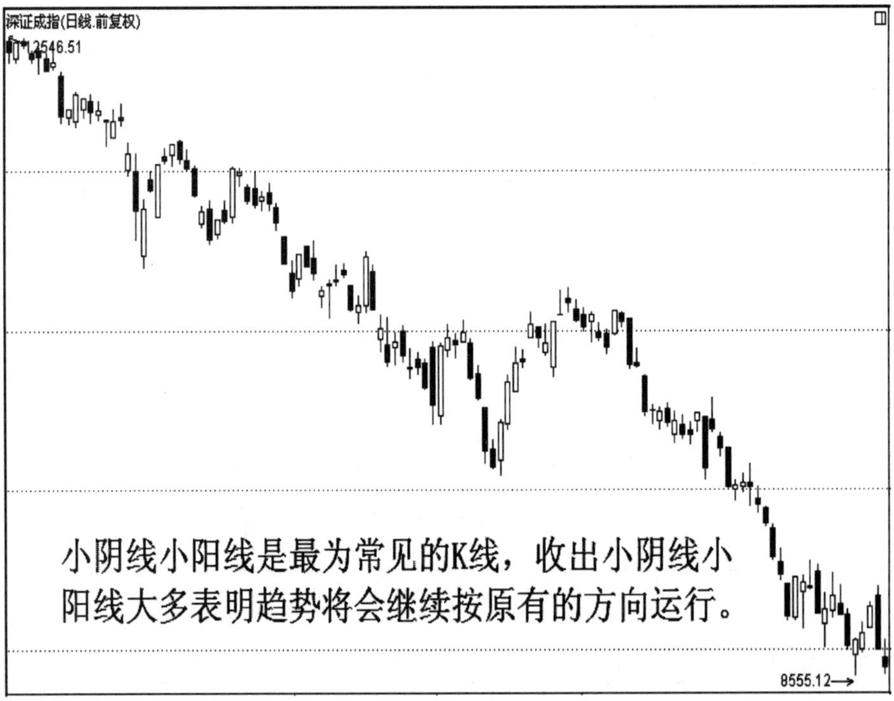

图2-19　小阴线和小阳线表明股价或指数的运行趋势没有任何实质性改变

四、十字星和十字线

十字线是上下影线都比较短的同价位线，十字星是实体和上下影线都很短的K线，一般实体长度不超过上一交易日价格的0.5%，大盘十字星的实体长度要更小一些。如图2-20所示。

图2-20　十字星和十字线

单根十字星和十字线表明交易双方都无心应战，只是试探性地进行了一些攻防。多方或空方仅仅取得微弱优势，基本上可以看作双方势均力敌，表明行情将会进一步沿着原有的方向运行。但处在支撑与压力位的十字线和十字星是转势信号，这是因为在支撑与压力位收出十字线和十字星，表明进攻的一方气力将尽，而另一方已经开始试探性反击。

图2–21是阴十字星的日分时走势图。

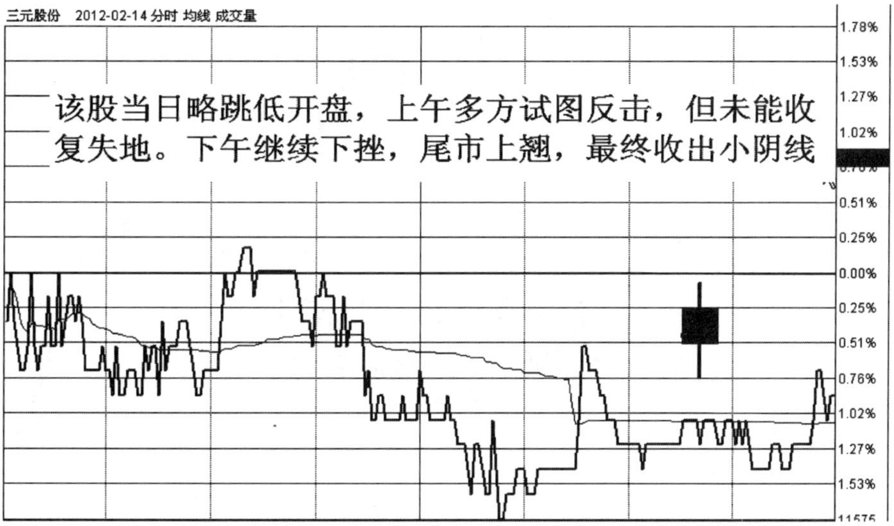

图2–21　形成阴十字星的日分时走势图

1. 十字星和十字线的技术特征

（1）既可以出现在涨势中，也可以出现在跌势中。

（2）十字线的开盘价和收盘价相同，十字星的实体长度很短。

（3）上下影线都很短。

2. 十字星和十字线的技术含义

（1）在股价或指数已有较大涨幅后出现，是见顶信号。

十字线和十字星本身表明多空双方处在一个比较均衡的状态。当股价或指数已有较大涨幅后收出十字线和十字星，则说明多方的进攻开始犹豫，似乎有些失去方向，空方则正在寻找或者等待反击的机会。

如果从多空力量对比来看，则表示多方的进攻态势已受遏制，涨速趋缓。空方在接连败退之后，终于可以暂时立稳脚跟，多空强弱正在微妙地发生变化。所以在股价或指数已有较大涨幅后收出十字星和十字线，有时是顶部信号。

如图2–22所示，方大特钢（600507）连续上涨后，顶部区域收出一根十字星后，股价走势就一浪低于一浪，最后加速下跌。这根孤立于山尖的十字星，表明多方进攻受到空方的阻击，士气遭遇打击。较长的上影线显出多方的疲态。

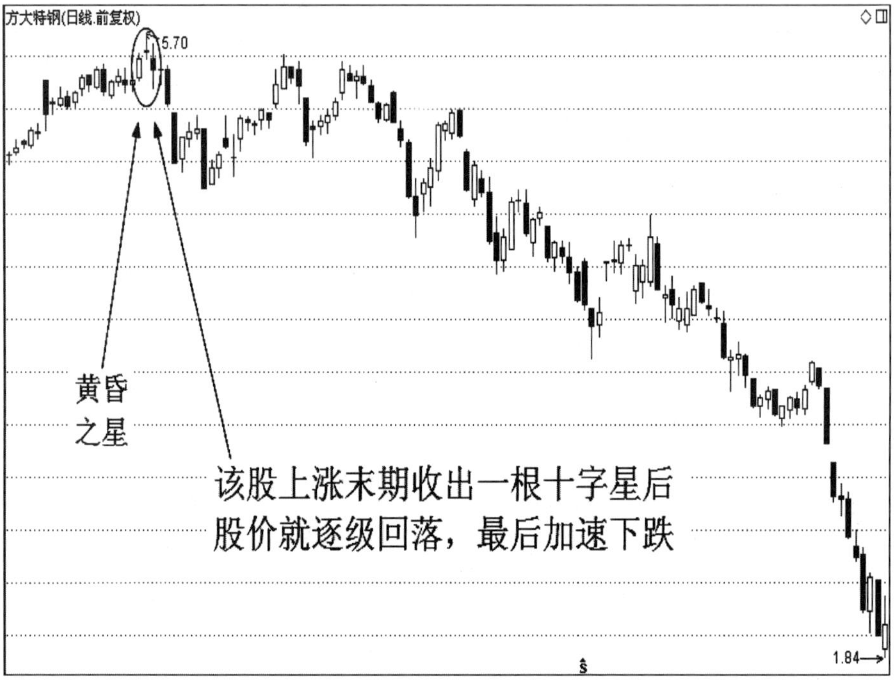

图2–22　高位十字星是见顶信号

图中圆圈内标示的十字星，和前后两根K线组合在一起，形成黄昏之星K线组合形态。黄昏之星也是见顶信号。十字星不是可靠的转势信号，交易者可以在收出十字星，形成黄昏之星的K线组合形态时减仓或清仓。

在一个区域同时出现多种技术含义相同的技术形态，表明后市按照技术形态指明的趋势方向发展的概率增加，其信号作用也就值得交易者信赖。

（2）在股价或指数已有较大跌幅后出现，是见底信号。

下跌很久后收出十字星和十字线，情形和大幅上涨后出现差不多，只是方向和含义相反。但在底部和顶部出现，仍有很重要的一点不同：在底部区域出现十字星和十字线，其转势作用明显弱于顶部。这其中的主要原因是，股价或指数与地球上的物体一样，自身有重量，当多空双方都无心恋战时，股价或指数自然会下跌。另一个原因是，交易清淡时，多空力量相对平衡，股价或指数也许不会再跌，但也没有任何上涨的动力。交易者如果此时进场，很可能要忍受较长时间的股价低位整盘整理的煎熬。因此，在跌幅很大之后收出十字星和十字线时，交易者不必马上买入，还需要等待和观察。

形态相同只是方向相反的技术形态，其顶部信号的可靠性强于底部信号。这一原则对于大多数技术分析方法都适用。

如图2-23所示，普洛股份（000739）连续下跌后，收出一根阳十字星，随后股价止跌回升，走出V形反转的技术形态。交易者可以在股价连收阳线后适量进场，也可以按照V形反转的进场标准进场。

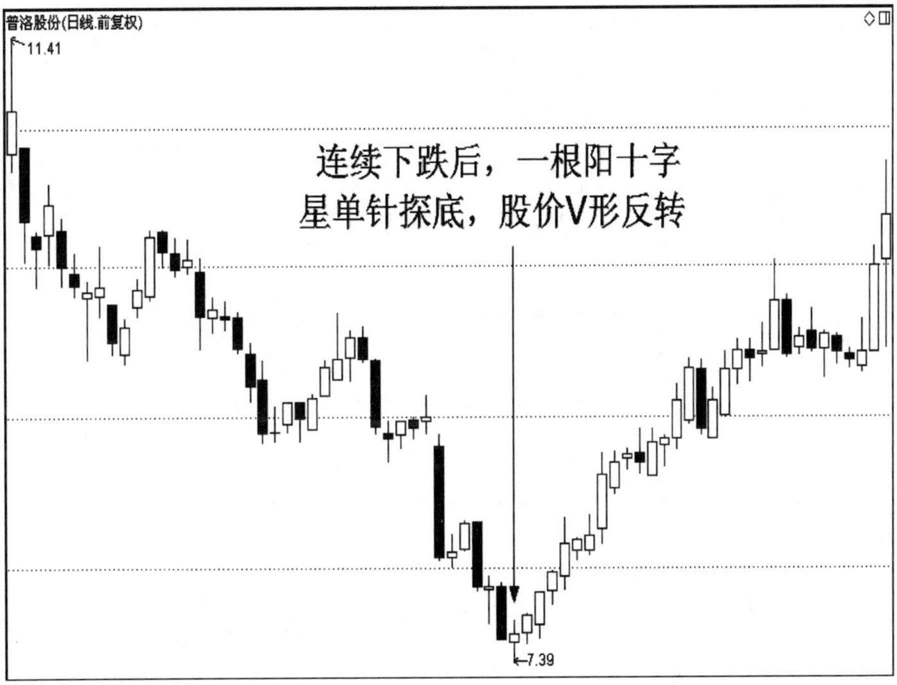

图2-23　十字星的见底作用

（3）在上涨途中出现十字星和十字线，继续看涨，是持仓信号。

图2-24是普洛股份（000739）的日线图。从图中可以看到，该股见底和上涨过程中，收出了很多十字星和十字线，但股价一直持续上升。

上涨过程中出现单根十字星和十字线，表明多空双方都比较谨慎，攻防都留有余地。所以上涨时收出十字星和十字线，股价一般还会沿着趋势方向继续惯性运行，交易者可以持仓不动。

（4）在下跌途中出现十字线和十字星，继续看跌，应持币观望。

如图2-25所示，泰山石油（000554）在下跌过程中的每一次反弹高点，都收出了孤零零的一颗十字星，之后股价继续下跌。该股下跌时，其他位置也出现了很多十字星和十字线，说明多空双方都无心恋战，股价顺着趋势惯性下跌。在这种走势中，交易者可以持币不动，继续观望。

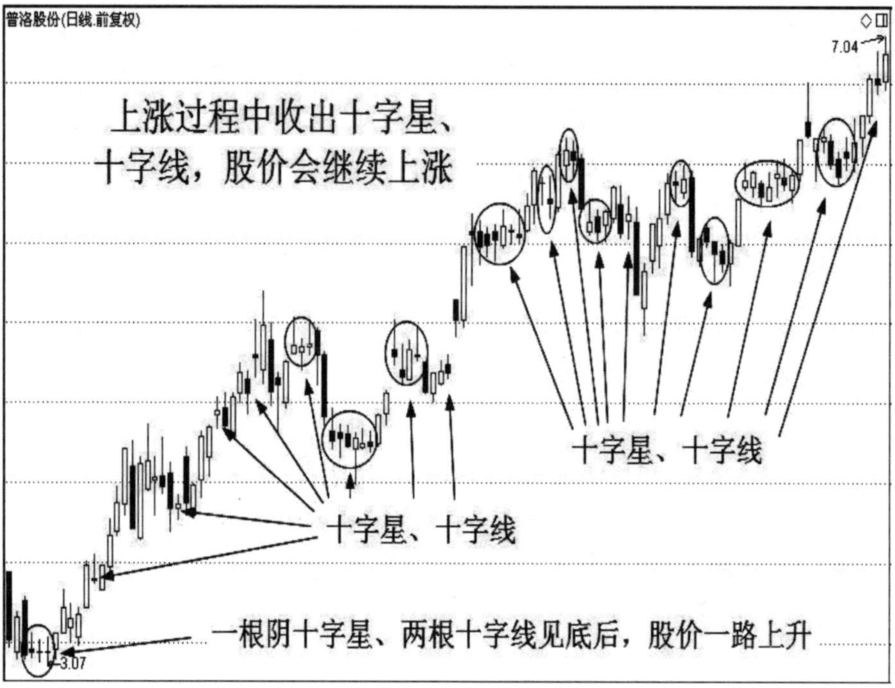

图2-24　上涨过程中出现的十字线和十字星是持仓信号

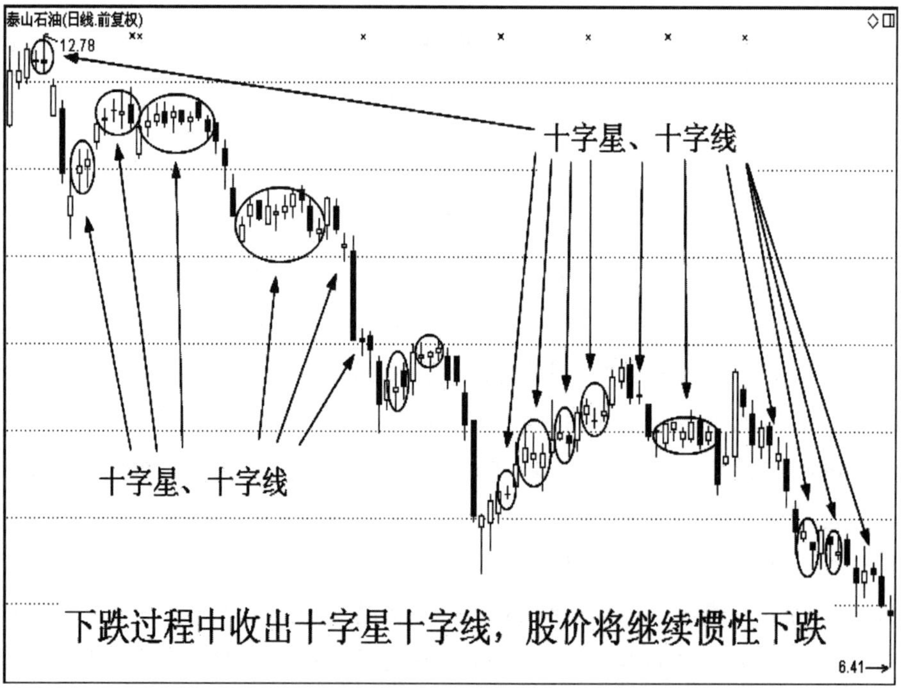

图2-25　下跌过程中出现十字星和十字线，后市继续看跌

3. 特别提示

（1）十字星和十字线大多是多空双方力量比较均衡，且又都无心恋战，股价自然波动的结果，其虽为转势信号，但转势的信号不是很强。单根的十字星和十字线，不能作为交易者判断趋势转折的依据，除非有其他K线形态或支撑、压力、趋势、技术图形、均线等其他趋势信号与之印证。

（2）十字星和十字线出现的频率很高，如果出现在上涨趋势中，在没有其他明显的相反信号出现时，交易者可以作为持仓或适量买入的信号。如果出现在下跌趋势中，在没有其他明显的相反信号出现时，交易者应当保持空仓状态，观望等待。

五、长十字线

长十字线是上下影线都很长的同价位线。至于影线多长才算是长十字线，市场上没有一个统一的标准，交易者凭感觉很容易就能区分。如图2–26所示。

图2–26 长十字线

出现长十字线是转势信号。上影线越长，表示卖盘越重；下影线越长，表示买盘越强。

长十字线的收盘价和开盘价相同，表明多空双方最终握手言和，谁也没能以绝对优势压倒对方。但长长的上下影线告诉交易者，平静的开盘和收盘之间曾经经历了一场极其残酷的拉锯战，双方的阵地都曾经易手，甚至有可能数度出现攻防互换。无论是战争还是交易，平衡从来都是短暂的，僵局马上就会打破。谁会取得最终的胜利呢？在此之前，如果其中一方一直在乘胜追击，那么现在突然遭遇如此激烈的抵抗，很显然多空双方的力量对比正在发生变化。因此，长十字线出现在高价位或低价位区域，常常意味着趋势即将出现反转。

图2–27是形成长十字线的日分时走势。

1. 长十字线的技术特征

（1）开盘价和收盘价相同。

（2）上下影线很长。

（3）上涨和下跌过程中都会出现。

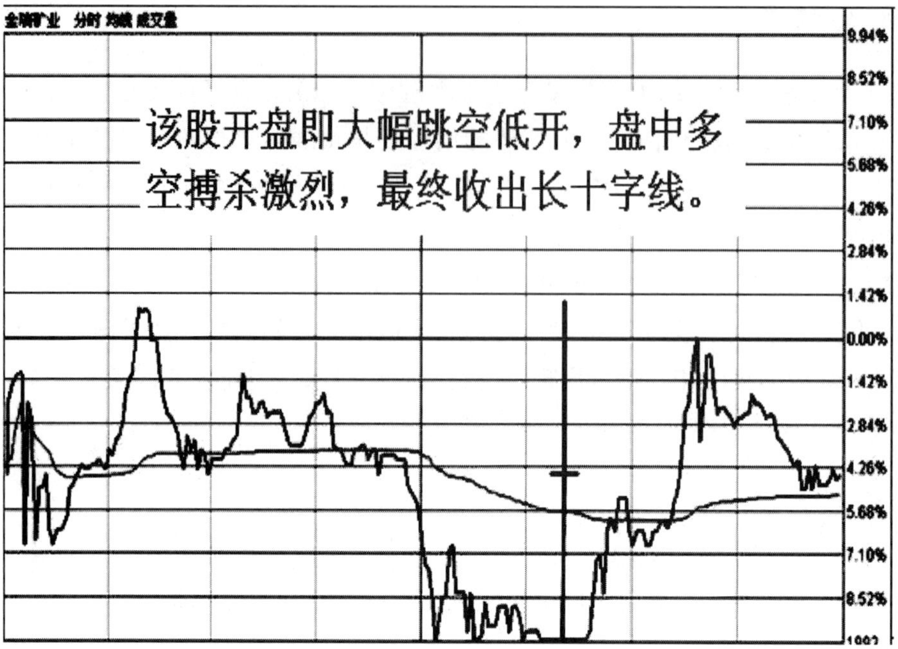

图2-27　形成长十字线的日分时走势图

2. 长十字线的技术含义

（1）在股价已有较大涨幅后出现，为见顶信号。

如图2-28所示，济南钢铁（600022）急速上涨后，高位收出一根长十字线，次日

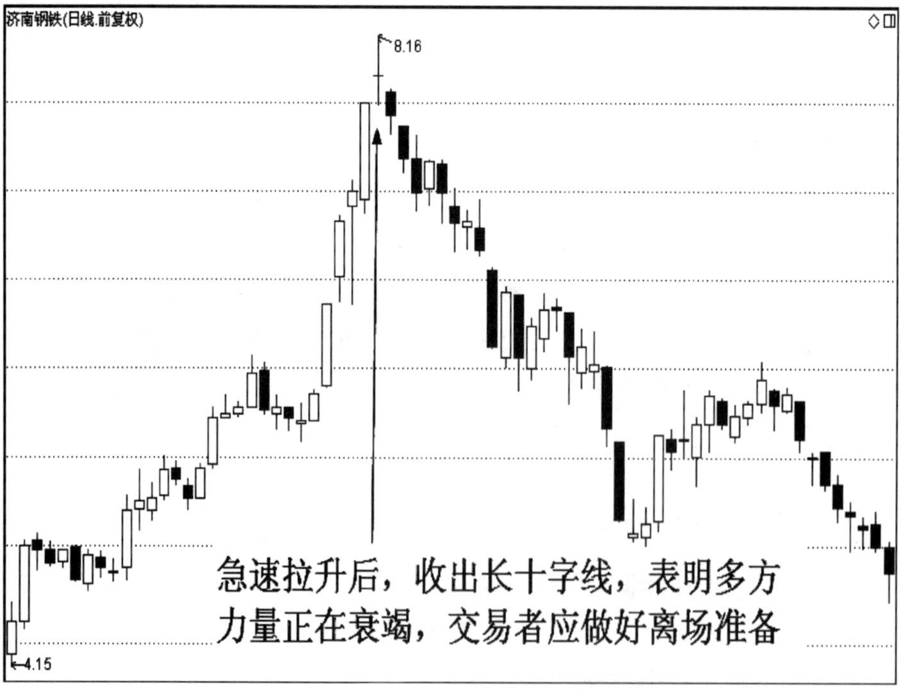

图2-28　股价连续上涨收出长十字线是见顶信号

即低开收出阴锤头线。随后多方崩溃，股价失控，价格快速回落。

此前连续上涨，说明多方占有优势。连续上涨后收出长十字线，预示着多空双方的力量对比已经发生微妙变化。长上下影线说明当日多空双方经过激烈搏杀，收出同价位线，说明多方未能乘胜追击，扩大战果，仅仅勉强守住借上涨惯性高开的开盘价。这些都预示多方很可能已是强弩之末，空方也酝酿出具备反击能力的新生力量，所以在较大涨幅后收出长十字线是见顶信号。

收出长十字线，表明一直进攻的多方开始犹豫，并且这种犹豫的走势令场外的多方心生疑虑，失去继续进场买入的果敢和信心，市场上的供需关系因此加剧转化的速度。

交易者可以在收出长十字线当日临近收盘时减仓，也可以继续观察。但要密切关注股价走势，做好随时抽身离场的准备。

需要特别提醒的是：单根长十字线不能作为交易者卖出的依据。如果收出长十字线的次日股价大幅低开，或者虽没有低开，但是收出中阴线或大阴线，收盘价越过长十字线的收盘价，深入到长十字线的下影线当中，那么股价或指数掉头向下的可能性就大为增加，交易者可以于次日减仓或清仓。如果次日股价或指数高开高走，或虽低开但收出阳线，收盘价涨过长十字线的收盘价，一直向上刺入长十字线的上影线当中，那么延续上涨趋势的概率就很大，交易者可以继续持仓。

（2）在股价有较大跌幅后出现长十字线为见底信号。

如图2-29所示，老凤祥（600612）股价在加速下跌时，收出一根长十字线，表明底部已探明，随后股价止跌回升。

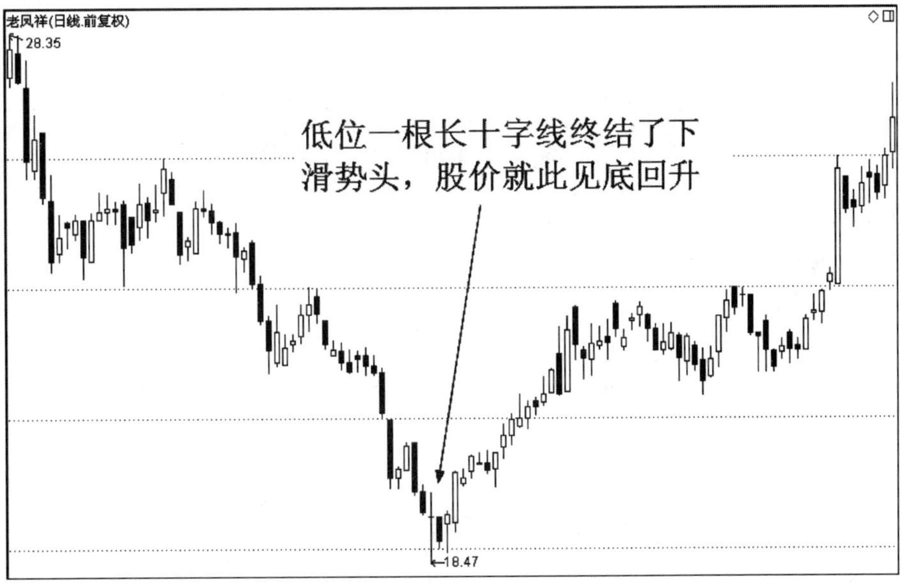

图2-29　股价连续下跌收出长十字线是见底信号

和上升的情况相反，股价连续下跌后收出长十字线，表明当日多方开始发动猛烈进攻，空方最终仅勉强守住开盘价。双方力量强弱正在进行转换，空方气力将尽，多方初露峥嵘，所以在较大跌幅后收出长十字线是见底信号。

交易者见到连续杀跌后的长十字线，不一定马上进场买入，但应该密切关注股价后市动态，做好进场准备，至少不宜固守熊市思维，继续割肉出局。

该股收出长十字线后，接着是一根股价深入到长十字线下影线的中阴线，后市的技术含义为继续看跌。但第三日该股收出一根锤头线，锤头线和长十字线一样，出现在大幅下跌之后是见底信号。锤头线和锤头线之前的阴线都没有跌破长十字线下影线的低点，见底的意味就更浓了。最后一根大阳线向上喷薄而出，真正确认了趋势逆转的有效性。

和见顶信号的长十字线一样，见底信号的长十字线也不能单独作为交易者进场的依据。**买入要比卖出更为谨慎。**长十字线代表多空双方正处在一个短暂的平衡当中，因此，没有其他趋势技术分析方法发出见底或买入信号的验证，收出长十字线并不能马上进场买入。

（3）在上涨途中出现长十字线，继续看涨。持仓不动。

如图2–30所示，宁波富达（600724）在上涨过程中先后收出两根长十字线，但是股价并没有停滞，仍然继续上涨。已经持有仓位的交易者可以持仓不动，但空仓者不宜追高买入。

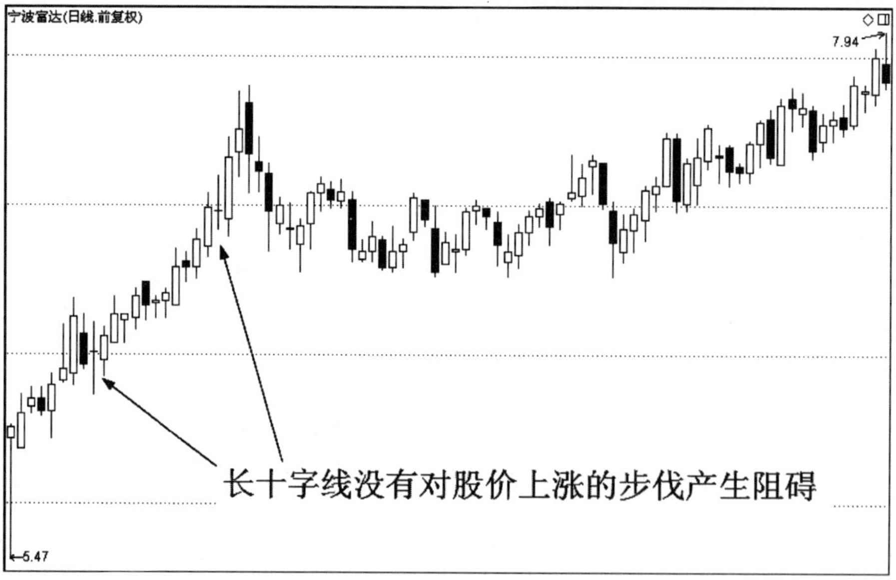

图2–30 上涨途中的长十字线是持仓信号

上涨过程中出现长十字线，表明当日空方虽然奋力反击，但至收盘时依然没有取得绝对优势。如果市场的交易热情高涨，股价仍将惯性上涨。

虽然同处在上涨趋势当中，但与转势长十字线最大的不同点在于：继续看涨的长十字线之后，收出的是中阳线或大阳线，并且收盘价高出长十字线的收盘价，向上深入到长十字线的上影线当中。后一根阳线深入到长十字线上影线越多，看涨信号就越强烈。

（4）在下跌途中出现长十字线，继续看跌。持币观望。

如图2-31所示，惠天热电（000692）见顶回落时收出一根长十字线，预示着熊途漫漫。和上涨过程中出现长十字线一样，下跌途中的长十字线表明当日多方虽然奋力抵抗，但至收盘时依然无功而返。次日如果多方不能继续反击，空方将借此前的下跌惯性，如高山泄洪一样击溃多方。因此在下跌途中遇到长十字线，已空仓的交易者不宜介入，未空仓的交易者应清仓离场。

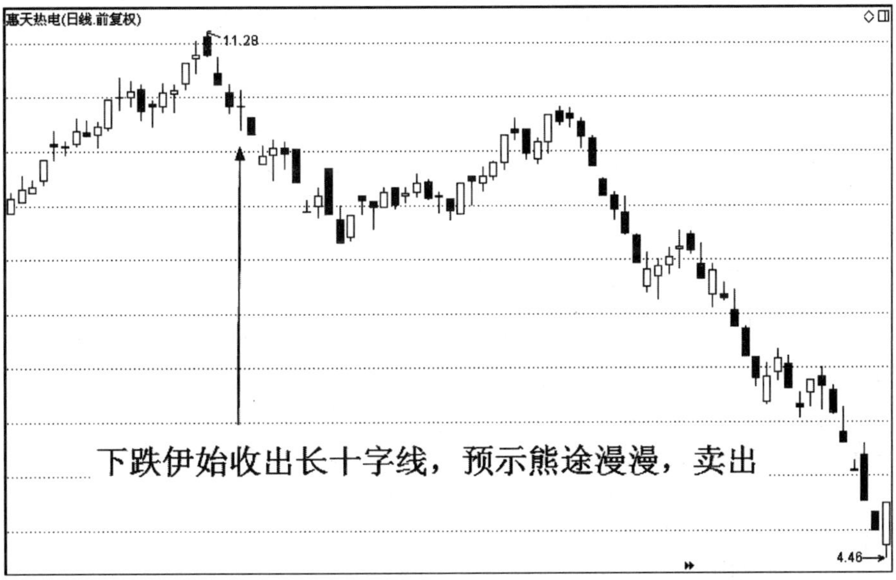

图2-31 下跌过程中的长十字线是看跌信号，卖出

和上涨途中出现的长十字线一样，单根K线也不能确认后市究竟是继续看跌还是见底回升，最简单的方法是等到次日。该股次日跳空低开收出一根跌破长十字线下影线的中阴线，弱势特征非常明显，因此交易者应当在场外观望。

3. 特别提示

（1）长十字线转势，所转的趋势和所有的转势K线形态一样，可以是短期趋势，也可以是中长期趋势，因此长十字线转势的位置一定是出现在一段明显的上涨或下跌趋势当中，哪怕是只有几日的短期趋势。

（2）单纯的一根长十字线并不能确认股价或指数即将转向，即使收出长十字线之前的确走出了一段很明显的上涨或下跌趋势。

长十字线之后的K线及K线形态，可以为交易者提供更为可靠的信息。如次日跳空低开或跳空高开，收出中阴线、大阴线或中阳线、大阳线等，则可以指示股价运行的方向。

如果长十字线的位置恰好出现在压力位、支撑位、趋势线、技术图形颈线位等关键的强阻力或强支撑之处，则长十字线的转势信号更加值得信赖。

六、螺旋桨

螺旋桨K线是上下影线都很长、实体很小的十字星线，因为K线形状像飞机的螺旋桨而得名。螺旋桨K线是较强的转势信号。如图2–32所示。

图2–32　螺旋桨

和长十字线一样，出现螺旋桨是转势信号。螺旋桨长长的上下影线，其技术含义也和长十字线的相同。螺旋桨的实体是小阴线和小阳线，表明至收盘时多方或空方占有一定的优势，因而螺旋桨发出的转势信号比长十字线更为强烈一些。

1. 螺旋桨的技术特征

（1）K线实体（阴阳均可）很小。

（2）上下影线很长。

（3）上涨和下跌行情中都会出现。

图2–33是螺旋桨的日分时走势图。

2. 螺旋桨的技术含义

（1）在股价有较大涨幅后出现螺旋桨，为见顶信号。

螺旋桨见顶的技术含义和长十字线差不多，判断的方法也大致相同，只是螺旋桨的技术含义比长十字线更可靠一些。

如图2–34所示，航天机电（600151）经过连续上涨之后，涨幅超过130%，这时收出一根螺旋桨，预示股价将要转升为跌。收出螺旋桨后，股价未能延续升势，反而逐级回落，此时交易者可以减仓或清仓。螺旋桨次日收出的跌破螺旋桨最低价的中阴线，对于判断螺旋桨是否为见顶信号，起了比较关键的佐证作用。

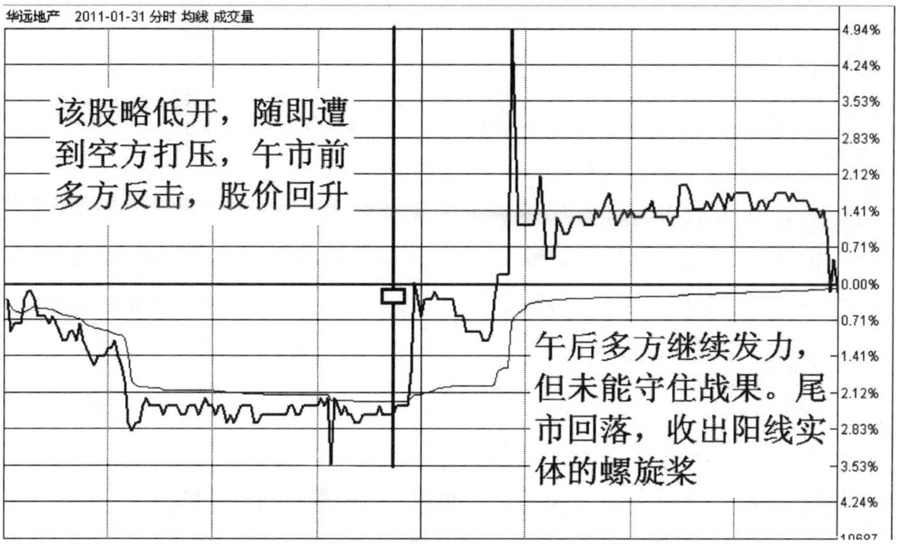

图2-33 形成阳螺旋桨的日分时走势图

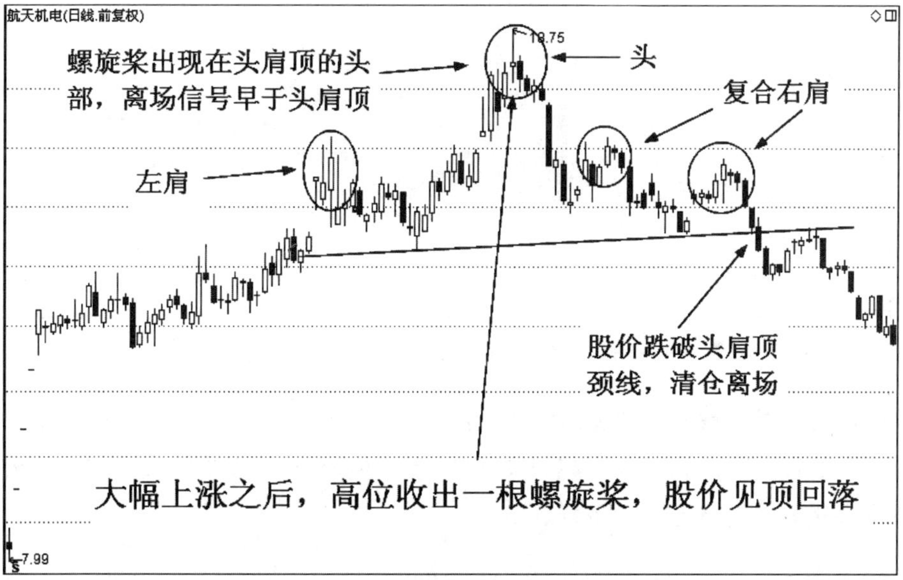

图2-34 顶部区域的螺旋桨是见顶信号

收出螺旋桨前后的市场交易心理大致如下。

收出螺旋桨之前，股价一直上涨。收出螺旋桨的当日，多方感到了压力，场外的交易者则各有不同，一部分踏空很久而追随多方入场抢进，所以螺旋桨当日股价被大幅推高。另一部分交易者则感到困惑，犹豫不决，迟迟不愿进场，导致多方后续力量不足。此时空方乘机打压，股价最终回落，形成螺旋桨的长上影线。

收出螺旋桨当日，局势依然是多方占优。次日股价不仅未能维持高位，反而向下跌破螺旋桨的最低价，彻底击溃了多方的士气。很多获利的多方交易者担心股价回落导致利润缩水或被套，纷纷加入到空方阵营，上涨因此失去动力。那些收出螺旋桨当日抢进的交易者悉数被套，毫无获利出逃的机会，眼睁睁地盯着不断下跌的股价，捶胸顿足，懊恼不已。

该股顶部实际上走出了一个头肩顶的技术图形，交易者可以清楚看出，螺旋桨给出的离场信号要远远早于头肩顶。

（2）在股价有较大跌幅后出现螺旋桨为见底信号。

如图2-35所示，悦达投资（600805）加速下跌后，收出一根阴线实体的螺旋桨，止住了下跌的势头。次日一根高开高走的大阳线，确认了螺旋桨的转势信号。

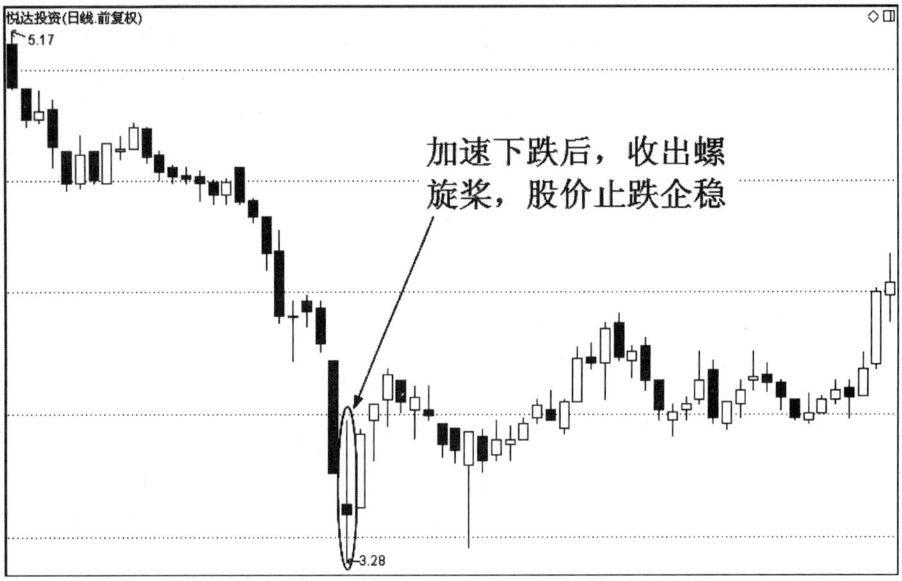

图2-35　连续杀跌后收出螺旋桨是见底信号

需要特别提醒的是：虽然螺旋桨的转势信号强于十字星、十字线和长十字线，但交易者仍旧不宜立即进场买入。趋势是否逆转，还应观察此后的K线走势，同时结合其他趋势技术分析方法进行综合研判。

3. 特别提示

（1）十字星、十字线、长十字线和螺旋桨都是转势信号，但信号的可靠程度不同。由弱至强依次为：十字星、十字线、长十字线和螺旋桨。交易者在股价的高位区和低位区见到长十字线和螺旋桨，需要引起足够重视。

一般在上涨行情中，阴线螺旋桨比阳线螺旋桨转势的力度大；在下跌行情中，阳线螺旋桨比阴线螺旋桨转势的力度大。

（2）对于转势信号中的“转势”两个字，交易者一定要正确理解其含义，转势一般指趋势运行的方向发生了改变。趋势分为三种：长期趋势、中期趋势和短期趋势。上述K线形态对三种趋势都有转势作用，交易者在收出上述K线形态后，不能想当然地认为牛市或者熊市已经结束了，还要结合其他趋势技术分析方法，判断到底是一个短期、中期还是长期的底部和顶部。事实上，上述K线形态所转的趋势，大多为短期趋势，其次是中期趋势，只有极少数情况下，转势K线形态恰好处在长期趋势的顶部或底部。

另外，上述K线形态仅表明在K线的交易周期内，多空双方力量比较均衡。十字线和十字星说明多空双方小心翼翼，都在试探性地攻防。长十字线和螺旋桨说明多空双方进行了激烈的战斗，但是最终都没有取得决定性的胜利。所以上述K线形态出现在上涨过程中，股价或指数会继续上涨，出现在下跌过程中，股价或指数会继续下跌。切不可思想僵化，见到上述K线形态就认为即将转势。

一般情况下，收出上述K线形态，如果出现在压力位、支撑位趋势线或者技术图形的转折点，股价或指数转势的概率很大。如果出现在上涨或者下跌途中，股价或指数大多会继续沿着原来的趋势方向运行。

如图2-36所示，南风化工（000737）在前高的压力处收出一根螺旋桨，股价随后转涨为跌。在前高压力处收出螺旋桨，说明经过一天的激战，多方未能一鼓作气攻克空方堡垒，在消耗了大量兵马弹药的情况下，仅仅取得微弱优势，士气受到挫折。空方则据守坚固的城防，成功阻止了多方前进的步伐。

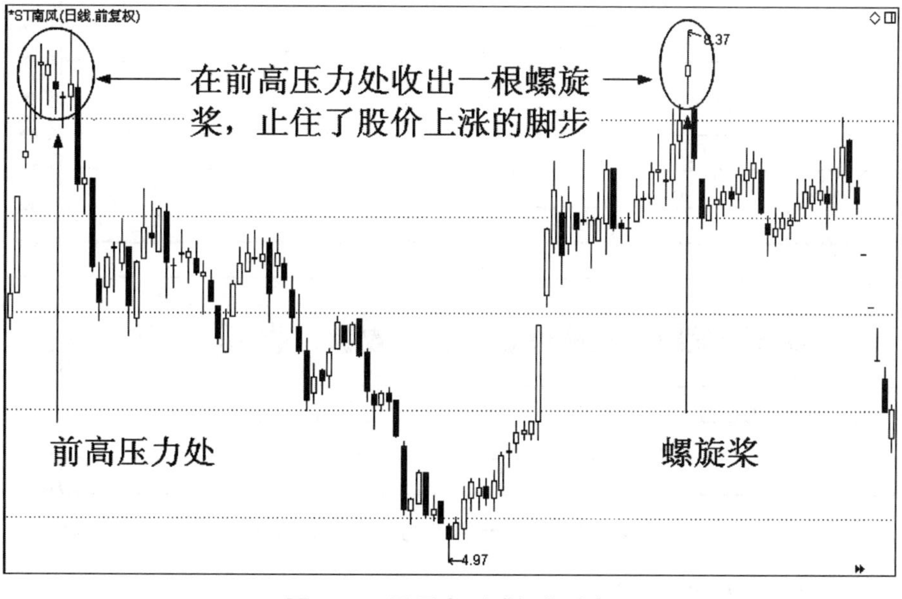

图2-36　遇压力形成短期头部

在关键位置收出螺旋桨，交易者可以适量减仓，或密切关注第二日的走势。如果第二日继续放量上攻，则可以持股不动；如果向下滑落，还是三十六计“走为上”。

通常，收出螺旋桨时都会放量。量放得越大，说明多空双方的分歧越大，压力或支撑也就越大，转势信号的可靠性也就越强。

七、一字线

一字线因K线形状像汉字的“一”而得名。一字线是开盘价、收盘价、最高价和最低价都相同的同价位线，在有涨跌幅限制的市场里容易出现。沪深股市实行涨跌停板制度，因此几乎所有的一字线都是涨停板或跌停板。如图2–37所示。

图2-37　一字线

在大盘暴涨暴跌的时候，单凭公众交易者的力量，很难一开盘就将股价封死在涨停板或跌停板上，并且维持股价直至收盘。因此，一字线基本上是强庄发飙的表现。对于收出一字线的股票，交易者需要格外留意。

在没有涨跌幅限制的市场上，一字线通常表明交易非常冷清。全日只有一档价位成交，只有极其冷门的股票才会发生这种情形。非涨跌停板的一字线极其罕见，本书主要针对沪深股市，所以不探讨因为冷门而收出一字线的情形。

图2–38是形成一字线的日分时走势图。

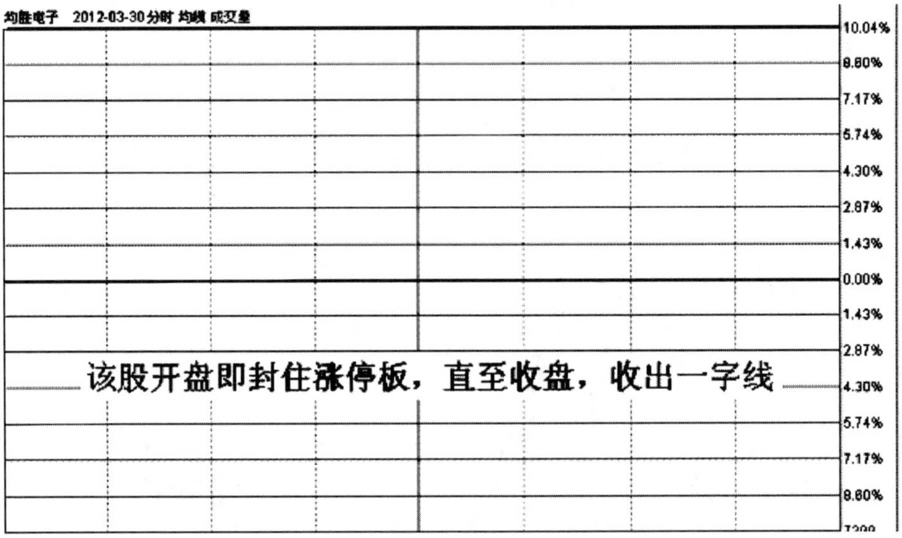

图2-38　形成一字线的日分时走势图

1. 一字线的技术特征

（1）开盘价、收盘价、最高价、最低价相同，市场全天在一个价位上成交。

（2）上涨和下跌趋势中都可能出现。

2. 一字线的技术含义

（1）上涨初期出现一字线，说明多头气势如虹，该股日后往往会变成强势股，是买进信号。

如图2–39所示，ST源发（600757）上涨过程中，主力先是以小阳线夹杂少数阴线的方式稳步拉升吸筹，然后振荡洗盘，走出收敛三角形整理技术图形。在三角形末端，用大阳线和涨停板的方式突破。随后连贯收出一字线，股价一路飙升。

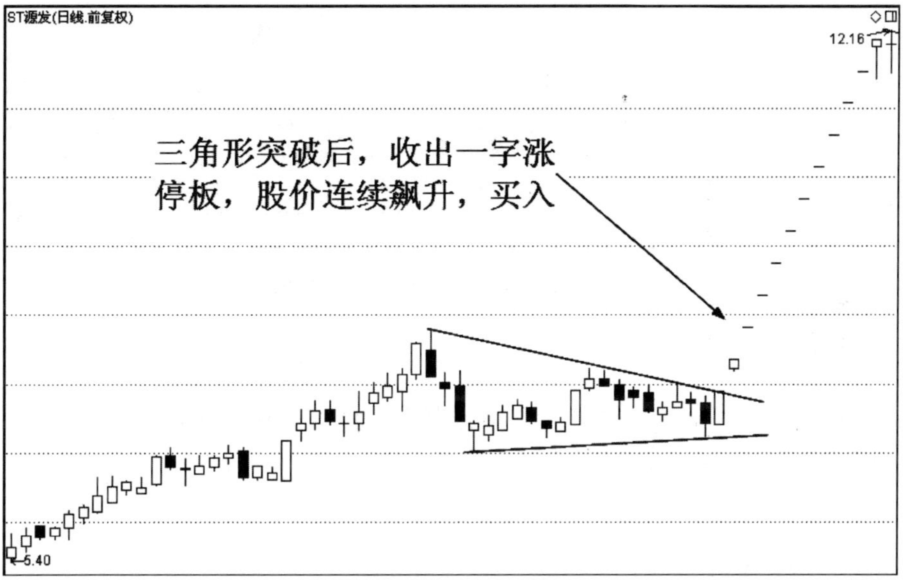

图2–39 上涨初期出现一字线是买进信号

股票收出一字涨停板，是多方主力实力很强的表现，往往后面还会连续拉升。交易者见到有股票在上涨初期，或者突破关键阻力位，或者突破整理形态时，是用一字涨停板的方式上涨的，可以用部分仓位果断介入。如果当天不能成交，第二天根据情况还可以继续挂单等待进场。如果连续几天收出一字涨停板，是否还可以进场，就需要具体情况具体分析，通常来说不宜追高。

（2）在下跌初期出现一字线，说明空头力量极其强大，日后该股往往会变成弱势股，是卖出信号。

如图2–40所示，佳都新太（600728）先是走出绵绵阴跌的K线组合形态，接着收出一根一字线，股价随后就像开闸的洪水，倾泻而下。收出一字线的当日，交易者应当马上挂单卖出。如果当日没有成交，次日则继续挂单卖出。下跌初期出现一字线，表明空方正在不计成本地疯狂卖出，其杀伤力往往非常大。

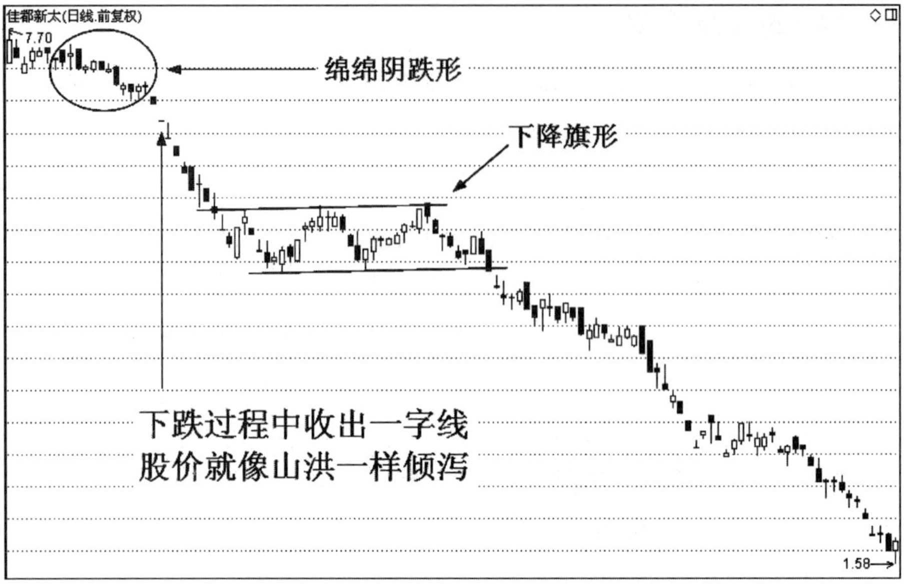

图2-40　下跌初期出现一字线是卖出信号

3. 特别提示

在涨跌停板的制度下，一字线是力量最强的表现。收出一字涨停板的股票大多是强势股，收出一字跌停板的股票大多是弱势股。

八、T字线和倒T字线

T字线因为K线形状像英文字母“T”而得名，又称蜻蜓线。T字线是只有下影线没有上影线，或上影线非常短的同价位线。单日的T字线表明在多方打击下，空方已无力杀跌，股价或指数将会继续上升。如图2–41所示。

倒T字线因为K线形状像倒写的英文字母“T”而得名，倒T字线是只有上影线没有下影线，或下影线非常短的同价位线。单日的倒T字线表明在空方打击下，多方已无力将股价或指数推高，后市可能会下跌。如图2–41所示。

图2–41　T字线和倒T字线

图2–42是形成T字线的日分时走势图。

由于沪深股市实行涨跌停板制度，所以绝大数T字线和倒T字线都是以涨停或跌停收盘的。不论T字线和倒T字线是否是停板，大多都是主力操控股价的结果，因为只有

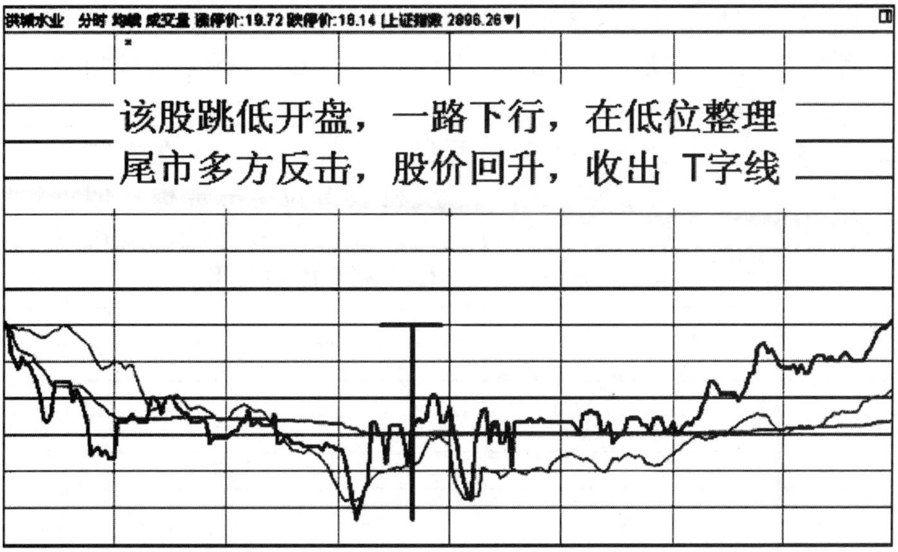

图2-42 形成T字线的日分时走势图

主力才可以做到让股价以自己想要的价格开盘和收盘。在多空双方互不相让、激烈博弈的情况下，仅仅以巧合来解释T字线和倒T字线的成因，是很难让人信服的。

图2-43是涨停板T字线的日分时走势图。

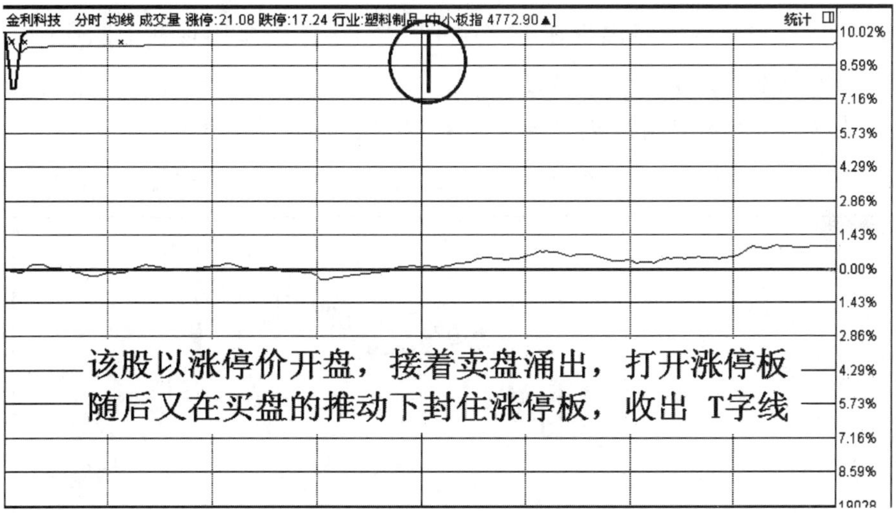

图2-43 形成涨停T字线的日分时走势图

图2-44是跌停板倒T字线的日分时走势图。由于该股开盘后瞬间将股价拉起，所以在分时图上看不到跌停板的开盘价。

1. T字线和倒T字线的技术特征

（1）T字线的开盘价、收盘价和最高价相同，呈“一”字形。

（2）T字线的下影线较长，一般没有上影线，或上影线非常短，形成T字形状。

（3）倒T字线的开盘价、收盘价和最低价相同，呈“一”字形。

（4）倒T字线的上影线较长，一般没有下影线，或下影线非常短，形成倒T字形状。

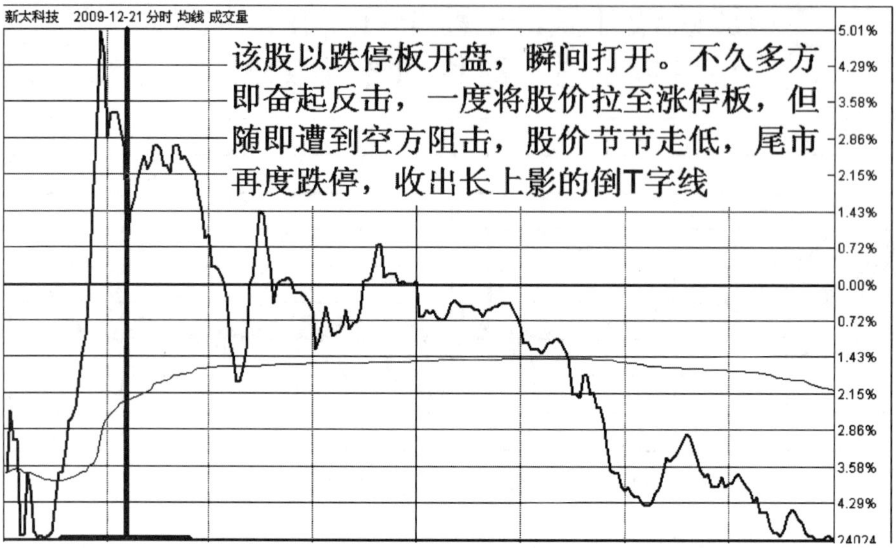

图2-44　形成跌停倒T字线的日分时走势图

2. T字线和倒T字线的技术含义

一般情况下，T字线大多出现在上涨途中，倒T字线大多出现在下跌途中。但T字线、倒T字线的技术含义是完全相同的。

（1）在股价或指数已有较大涨幅后出现T字线，是见顶信号。

如图2-45所示，佳都新太（600728）连续飙升，收出两根T字线，随后股价转升为

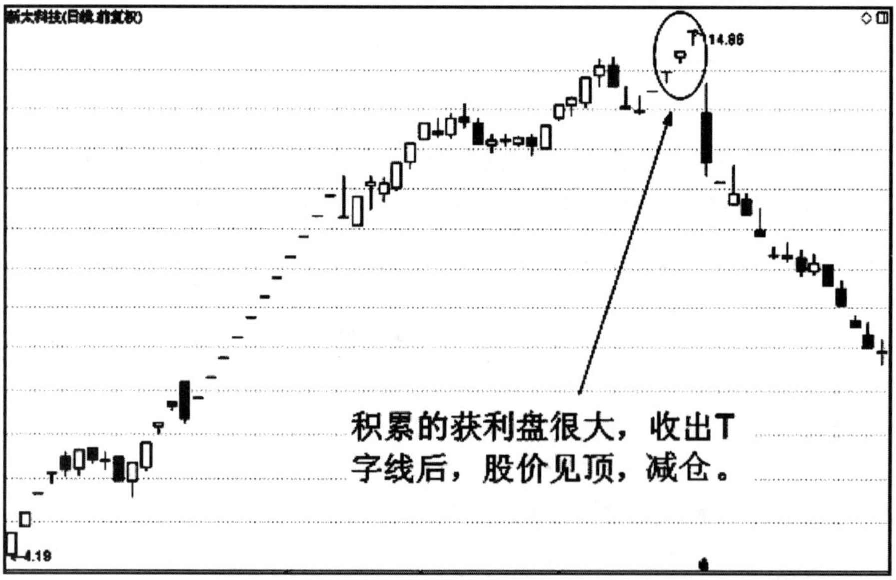

图2-45　股价短期暴涨后收出T字线，是见顶信号

跌。对于短期股价涨幅巨大的股票，交易者可以在见到任何一种见顶的K线组合形态出现时开始减仓，这样既可以确保大部分利润落袋，又可以享受到股价连续拉升带来的喜悦。

图中巨大的阴线和阴线上方巨大的缺口，是股票股改以后，复盘当日不设涨跌停板限制而形成的。

（2）在股价或指数已有较大跌幅后出现T字线，是见底信号。

如图2-46所示，强生控股（600662）以一根T字线结束了持续的深跌，股价此后逐级攀升。收出T字线后，交易者不一定马上进场。该股的进场点在股价没有再破新低，此后收出中阳线和大阳线之处。单根T字线和倒T字线无法确认股价或指数是否见底，必须要有其他的K线形态或趋势信号予以印证。

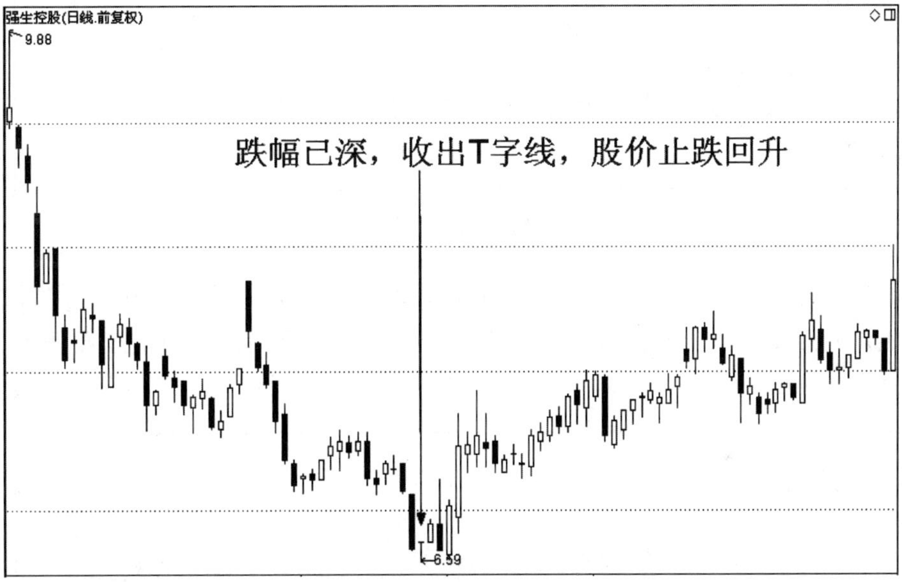

图2-46　跌幅较深时收出T字线，是见底信号

对于所有的见底K线形态，等待股价企稳，显露走强迹象之后再进场，这是一般的操作原则。

（3）在上涨途中出现T字线，后市继续看涨。是持仓信号。

如图2-47所示，道博股份（600136）上涨过程中收出T字线后，股价继续上涨。此时交易者可以持仓不动，空仓的交易者不宜追高买入。

上涨途中的T字线表明，当日空方虽然尽力打压，但多方最终还是取得了绝对性的优势。

在上涨途中收出倒T字线的时候很少。上涨途中收出倒T字线，表示空方的打压虽然取得了一定的成效，但仍旧没能占据上风，不过交易者需要提高警惕，随时关注后市的变化。第二日的K线形态，可以给交易者足够的提示：如果次日股价或指数继续收出阳线，或高开至收盘仍旧上涨，就表示前一日的倒T字线是上涨中继；反之，如果次日收出收盘价是下跌的阴线，或者低开收低，则股价或指数见顶的概率很大。

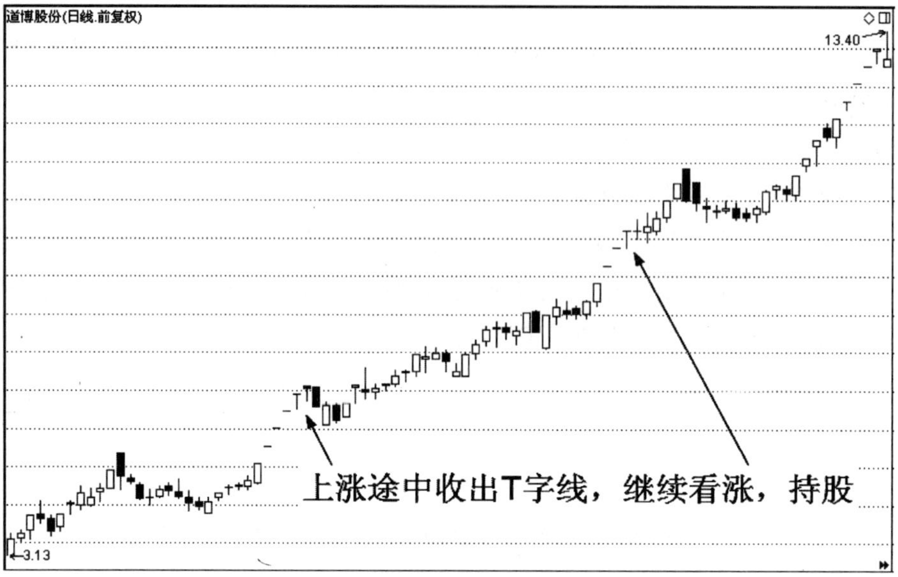

图2-47　上涨途中的T字线是持仓信号

如图2-48所示，万科A（000002）在上涨趋势中收出一根倒T字线，次日虽然低开，但收盘时股价收出上涨阳线，表明多方依然控制着局面，后市继续看涨，交易者可以持股不动。

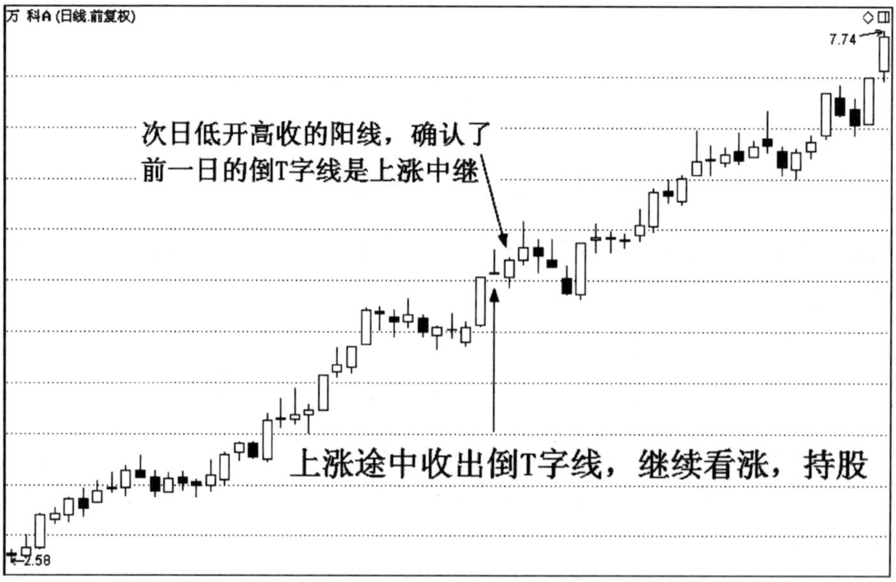

图2-48　上涨途中出现的倒T字线是持仓信号

（4）在下跌途中出现T字线，后市继续看跌。持币观望。

如图2-49所示，ST源发（600757）在下跌过程中不断收出倒T字线，每一根倒T字线就像一级级台阶，股价踩着台阶小跑一样下山。在这种情况下，空仓的交易者应继续空仓等待，持仓的交易者宜择机离场。

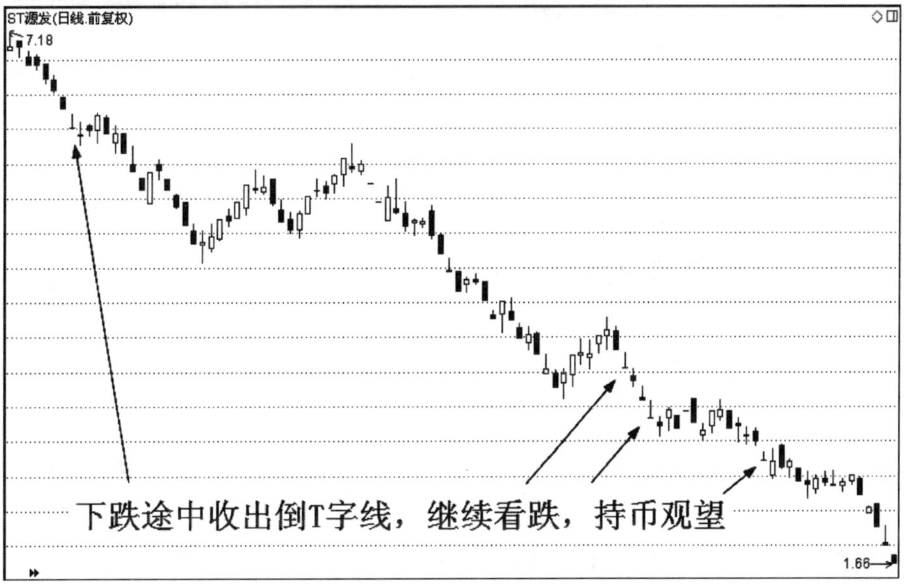

图2-49　下跌途中收出倒T字线是空仓信号

下跌途中的倒T字线表明，当日多方虽然奋力拉抬股价，但终究挡不住空方潮水一样的抛盘。

在下跌途中很少收出T字线。下跌途中收出T字线，表示多方的反击取得了一定的战果，但尚不足以攻入空方阵地。股价或指数究竟是下跌中继还是已经见底，第二日的K线形态可以给交易者足够的提示：如果次日收出收盘价是下跌的阴线，或者跳低开盘，至收盘时依然未能收复失地，表示股价或指数将继续下跌；反之，如果次日股价或指数继续收出收盘价是上涨的阳线，或高开收高，则股价或指数很有可能见底。

如图2-50所示，SST华新（000010）的股价运行在一个下降趋势当中，短暂反弹后，股价继续下跌，收出T字线。次日略高开2分钱，至收盘时收出中阴线，表明多方反击无力，后市看跌，交易者应持币观望或及时卖出。

3. 特别提示

（1）T字线转势信号的强弱与下影线长短成正比。下影线越长，信号越可靠。

（2）倒T字线转势信号的强弱与上影线长短成正比。上影线越长，信号越可靠。

（3）上涨过程中出现T字线的概率比较大，下影线多为空方打压抵抗或多方主力吸货所致。

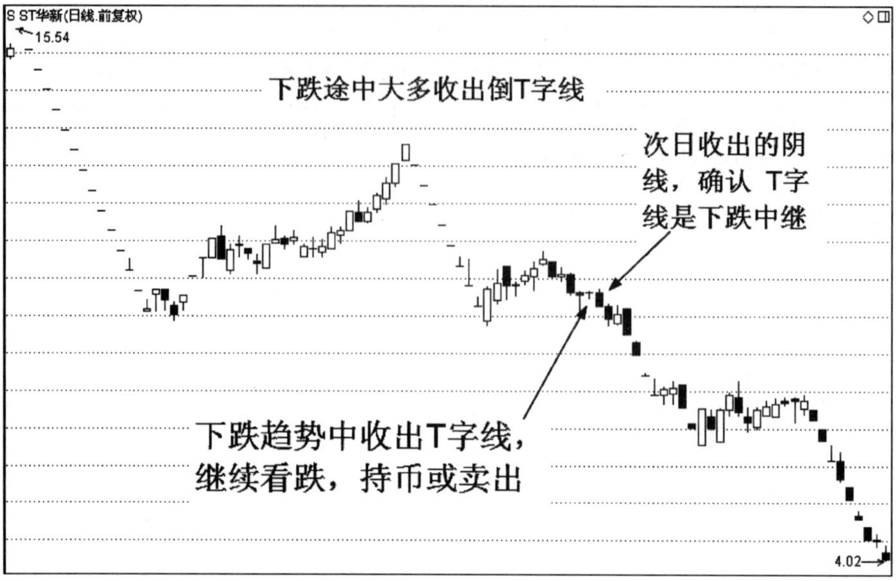

图2-50　下跌途中收出T字线是空仓信号

（4）下跌过程中出现倒T字线的概率比较大，上影线多为多方入场抢反弹、抄底或空方主力出货所致。

K线走势图中经常出现T字线、倒T字线和一字线的股票，说明其筹码的集中度很高，也就是俗称的主力（庄家）控盘。

交易者可以从以下几个方面识别和判断出现T字线、倒T字线和一字线后，究竟是顶部、底部、上涨途中还是下跌途中。

（1）是否遇到支撑和压力。

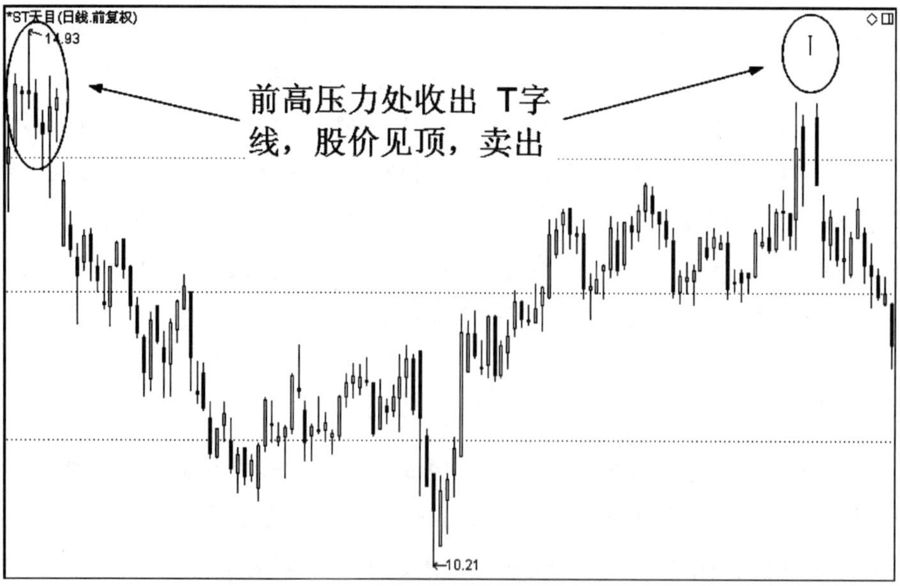

图2-51　遇压力收出T字线预示股价见顶

（2）是否在趋势线附近。

（3）是否处在技术图形的突破位置或者颈线位置。

（4）均线的排列方式。

如图2–51所示，ST天目（600671）在前高压力区域处收出一根T字线，股价形成顶部岛形反转。该股顶部的T字线，因前后都是跳空缺口，孤零零的只有一根K线矗在峰顶，好像是一个“弃婴”。婴儿是没有生存能力的，被抛弃以后，只有死路一条，因此看空的意味非常浓。交易者应当在走出“弃婴”走势之后，及时卖出。

九、锤头线和吊颈线（绞刑线）

锤头线是K线实体很小，没有上影线或者上影线非常短，下影线一般大于或等于实体两倍的小阴线和小阳线。锤头线因K线形状像一把锤头而得名。如图2–52所示。

吊颈线又称绞刑线，它们的K线形状和锤头线完全相同。不同之处在于：出现在股价大幅下跌之后的位置就叫锤头线；出现在股价大幅上升之后的位置，就是吊颈线（绞刑线）。如图2–52所示。

锤头线(吊颈线、绞刑线)

处在跌末期的是锤头线；处在上涨末期的是吊颈线、绞弄线

图2–52　锤头线（吊颈线、绞刑线）

图2–53是形成阳线实体锤头的日分时走势图。

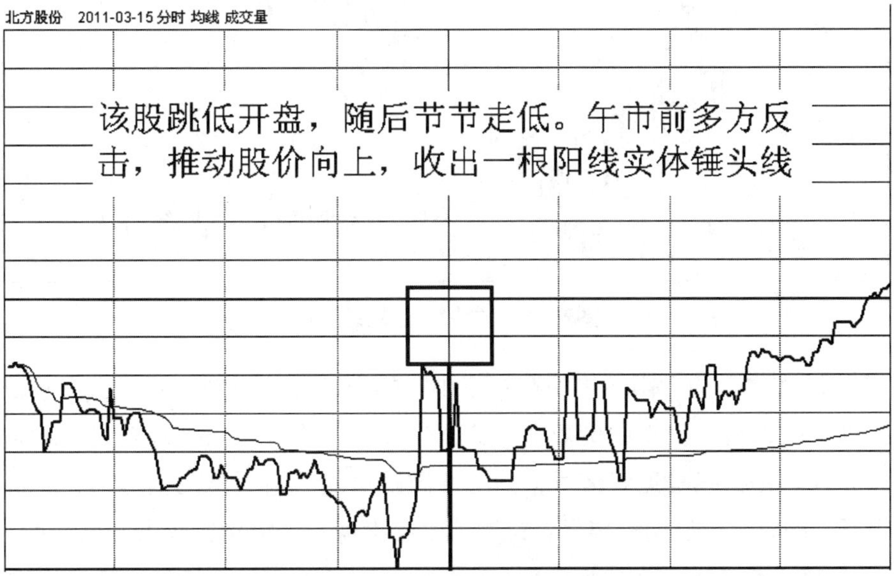

图2–53　形成阳锤头线（吊颈线、绞刑线）的日分时走势图

锤头线和吊颈线（绞刑线）都是很强的转势信号，其中锤头线是见底信号，吊颈线是见顶信号。

1. 锤头线和吊颈线（绞刑线）的技术特征

（1）锤头线出现在下跌途中，吊颈线（绞刑线）出现在上涨途中。

（2）阳线或阴线实体很小，下影线一般大于或等于实体的两倍。

（3）一般没有上影线，或上影线很短。

2. 锤头线和吊颈线（绞刑线）的技术含义

（1）股价或指数大幅下跌后出现锤头线，转跌为升的可能性较大。

锤头线的含义就是拿着锤子夯地。夯地就是夯底，越夯底就越结实，所以锤头线的名字既形象又寓意贴切。

图2-54是航天晨光（600501）的周K线走势图。从图中可以看到，股价从近20元一直跌到3.55元，跌幅极深。然后收出一根阳线锤头，这才止跌回升。

图2-54　锤头线是见底信号

在锤头线和次日的大阳线之间有一个小小的缺口，这个缺口是向上突破缺口，交易者见到这个缺口后，发现股价短期走势比较强劲，没有很快回补缺口的意思，可以及时适量介入。锤头线是见底信号，向上突破缺口是后市看涨的信号。在股价跌幅巨大的前提下，同时出现这两种信号，说明后市会出现一个级别比较大的反弹。

（2）股价或指数大幅上升后出现吊颈线（绞刑线），见顶回落的可能性较大。

吊颈线就像一个人上吊的样子，其见顶意味从名字和形状上可见一斑。

一般情况下，在股价或指数连续暴涨，尤其是以大阳线或一字涨停板的方式飙涨的时候，突然收出一根长下影的小阳线，说明多方的凌厉攻势受到强阻力。长长的下影线透露了有人借势抛货，如果同时伴有巨量的成交，那么，多翻空的概率就更大了。机敏的趋势交易者此刻应该联想到这大约是吊颈线，是该做好离场准备的时候了。

如图2–55所示，道博股份（600136）一段时间内连续上涨，几乎没有停顿，上涨末期更是每天涨停。在冲刺的最后阶段收出一根吊颈线，次日和第三日收出一阴一阳两根射击之星之后，股价就像断线的风筝一样跌回原地。

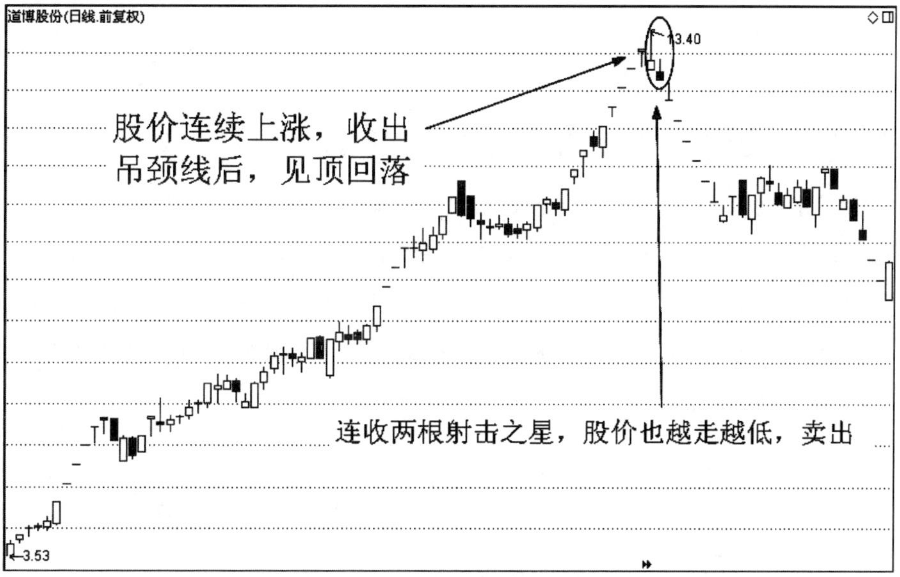

图2–55　吊颈线是见顶信号

交易者可以在收出吊颈线时减仓，至迟要在次日和第三日收出射击之星时减仓或清仓。一般而言，短线交易者见到上述K线形态要清仓，中长线交易者可以减仓。

该股频繁收出一字线、T字线、倒T字线、锤头、倒锤头、吊颈线、射击之星，很显然有主力控盘。对于这种股票，最好的方法是见好就收。快速拉升，交易者就跟着坐轿。放量不封涨停板（放量滞涨），收出见顶信号的K线形态，股价跌破5日均线时，交易者就要及时获利出局。

不仅仅是庄股，对于任何一只股票，都不能存有通吃的想法。左侧交易会提前一点下车，右侧交易可能直到股价掉头时才离场。但让出一小段获利空间是必然要付出的代价。

需要特别提醒的是：单根的吊颈线只是一种警戒，提醒交易者危险也许近在咫尺。

3. 特别提示

可以从以下几个方面判断锤头线和吊颈线（绞刑线）转势信号的强弱。

（1）实体与上影线的比例越悬殊，转势作用则越强。

（2）阳锤头线的转势信号比阴锤头线可靠。

（3）阴吊颈线（绞刑线）的转势信号比阳吊颈线（绞刑线）可靠。

（4）股价是否遇到支撑和压力。

（5）股价是否在趋势线附近。

（6）股价是否处在技术图形的突破位置或者颈线位置。

（7）均线的排列方式。

十、倒锤头线和射击之星（流星、扫帚星）

倒锤头线是K线实体很小，没有下影线或者下影线非常短，上影线一般大于或等于实体两倍的小阴线和小阳线。倒锤头线因K线形状像个倒转的锤头而得名。如图2–56所示。

射击之星又称流星、扫帚星，它们的K线形状和倒锤头线完全相同。不同之处在于：出现在股价大幅下跌之后的位置就是倒锤头线，出现在股价大幅上升之后的位置就是射击之星（流星、扫帚星）。如图2–56所示。

处在下跌末期的是倒锤头线；处在上涨末期的射击之星、扫帚星、流星

图2–56　倒锤头线（射击之星、扫帚星、流星）

倒锤头线和射击之星都是转势信号，其中倒锤头线是见底信号，射击之星是见顶信号。图2–57是形成倒锤头的日分时走势图。

1. 倒锤头线和射击之星的技术特征

（1）倒锤头线出现在下跌途中，射击之星出现在上涨途中。

（2）阳线或阴线实体很小，上影线大于或等于实体的两倍。

（3）下影线很短或没有。

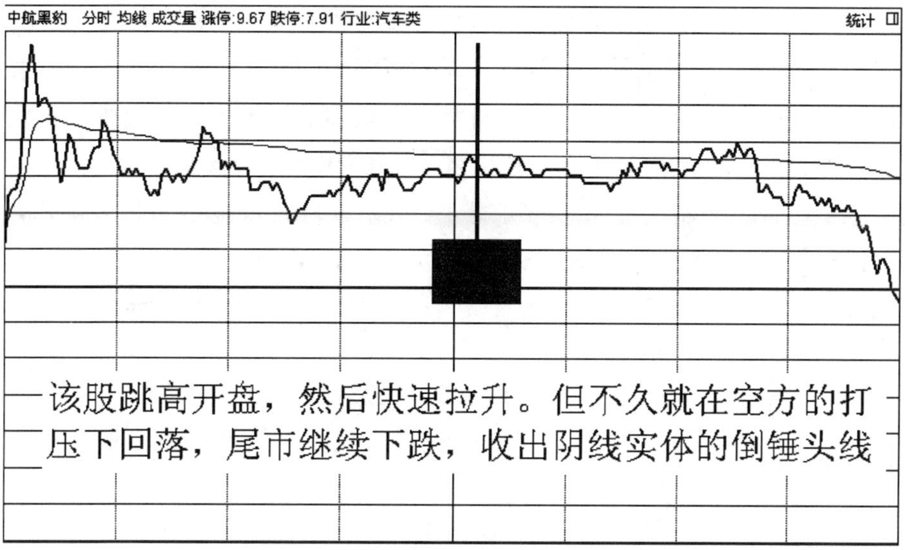

图2-57　形成阴倒锤头线的日分时走势图

2. 倒锤头线和射击之星的技术含义

（1）股价或指数大幅下跌后出现倒锤头线，止跌回升的可能性较大。

如图2-58所示，云南旅游（002059）底部出现倒锤头线，股价终于止跌回升。此时交易者可以密切关注，等待时机介入。

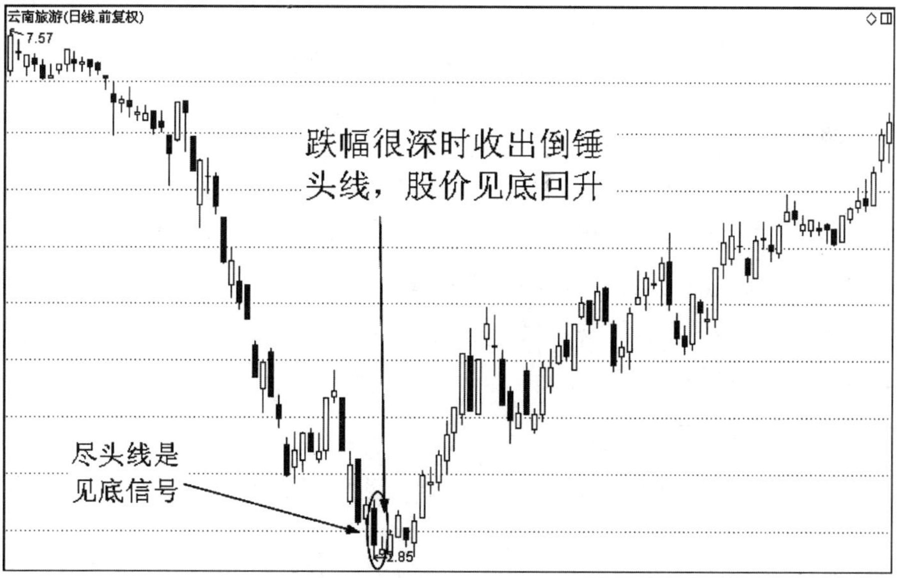

图2-58　倒锤头线的见底作用

图中倒锤头线和前面一根阴线形成尽头线的K线组合形态，底部的尽头线也是见底信号。

（2）股价或指数大幅上涨后出现射击之星，见顶回落的可能性较大。

如图2-59所示，华菱钢铁（000932）经过连续上涨，出现一阴一阳两根射击之星，后面还跟着一根小阳十字星。阳线的射击之星和前面的大阳线形成尽头线，顶部的六根K线形成塔形顶K线组合形态。以上各种K线和K线组合形态都是见顶信号，同时出现在同一个位置，表明股价回落的可能性更大。实际走势也是如此，此后股价一落千丈。交易者应当在收出上述K线形态后及时减仓或清仓。

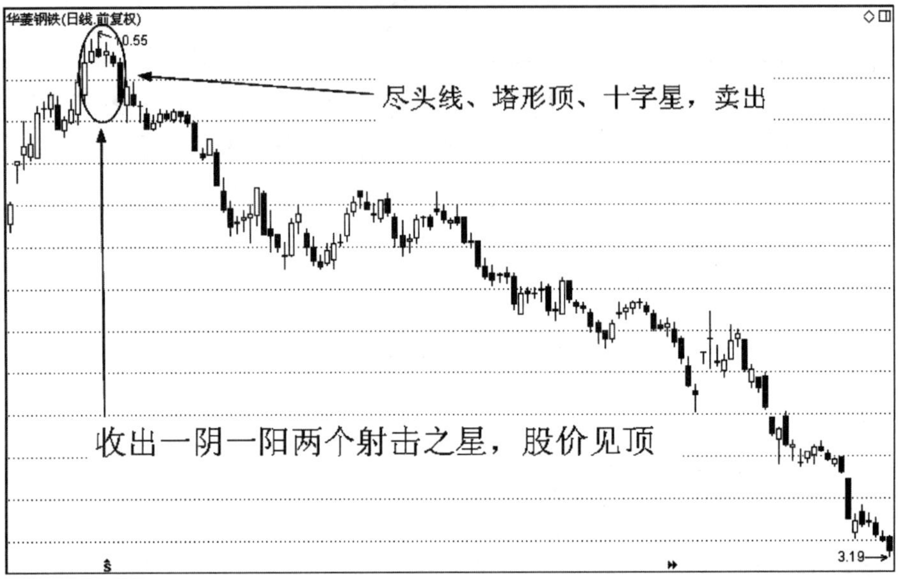

图2-59　射击之星的见顶作用

3. 特别提示

倒锤头线和射击之星转势信号的强弱，可以从以下几个方面判断。

（1）实体与上影线的比例越悬殊，转势作用则越强。

（2）阳倒锤头线的转势信号比阴倒锤头线可靠。

（3）阴线的射击之星，转势信号比阳线的射击之星可靠。

（4）股价是否遇到支撑和压力。

（5）股价是否在趋势线附近。

（6）股价是否处在技术图形的突破位置或者颈线位置。

（7）均线的排列方式。

如图2-60所示，江西铜业（600362）在前高压力处收出一根射击之星，随后股价马上掉头下行。

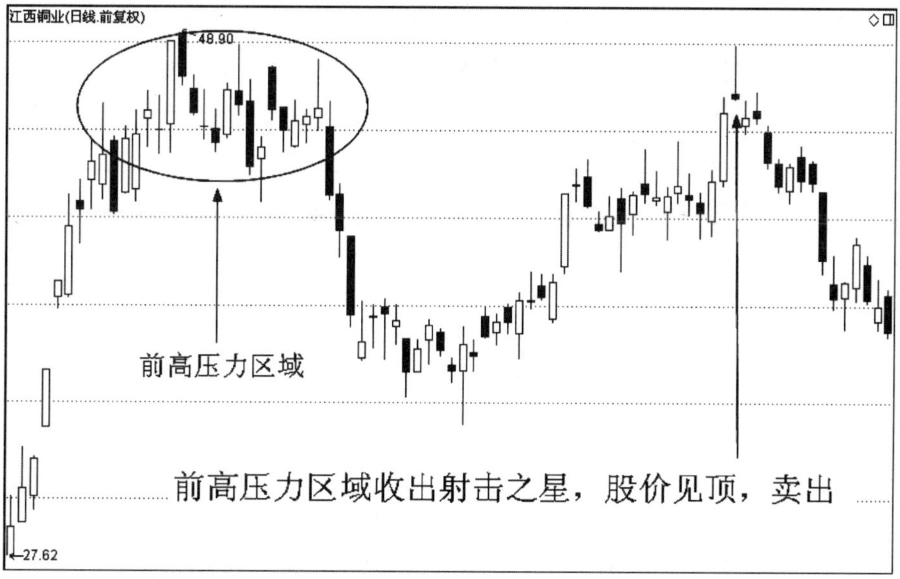

图2-60　遇前高压力位收出射击之星，股价随后见顶回落

十一、揉搓线

揉搓线是由一正一反两根T字线组成的K线组合，比喻股价像洗衣一样，被人反复揉搓。如图2-61所示。

图2-61　揉搓线

1. 揉搓线的技术特征

（1）多数出现在涨势当中。

（2）由一根T字线和一根倒T字线组成，影线可长可短。

揉搓线表明多空双方经过两个交易日的对决，最终握手言和。单根的T字线和倒T字线已经富含操控之意，何况一前一后收出两个收盘价相同或非常接近的T字线和倒T字线呢！仅仅用巧合来解释，恐怕难以令人信服。主力在一定程度上控制开盘价和收盘价以及几日的走势，因此只有主力才可以做到收放自如。交易者见到揉搓线，一定要引起的足够重视。

2. 揉搓线的技术含义

（1）在上涨初期出现揉搓线是买入信号，后市继续看涨。

如图2-62所示，道博股份（600136）在上涨初期收出不是很标准的揉搓线，此后股价几乎没有停顿，持续加速上升。在上涨初期收出揉搓线，不能单独作为买入信号使用，至少需要后面一根K线的验证。因为主力是洗盘还是出货，仅凭揉搓线难以认定。

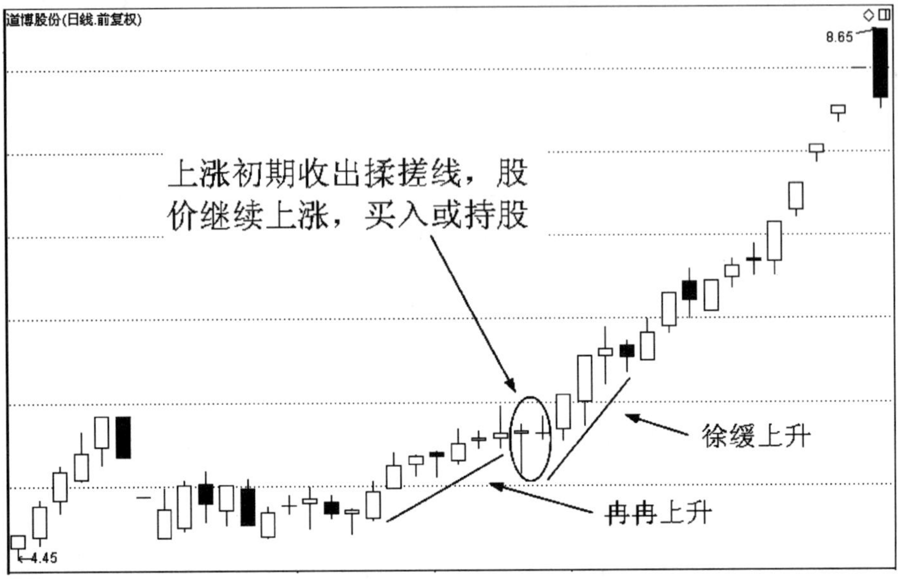

图2-62　上涨初期收出揉搓线是买入信号

本例当中，揉搓线之前的几根K线是冉冉上升的K线组合形态，揉搓线和其前后的几根K线组合在一起，是徐缓上升的K线组合形态，二者都是看涨信号。因此本例收出揉搓线时，交易者可以继续持股或买入。

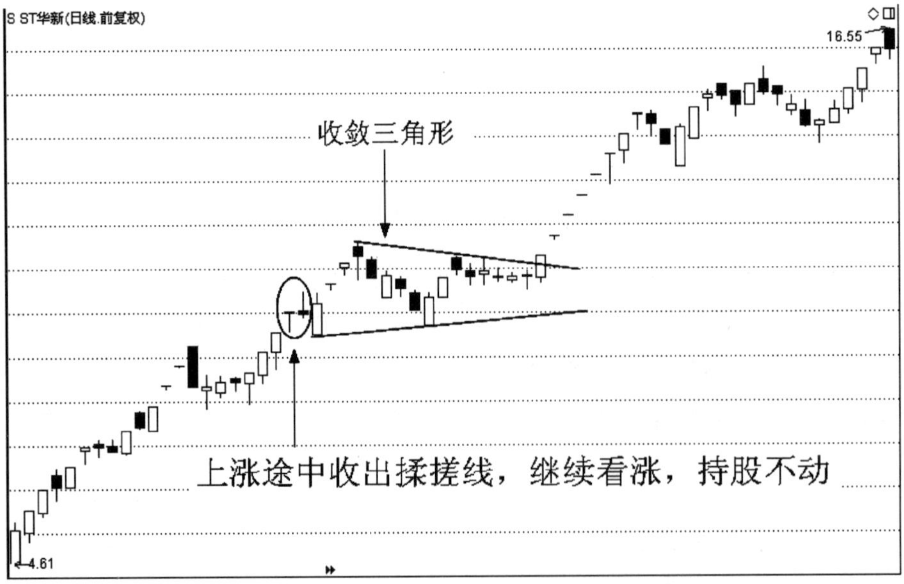

图2-63　上涨途中收出揉搓线，后市继续看涨，是持仓信号

（2）上涨途中出现揉搓线，后市继续看涨，是持仓信号。

如图2-63所示，SST华新（000010）收出不标准的揉搓线后，股价继续上涨，此时交易者可持仓不动。和上涨初期的揉搓线一样，单独的揉搓线不能作为买入的依据，但已经持仓的交易者，可以持仓不动。

除了其他的技术分析方法予以佐证之外，次日的K线也可以告诉交易者很多信息。如本例，次日虽然股价大幅低开，但收盘时股价涨过揉搓线的收盘价，收出大阳线，所以后市继续看多，可以持仓待涨或买入。

如揉搓线后收出见顶信号的K线形态，则极有可能终结一段行情。该股后市还走出收敛（对称）三角形整理形态。整理结束后，股价继续上涨。

（3）在上涨趋势末端出现揉搓线是卖出信号。

如图2-64所示，赣能股份（000899）的股价一直稳步上涨，涨幅高达5倍有余。在最后阶段，股价加速上涨，然后高位收出揉搓线，随后股价转涨为跌，见顶回落。

图2-64　涨幅已大收出揉搓线，是见顶信号

该股揉搓线的第二根K线是一个长十字线，连收涨停板之后收出长十字线，很显然局面已由多方主动变为双方势均力敌。原本多方一路势如破竹，信心满满，此时变得犹豫不决，进退迟疑，预示股价雪崩将在眼前。长十字线之后是一根阳十字星，且阳十字星的最高价未能超越长十字线的最高价，多方更加气短。阳十字星之后是一个影线和实体都更加短小的阴十字星，高位的阴十字星同样是见顶信号。同时该阴十字星和前一根阳十字星组成一个身怀六甲的见顶K线形态，随后紧跟着一根大幅低开的射击之星。在众多见顶信号K线形态的作用下，股价随后迅猛暴跌。

暴涨的股票，在放量滞涨时即可离场。短线交易者可以在收出揉搓线时清仓，中长线交易者可以减仓。左侧交易可以减仓或清仓，右侧交易至迟也应在收出射击之星时清仓离场。

成交量也向交易者诉说一些秘密。图2-65显示了图2-64赣能股份（000899）收出揉搓线时的成交量变化情况。两个无量一字涨停板之后，收出一根天量T字线，虽然收盘依然封住涨停，但天量打开涨停板再封上，可以理解为买盘汹涌，也可以理解为主力借股价强势上冲之机出货。不管怎么说，都说明多空双方的分歧非常之大。在如此高位多空双方有如此之大的分歧，交易者应该引起十分的警觉。

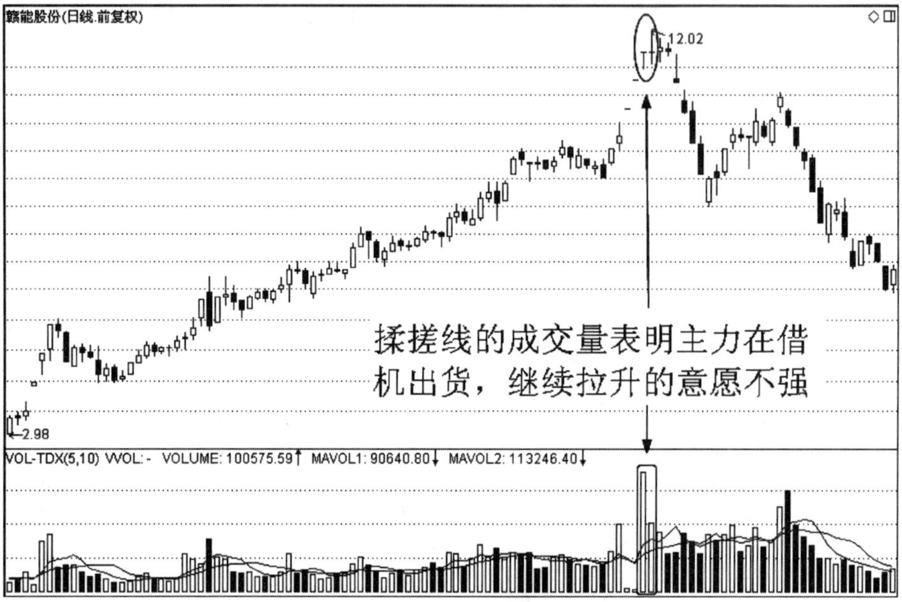

图2-65　揉搓线的成交量透露出主力的出货意图

次日股价继续上冲，创出新高，但交易量却在回落，形成量价背离关系。说明场外的交易者不愿进场买入，很多人已心怀忐忑。收盘价与昨日持平，收出长十字线，也表明多方力量的确在衰减。此时已基本上可以判断，前一日的巨量成交十有八九是主力出货。

图2-66是丰华股份（600615）2005年7月至11月期间的走势，当时丰华股份还是特别处理股票。经过20多个涨停板，收出长上下影线的天量揉搓线，表明主力开始出货。股价就此见顶回落，然后横盘整理，再下跌，再横盘整理，股价走势就像台阶，一级一级下行。

交易者可以仔细观察揉搓线成交量的变化情况。该股连续上涨过程中，除了不是一字涨停板的几日之外，成交量都非常之小，只有在揉搓线的第一根T字线处放出了天量。次日虽然股价一度冲高，创出历史新高，但跌停价开盘，跌停价收盘，已经将前一日主力出货的意图昭示天下。

股价自揉搓线的高点下来之后，成交量一直比较大，但却没有再度上攻的意思，

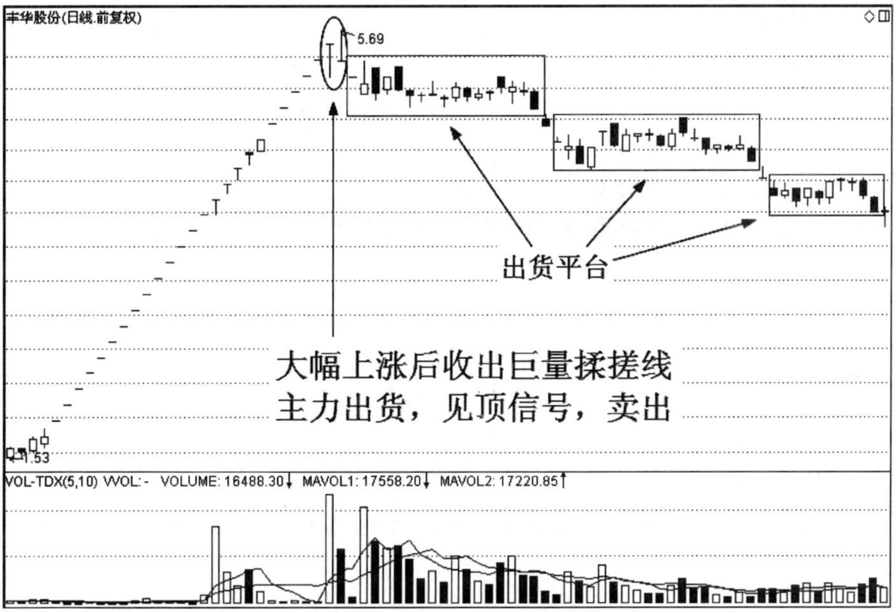

图2-66　大涨之后收出天量揉搓线是见顶信号，卖出

进一步验证顶部的天量是出货行为。每一个整理平台都是主力出货的区域。主力控盘的股票，经常采用这种台阶式出货的方式。

横盘整理是一种很强势的整理方式。主力采用这种方式，主要是为了给交易者造成一种假象，诱骗交易者入场接货，但是一直比较大的成交量露出了马脚。

当然，这种走势也不一定必然是主力出货，还有可能是主力洗盘，或者在高抛低吸，或者另有主力介入。但是在股价没有创出揉搓线位置的新高之前，这些都只是一种猜测和可能，都只是一种小概率的事件。行情不明时应离场观望，何况现在长上下影线的揉搓线已经给出卖出信号呢?

交易者见到暴涨之后收出巨量揉搓线，马上清空仓位，大多数情况下都不会犯错。

关于如何依据成交量（换手率）和K线、均线、趋势线等，判断高位放量究竟是出货还是吸筹，将在系列图书中讲解。

如图2-67所示，ST梅雁（600868）经过短期暴涨之后，收出不标准的放量揉搓线，此后股价快速回落。没有及时卖出的交易者，将会被迫坐过山车，甚至被套。

该股在收出揉搓线之前，已经收出一根放量T字线和天量螺旋桨。紧挨着的两根K线形态都是见顶形态，交易者可以不必等到收出揉搓线，而在放量T字线和螺旋桨处减仓。

需要指出的是，该股在收出揉搓线第二根K线的当日，公众交易者几乎无法成功卖出。第二根K线的上影线仅仅是瞬间成交所致。该股当日开盘即跌停，图2-68是当日该股的日分时走势图。

对于这种强庄控盘、极端出货的手法，除了采取仓位管理控制风险的方法以外，几乎没有其他更好的方法了。交易者可以在上涨过程中收出第一根放量见顶信号的T字线时，逐步适量减仓。

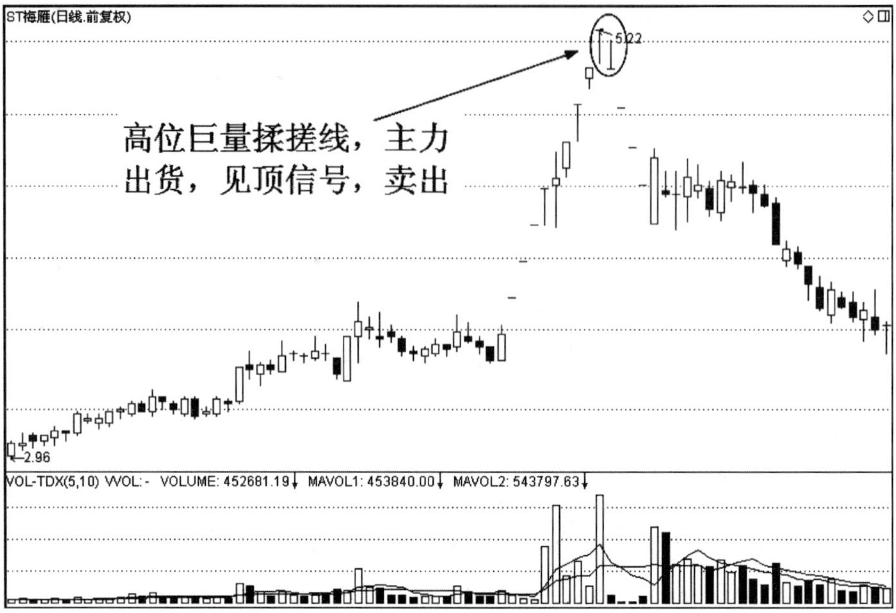

图2-67　暴涨之后的揉搓线是见顶信号，卖出

图2-68　揉搓线第二根K线的日分时走势图

（4）股价下跌，反弹过程中出现揉搓线，是卖出信号。

如图2-69所示，友好集团（600778）也是一个不标准的揉搓线，出现在一个缓慢下跌行情中的反弹高点。揉搓线对应着超出平常十几倍的成交量，表面上看是放量上攻，实则是主力借反弹出货。收出揉搓线之后，股价随后加速下跌。抢反弹的交易者，在收出揉搓线的当日临近收盘或次日卖出，是最后一个最佳的离场机会。

收出天量长十字线的当日，是抢反弹交易者最佳的离场点。因为既然是抢反弹，当然是有利润要出，没有利润形态走坏也要出。所以股价收出了见顶信号的K线形态，交易者应当毫不犹豫地清仓离场。

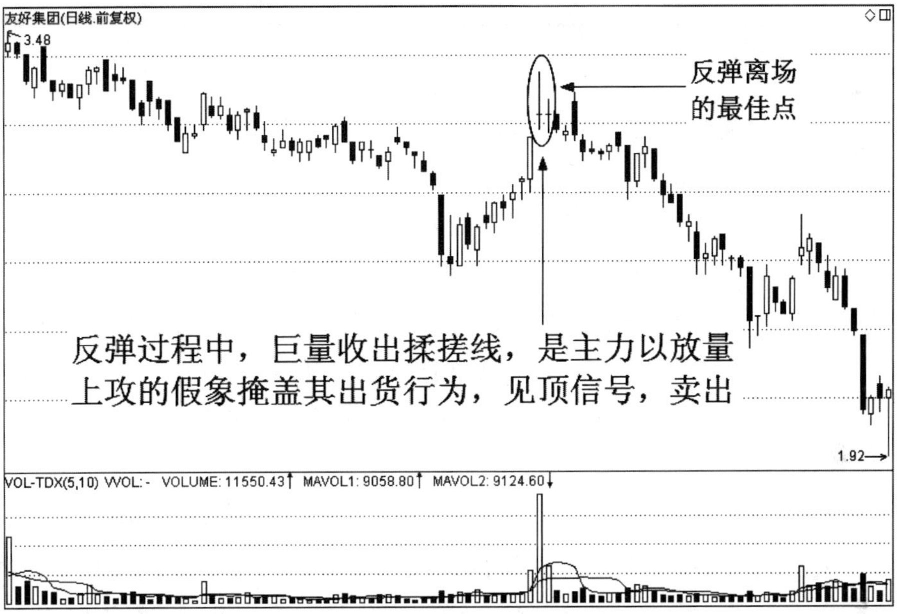

图2-69　反弹过程中收出揉搓线是卖出信号

3. 特别提示

在上涨途中出现的揉搓线，多为带短影线的T字线。在上涨末端出现的揉搓线，多为带长影线的T字线。这是因为揉搓线基本上是强庄控盘，影线长短显示了主力运作的痕迹和意图：上涨途中的影线短，主要是主力洗盘所致，因为主力需要继续控制局面；上涨末期的影线长，主要是主力刻意制造巨幅振荡，以方便大肆出货的结果。

揉搓线出现的机会很少，但是因为强庄控盘的原因，信号的可靠性很高。交易者见到揉搓线时，一定要引起足够的重视。

十二、尽头线

尽头线是一种价格波动幅度在前一根大K线影线范围之内的K线组合。第一根大K线为阳线的，第二根小K线的波幅就在上影线的范围内，第一根大K线为阴线的，第二根小K线的波幅就在下影线的范围内。如图2–70所示。

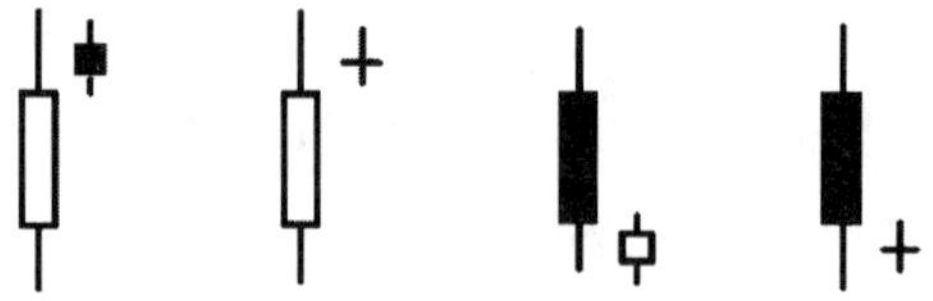

图2-70 尽头线

1. 尽头线的技术特征

（1）既可以出现在上涨趋势中，也可以出现在下跌趋势中。

（2）由一大一小两根K线组成。

（3）上涨趋势中，第一根K线为大阳线或中阳线，第二根K线为十字线或小阳线、小阴线。第二根K线的波动范围在第一根K线的上影线之内。

（4）下跌趋势中，第一根K线为大阴线或中阴线，第二根K线为十字线或小阳线、小阴线。第二根K线的波动范围在第一根K线的下影线之内。

2. 尽头线的技术含义

尽头线意即行情已至尽头，即将转向。在一根带有上下影线的中阳线、大阳线或中阴线、大阴线之后，突然在其一端的影线范围内收出一根波动很小的K线或十字线，股价或指数不再继续创新高或新低，说明进攻一方后继乏力，给人以虎头蛇尾的感觉。尤其股价或指数正处于加速上涨或下跌之时，收出尽头线，转势信号的作用更强。

尽头线本身只起到预警作用，不是买入和卖出信号。

（1）出现在上涨行情中是见顶信号。

如图2-71所示，上海机场（600009）在连续上涨之后，涨幅已大。高位收出尽头线，尽头线和其后面的一根阴线还同时组成了黄昏十字星的组合形态。二者都是见顶信号，预示股价即将回落。与尽头线一起形成黄昏十字星的阴线，验证了尽头线的见顶信号。交易者应当在收出黄昏十字星之后减仓或清仓。

该股随后走出上升三角形的技术形态。该上升三角形最终选择了向下突破，此后股价像山崩一样跌落。

（2）出现在下跌行情中是见底信号。

如图2-72所示，老凤祥（600612）在股价整理结束后，连收三阴，股价加速下跌。第三根阴线收出较长的下影线，说明当日盘中多方已经开始反击，空方气势已弱。次日虽然承接惯性继续低开低走，但是空方疲态尽显，未能令股价继续创出新低，而多方反倒越战越勇，尾市竟然收出阳锤头线。阳锤头线和前面的阴线组成尽头线形态，都是见底信号，随后股价止跌回升。

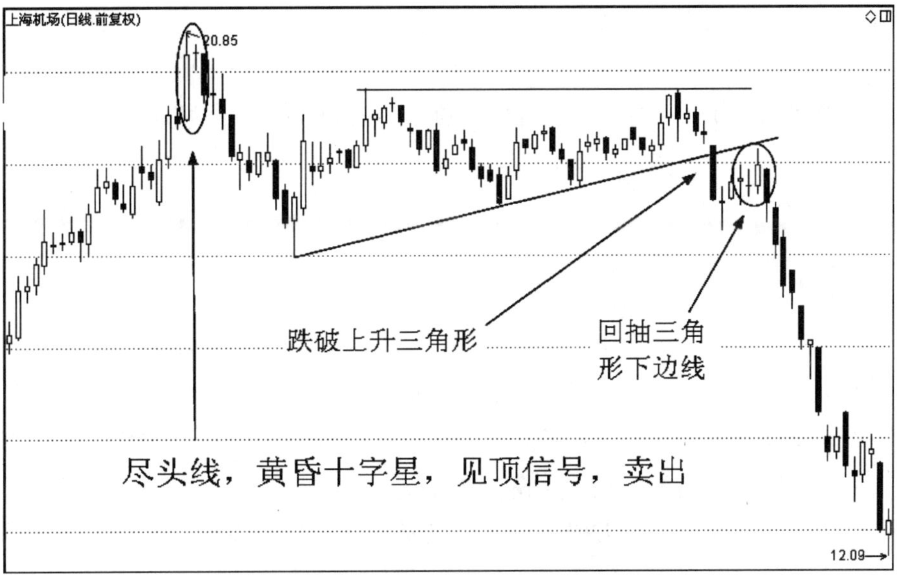

图2-71　尽头线是见顶信号，卖出

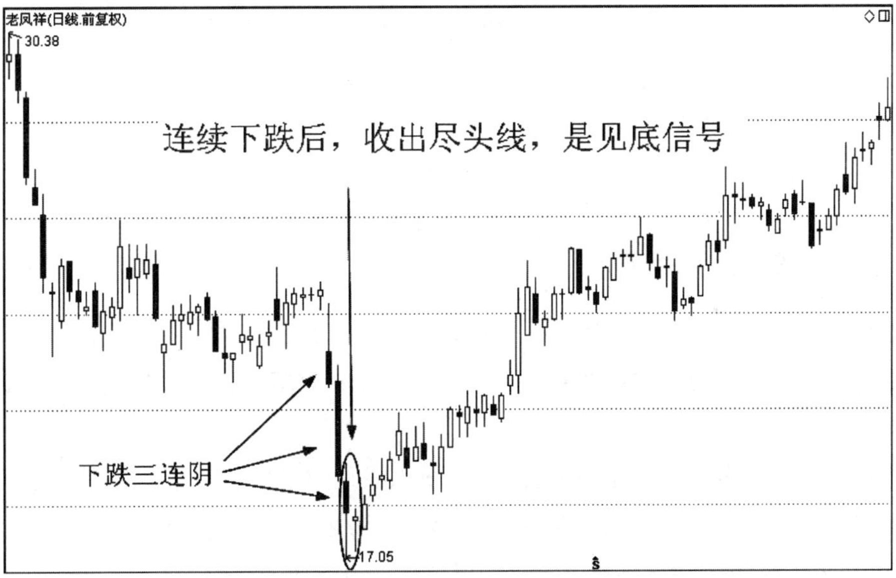

图2-72 持续下跌收出尽头线，是见底信号

因为股价正处在下降趋势中，所以交易者不宜立即进场买入。见到尽头线后，持仓的交易者已无需割肉，后市即使不能逆转中长期趋势，但走出一个长达几日的反弹或整理行情，其概率还是很大的。空仓的交易者可以密切关注，以便择机入场。

底部三根连续的阴线是下跌三连阴形态。跌幅已深时出现下跌三连阴，也是见底信号。

3. 特别提示

（1）第一根K线上影线或下影线右方的K线实体和价格波动范围越小（如小十字

星），信号的可靠度越强。

（2）经常会出现不标准的尽头线，即第二根K线的实体完全被第一根K线的影线包容，但上下影线超出了第一根K线影线的范围。不标准的尽头线技术含义和尽头线基本相同。

十三、镊子线

镊子线是由两根一阴一阳的大K线夹着一根小K线的K线组合。如果第一根K线是阳线，第三根K线就是阴线，且三根K线的最高价基本处在同一水平位置上，经常出现在上涨趋势中。如果第一根K线是阴线，第三根K线就是阳线，且三根K线的最低价基本处在同一水平位置上，经常出现在下降趋势中。

镊子线的形状就像有人拿着镊子小心翼翼地夹着一块小东西。如图2-73所示。

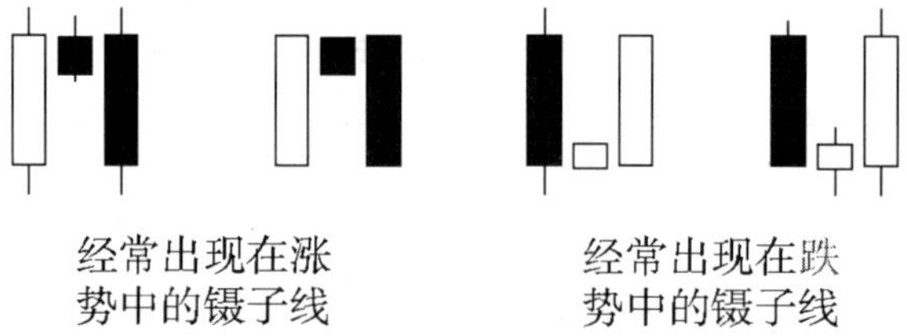

图2-73　镊子线

1. 镊子线的技术特征

（1）既可以出现在上涨趋势中，也可以出现在下跌趋势中。

（2）由一阴一阳两根实体较长的K线和一根实体较短的K线组成，其中短K线夹在两根长K线中间。

（3）出现在上涨趋势中的镊子线，第一根K线是阳线，第三根K线是阴线；出现在下跌趋势中的镊子线，第一根K线是阴线，第三根K线是阳线。

（4）三根K线实体的最高价或最低价几乎在一个水平位置上。

2. 镊子线的技术含义

镊子线是反转形态。如果镊子线的第一根K线是阴线，则经常出现在下降趋势中。收出第一根阴线时，股价或指数还在下跌，空方占优。接着在阴线收盘价附近收出一根实体和影线都比较小的K线，意味着空方正在失去控制市场的能量，压低股价或指数已经有心无力。第三天收出一根坚挺的阳线，耀眼的红色宣告黑暗已经过去，黎明的曙光开始普照，市场改由买方主导。

经常出现在上涨趋势中的镊子线与之相反。先是收出一根实体比较长的阳线，显示多方势头正盛。接着在阳线上方出现一颗星，表明牛市的步伐放慢了。同时，小阳线、小阴线以及十字星、十字线出现在大幅上涨后，常常预示着顶部可能来临。第三根阴线是空方大举反攻，多方无力抵抗的结果，表明顶部的确到了。

镊子线本身已经展示了短期趋势逆转的过程，因此具有很强的转势作用。交易者见到顶部镊子线后，应当减仓或清仓。见到底部镊子线后，可以适量介入。

（1）股价或指数大幅下跌后出现镊子线，止跌回升的可能性较大。

图2-74是三爱富（600636）的日线图。从图中可以看到，股价有了一段较大跌幅后收出镊子线，随后股价见底。此时出现镊子线，交易者可以适量介入。收出镊子线后，股价大多会有一个反弹。

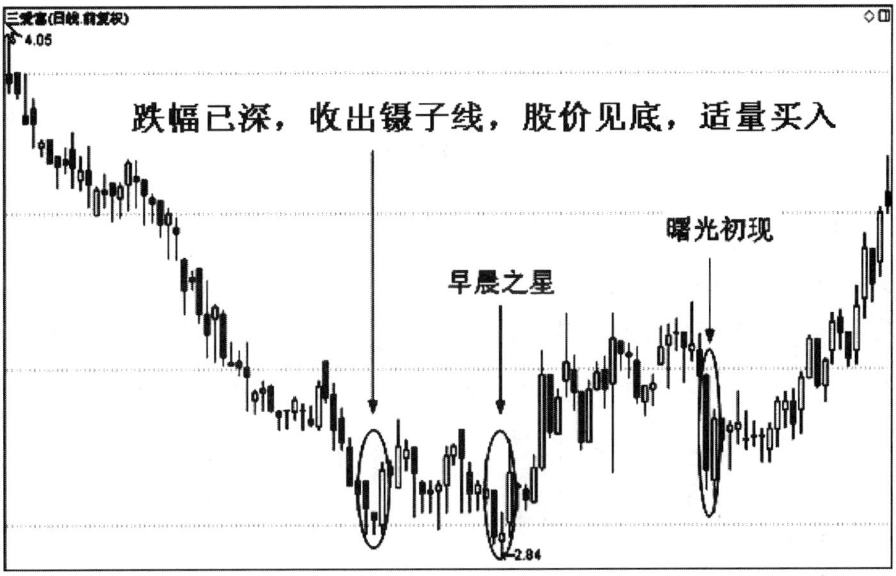

图2-74　镊子线的见底作用

在收出镊子线之后，股价整理筑底，先后收出早晨之星和曙光初现，二者都是见底信号。

（2）股价或指数大幅上涨后出现镊子线，见顶回落的可能性较大。

如图2-75所示，宝钢股份（600019）股价连续上涨一段时间后，收出镊子线，随即见顶回落。交易者见此K线形态，短线交易可以清仓离场，中长线交易可以减掉一部分仓位。

3. 特别提示

镊子线和早晨之星、黄昏之星的形态类似，技术含义也与之相同。交易者可以将镊子线视为早晨之星和黄昏之星的特殊形态。

图2-75　镊子线的见顶作用

十四、穿头破脚

穿头破脚是两根K线的组合。第二根K线实体比较长，把第一根K线实体从头到脚全部包容覆盖。穿头破脚有两种形态，一种是阳线穿破阴线，经常在底部出现；一种是阴线穿破阳线，经常在顶部出现。如图2-76所示。

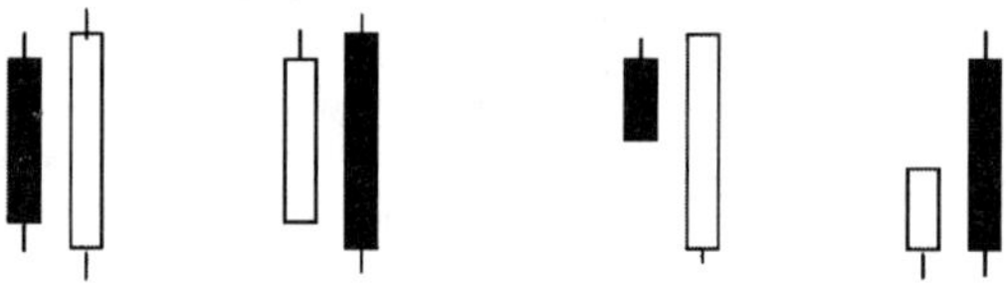

图2-76　穿头破脚

1. 穿头破脚的技术特征

（1）既可以出现在上涨趋势中，也可以出现在下跌趋势中。

（2）由大小不等、阴阳相反的两根K线组成。

（3）上涨趋势中，第一根K线为阳线，第二根K线为阴线。

（4）下跌趋势中，第一根K线为阴线，第二根K线为阳线。

（5）第二根K线实体把第一根K线实体全部包容在内（不包括上下影线）。

穿头破脚的第二根K线完全覆盖了第一根K线，表明第二根K线开盘时，股价或指数还正常运行在原来的趋势当中。不过当日另一方就发动了猛烈的进攻，不仅收复了前一日的失地，还继续进攻，深入对方腹地。败退一方只能苦唱“花正红时寒风起，再要回头难上难”。趋势已被如此强烈地扭转，要想再延续此前的走势，谈何容易！因此，穿头破脚发出的转势信号比较强烈。交易者见到顶部穿头破脚，可以及时卖出，见到底部穿头破脚，可以适量买入。

2. 穿头破脚的技术含义

（1）大幅上涨后，在高位出现穿头破脚是卖出信号。

如图2-77所示，惠天热电（000692）一段时间里股价上涨，价涨量升，走势十分完美。但一根高开低走突放巨量的大阴线，与前一根阳线组成阴包阳的穿头破脚形态，表明形势已经发生极其重要的变化，多方遭遇了空方大军的围歼。突放的成交量强化了穿头破脚见顶信号的的可靠性，后市看跌，应及时卖出。该股股价后市果然出现了暴跌。

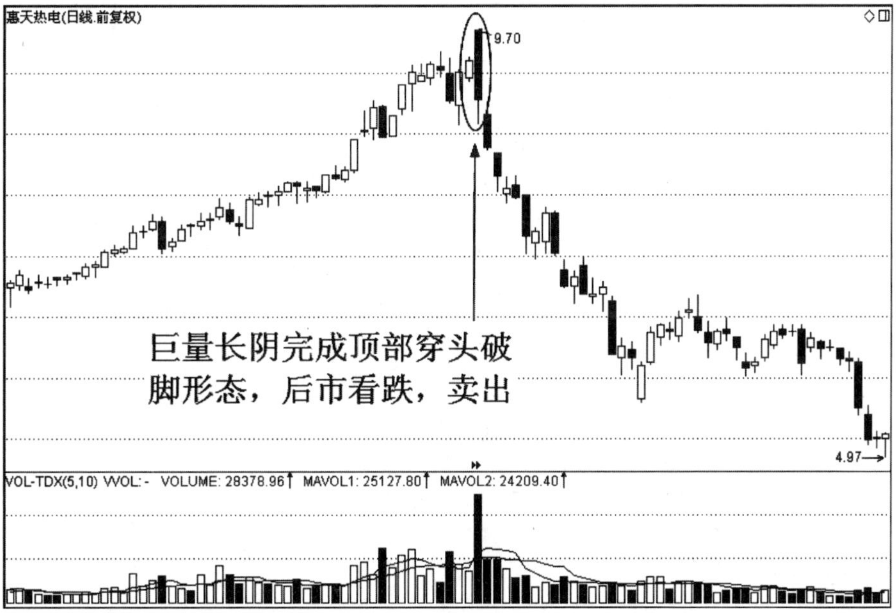

图2-77　顶部放量收阴的穿头破脚形态，见顶信号更强，卖出

需要特别提醒的是：高位放量收阴，大部分情况下都可以认为是主力出货，只有极少数才是洗盘。但即便是洗盘，交易者也可以减仓或清仓，然后等到趋势重新走好时再度进场。

如图2-78所示，泰山石油（000554）连续上涨后，在高位整理，走出了扩散三角形的技术图形。扩散三角形意味着交易者进入非理性的狂热状态，是一种看淡信号。出现在连续上涨之后的高位，很可能趋势就此逆转。

在三角形整理过程中，空方组织了多次进攻，似乎都被多方一一化解。先是高位收出黄昏之星的K线组合形态，但是没跌几天，反而被多方成功阻击，经过一段时间的整理后，股价再创新高。随后空方再度实施打击，走出不太标准的黄昏之星K线组合形态，但还是只跌了三天，又被多方收复失地，多方表面上看起来非常强大。事不过三。空方第三次继续重拳出击，收出穿头破脚的K线组合形态，终于摧毁了多方的意志，股价经过短暂停留之后，即开始加速下滑。交易者可以在收出上述见顶K线形态时减仓，在股价跌破扩散三角形下边线时清仓离场。

扩散三角形一般是市场失去理性的结果，所以多方可以一直支撑着局面不垮下来。但是经过几个月的拉锯战，多方终于耗尽了力量，仅凭狂热已经无力支撑股价，最终空方获胜。

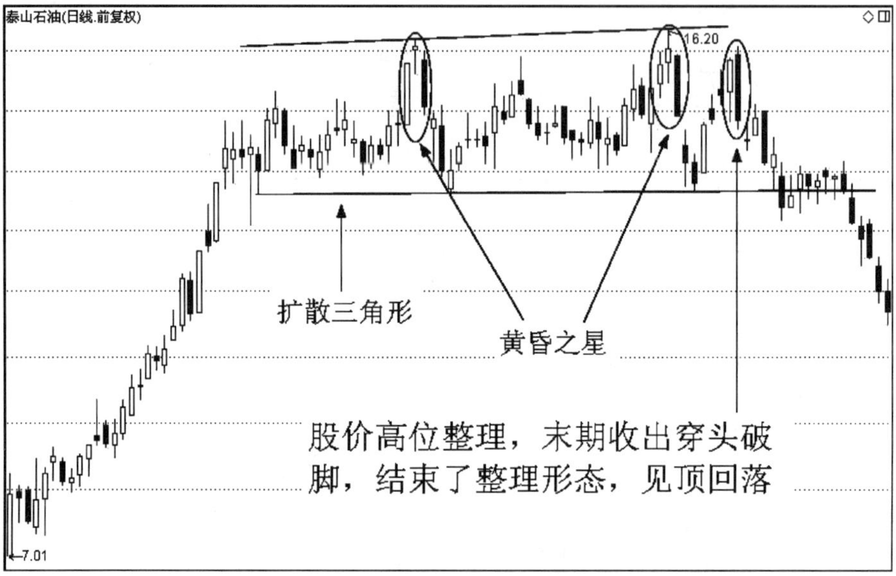

图2-78　穿头破脚是见顶信号，卖出

（2）大幅下跌以后出现穿头破脚，是买入信号。

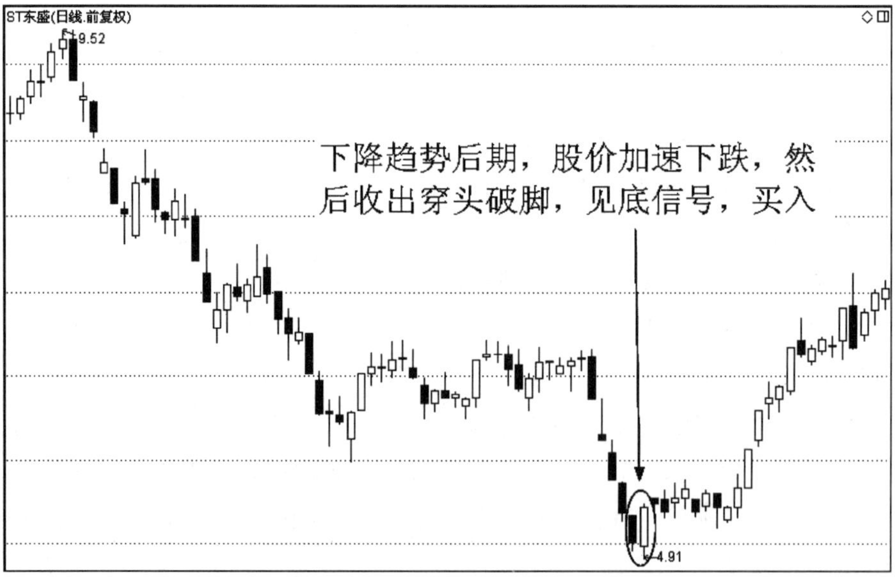

图2-79　底部区域的穿头破脚是见底信号

如图2-79所示，ST东盛（600771）跌破三角形整理形态后，走出连续跳空三阴线的组合形态。连续跳空三阴线最后一个缺口如果被次日收出的大阳线封闭，那么股价见底回升的可能性很大。现在该股封闭缺口的是一根穿头破脚的大阳线，两种见底信号叠加，使股价见底的概率大为增加，此时交易者可以考虑择机适量介入。

图2-80同图2-79一样，是ST东盛（600771）同一时间段的走势。图中有一个向下突破的上升三角形，穿头破脚之后走出上档盘旋形态。上档盘旋形是看涨信号。

图2-80　穿头破脚之后的上档盘旋形

3. 特别提示

（1）穿头破脚形态中，两根K线的长度越悬殊，转势的力度就越强，信号就越可靠。

（2）穿头破脚第二根K线的成交量如果异常放大，转势作用将大为增强。

（3）上涨或下跌越久，涨幅或跌幅越大，上涨或下跌的速度越快，则转势的信号就越强。

（4）穿头破脚的两根K线一般必须是一阴一阳。如果第一根K线的实体非常小，那么两根K线同阴或同阳，不影响穿头破脚形态的成立。

十五、身怀六甲和十字胎

身怀六甲，又称母子线、孕线，因其K线形态好像一个怀胎的孕妇而得名。身怀六甲由实体一长一短的两根K线组成，其中第二根较短的K线实体完全被第一根较长的K线实体包容。当第二根K线是十字线时，称为十字胎。如图2-81所示。

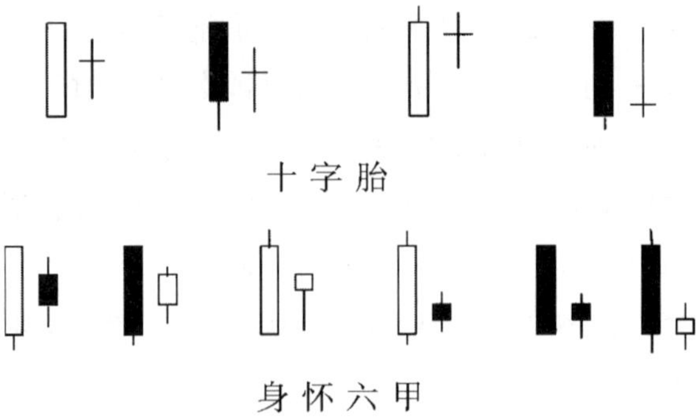

图2-81　十字胎和身怀六甲

1. 身怀六甲的技术特征

（1）既可以出现在上涨趋势中，也可以出现在下跌趋势中。

（2）由两根K线组成，第一根较长的K线实体完全包容第二根较短的K线实体。

（3）两根K线可以是一阴一阳，也可以是两根阳线或阴线。

（4）第二根K线可以是小阴线、小阳线，也可以是十字线。

2. 身怀六甲的技术含义

身怀六甲的命名取形似，其寓意也很神似，指一段新的趋势即将诞生。不过既然尚在孕育当中，也就说明行情的到来也许还要有一段时间，因此身怀六甲是转势的预警信号。

在上涨趋势中，身怀六甲的第一根阳线表明牛市依然活力四射，但接下来一根小小的实体，反映出市场参与各方都在狐疑不定。原本是多方主导大局，现在多空双方突然之间都变得谨小慎微，说明推动牛市的动力正在衰退。身怀六甲形态透露出市场潜在的趋势信息和博弈各方的力量变化。

在下降趋势中，身怀六甲的第一根阴线继续延续着空方向下挥舞的沉重巨掌，多方几乎无法抵抗。但随后的小实体却表明多方顶住了空方的压力，双方立在当地，形成僵局。这也寓示着局势正在改变，空方的抛售压力大为减弱，也许已是强弩之末。交易者应当仔细聆听K线的诉说，准备捕捉将要入网的猎物，趋势反转或许就在咫尺。

（1）大幅上涨后出现身怀六甲是见顶信号，后市看淡。

如图2-82所示，北方股份（600262）股价突破整理形态后，快速大幅上涨，接着高位收出身怀六甲。出现身怀六甲形态，说明多方乘胜追击的过程中，突然遇到强大的阻击力量，不仅没有能继续前进，还被打退。多空双方的力量对比已经发生转换，股价即将开始回落，交易者可以减仓或清仓。该股后市走出典型的三浪调整形态。

最容易发挥转势作用的地方，都是在重要的压力或支撑区域，如均线位、密集成交区等。如图2-83，图中圆圈所示区域就是图2-82中身怀六甲使趋势发生转折的地方。从图2-83中可以看出，图2-82中身怀六甲出现的位置，恰好是前期的两个高点区域。这一次是第三次到达这个位置，收出身怀六甲，已经充分显示了上方压力的沉重和空方力量的强大。出现身怀六甲，破前高继续上涨的可能性不能说没有，但一定不会是大概率的事件了。

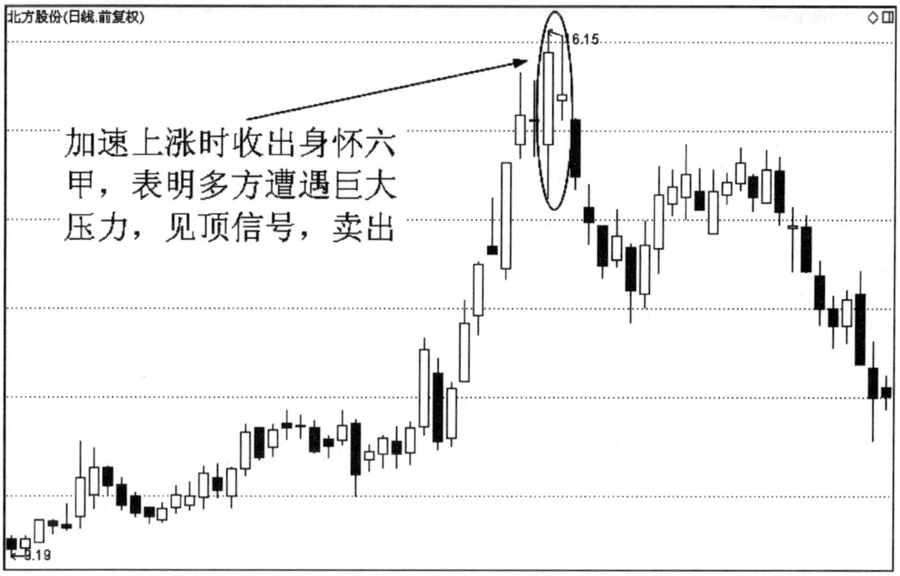

图2-82　身怀六甲是见顶信号

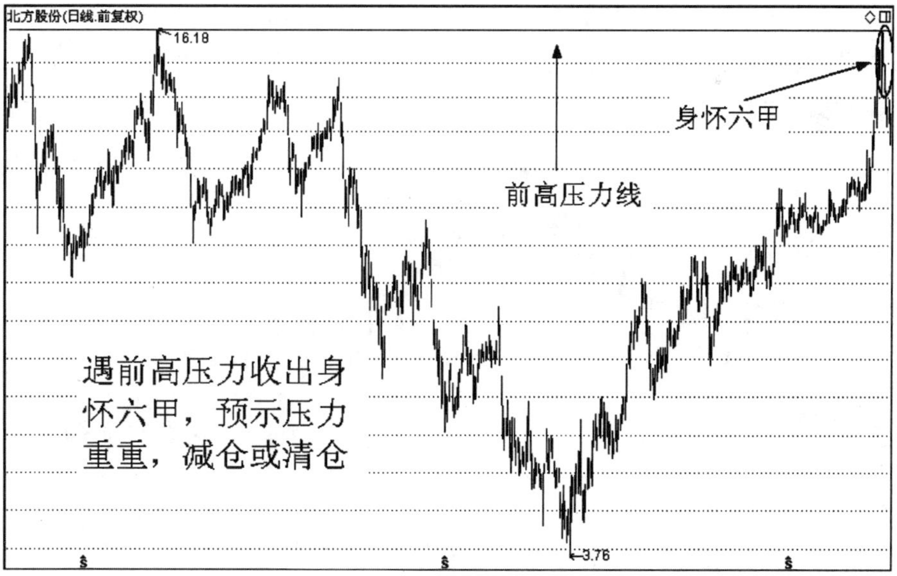

图2-83　遇前高压力收出身怀六甲，随后股价见顶

两种不同性质的技术形态，发出同样的信号，比单一技术形态要可靠得多，因此持有仓位的交易者，可以在临收盘前差不多确定收出身怀六甲的时候清仓或减掉大部

分的仓位。

（2）出现在大幅下跌后是见底信号。

如图2-84所示，海泰发展（600082）经过长期下跌，跌幅巨大。在加速赶底的过程中，收出身怀六甲的K线形态，随后股价止跌回升。

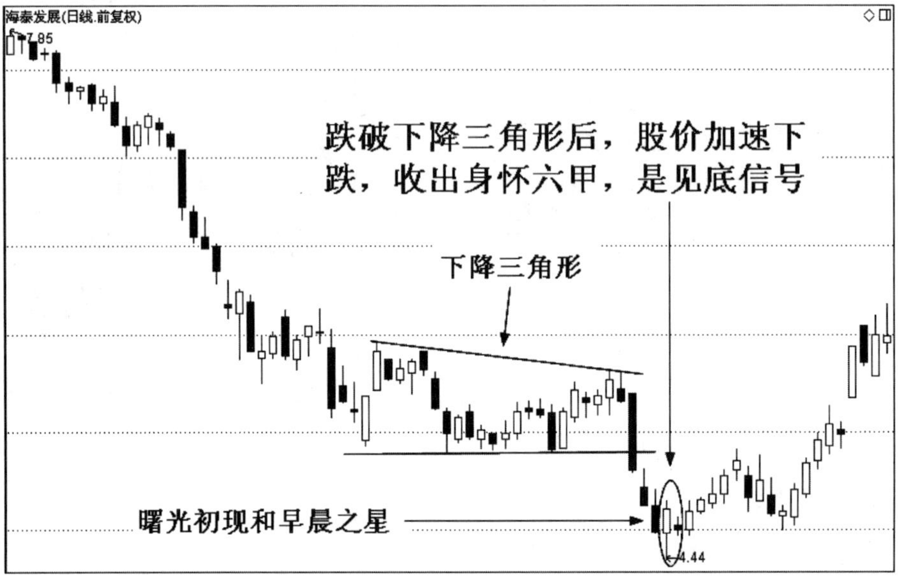

图2-84　跌幅很深，收出身怀六甲，是见底信号

身怀六甲的第一根阳线与其前面一根阴线组成曙光初现的K线形态，曙光初现也是见底信号。身怀六甲和其后的一根阳线组成早晨之星的K线形态，早晨之星也是见底信号。

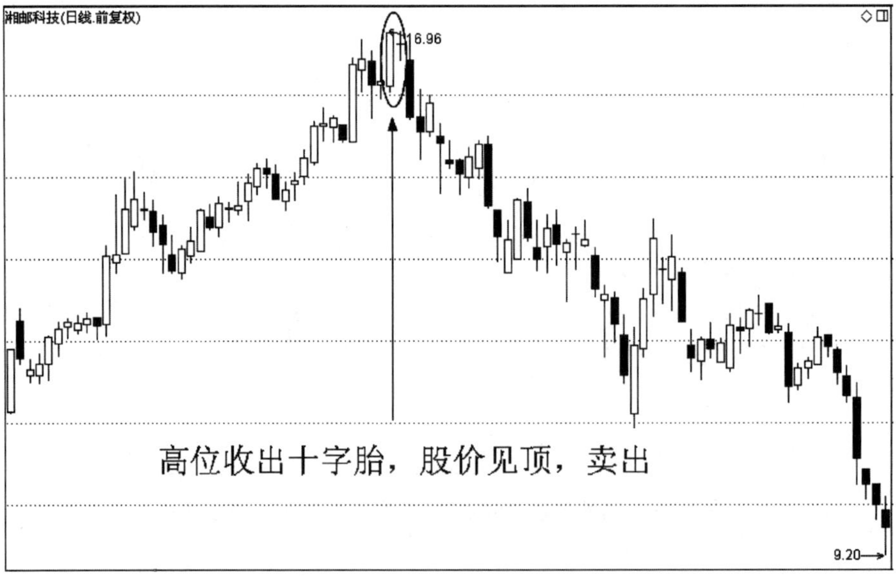

图2-85　十字胎的转势作用

（3）十字胎和身怀六甲的技术含义相同，是身怀六甲中信号最强的K线组合，这是因为单根的十字线本身就具有见顶和见底的意味。

如图2-85所示，湘邮科技（600476）高位收出十字胎后，股价即掉头快速下行。交易者可以在收盘前基本确定收出十字胎时减仓或清仓。

3. 特别提示

身怀六甲是一种转势预警信号。出现在上升趋势中，预示多方力量已经减弱，行情接近尾声。出现在下跌趋势中，预示市场继续下跌的空间已经很小，随后不久有可能见底。

收出身怀六甲后，行情不一定马上逆转，市场可能会继续沿着原先的趋势运行一段时间和空间，尤其是在强势或弱势市场中。交易者见到身怀六甲K线组合形态，不一定要马上买入或卖出，但一定要保持高度警戒，随时做好进场或离场的准备。

十六、下跌三连阴

下跌三连阴是连续三根中阴线或大阴线的K线组合，最后一根阴线往往是大阴线。如图2-86所示。

图2-86　下跌三连阴

1. 下跌三连阴的技术特征

（1）出现在跌势中。

（2）由三根阴线组成，每根阴线都以最低价或次低价报收。

（3）阴线一般为中阴线或大阴线，但最后一根阴线经常是大阴线。

2. 下跌三连阴的技术含义

下跌三连阴一般表示空方的力量越来越强大，因此收出下跌三连阴之后，后市继续看跌，是卖出信号。但如果出现在跌幅巨大加速赶底的位置，则表示空方因为下跌过于猛烈，有可能耗尽动能，因此股价或指数有可能见底。

（1）下跌趋势当中出现下跌三连阴，继续看跌。是卖出信号。

在下跌初期收出下跌三连阴，表明空方力度还很强大，股价将有很大的下跌空间。

如图2-87所示，惠天热电（000692）的股价在下跌过程中，接连多次收出下跌三连阴。每一次收出三连阴后，股价都跌个不停。

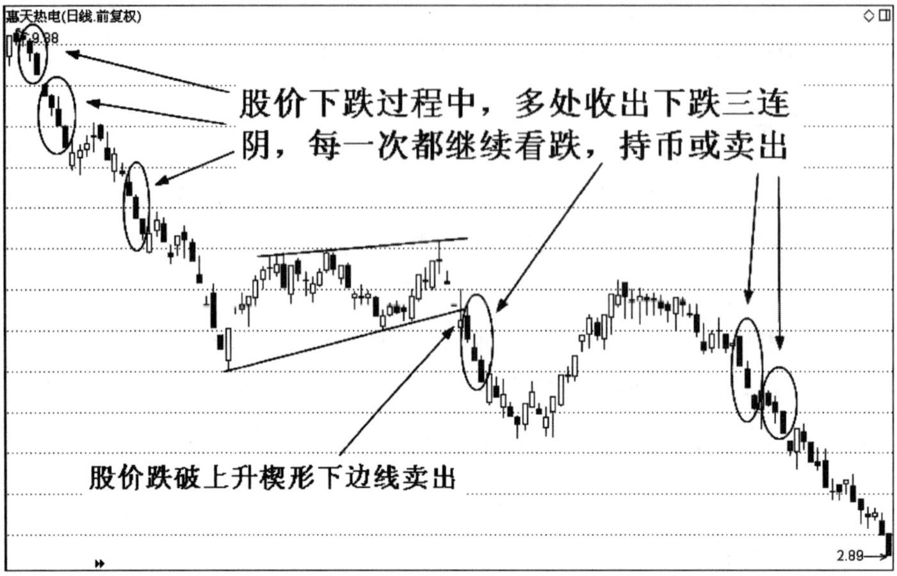

图2-87　下跌趋势收出下跌三连阴，后市看跌，卖出

见到下跌三连阴后，持仓的交易者应当及时离场，否则迎来的将会是巨大而又快速的下跌；空仓的交易者则不宜介入，耐心等待才是最佳的选择。

下跌过程中，该股走出一个上升楔形的整理技术图形。上升楔形大多选择向下突破。

（2）在股价已有较大跌幅后出现下跌三连阴。是见底信号。

下跌三连阴在股价连续下挫后出现，是空方下跌动能耗尽的表示。如果下跌时同时伴有急剧放大的成交量，往往是股价见底回升的信号。这是因为行情越跌至后期，交易也就越不活跃，突然放量下跌，很有可能是有人暗中吸货所致。此时行情也许正慢慢由弱转强，持仓的交易者已经无需恐慌，可以考虑继续持仓等待反弹。空仓的交易者则不必急于入场，下跌三连阴并不是买入信号。

但是事情总有例外，股价三连阴后见底反转向上的情形也有发生。

图2-88是豫能控股（001896）的周线图。在收出下跌三连阴之后，股价随即出现V形反转。图中最后一根阴线和之后的第一根阳线是曙光初现的K线组合形态。曙光初现也是见底的K线形态。交易者可于V形反转初具形态，大阳线向上涨升时买入。

图2-88　下跌三连阴的见底作用

第三章　表见底和上升的K线形态

一、向下加速度线

向下加速度线是指下跌过程中，股价或指数跌幅越来越大的K线组合。如图3-1所示。

图3-1　向下加速度线

1. 向下加速度线的技术特征

（1）出现在下跌行情中。

（2）下跌开始时跌速比较缓慢，然后下跌速度越来越快，连续收出中阴线或大阴线。

2. 加速度线的技术含义

向下加速度线是见底信号。

图3-2是ST兴业（600603）1993年的周线图。从图中可以看到，股价先是慢慢下滑，后来越跌越快，最后接连拉出很有力度的中阴线和大阴线，很像长跑时的最后冲刺。下跌行情就在冲刺后结束。图中超长大阳线是当时市场还没有实行涨跌停板制度时收出的。

3. 特别提示

出现向下加速度线时，股价也许见底，但却未必马上回升。图3-2中ST兴业的走势虽然出现了加下加速度线后随即出现了反转，但并不是说收出向下加速度线后，股价一定转跌为升。交易者见到向下加速度线时，不宜立即入场，多看少动依然是最好的选择。已经持有仓位的交易者，可以持筹观望一下。收出向下加速度线后，股价反弹

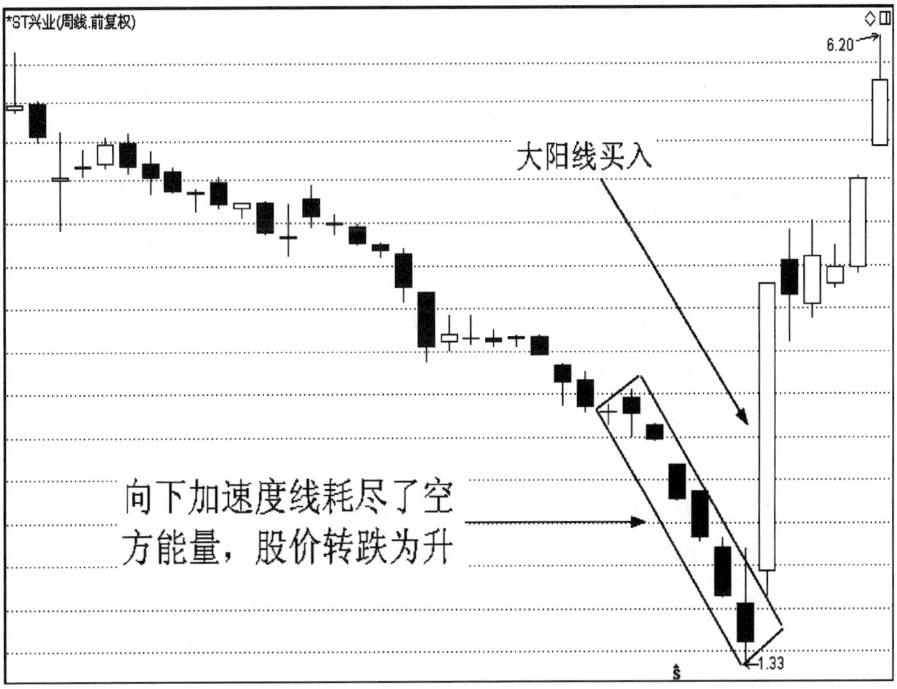

图3-2　向下加速度线是见底信号

是大概率事件。

所有见底的K线形态都不必马上进场，但所有见顶的K线形态都应该马上作出减仓或清仓动作。这是运用K线形态的一般操作原则。

二、早晨（希望）之星和早晨（希望）十字星

早晨之星又称希望之星、启明星，是三根K线的组合。其中第一根是阴线，第三根是深入第一根阴线实体的阳线，第二根是在阴线和阳线下方的小阴线或小阳线。第二根K线是十字线时，该组合形态又叫早晨十字星、希望十字星，是早晨之星的特殊形态。早晨之星、早晨十字星的阴线和阳线之间也可以是两根小K线。如图3-3所示。

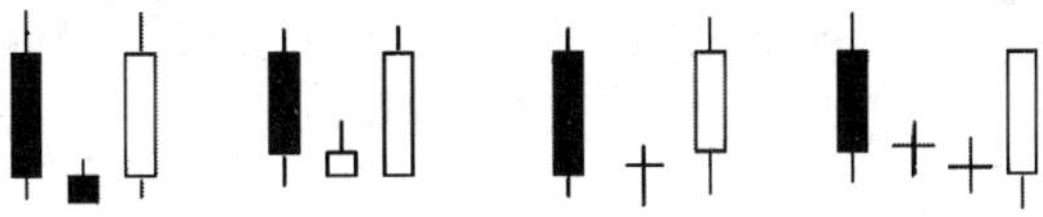

早晨(希望)之星　　　早晨(希望)十字星

图3-3　早晨（希望）之星和早晨（希望）十字星

1. 早晨之星和早晨十字星的技术特征

（1）出现在下跌趋势中。

（2）由三根K线组成，第一根是阴线，第二根是低开小阴线、小阳线或十字线，第三根是阳线。

（3）第三根K线实体深入到第一根K线实体之内。

2. 早晨之星和早晨十字星的技术含义

早晨之星和早晨十字星是见底反转信号，后市看涨。

早晨之星、希望之星和启明星都表示光明已经到来，其名称本身就已经包含见底和看涨两重含义，是比较常见和名副其实的转势信号。这几种形态说明，股价经过大幅回落后，做空能量已大量释放，股价无力再创新低。K线组合中的阳线则表明多方积聚了较强的反击力量，所以转势信号比较强。

早晨之星将多空双方力量对比的变化以及趋势逆转的过程，反映得非常直观和形象。第一根阴线就像一辆行驶在公路上的汽车，阴线跌幅好比是车速，成交量好比是动力。跌幅越小，车速越慢；成交量越小，下跌的动力就越小。第二根K线则展示了汽车急刹、停住、掉头的全过程。第三根K线是阳线，和第一根阴线一样，阳线涨幅和成交量的大小就是车速和动力。涨幅越大，车速越快，成交量越大，做多的动力越强。

早晨之星K线组合中，三根K线已经将道氏理论定义中的短期趋势逆转过程非常完美地体现出来：第一根阴线是后低低于前低，第二根K线股价止跌整理，第三根阳线是后高高于前高。

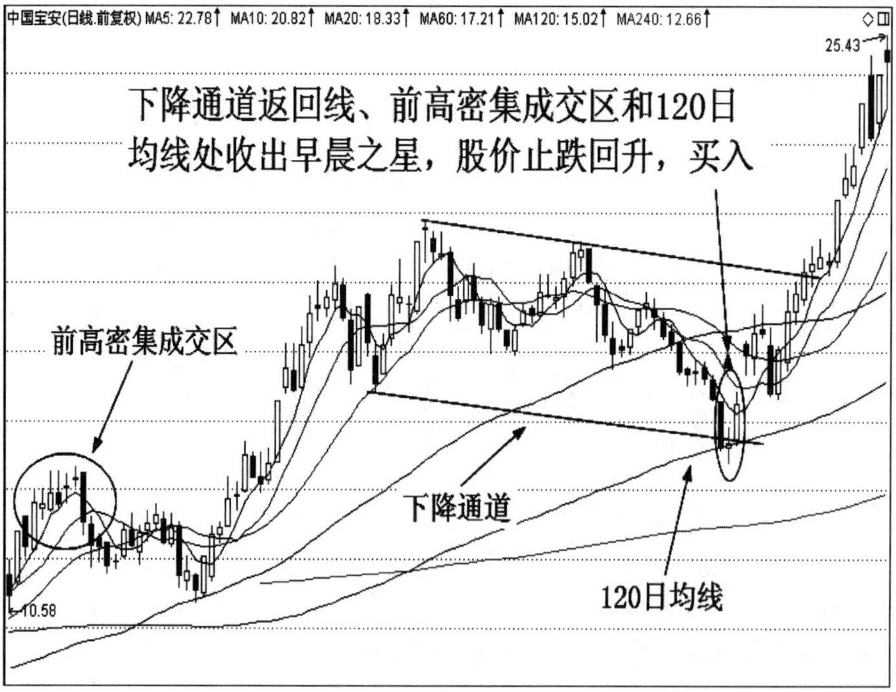

图3-4　早晨之星

如图3-4所示，中国宝安（000009）在一个小型的中期下跌趋势末期出现早晨之星后，股价随后转跌为升。该股早晨之星出现的位置恰好是下降通道的返回线，前高密集成交区和120日均线处支撑力度非常强。股价跌至此处，无力再创新低，多方乘机反击，终于再拾升势。有如此多不同性质的技术分析方法发出见底信号，所以交易者可以在收出早晨之星后进场买入。

图中的下降通道也可以看做是上升旗形，二者的技术含义也差不多：向上有效突破，买入；向下有效跌破，看空。从该例中交易者可以看出，早晨之星的进场点早于下降通道的进场点。

3. 特别提示

（1）阳线实体深入阴线实体的部分越多，转势信号作用就越强。

（2）第一根K线对应的成交量越小，第三根K线对应的成交量越大，其信号越可靠。

（3）第二根K线和第三根K线之间如果出现向上跳空缺口，则趋势反转的概率更大。

（4）早晨十字星的转势信号比早晨之星可靠。

三、好友反攻

好友反攻是在下跌过程中先收出一根中阴线或大阴线，接着收出一根低开中阳线或大阳线，阳线收盘价与阴线收盘价相同或相近。如图3-5所示。

图3-5　好友反攻

1. 好友反攻的技术特征

（1）出现在下跌行情中。

（2）先是收出一根中阴线或大阴线，接着收出一根跳空低开的中阳线或大阳线。

（3）阳线的收盘价与前一根阴线收盘价相同或相近。

2. 好友反攻的技术含义

好友反攻是见底信号，预示后市有可能止跌回升。

好友反攻先是收出一根中阴线或大阴线，表明熊途漫漫。次日接着大幅跳低开盘，依然维持着弱势特征。但至收盘时，股价或指数顽强收回，上涨到前收盘价附近，显示多方的反击取得成效，空方的推进不再那么顺畅，仿佛寒冷的冬夜里暖炉冒出了一点火苗。

不过，毕竟下降趋势尚未有任何实质性的改变，好友反攻的那根中阳线或大阳线也仅仅达到前一根阴线收盘价附近，传递出的温暖和整个冬夜相比还是太微弱了。出现该K线组合形态，交易者只可密切关注，不宜进场买入。

如图3–6所示，新华都（002264）先是快速下跌，然后出现反弹，接着继续下跌，但跌速趋缓。最后股价再度加速下滑，累积跌幅巨大。这时低位收出好友反攻，股价止跌回升，走出一个小型的V形反转。

图3–6　好友反攻的见底作用

好友反攻的转势作用不是很强，交易者不能在收出好友反攻时马上进场。本例当中，交易者可以在股价继续上涨并收出大阳线时进场买入。

3. 特别提示

好友反攻虽然是很常见的一种见底信号，但是信号的可靠性并不是很强。交易者见到好友反攻的K线走势，可以暂时观望，或者结合其他技术分析手段综合判断。

四、曙光初现

曙光初现是在下跌过程中先收出一根中阴线或大阴线，接着收出一根低开中阳线或大阳线，阳线的收盘价深入到阴线实体二分之一以上。如图3–7所示。

图3-7　曙光初现

1. 曙光初现的技术特征

（1）出现在下跌趋势中。

（2）先出现一根大阴线或中阴线，接着出现一根跳空低开的大阳线或中阳线。

（3）阳线的实体深入到阴线实体的二分之一以上，但没有超出阴线开盘价。

2. 曙光初现的技术含义

曙光初现是股价见底信号。曙光初现意指希望之光已经微现东方，黎明即将来临。出现该K线组合后，股价见底回升的可能性极大。

曙光初现出现在下降趋势中，第一天的阴线延续着熊市的疲弱。第二天，股价或指数以大幅向下跳空的形式开盘，继续加强市场看空的预期。空方的行进顺风顺水，似乎一切俱在掌握之中。但到当日收市的时候，股价却涨了回去，不仅完全超越了前一天的收盘价，而且继续挺进，一直刺入阴线的腹地中心点之上，大有得锅上炕的架势。这时空方开始心中惴惴，患得患失。场外的一些交易者似乎看到了春天的生机，预备或已经进场买入。

总的来说，曙光初现不是趋势技术交易者的买入点，因为趋势整体上依然是下降的。

如图3-8所示，大有能源（600403）经过一段下跌后，跌势开始趋缓，之后出现加速下跌，最后收出曙光初现，随后股价出现反转。

出现曙光初现形态，交易者可以耐心等待股价企稳，直至发出买入信号时再进场。

3. 特别提示

阳线实体深入阴线实体的部分越多，其转势作用越强。

曙光初现和好友反攻K线组合的区别，主要在于好友反攻的阳线实体未深入阴线实体，因此曙光初现见底回升的信号要比好友反攻可靠。但与好友反攻一样，曙光初现不是买入信号。

图3-8　曙光初现的转势作用

五、旭日东升

旭日东升是在下跌过程中先收出一根中阴线或大阴线，接着收出一根高开中阳线或大阳线，阳线的收盘价高于阴线开盘价。如图3-9所示。

图3-9　旭日东升

1. 旭日东升的技术特征

（1）出现在下跌趋势中。

（2）先出现一根大阴线或中阴线，接着出现一根高开高收的大阳线或中阳线。

（3）阳线的收盘价高于阴线的开盘价。

2. 旭日东升的技术含义

旭日东升是见底信号，后市止跌回升是大概率事件。旭日东升的意思是黑夜过去，光明来临，转势信号比较强烈。

先是一根中阴线或大阴线，延续下跌走势，令多方继续处在暗黑的夜里，看不到光明和方向。谁料次日一开盘，股价或指数即向上跳空高开，然后一路高歌。收盘时不仅尽收失地，将前一日的阴线完全包容，还远远超出阴线的开盘价。话语权一日之内易手，多方掌握了主动。

就旭日东升这两根K线而言，股价或指数已经完成了后低高于前低，后高高于前高的转化过程，短期趋势已经逆转，交易者可以逢低买入。

如图3–10所示，弘业股份（600128）经过连续下挫，空方能量释放殆尽，多方开始发起反击，以高开高走的涨停板宣布首战告捷，并就此展开一轮升势。

短线交易者可以于收出旭日东升当日临近收盘时择机适量买入，然后于回试不破大阳线时加仓。中长线和稳健的交易者则可以在收出旭日东升之后，继续观察等待，直至股价或指数发出中长线的买入信号再入场。

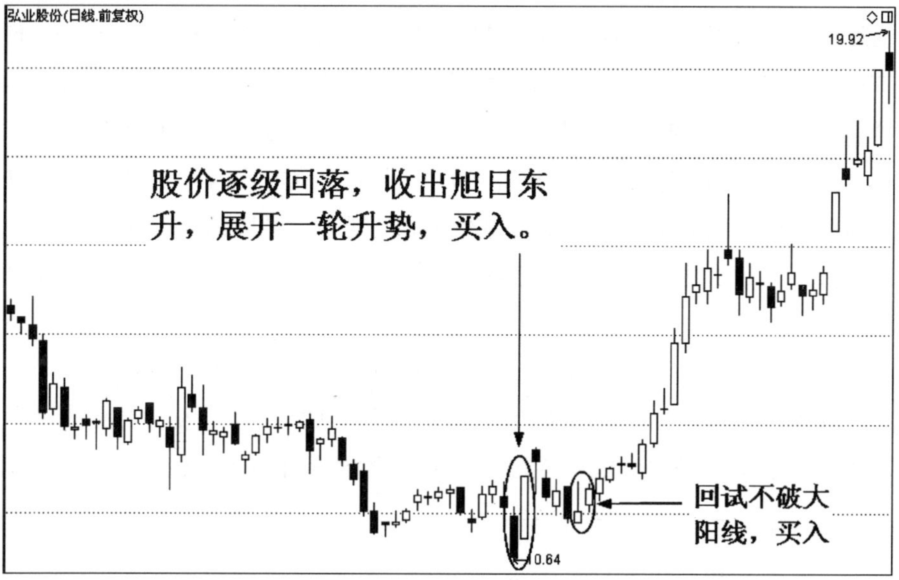

图3–10　旭日东升的转势作用

3. 特别提示

（1）阳线实体高出阴线实体的部分越多，转势的信号就越可靠。

（2）旭日东升的转势作用强于曙光初现。

六、平底

平底又称钳子底，是在下跌趋势中最低价都相同的两根或两根以上的K线组合。如图3–11所示。

1. 平底的技术特征

（1）出现在下跌趋势中。

（2）由两根或两根以上的K线组成。

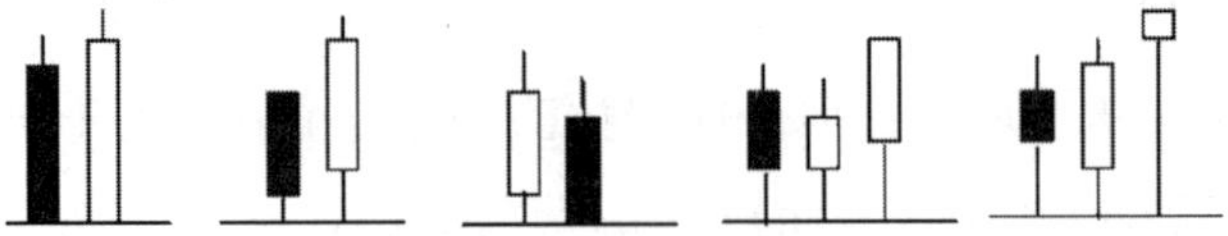

图3-11　平底（钳子底）

（3）最低价处在同一水平位置上。

2. 平底的技术含义

平底是见底信号。

无论是长期下降趋势、中期下降趋势还是短期下降趋势，只要是下降趋势，就意味着空方占据主动，多方只有落荒而逃的份儿。但突然从某一天开始，股价或指数碰到某一个点位就不再下跌，这种情况持续两天或者更多的时间。很显然，空方已没有看起来那么强大了，而空方也不似表面上那么羸弱，很多场内外的多方渐渐对行情有了信心。因此平底是见底信号，接触最低价的K线越多，见底信号就越可靠。

但如果没有其他看涨K线形态和趋势分析信号的佐证，平底不能单独作为买入信号使用。

如图3-12所示，S上石化（600688）的股价逐级下跌，随后收出平底的K线组合，平底又和后面的一根阳线组成不是很标准的希望之星K线组合，股价见底的信号比较强烈。交易者可在收出平底后出现希望之星，多方继续维持强势时适量买入。

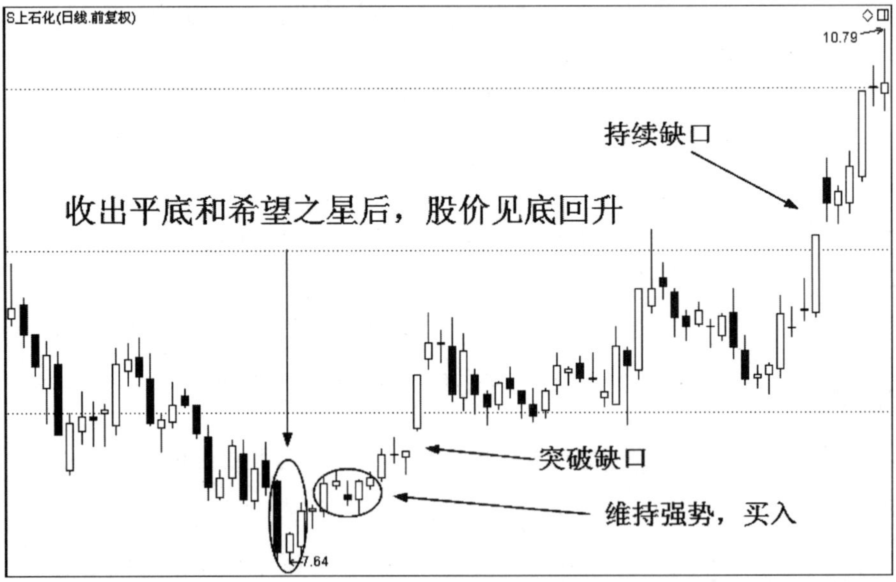

图3-12　平底的见底回升作用

图中有两个缺口，其中第一个缺口是突破缺口，第二个缺口是持续缺口。通常突破缺口是买入信号，持续缺口是持仓或加仓信号。从图中可以看出，K线组合形态的信号比技术图形要早一些。

3. 特别提示

最低价在同一点位的几根K线，可以紧挨在一起，也可以中间有间隔。但间隔的K线不宜过多，过多则不再是平底K线形态。

七、塔形底

塔形底是下跌过程中收出一根大阴线或中阴线，接着在阴线底部收出几根小阴线和小阳线，最后收出一根大阳线或中阳线。因其形状像一个倒扣的塔顶而得名。如图3–13所示。

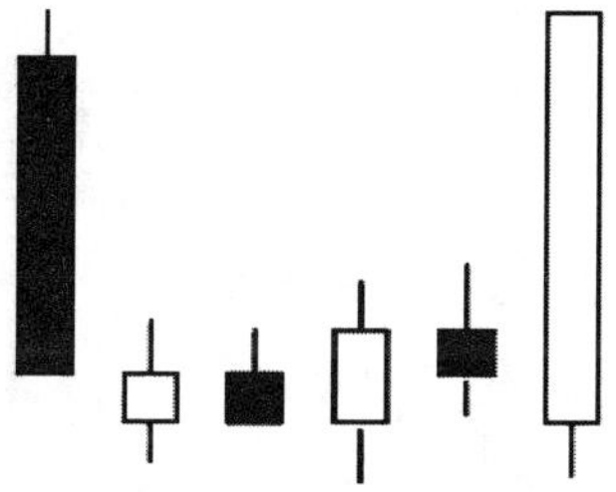

图3–13　塔形底

1. 塔形底的技术特征

（1）出现在下跌行情中。

（2）先是收出一根大阴线或中阴线，接着在阴线底部收出一连串的小阴线、小阳线，最后是一根大阳线或中阳线。

2. 塔形底的技术含义

塔形底是见底信号，后市看涨。塔形底也是一种比较常见的反转形态，由于组成形态的时间相对较长，所以塔形底的转势信号比较可靠，所转趋势也经常是中期下降趋势。

塔形底底部的K线是阴是阳并不是特别重要。当然，如果能同时收出其他见底和看涨的K线形态，肯定更值得交易者信赖。塔形底信号的可靠性更加依赖于最后一根阳线对第一根阴线的包容程度。阳线收盘价超出阴线开盘价越高，塔形底的转势作用就越大。

那些阳线收盘价没有超出阴线开盘价的塔形底，对见底作用没有任何影响，但转势力度很显然弱于那些阳线收盘价超出阴线开盘价的塔形底。交易者还需要继续观察最后一根阳线之后的走势。如果随后股价或指数继续向上攻击，超越第一根阴线的开盘价，则塔形底的转势信号同样值得信赖。如果后期走势没能超越第一根阴线的开盘价，就转身再度向下，交易者就要考虑该塔形底是否是一个失败的形态。总的来说，塔形底的转势作用很强，交易者可以在收出塔形底后适量介入。

最后一根阳线价格超越第一根阴线开盘价，是后低高于前低，后高高于前高，确认了趋势逆转。

如图3-14所示，片仔癀（600436）下跌过程中收出一根长阴线后，跌势趋缓，出现一连串的小阳线和小阴线。最后一根大阳线完成塔形底形态，结束横盘，确立升势。交易者可以在收出塔形底后适量介入。

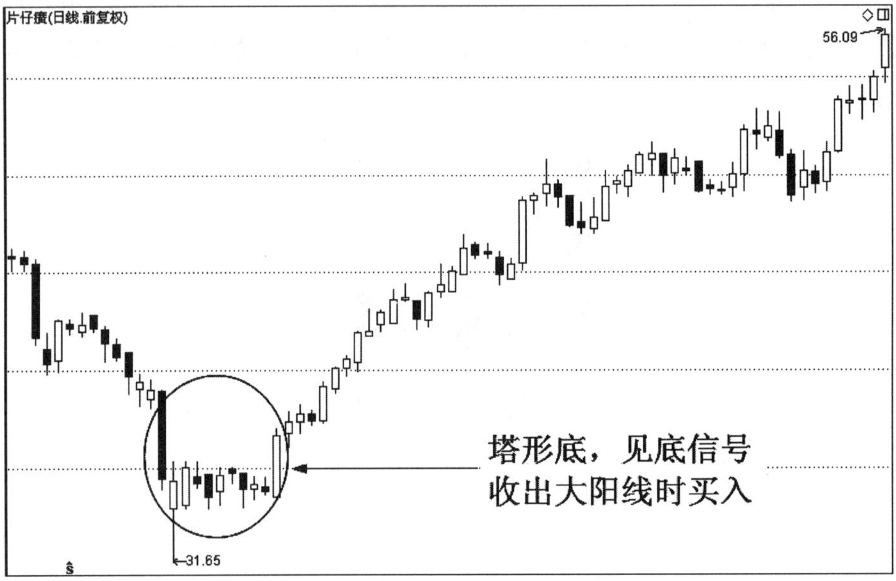

图3-14 塔形底的转势作用

需要特别提醒的是：塔形底的底部区域，即塔形底向上突破的阳线根部具有很强的支撑，一般不会跌破。如果跌破，则趋势有可能再度转熊。

如图3-15所示，鑫龙电器（002298）股价回落，末期收出下跌三连阴，止住跌势，小阴小阳横盘整理，最后一根大阳线向上突破，完成塔形底形态。交易者可于收出塔形底的大阳线时买入。

形成塔形底之后，股价很快回落，但在塔形底底部小阴线小阳线的整理区域获得支撑，然后拐头继续向上。交易者可于回踩不破低点时买入或加仓。在大阳线处已经买入的交易者，可以继续持有，如果股价跌破底部整理区域，则清仓离场。

3. 特别提示

一般来说，股价形成塔形底后，如有成交量配合大阳线向上推升，往往会有一段

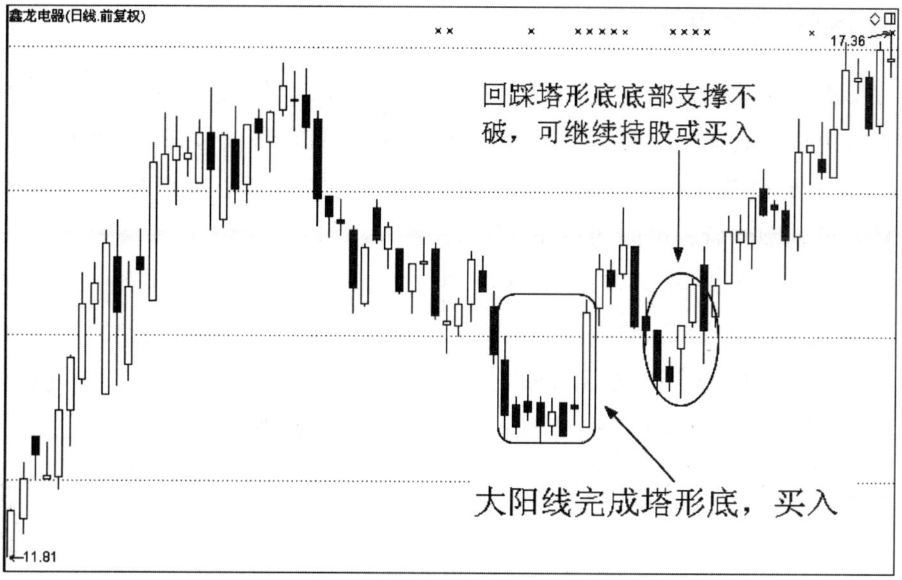

图3-15　完成塔形底以及回踩塔形底底部不破都是进场点

较大的涨幅。这是因为大阴线杀跌后，股价开始横盘，说明空方耗尽了动能，已经没有人愿意继续割肉了。而带量大阳线突破横向整理形态，说明有新的资金进场买入，是多方吹响的反攻号角。

八、圆底

圆底是下跌过程中或横向整理时，一根大阴线或中阴线后，在阴线底部收出若干走势呈向上圆弧形的小阴线和小阳线，最后以向上跳空缺口确认成立的K线组合。如图3-16所示。

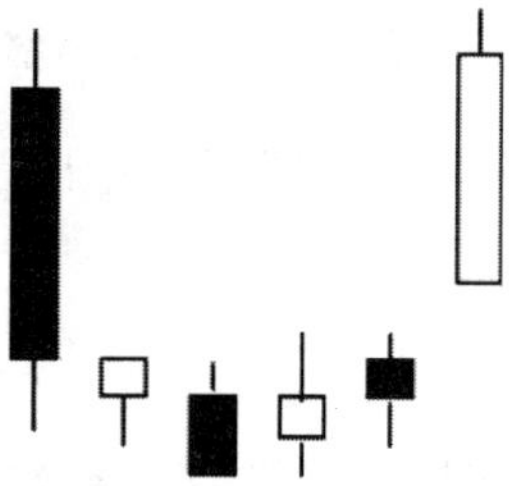

图3-16　圆底

1. 圆底的技术特征

（1）出现在下跌趋势或整理过程中。

（2）先收出一根大阴线或中阴线，然后在其底部由若干小阴线、小阳线形成一个圆弧底。

（3）一个向上跳空缺口确认圆底形态成立。

2. 圆底的技术含义

圆底形态是见底信号，后市看涨。和塔形底一样，圆底也是一种比较可靠的反转形态，并且由于圆底向上突破时留下跳空缺口，因此其转势信号强于塔形底。

圆底的形状和塔形底很类似，其转势原理以及交易者心理变化也与塔形底差不多。交易者见到圆底后，可以适量介入。

如图3-17所示，普洛股份（000739）在上涨过程中开始调整，走出上升旗形的技术图形。在旗形整理后期，收出圆底的K线组合。旗形末端的向上跳空缺口既是对圆底的确认，也是上升旗形突破之后回踩成功的标志。圆底是见底信号，上升旗形是看涨信号。不同形态确认同样的信号，则信号的可靠性大为增强。

图3-17　圆底的见底和看涨作用

交易者可于形态完成后及时进场。该股后市走出了可观的涨幅。

3. 特别提示

（1）股价在下跌或横向整理时，出现圆底K线组合形态，表示市场做空力量已大大减弱，后市很有可能转为升势。交易者见到圆底K线组合形态，可以考虑适量买进。

（2）要注意技术图形圆底和K线组合形态圆底这两者的区别：前者形成的时间周期长，后者短；前者常预示着一个中期甚至是长期趋势的底部，后者常常是短期或中期趋势的底部。

九、低位并排阳线

低位并排阳线是指在下跌趋势中，由两根跳空低开且第一根阳线与前面K线留有跳空缺口的K线组合。因两根阳线并肩而立，所以称低位并排阳线。如图3–18所示。

图3–18 低位并排阳线

1. 低位并排阳线的技术特征

（1）出现在下跌趋势中。

（2）由两根阳线组成。

（3）第一根阳线跳空低开，收盘时在前一根K线下方留下一个跳空缺口，第二根阳线继续跳空低开，与第一根阳线并肩而立。

2. 低位并排阳线的技术含义

低位并排阳线是见底信号。在下跌趋势中，先是收出一根阴线，然后是连续两根跳低开盘但都高收的阳线，这说明空方虽然连续两次在开盘时将多方打压下去，但却无力对其持续施压。空方显然已力不从心，按不住多方倔强昂起的头。股价或指数也许正和多方此刻的心理一样，蠢蠢欲动。

如图3–19所示，ST百花（600721）在上涨过程中股价调整，走出上升旗形的整理形态。在旗形下轨处收出低位并排阳线，股价止跌，随后向上突破旗形上边线，结束整理形态，随后股价就此一路急速拉升。

收出低位并排阳线的位置，恰好是上升旗形的下边线。旗形下边线有比较强的支撑，两种信号叠加，止跌的概率更大了。

需要特别提醒的是：低位并排阳线并不是趋势交易者的进场点。趋势交易者进场可以选在确立升势的位置，如图3–19中有效突破旗形上边线的位置。

3. 特别提示

有技术分析人士将低位并排阳线看作持续形态，即收出该形态后，股价还将继续下跌。这种观点也自有其道理：两根向上的阳线，虽然每一次都奋力上攻，但仍旧无法收复失地，表明多方的反击成效甚微，因此后市继续看淡。

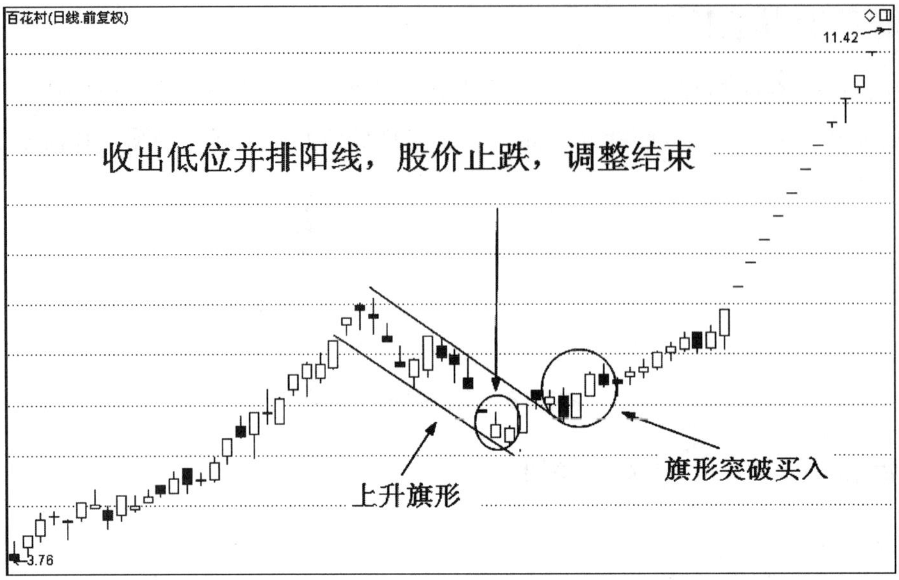

图3-19 低位并排阳线的见底作用

市场对该形态的观点分歧甚大，说明该形态的见底信号不是很强烈。如无其他看涨信号相互印证，交易者不宜介入。

十、低档五阳线

低档五阳线又名下档五阳线，是在连续下跌过程中，由五根基本上并排而立的小阳线组成的K线组合形态。如图3-20所示。

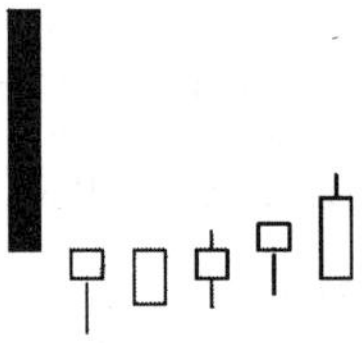

图3-20 低档五阳线

1. 低档五阳线的技术特征

（1）出现在下跌趋势中。

（2）收出五根基本并排的小阳线。

2. 低档五阳线的技术含义

低档五阳线是见底信号，但和低位并排阳线一样，见底和转势的信号都很弱。

低档五阳线只表明多空双方暂时处在均衡和对峙状态，单独的低档五阳线参考意义不大。后市是涨是跌，主要取决于整理结束后股价或指数选择的方向。其他的K线形态和趋势技术分析方法，可以给低档五阳线走向预先提供一些信息和提示。

如图3-21所示，中原高速（600020）在绵绵阴跌当中收出低档五阳线，表明可能是一个底部或阶段性底部区域。交易者可以在股价向上脱离低档五阳线时，适量买入做多。该股后市以一字涨停板的方式向上快速脱离底部，而在此之前并无明显的买入点。因此完全按照技术分析结论进行操作的趋势交易者，几乎无法在底部介入。

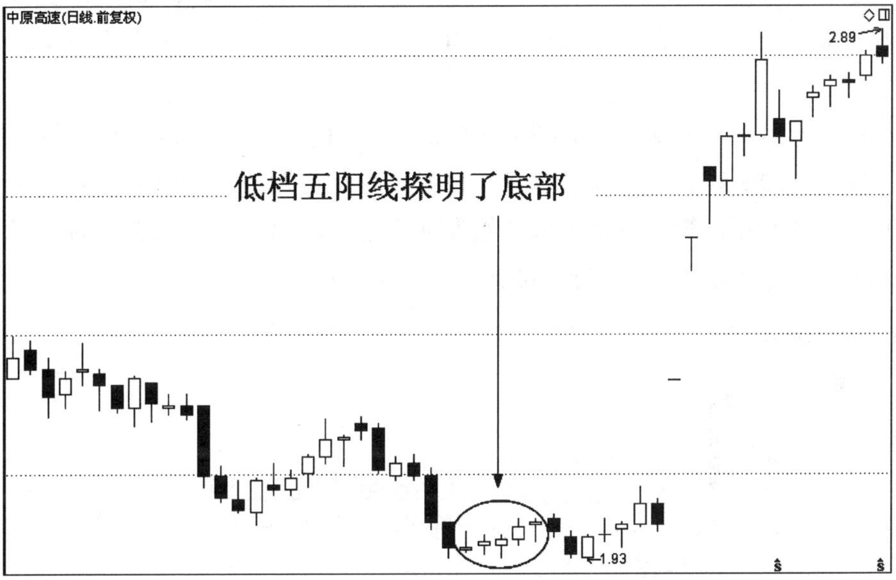

图3-21 低档五阳线是见底信号

十一、连续跳空三阴线

连续跳空三阴线是在下跌过程中出现的连续三根向下跳空低开的阴线。如图3-22所示。

图3-22 连续跳空三阴线

1. 连续跳空三阴线的技术特征

（1）出现在下跌趋势中。

（2）连续出现三根向下跳空低开的阴线。

2. 连续跳空三阴线的技术含义

连续跳空三阴线是见底信号。

《曹刿论战》中有一句话“一鼓作气，再而衰，三而竭”。这句话说明，凡事不可一而再，再而三。孔子说“过犹不及”，说的也是“中庸”，也就是“适可而止”。股市也一样，事情过度了，就要回头。连续跳空三阴线，将空方气势如虹的斗志和不可一世的张狂表现得淋漓尽致，但物极必反，钢多易折。老子说“飘风不终朝，骤雨不终日”，这是自然的规律，股市岂能例外。所以连续跳空三阴线是见底信号。

如图3-23所示，上海辅仁（600781）的股价见顶后，随即出现暴跌。最后更是连续收出三根跳空的阴线，均以跌停收盘（该股当时是特别处理股票）。空方气势空前强盛，但是三鼓而竭，第四日多方就开始发动反击，收出一根穿头破脚的大阳线，随后股价止跌。交易者可以在收出穿头破脚大阳线时进场买入。

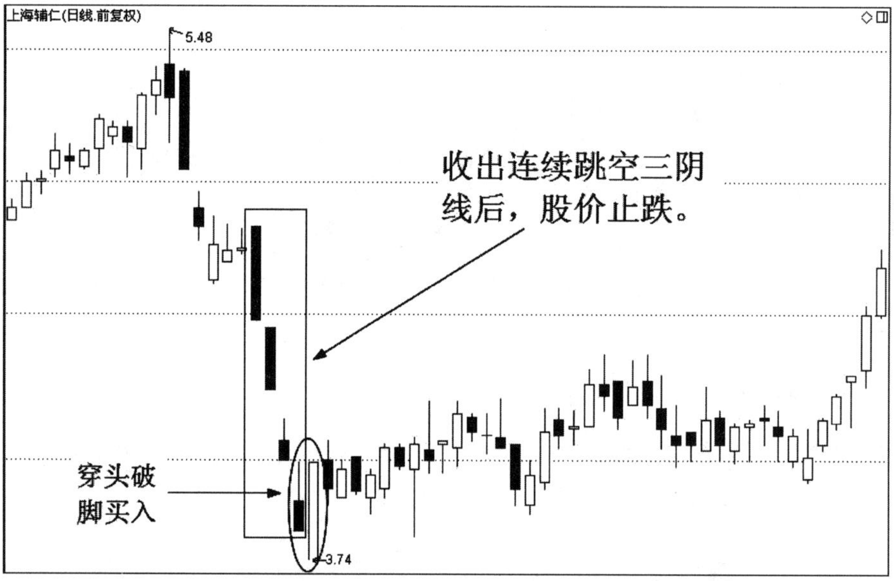

图3-23　连续跳空三阴线是见底信号

需要特别提醒的是：连续跳空三阴线不是买入信号，股价或指数是否止跌，尚需进行观察。《曹刿论战》中说：“夫大国，难测也，惧有伏焉。”说明强者一方即使大败，也不可轻视。连续跳空三阴线充分展现了空方的实力，但即便士气衰竭，也未必兵败如山倒，交易者需要等待和谨慎。

3. 特别提示

（1）股价或指数跌幅越深，出现连续跳空三阴线，股价或指数见底的可能性就越大。

（2）如果出现大阳线回补第三个缺口，那么连续跳空三阴线见底信号的可靠性就更大。

（3）连续收出一字跌停板的股票，不可视为连续跳空三阴线。

（4）如果下跌初期收出连续跳空三阴线，反倒恰好表明空方来势汹汹，必须坚决回避。不过下跌初期极少出现连续跳空三阴线。

（5）在收出连续跳空三阴线时，如果成交量同步明显放大，则见底作用更为强烈一些。因为下跌末期放量收低，很有可能是有人暗中压低吸货。

十二、红三兵（三个白色武士）

红三兵是在上涨行情初期或横盘之后，连续收出三根创新高的小阳线。如图3–24所示。

图3–24　红三兵和三个白色武士

1. 红三兵的技术特征

（1）出现在上涨行情初期或横盘之后。

（2）由三根连续创新高的小阳线组合而成。

2. 红三兵的技术含义

红三兵是买进信号，后市看涨。

在股价见底回升或横盘之后出现红三兵，表明多方正在积蓄能量，准备发力大举上攻。如果在收出红三兵后股价上涨，同步伴随着成交量放大，说明该股有新资金介入，继续上涨的可能性就更大了。交易者可以及时跟进，适量买入。

如图3–25所示，莲花味精（600182）在上升通道的返回线（通道上轨）处，收出上档盘旋的K线组合形态，上档盘旋形是看涨信号。接着收出红三兵，结束了盘旋形态，并突破通道的返回线，成交量稳步推升，后市看涨。本例当中，红三兵恰好验证了上档盘旋形的看涨信号，交易者可以适量买入。

随后股价急速上扬，成交量也急剧放大。很显然，这种走势或者是突发利好，或者是有短期资金进入形成的。不管是什么原因，短期后市向好的概率很大。交易者如果可以把握这种放量急涨突破前高的走式，不失为一个短期获取可观利润的途径。

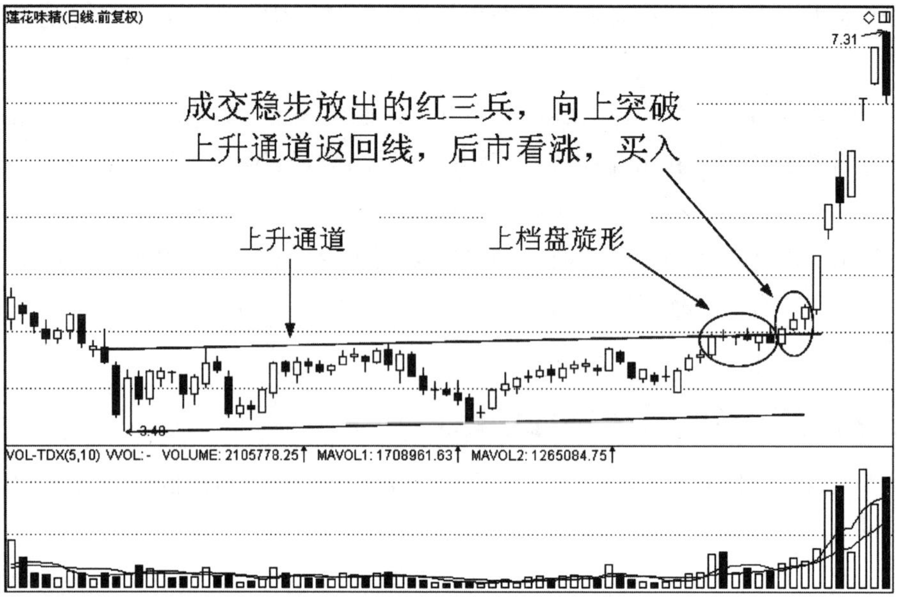

图3-25 红三兵，后市看涨，买入

短线交易者可以在第一和第二个涨停板期间适量加仓，在股价放量不涨、收出见顶K线形态或者跌破5日均线时离场。

3. 特别提示

红三兵拉升作用的强度与下列因素有密切关系。

（1）处在整理形态末端，向上突破整理形态。

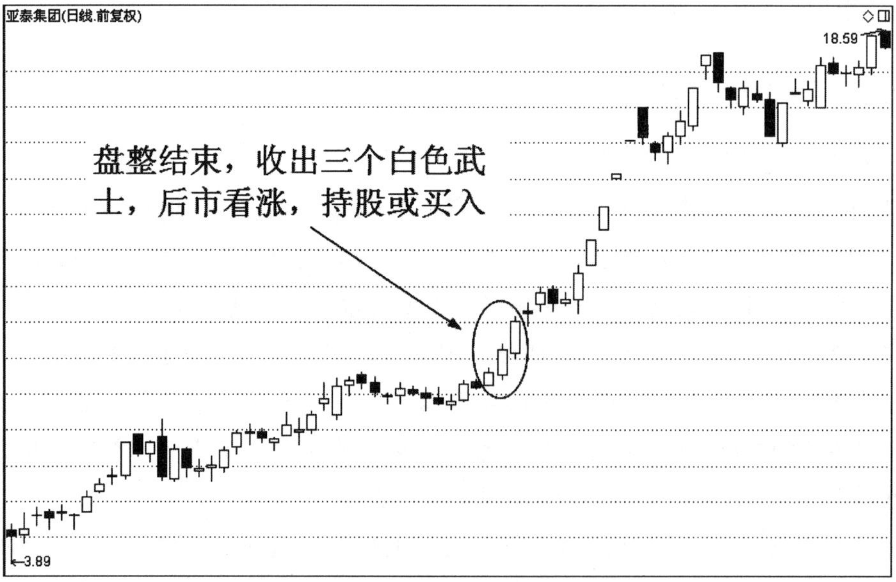

图3-26 三个白色武士有看涨作用

（2）成交量稳步放出，呈价涨量增的量价配合关系。

（3）每一根阳线都以最高价或次高价收盘。

当三根小阳线收于最高价或接近最高价，并且最后一根阳线实体最长时，称为三个白色武士。三个白色武士是红三兵的一种特殊形态，其看涨作用要强于普通的红三兵。

如图3–26所示，亚泰集团（600881）在股价上升中途进行短暂休整。休整结束后，收出三个白色武士，说明多方力量越来越强大，是看涨信号，交易者可以持股不动或者适量买入。后市股价几乎一路未作停顿，连续拉升。

十三、冉冉上升

冉冉上升形是指在上涨初期或盘整后期，股价或指数收出若干夹着一些小阴线、十字线的小阳线（一般不少于8根），整体走势略向上倾斜的K线组合形态。如图3–27所示。

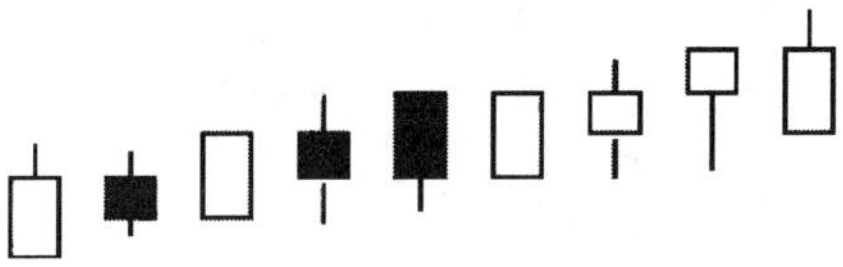

图3–27　冉冉上升

1. 冉冉上升形的技术特征

（1）出现在上涨初期或盘整后期。

（2）由若干小K线组成（一般不少于8根）。

（3）一般以小阳线居多，中间也可以夹着一些小阴线、十字线。

（4）K线组合形态排列略向上倾斜。

2. 冉冉上升形的技术含义

冉冉上升形是买进信号，后市看涨。

冉冉上升的意思是股价就像东方升起的朝阳，涨速虽然很慢，毫不起眼，但却往往是后市股价大涨的预兆。

冉冉上升的走势说明多方的推升正在有条不紊地进行，很多情况下是有主力介入的表现。因为主力买入必然导致买盘增加，股价上升。如果股价上升过快，或者某一日涨幅过大，都会引起其他交易者的关注和跟风。这样既增大了主力吃货的成本，也不利于主力日后拉升和派发，因此很多主力都会刻意隐藏吸货意图。但股价走势往往在不知不觉中暴露其行踪。至于公众交易者是否能够发现，那就要看谁能够用心聆听K线的细语。

图3-28是中金黄金（600489）的日线图，交易者可以看到，股价经过一段时间横盘后，出现了向上倾斜的一组小K线，其中以小阳线居多，中间也可以夹着一些小阴线和十字线。上升的节奏稳定有序，有一种从容不迫的自信。看到这种走势，交易者可以适量买入做多，等到股价开始快速拉升时加仓。

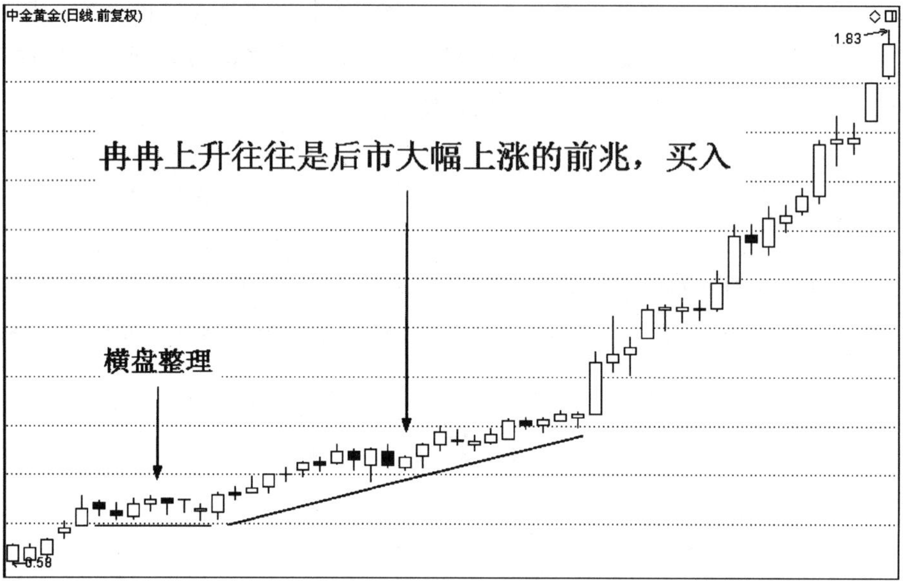

图3-28　冉冉上升，后市看涨，买入信号

十四、稳步上涨

稳步上涨形是指上涨行情中，股价或指数收出若干夹着一些小阴线的阳线，整体走势呈向上倾斜的形态。如图3-29所示。

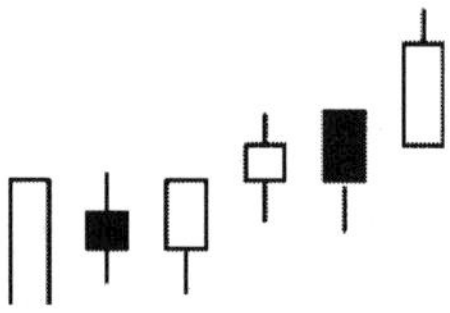

图3-29　稳步上涨

1. 稳步上涨的技术特征

（1）出现在上涨行情中。

（2）众多阳线中夹着较少的小阴线。

（3）整个K线排列呈向上倾斜状态。

2. 稳步上涨的技术含义

稳步上涨是买进信号，后市看涨。

和冉冉上升相比，稳步上涨显示多方已经按捺不住内心的躁动，交易者可以买入。

如图3–30所示，中钢吉炭（000928）在上涨过程中两处出现稳步上涨，都是众多阳线中夹着较少的小阴线。虽然出现稳步上涨后不久，股价就开始调整，但最终还是越涨越高。

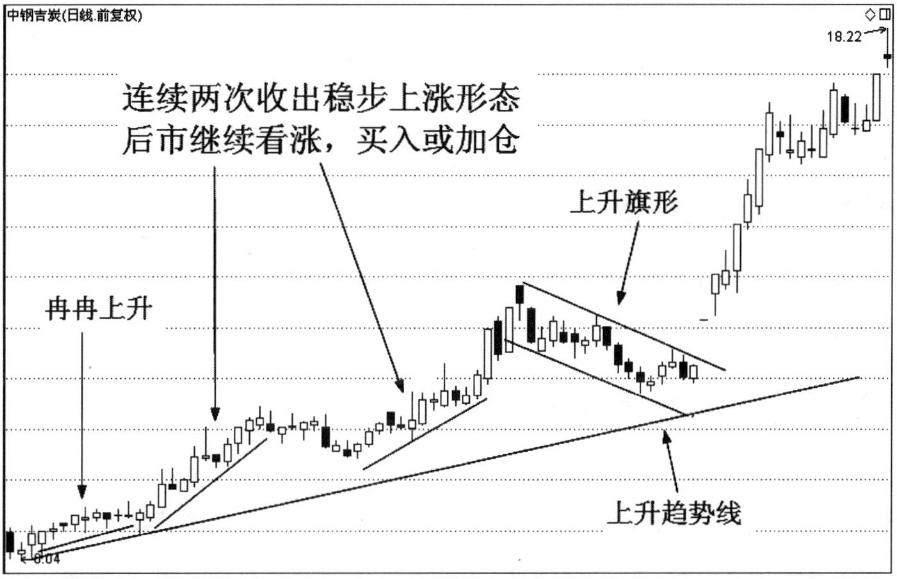

图3–30　稳步上涨有看涨作用

该股上涨初期收出冉冉上升形态，也是买入信号。交易者如在见到冉冉上升K线形态时已经买入股票，那么可以在走出稳步上涨形态后继续加仓。

对于趋势交易者而言，加仓一定是在上涨之后，而现实中很多交易者却是越跌越补。如果是其他交易方式，例如价值投资，的确应当如此，但是趋势交易是一种顺势而为的跟随交易。买入之后股价持续下跌，说明趋势在下降，证明当初的买入是错误的。只有买入以后股价继续上涨，保持上升的趋势不变，才证明当初的买入和判断是正确的，才表示交易者的确在顺势而为。

只有在买入和判断证明是正确的时候才加仓，这是趋势交易非常重要的一条交易原则。

但无论是否加仓，交易者都不要轻易抛出手中仓位，除非股价后来跌破了图中所画的上升趋势线，这样就不会错过该股后来的快速拉升行情。

当然，不破趋势线不抛股票也不是一成不变的。仍以该股为例，该股后来快速拉升，在快速拉升的那一段行情里，离场标准就不再是图中所标示的趋势线。对于股票的超强势上涨阶段，一般以放量不涨、收出大阴线等见顶K线形态和跌破5日均线作为离场标准。

十五、徐缓上升

徐缓上升形是指上涨初期，股价或指数先收出几根小阳线，接着再收出中阳线、大阳线的K线组合形态。如图3-31所示。

图3-31　徐缓上升

1. 徐缓上升形的技术特征

（1）多数出现在涨势初期。

（2）先出现几根小阳线，然后才拉出中阳线、大阳线。

2. 徐缓上升形的技术含义

徐缓上升形是买进信号，后市看涨。

俗话说：兵马未动，粮草先行。做任何事情都有一个蓄势准备的过程。准备越充分，事情发展得就越顺利，“磨刀不误砍柴工”说的就是这个道理。徐缓上升形的前

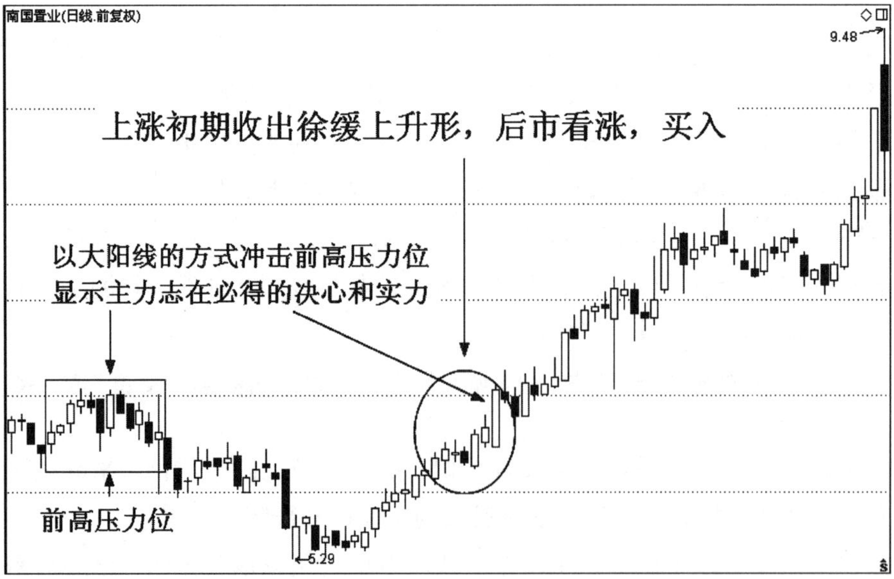

图3-32　徐缓上升形是买入信号，后市看涨

面几根小阳线，就是多方主力的蓄势准备阶段，最后收出中阳线、大阳线，是向空方发起全面进攻的冲锋号。交易者可以及时跟进，享受大决战的快感，并收获决战后的胜利果实。

如图3-32所示，南国置业（002305）股价见底回升的初期，连续出现很多小阳线，然后收出一根中阳线和一根大阳线，完成徐缓上升形的K线组合形态，表明多方力量正在逐步壮大，斗志日益旺盛。中阳线和大阳线就是发起冲锋的号角，交易者可以及时跟进，适量做多。

该股前期曾留下一个前高，徐缓上升形态的位置正处在前高的压力位之下。在徐缓上升形的最后阶段，多方主力收出大阳线，向上冲击前高压力位，将前期高点被套的交易者全部解套，显示了多方主力志在必得的决心和志存高远的目标。

十六、上升抵抗

上升抵抗形是指上涨行情中，股价或指数收出若干连续跳空高开的阴线和阳线，其中阴线收盘价也高于前一根K线收盘价的K线组合形态。如图3-33所示。

图3-33　上升抵抗形

1. 上升抵抗形的技术特征

（1）出现在上涨途中。

（2）由若干阳线和阴线组合而成。

（3）连续跳空高开，即使是阴线，其收盘价也比前一根K线的收盘价高。

2. 上升抵抗形的技术含义

上升抵抗形是买进信号，后市看涨。

上升抵抗形出现在上涨趋势中，每一次多方都跳高开盘，然后向上推升股价或指数。空方偶尔反抗也仅仅是迟滞了多方前进的步伐。在这一阶段，局面呈一边倒的态势，多方牢牢地占据着市场主导权，是多空双方作战时多方的全盛阶段，也是交易者比较容易获取较大利润的时期。

如图3-34所示，金晶科技（600586）的股价在上涨过程中连续跳空高开，收出众多阳线。偶尔出现的阴线，收盘价也高于前面的阳线，表明多方力量越来越强，后市股价有可能加速上扬，交易者应当及时进场买入。

图3-34　上升抵抗有看涨作用

3. 特别提示

各相似K线组合的区别如下。

（1）冉冉上升形出现在上涨初期或盘整后期，由若干夹有一些小阴线的小阳线组成，整个K线排列呈略向上倾斜状态，反映出多方力量正在悄然积聚。

（2）稳步上涨形出现在上涨过程中，虽然收出少量下跌的K线，但股价走势向上倾斜，显示多方力量比较强大，对股价控放自如。

（3）徐缓上升形是上涨过程中先连续收出若干小阳线，然后再收出中阳线、大阳线的组合形态，反映了多方气势日益强盛。

（4）上升抵抗形是连续高开收出很多收盘涨幅为正的K线，说明多方力量十分强大，取得了绝对性的优势。

由此可见，上述各K线组合形态对股价上涨的推动作用是不同的，由强至弱依次为：上升抵抗形，徐缓上升形，稳步上涨形，冉冉上升形。

市场的涨跌循环和自然界的阴阳转化一样，都遵循物极必反的原理和规律。因此，上述各K线形态力度越弱的，后市的潜力越大；越强的，离顶部就越近。对于交易者来说，可以根据操作风格和个人脾性，选择最适合于自己的操作方式和仓位管理模式，同时决定交易的起止。

如图3-35所示，ST百花（600721）先后收出稳步上涨、徐缓上升、上升抵抗形态。交易者可以从图上很清晰地看出各K线形态的上升力度以及出现的位置。

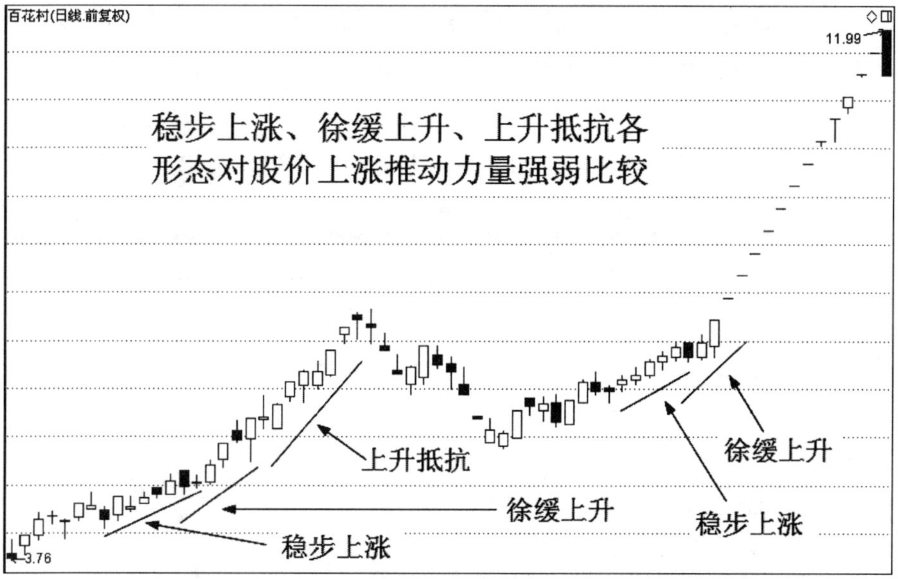

图3-35　稳步上涨、徐缓上升、上升抵抗的上升力度比较

十七、上升（向上）弧形线

上升弧形线又称向上弧形线，出现在上涨初期，由若干K线形成走势呈向上抛物线的K线组合形态。如图3-36所示。

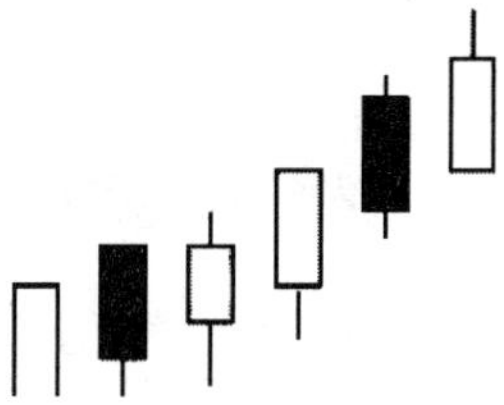

图3-36　上升弧形线（向上弧形线）

1. 上升弧形线的技术特征

（1）在涨势初期出现。

（2）由若干K线组成。

（3）股价走势是一个向上的抛物线。

2. 上升弧形线的技术含义

上升弧形线是买进信号，后市看涨。

股价的升幅缓慢，在上下波动中底部逐渐抬高，呈一个向上的抛物线，形成上升弧形线。上升弧形线一般是主力操控股价留下的痕迹，这种不温不火的走势表明主力志在长远。从另一个角度看，收出上升弧形线的股票，大多基本面状况良好或即将有

重大改善。因此大多数收出上升弧形线的股票，上涨周期都较长，上涨幅度也较大。

交易者一旦发现走出上升弧形线的股票，可以逐渐加仓并耐心持有，直到趋势出现逆转信号为止。

如图3-37所示，驰宏锌锗（600497）的股价在上升初期收出上升弧形线，随后股价越涨越快。交易者可以在收出上升弧形线时逐步加仓。该股后市加速上涨，然后横盘整理，收出一个下降三角形。

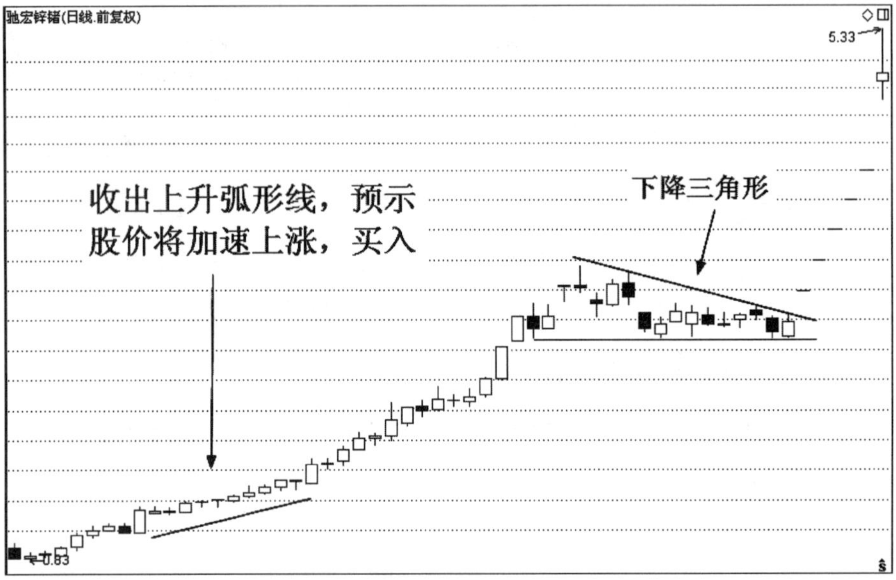

图3-37　上升弧形线是买入信号

如图3-38所示，华远地产（600743）在上涨初期收出时间周期比较长的一个上升弧形线形态，后市股价连续涨停（当时该股名称是ST幸福）。

对于类似于该股的上升弧形线，交易者可以大胆、耐心的介入并持有。

图3-39是华电国际（600027）的周线图。该股前后收出一小一大两段上升弧形线，后市股价的涨幅惊人。该股前后两段上升弧形线，时间跨度长达半年，对持仓交易者的考验也极为持久。

图3-40是ST海龙（000677）的周线图。上涨初期收出两段上升弧形线，后市股价涨幅和涨速都很可观。

3. 特别提示

形成上升弧形线所需的交易日比较多，所以其后期走势经常是一段中期上涨趋势。如果是出现在周线图上，则信号的可靠性较日线更强，未来股价上涨的幅度、涨速和周期都更为可观。交易者见到上升弧形线后，可以放心地买入和持有。

上升弧形线也不难发现和掌握。但是实战当中，很多交易者常常失之交臂。原因主要是股价上涨初期，涨幅很小，涨速缓慢，交易者没有耐心等候，或者想抓住其他的大黑马。结果是黑马没有骑成，等回过头再来看时，股价已高，又不敢进场买入了。

如果交易者放弃一夜暴富的错误想法，认真寻找，耐心守候，反倒常常有出人意料的惊喜。

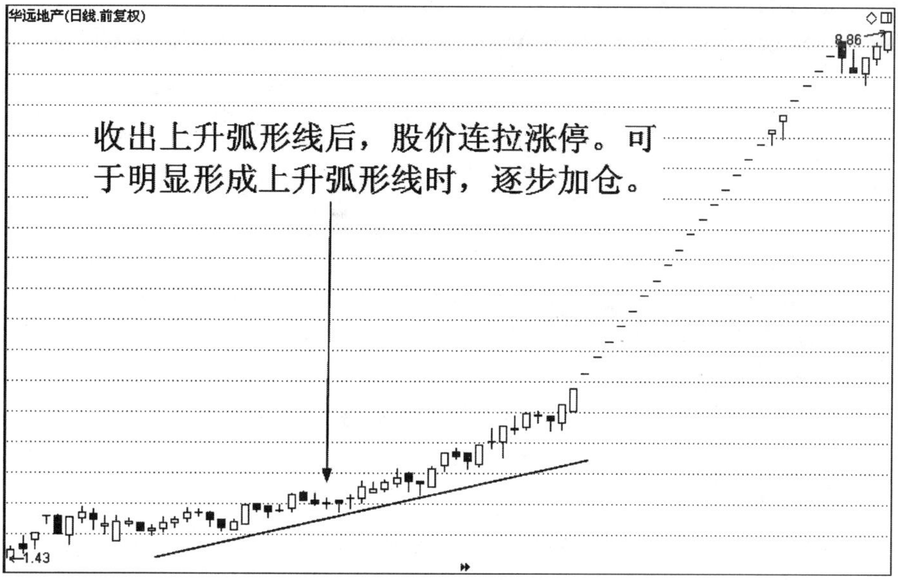

图3-38　上升弧形线有看涨作用

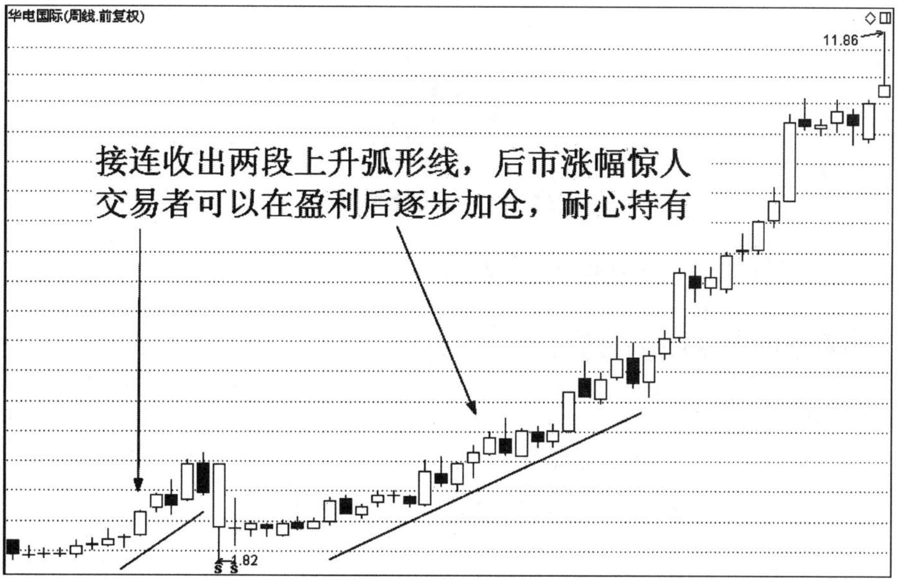

图3-39　上升弧形线

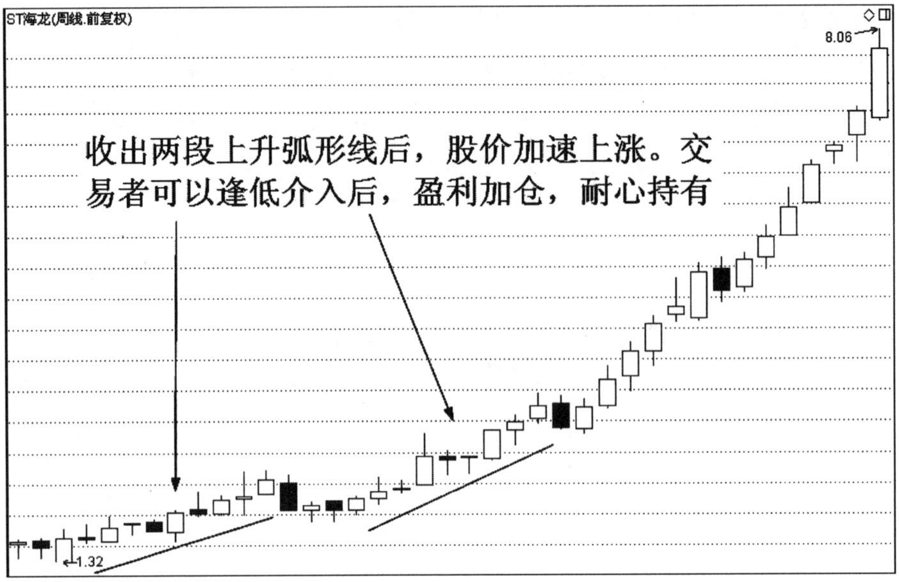

图3-40　上升弧形线

十八、下探上涨

下探上涨形是指在上涨途中股价突然大幅跳低开盘（甚至以跌停开盘），却以上涨收盘（甚至以涨停收盘）的大阳线。如图3-41所示。

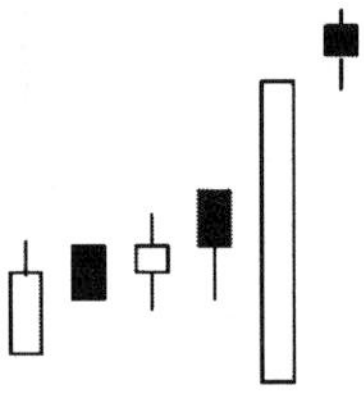

图3-41　下探上涨形

图3-42是形成下探上涨形的日分时走势图。

1. 下探上涨形的技术特征

（1）出现在上涨途中。

（2）跳空低开（甚至以跌停板开盘）。

（3）当日以上涨收出一根大阳线（甚至以涨停收盘）。

2. 下探上涨形的技术含义

下探上涨形是买进信号，后市看涨。

股价或指数正在上升，突然某一天大幅低开，这种走势只有主力控盘才可以做到，所以下探上涨形多数是主力洗盘或试盘。

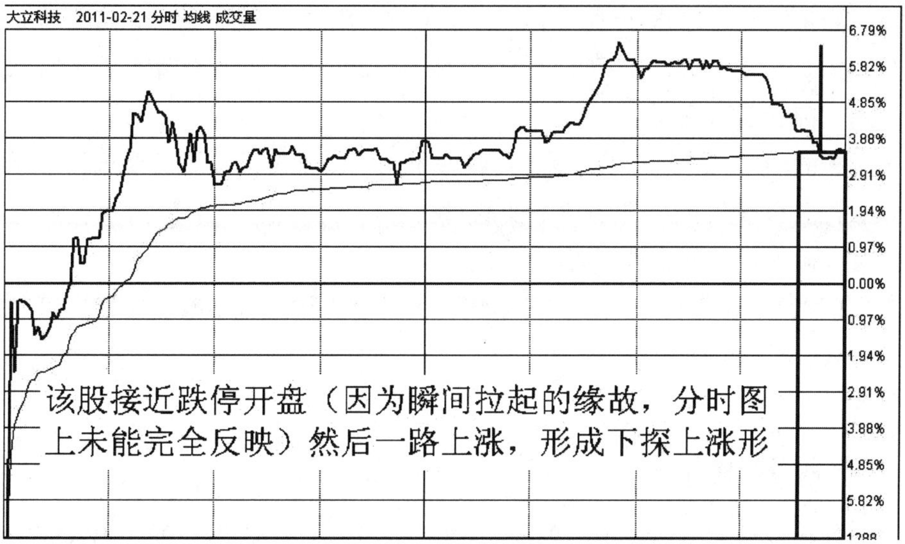

图3-42　形成下探上涨形的日分时走势图

交易者见到下探上涨形，可以适量介入做多。只要上升趋势没有走坏，可以一直持有。大多数股票收出下探上涨形后，一般都会有一段比较好的上扬行情。

如图3-43所示，宁波富邦（600768）探底时收出平底形态，随后股价稳步上涨。短暂横盘整理之后，收出下探上涨形的形态。交易者可以在收出下探上涨形当日适量买入。

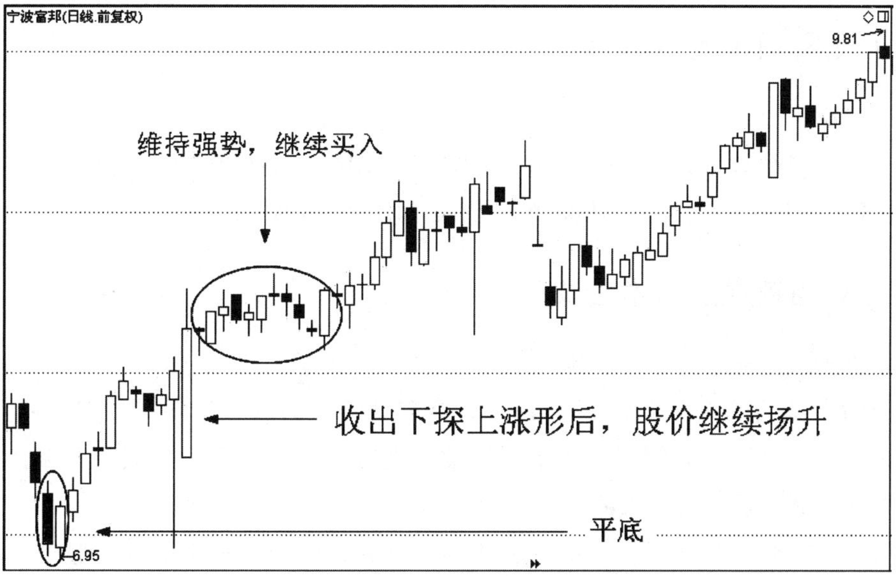

图3-43　下探上涨的看涨作用

在下探上涨的K线之前，该股还收出一根下影线很长的阳锤头线。在上涨初期收出类似K线，有时是主力为关系客户送钱所致，主要表现是：盘中瞬间探底，经常是一笔天量成交，将股价一下子砸下去几个点，甚至打到跌停板。但后一笔成交马上就回归原来的价位附近，在分时图上留下一条直直的垂线。还有的因为瞬间成交的原因，甚至在分时图上都看不到痕迹。

对于送钱的K线形态，交易者也乐得收一份人情。不过进场时机要选在临近收盘，股价重新收回且继续维持上升趋势不变的时候。这样虽然比主力的关系客户成本高了不少，但可以确保日后上涨是大概率事件。

在下探上涨的K线之后，该股进行整理，但继续维持强势不改。交易者可以持股不动或继续买入。

十九、上涨两颗星

上涨两颗星是在上涨趋势中出现的K线组合形态。先是收出一根大阳线或中阳线，然后在阳线上方收出两根小K线。小K线可以是十字线、十字星，也可以是小阳线、小阴线。如图3-44所示。

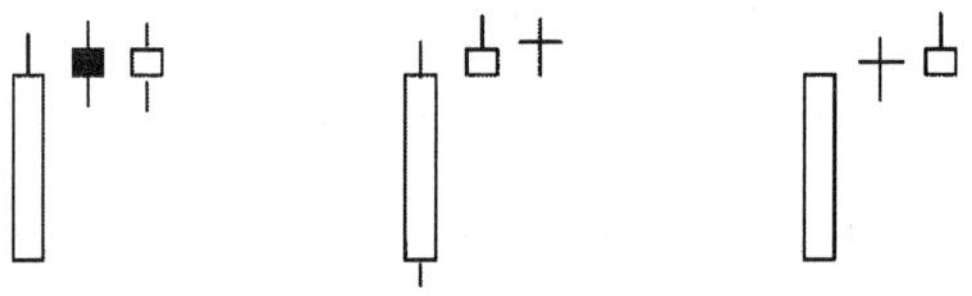

图3-44　上涨两颗星

1. 上涨两颗星的技术特征

（1）出现在上涨趋势中。

（2）由三根K线组成，第一根是大阳线或中阳线，然后在阳线上方出现两根小K线。小K线可以是十字线、十字星，也可以是小阳线、小阴线。

2. 上涨两颗星的技术含义

上涨两颗星是买入信号，继续看涨。

上涨两颗星的两颗星，大多是股价或指数突破压力或关键位置（如颈线等）之后，主力清洗获利浮筹和短线交易筹码所致。洗完之后，大多仍会继续上涨，所以上涨两颗星是看涨信号，可以适量介入。

如图3-45所示，哈飞股份（600038）在上涨初期收出一根中阳线，股价突破前期下跌过程中的小型整理平台。整理平台是很重要的压力和支撑区域，压力和支撑的力度与平台整理时间的长短、平台内成交量的多少成正比关系。该股因为是从下向上突破平台，是冲破压力。冲破之后会有一定数量的获利回吐盘涌出，造成股价出现一个小的回档或整理。但该股冲破之后收出上涨两颗星，也就是在阳线上方仅仅收出两颗小阴线，表明主力做多意愿比较强烈，可以适量买入，跟随主力做多。该股后市走势如图，涨幅巨大。

图3-45　上涨两颗星有看涨作用

图3-46是鑫富药业（002019）的日线图。该股收出上涨两颗星之前，先向下做了一个空头陷阱，股价跌破了上升趋势线。然后用上涨两颗星的第一根大阳线收复失地，用跳空的两颗星宣告主力的实力和信心。交易者可以跟进做多，该股后市的涨幅验证了主力的实力。

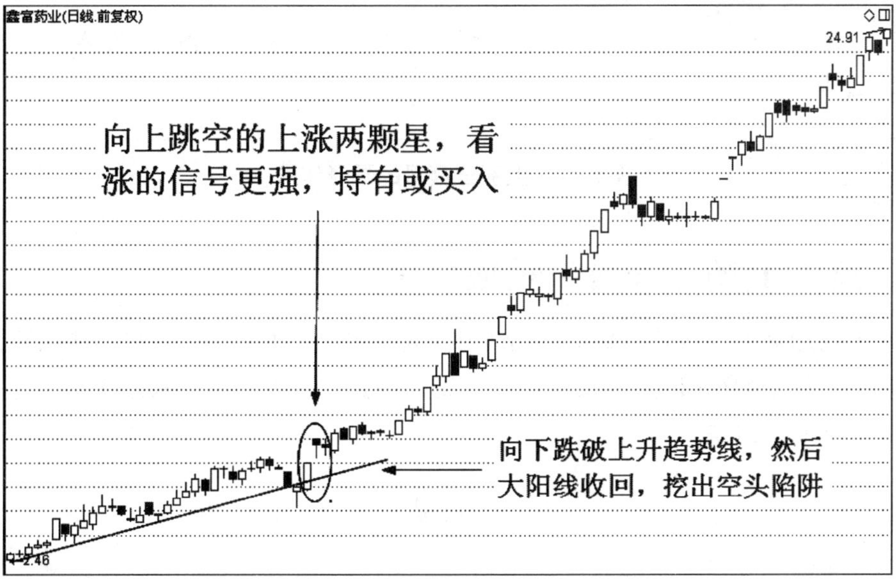

图3-46　上涨两颗星的看涨作用

空头陷阱：简单地说就是市场主流资金故意大力做空，指数或股价从高位区以较高的成交量向下跌破重要的点位、颈线、支撑位、趋势线或均线等，造成向下突破的假象，诱使交易者恐慌性抛售股票。恐慌盘涌出后，股价迅速回升并超越原先的价格区域，恢复上升态势，使那些在低位恐慌卖出的交易者踏空。

3. 特别提示

在第一根大阳线或中阳线上方，如果出现三颗小K线，就称为上涨三颗星。上涨三颗星的技术含义和上涨两颗星的含义相同。

如图3–47所示，道博股份（600136）上涨途中收出上涨三颗星，后市加速扬升。交易者可以在收出上涨三颗星时买入，在后市继续维持强势时加仓。已经持仓的交易者继续持仓不动。

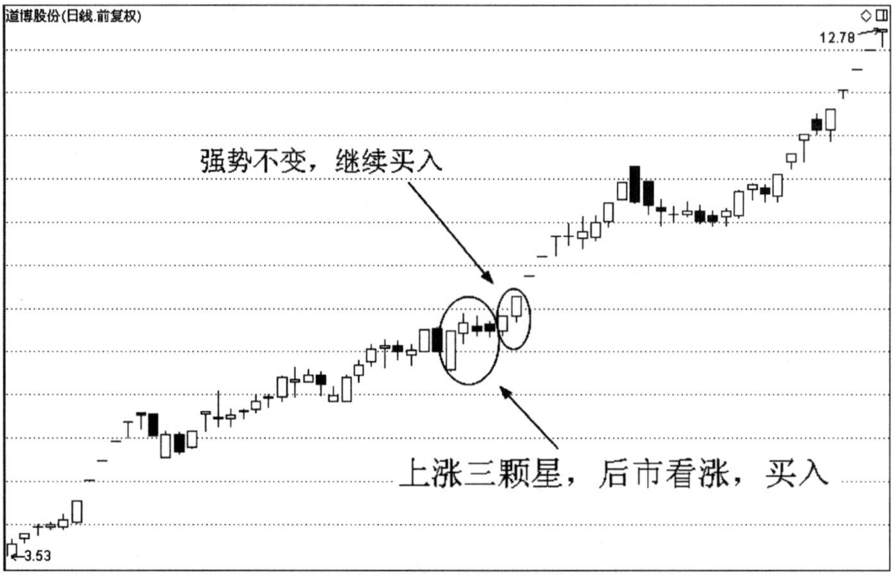

图3–47　上涨三颗星的看涨作用

二十、跳空上扬（升势鹤鸦缺口）

跳空上扬形又称升势鹤鸦缺口，出现在上涨趋势中，由一阴一阳两根K线组成，第一根是和前一根K线留下跳空缺口的阳线，第二根是收盘价在第一根阳线缺口上方附近的阴线。如图3–48所示。

图3–48　跳空上扬形（升势鹤鸦缺口）

1. 跳空上扬形的技术特征

（1）出现在上涨趋势中。

（2）由两根一阳一阴K线组成。

（3）第一根是跳空上扬的阳线，收盘时在前一根K线上方留下一个跳空缺口。

（4）第二根是一根低收的阴线，收在前一根阳线缺口上方附近。

2. 跳空上扬形的技术含义

跳空上扬形是买进信号，继续看涨。

如图3-49所示，新疆众和（600888）先是底部收出尽头线，紧接着收出跳空上扬形，预示市场已经转暖，交易者可以适量买进。尽头线是见底信号，跳空上扬形是看涨信号，二者配合良好。后市股价果然一路高歌猛进。

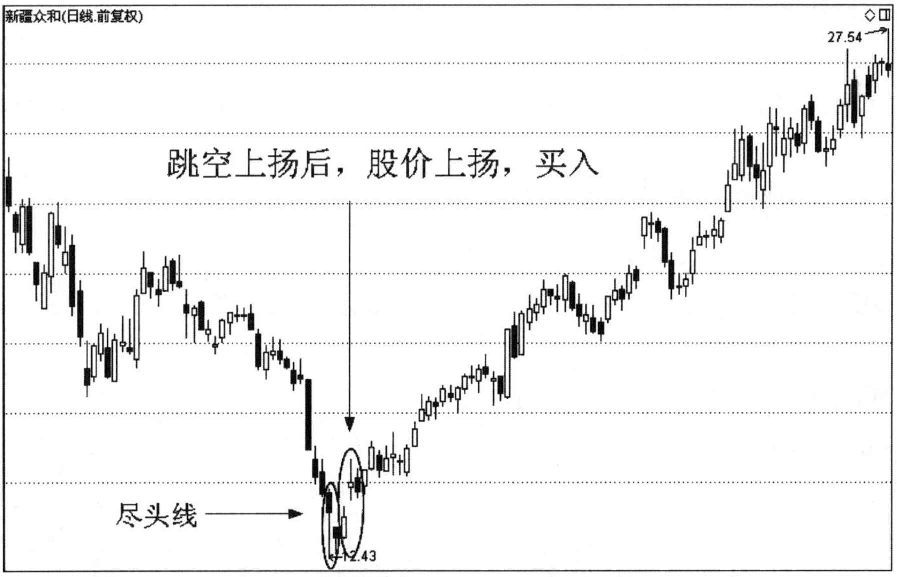

图3-49　跳空上扬形是看涨信号

一般来说，跳空上扬形是行情上涨过程中洗盘换手形成的。在股价上涨趋势中，出现了一根跳空上扬的阳线，第二天股价虽然不涨反跌，收出阴线，但收盘价依然没有填补前一天阳线的跳空缺口，说明股价上升过程中虽然遇到了空方的抛盘，但是并没有给多方造成重大阻碍。多方将抛盘悉数收入囊中，之后继续推动股价上涨。

跳空上扬形和上涨两颗星的技术形态和技术含义相差不多，但看涨作用比上涨两颗星强。

二十一、高位并排阳线（升势恋人肩并肩缺口）

高位并排阳线是两根开盘价基本相同的跳空阳线组合形态。因为阳线并排而立，所以称为高位并排阳线。又因为从图形上看好像是一对肩并肩的恋人，所以又称升势恋人肩并肩缺口。如图3-50所示。

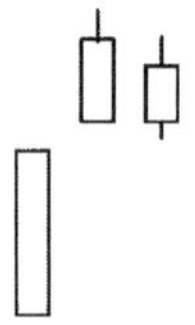

图3-50　高位并排阳线（升势恋人肩并肩缺口）

1. 高位并排阳线的技术特征

（1）出现在上涨趋势中。

（2）由两根阳线组成。

（3）第一根阳线跳空向上，收盘时在前一根K线上方留下一个跳空缺口。

（4）第二根阳线与第一根阳线并排，开盘价与第一根阳线的开盘价基本相同。

2. 高位并排阳线的技术含义

高位并排阳线是买入信号，继续看涨。

和跳空上扬形一样，大多是上涨过程中主力洗盘。技术形态、技术含义以及信号的可靠性也都相差无多。

如图3-51所示，西部资源（600139）见底回升后，股价横盘整理收出一个小收

图3-51　高位并排阳线后市看涨，买入信号

敛三角形，接着以跳空阳线的方式突破三角形。三角形被向上突破后，后市看涨。次日股价再度低开高走，收出高位并排阳线。高位并排阳线的出现，预示股价仍会继续上扬。

跳空缺口区域通常是比较重要的支撑位。但如果股价回调，回补这个缺口，支撑就会变成压力，表明股价走势已经转弱。交易者见到高位并排阳线的组合形态后，可以密切观察，只要股价回落不补缺口，就可以买入做多。该股的跳空缺口也是突破缺口，突破缺口是看涨信号。

3. 特别提示

高位并排阳线和跳空上扬形都有一个向上跳空缺口。因为这两种K线组合形态大多出现在上涨初期，所以两种K线组合形态的跳空缺口很有可能是突破缺口（突破缺口将在后面讲解）。突破缺口也是看涨信号，但是缺口一旦被封闭，说明原先的强势已经转弱，交易者应当果断离场。

二十二、跳空下跌三颗星

跳空下跌三颗星出现在连续下跌的过程中，三根小阴线与前一根K线留有一个向下跳空缺口，且开盘价和收盘价处在差不多的价格区域。如图3–52所示。

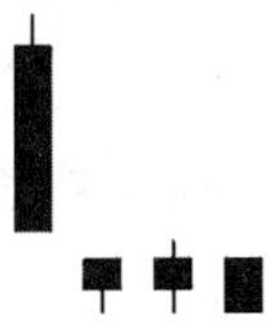

图3–52　跳空下跌三颗星

1. 跳空下跌三颗星的技术特征

（1）出现在连续下跌的过程中。

（2）由三根开盘价和收盘价都处在差不多价格位置的小阴线组成。

（3）三根小阴线和前一根K线有一个向下的跳空缺口。

2. 跳空下跌三颗星的技术含义

跳空下跌三颗星是见底信号。

跳空下跌三颗星出现在下跌趋势中，先收出一根阴线，预示下跌仍在持续。然后连续三天收出小阴线，但股价或指数却没有跌下去，表明空方的气力将竭，难以继续对多方行使统治权，预示市场可能正在筑底，是见底信号。

该形态不是买入信号，股价或指数是否见底，仍需后市的走势验证。而且收出跳空下跌三颗星形态时，股价或指数依然处在下降趋势当中，未有任何实质性的改变，故交易者只可密切关注，不能盲目买进。

如图3-53所示，中江地产（600053）的股价连续下跌以后，收出不是很标准的跳空下跌三颗星。从图中可以看到，该股跳空向下收出四根小阴线和一根小阳线，而不是技术形态中所说的三根，但是它们的技术含义是一样的，表明空方已经无力继续打压，股价即将见底回升。

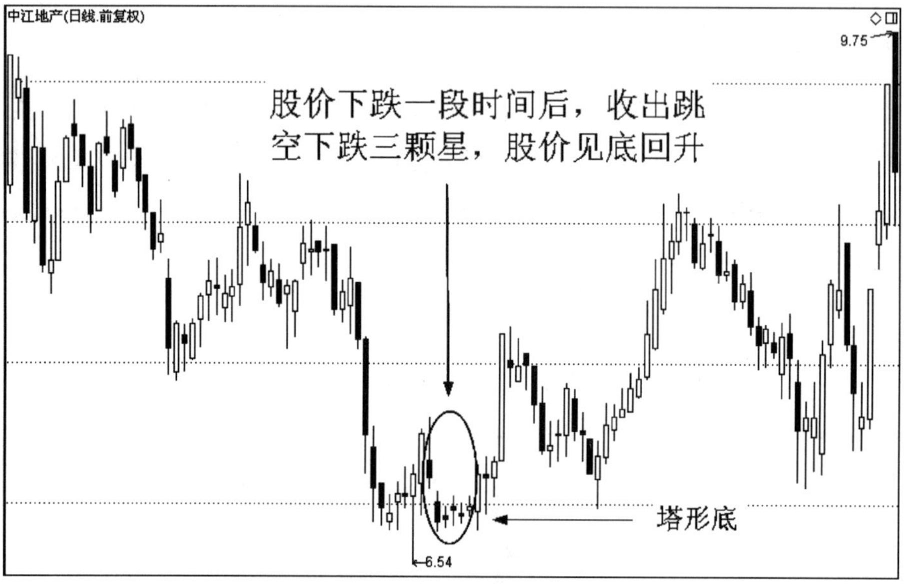

图3-53　跳空下跌三颗星的见底作用

该股跳空的几根小阴线还是塔形底的底部，塔形底也是见底信号。见底信号出现后，交易者不一定马上买入，可以继续观察等待。

有一些交易者认为，股价或指数见底时买入，很显然比趋势已经确立，正处在上涨途中时买入价格更低，利润更大。但他们忽略了一个很重要的问题：**趋势技术分析所得出的结论都只是一种概率**。所谓的见底或见顶信号，仅仅表明概率上的大小。同时，由于交易者分析的交易周期长短不同，以及同一时期大盘和行业板块长期趋势的影响，这种概率并非是一成不变。所以K线发出见底信号，交易者不必马上介入。

但是基于风险控制的原因，股价收出见顶信号的K线形态，交易者可以立即减仓或清仓。

3. 特别提示

如果三根小阴线之后收出一根大阳线，则见底回升的可能性更大。

二十三、上升三部曲（升势三鸦）

上升三部曲又称升势三鸦，出现在上涨途中，是由两根中阳线或大阳线，中间夹着三根没有跌破第一根阳线开盘价的小阴线组成的。上升三部曲的走势有点像英文字母“N”。如图3-54所示。

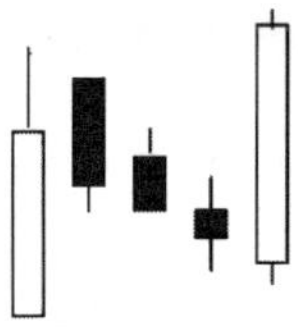

图3-54　上升三部曲（升势三鸦）

1. 上升三部曲的技术特征

（1）出现在上涨途中。

（2）由大小不等的五根K线组合而成。

（3）先收出一根中阳线或大阳线，接着收出三根小阴线，但三根小阴线都没有跌破前面阳线的开盘价。

（4）最后收出一根大阳线或中阳线，整体走势形态有点像英文字母“N”。

2. 上升三部曲的技术含义

上升三部曲是买入信号，后市看涨。

上升三部曲K线组合出现在上涨趋势中，虽然收出三根阴线，但既没有跌破第一根阳线的开盘价，也没有改变上升趋势的方向，说明多方在积蓄力量，清洗获利盘。有

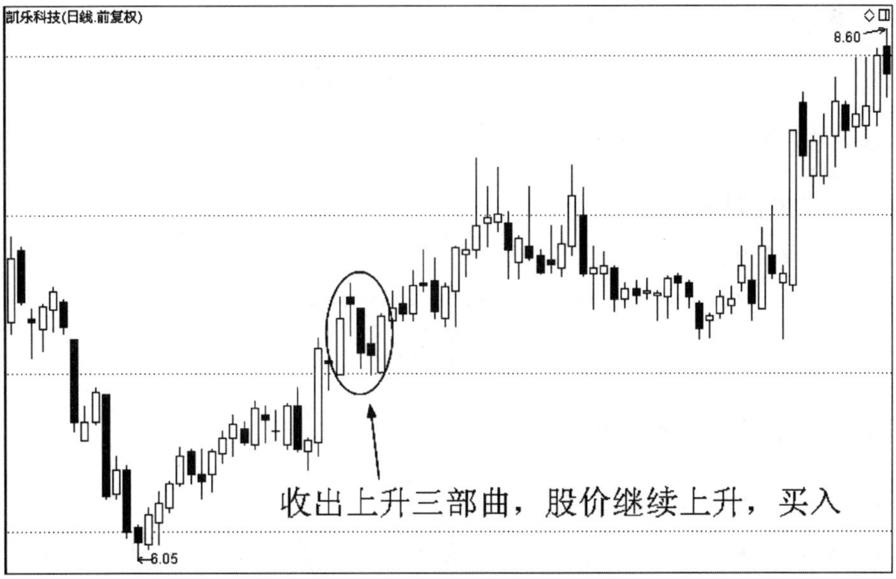

图3-55　上升三部曲的看涨作用

时短线主力也利用三连阴打压吸筹，所以上升三部曲是看涨信号。交易者可以在收出最后一根阳线时进场买入。

如图3–55所示，凯乐科技（600260）的股价经过一段时间上涨，收出一根大阳线后，接连出现了三根小阴线。但三根小阴线都没有跌破前面大阳线的开盘价，随后收出一根大阳线，完成上升三部曲的K线形态。三根阴线实际上是上升过程中的主力洗盘，上涨一定空间后，需要有一部分获利盘出局，然后让另外一批多方加入，这样股价上升的阻力就会减小。最后收出一根阳线，表明洗盘结束。交易者可以及时介入，持股待涨。

3. 特别提示

交易者需要正确区分下跌三连阴和上升三部曲中的三连阴，主要区别如下。

（1）上升三部曲出现在上涨趋势中，下跌三连阴出现在下跌趋势中。

（2）上升三部曲先收出一根中阳线或大阳线，然后是三根小阴线，收盘价不破前面阳线的开盘价。下跌三连阴前面不分阳线和阴线，且三根阴线多为大阴线或中阴线。

二十四、多方尖兵（仙人指路）

多方尖兵又称仙人指路，出现在上涨行情中。该形态由若干向上倾斜、收在第一根中阳线或大阳线长上影线上方的K线组成。如图3–56所示。

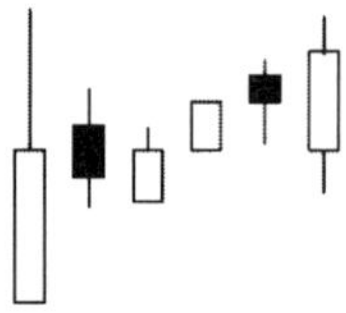

图3–56　多方尖兵（仙人指路）

1. 多方尖兵的技术特征

（1）出现在上涨行情中。

（2）由若干K线组合而成。

（3）在拉出一根中阳线或大阳线时留下一根较长的上影线。

（4）股价回落后不久又涨至上影线的上方。

2. 多方尖兵的技术含义

多方尖兵是买入信号，后市看涨。

多方尖兵是多方主力在发动全面进攻前的一次试探性进攻，主要是为了测试一下上方的抛压。K线图上长长的上影线，犹如深入空方腹地的尖兵，所以称之为多方尖兵。交易者可以在多方尖兵形态完成后适量介入。

如图3–57所示，TCL集团（000100）的股价在上涨过程中遇到空方打击，出现了一根上影线，股价随之回落整理，但很快又回到上影线上方，完成多方尖兵的K线形态。该形态预示后市还会继续上涨，交易者可适量介入做多。该股后市经过短暂整理，股价一举穿越上影线，持续上涨。

图3–57 多方尖兵有看涨作用

二十五、两阳夹一阴（两红夹一黑）

两阳夹一阴，又名两红夹一黑，顾名思义，就是两根较长的阳线中间夹着一根较短的阴线。两红夹一黑既可以出现在上涨趋势中，也可以出现在下跌趋势中。如图3–58所示。

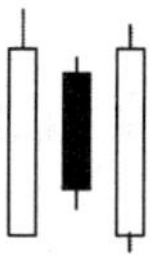

图3–58 两阳夹一阴

1. 两阳夹一阴的技术特征

（1）既可以出现在上涨趋势中，也可以出现在下跌趋势中。

（2）由两根较长的阳线夹着一根较短的阴线组成。

（3）三根K线的中轴基本上在一个水平位置上。

2. 两阳夹一阴的技术含义

（1）在上涨趋势中出现，继续看涨，持股不动。

如图3-59所示，陕国投（000563）在上升初期出现两阳夹一阴，股价继续上涨。在上涨趋势中出现两阳夹一阴，一般是上升过程中多方主力洗盘所致。部队打久了，就要休整，股价涨多了，就要调整。

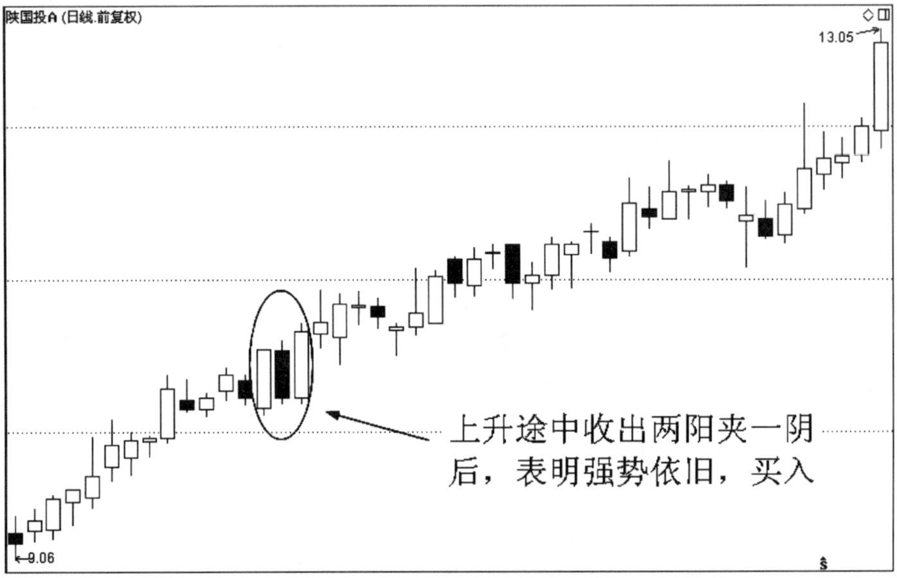

图3-59　两阳夹一阴的看涨作用

图3-60是ST波导（600130）的周线图。在上涨初期收出两阳夹一阴后，洗掉了一

图3-60　上涨趋势初期收出两阳夹一阴，后市看涨

部分套牢盘和获利盘，股价继续上涨。

上涨初期收出两阳夹一阴，表明经过长期下跌，多方终于发起反攻，并取得优势，股价开始止跌回升。而空方亦未死心，伺机反扑，收出阴线，期待能够继续维持此前颓势。但是随后的一根中阳线或大阳线，宣告空方的垂死挣扎终告失败。

两阳夹一阴前面收出了希望之星，希望之星是见底反转的信号。

（2）在下跌趋势中出现是见底信号。

两阳夹一阴极少出现在下跌趋势中。收出第一根阳线，表明多方开始反击。次日空方再度打压，但却没有跌破前一日的低点，说明空方已力难从心。第三日，多方继续反击，第二次获得主动权，说明双方的力量对比正在发生强弱转换，预示股价或指数即将见底。

如图3-61所示，珠江实业（600684）的股价连续下跌后，收出两阳夹一阴，止住了下跌的脚步，并就此回升。

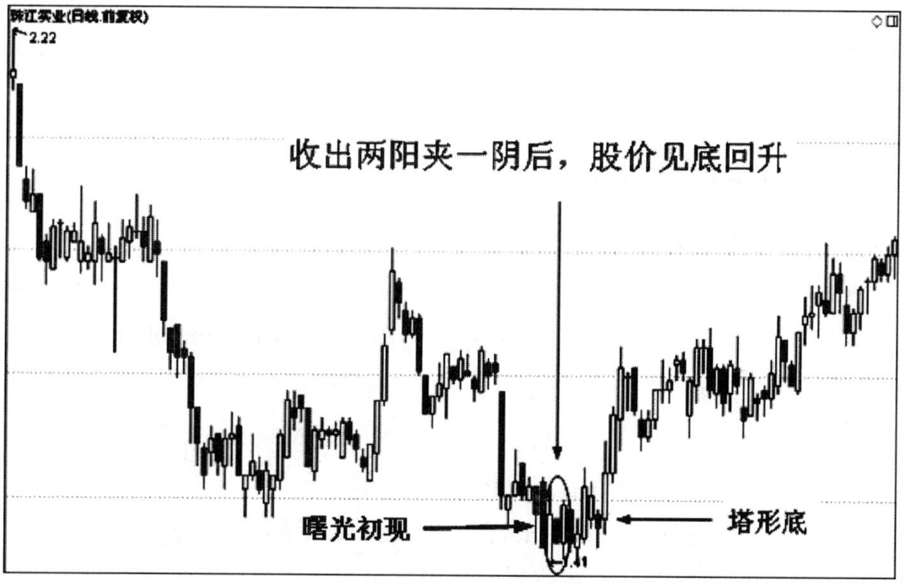

图3-61　下跌趋势中收出两阳夹一阴，是见底信号

两阳夹一阴的第一根阳线和其之前的阴线，组成曙光初现的K线形态。曙光初现是见底信号，该股两阳夹一阴的K线形态，还是塔形底的底部组成部分。塔形底是见底反转信号。

3. 特别提示

阳线实体和阴线实体的悬殊比例越大，其信号的可靠度就越强。

二十六、上档盘旋形

上档盘旋形出现在上涨趋势中，先收出一根大阳线或中阳线，然后在阳线的上方出现几根或者十几根阴阳相间、横盘整理的小阴线或小阳线。如图3-62所示。

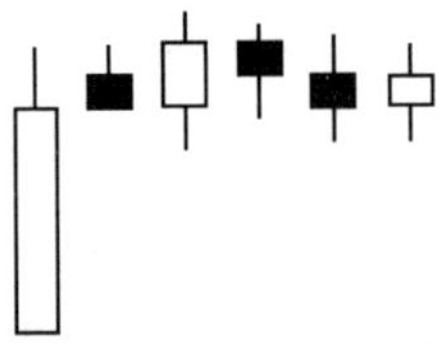

图3-62　上档盘旋形

1. 上档盘旋形的技术特征

（1）出现在上涨途中。

（2）由若干K线组合而成。

（3）先收出一根中阳线或大阳线，然后出现若干阴阳交错、上下波动范围很小的K线，整体呈横盘走势。

2. 上档盘旋形的技术含义

上档盘旋形是买入信号，后市看涨。

上档盘旋形也是上涨过程中主力洗盘的上涨中继形态，但由于形成形态的时间比较长，洗盘过久，后市走势反而容易分化。这主要是因为整理时间长，一方面表明清洗获利盘筹码彻底，有利于后市拉升，另一方面也表明上方压力比较沉重，导致多方一直无力上攻。究竟是何原因，事先、事中均不得而知。交易者见到上档盘旋形后，一般不宜急于买入，最好等待后市其他技术信号的佐证。

本书更倾向于将上档盘旋形归于既表示上升又表示下降的K线形态，但由于市场已经约定俗成地将该形态看作是看涨信号，所以这里依旧将其归入看涨信号予以讲解。

如图3-63所示，栋梁新材（002082）在缓慢上涨过程中收出上档盘旋形，后市看涨。交易者可以在上档盘旋形态结束后，股价继续向上推升时买入。

七根横盘整理的小阴线、小阳线和十字线，表明多方主力在洗盘。在上档盘旋形之后又收出三个白色武士，三个白色武士有比较强烈的看涨作用，交易者可以在三个白色武士形态完成后继续加仓。

3. 特别提示

形成上档盘旋的时间一般情况下在5~14天之内，很少超过14天。一旦接近或超过14天，下跌的概率就会大于上涨。交易者可以耐心等待盘旋结束，市场作出方向选择之后再决定如何操作。上档盘旋形介入后，初始离场标准是跌破大阳线的根部。

初始离场标准是指与第一次买入股票（即初始进场标准）同时确立的离场标准。相关内容将在后面讲解。

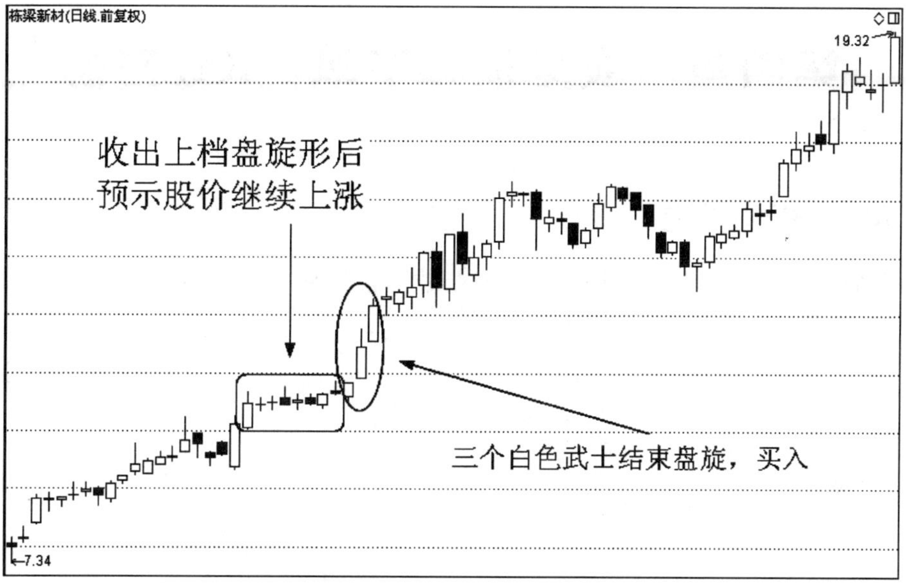

图3-63　后市看涨的上档盘旋形

第四章　表见顶和下跌的K线形态

一、向上加速度线

向上加速度线是指上涨过程中股价或指数涨幅越来越大的K线组合形态。如图4-1所示。

图4-1　向上加速度线

1. 向上加速度线的技术特征

（1）出现在上涨趋势中。

（2）股价起初缓慢爬升，然后上涨速度越来越快，连续收出中阳线、大阳线。

2. 向上加速度线的技术含义

向上加速度线是见顶信号。

向上加速度线和向下加速度线形态相同，只是方向和技术含义相反。另外，向上加速度线的见顶信号比向下加速度线的见底信号更加强烈和可靠。

向上加速度线就像长跑，临近终点就会发起冲刺，不再吝啬体力。但冲刺过后，人也就筋疲力尽，比赛也随之结束，所以向上加速度线是见顶信号。交易者可根据情况减仓或清仓，也可以继续持股，等待其他见顶和看跌的技术信号。

图4-2是西昌电力（600505）的日线图。该股先是走出冉冉上升的K线组合形态，接着是徐缓上升，最后是带量的向上加速度线，行情在连续的大阳线中见顶。

该股的成交量和K线走势一样，也呈加速放量之势。快速上涨和成交量的持续放大，耗尽了多方的能量，预示股价即将见顶。

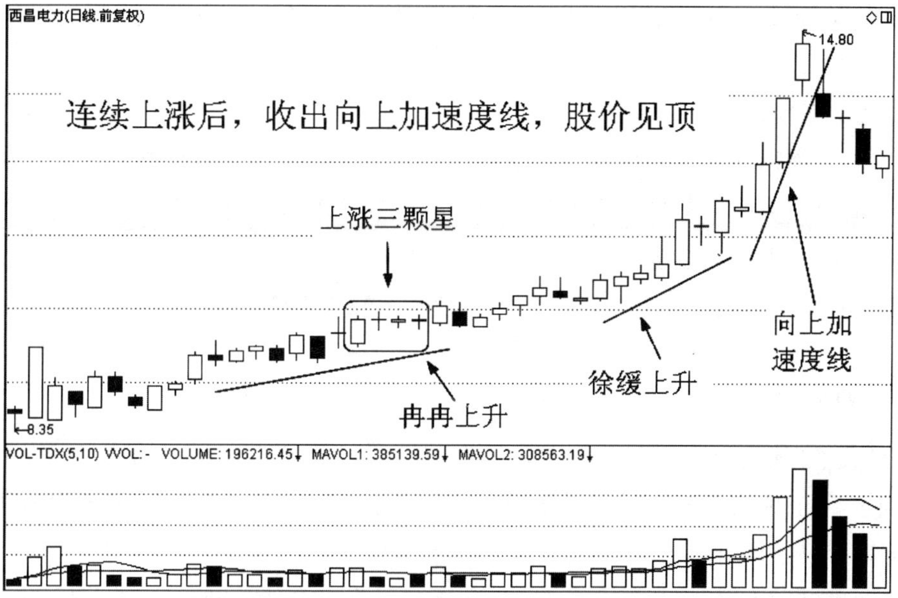

图4-2　向上加速度线是见顶信号

前文已述，像这种短期暴涨的股票，短线交易的离场标准一般有三种：放量滞涨、收出见顶的K线形态和跌破5日均线。该股最后一根大阳线没有像前一根一样封涨停，但却比前一根阳线的成交量还要大，属于放量滞涨，交易者可以减仓或清仓。随后收出带一根长上影的阴线，成交量虽有所萎缩，但依然是近期第二天量，很显然也是放量滞涨，交易者可以减仓或清仓。

图4-3是亚泰集团（600881）的周线图。图中两处收出向上（上升）弧形线，两处

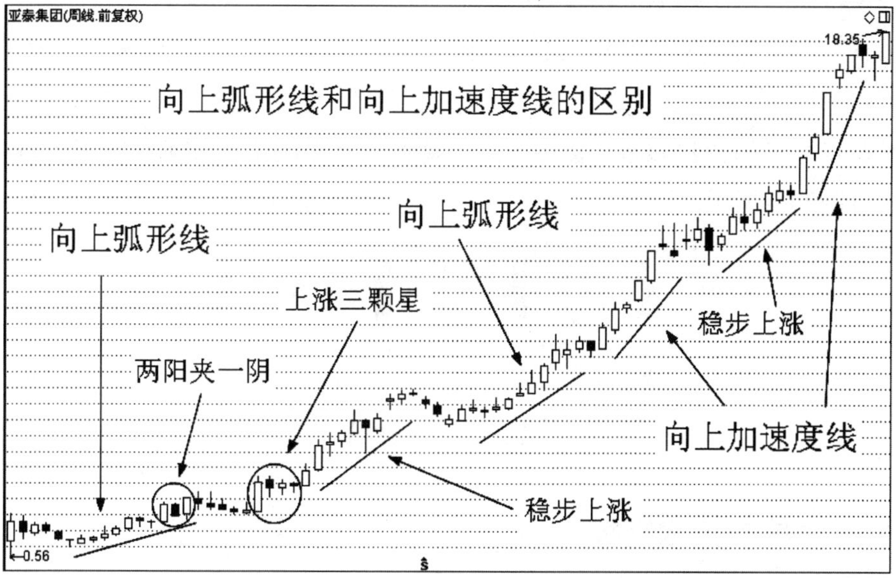

图4-3　向上（上升）弧形线和向上加速度线的区别

收出向上加速度线，交易者可以仔细体会一下向上（上升）弧形线和向上加速度线的区别。

二者的主要区别：

（1）向上弧形线是买入信号，后市看涨。向上加速度线是见顶信号。

（2）向上弧形线一般出现在上涨初期。向上加速度线经常出现在大幅上涨之后。

（3）向上弧形线大多为小阳线、小阴线。向上加速度线则是越来越大的阳线。

该股还收出两阳夹一阴、上涨三颗星、稳步上涨等看涨K线形态。

3. 特别提示

向上加速度线的转势信号比向下加速度线可靠。股价走出向上加速度线时，多数会掉头向下，至少也会有一个短期调整。而收出向下加速度线时，股价很有可能见底，但却未必马上回升。

交易者见到向上加速度线时，可以逢高逐步减仓，在股价放量不涨、收出见顶的K线形态或跌破5日均线时离场；见到向下加速度线时，不宜立即入场，可以等到其他见底回升的K线组合形态，或其他技术分析方法发出入场信号时再轻仓入场。中期和长期趋势的逆转，一般不是一蹴而就的，耐心等候获得的回报常常超越料敌先机。但已有仓位的交易者，此时也不宜割肉，可以先持筹观望，因为收出向下加速度线后，股价很有可能会有一个反弹。

二、黄昏之星和黄昏十字星

黄昏之星是三根K线的组合，第一根是阳线，第三根是深入第一根阳线实体的阴线，第二根是在阳线和阴线上方的小阴线或小阳线。第二根K线是十字线时又叫黄昏十字星，是黄昏之星的特殊形态。黄昏之星、黄昏十字星的阴线和阳线之间也可以是两根小K线。如图4–4所示。

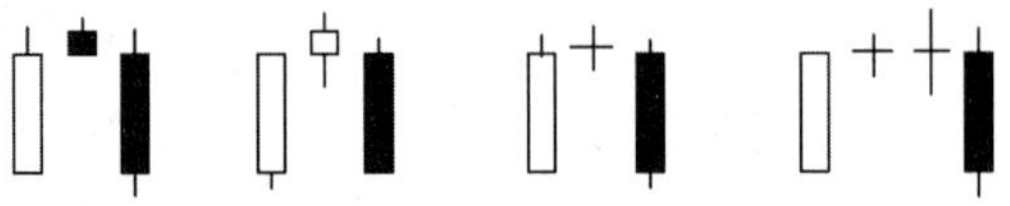

图4–4 黄昏之星和黄昏十字星

1. 黄昏之星的技术特征

（1）出现在上涨趋势中。

（2）由三根K线组成，第一根是阳线，第二根是高开小阴线、小阳线或十字线，第三根是阴线。

（3）第三根阴线实体深入到第一根阳线实体之内。

2. 黄昏之星的技术含义

黄昏之星是见顶反转信号，后市看跌，卖出。

黄昏之星和早晨之星的形态完全相同，只是方向和技术含义相反。黄昏之星的见顶信号强于早晨之星的见底信号，交易者见到后应及时减仓或清仓。

和早晨之星一样，黄昏之星的三根K线也完美地体现了道氏理论定义下的短期趋势逆转过程：第一根阳线是后高高于前高，第二根K线股价滞涨整理，第三根阴线是后低低于前低。

如图4-5所示，创业环保（600874）的股价持续上涨后，收出黄昏之星，预示后市看跌，交易者应当逐步离场。该股下跌过程中振荡整理，走出一个上升通道。股价跌破上升通道趋势线时，是离场点。

该股跌破上升通道后，股价回抽上升通道的趋势线。回抽不上，也是离场点。

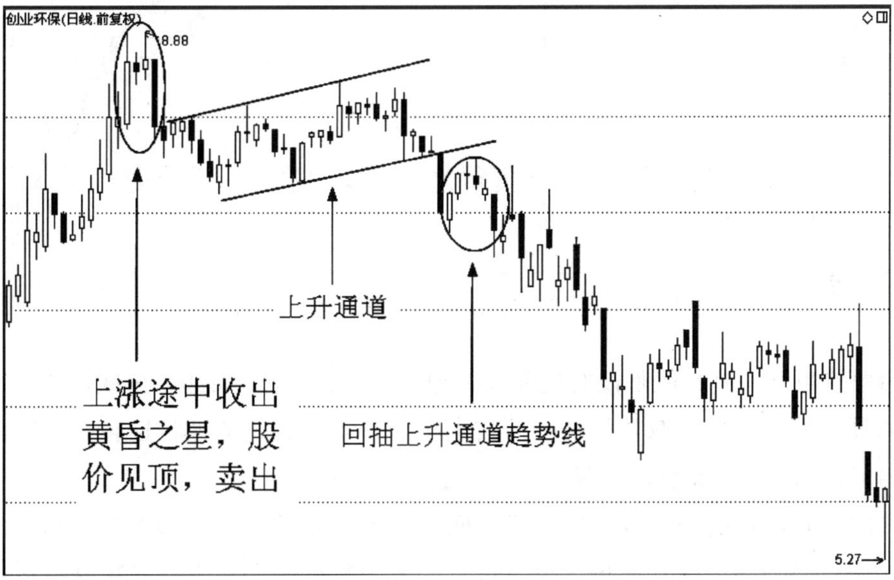

图4-5　黄昏之星的见顶作用

3. 特别提示

（1）阴线实体深入阳线实体的部分越多，其转势信号作用就越强。

（2）第一根K线对应的成交量越小，第三根K线对应的成交量越大，其信号就越可靠。

（3）第二根K线是阴线时，比阳线的转势作用强。

（4）黄昏十字星的转势信号比黄昏之星可靠。

黄昏之星是比较可靠的见顶信号。收出黄昏之星后，一般股价或指数都会下跌，有时还会引发一轮中期甚至是长期下降趋势。交易者见到黄昏之星后，应当及时减仓，并随时做好清仓离场的准备。

图4-6是中国船舶（600150）的周K线走势图。该股是2005年到2007年最著名的牛股之一，从不到4元一路涨到297元。从图上可以看到，该股创出297.2元（截图使用的是前复权。该股经过送配后，前复权的最高价为185.38元）的历史高位时，收出一个不是很标准的黄昏之星，股价随后就见顶回落。交易者应于收出黄昏之星后，及时减仓或清仓。

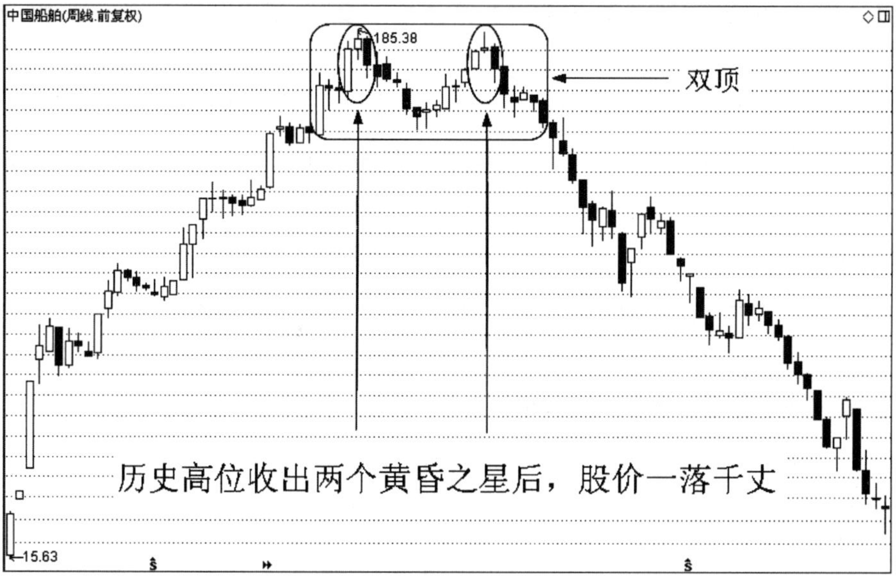

图4-6 黄昏之星是见顶反转形态，卖出

之后股价再度冲高，但是没有过前高，却第二次收出黄昏之星的K线形态，并和前高形成双顶的技术图形。双顶是转势的技术图形，意味着趋势即将逆转。在股价上涨了几十倍后，出现两种很强烈的见顶信号，股价就此一落千丈。

前一次没有清仓的交易者，以及股价回落之后重新进场的交易者，在第二次见到黄昏之星后，必须马上清仓离场。事不过三。股市很少给交易者第三次高位清仓离场的机会。

双顶是一种转势技术图形，清仓离场转而卖空的位置在股价有效跌破双顶颈线位置。在本例中，交易者可以看到，黄昏之星的离场点远远早于双顶的离场点。

三、淡友反攻

淡友反攻是在上涨过程中先收出一根中阳线或大阳线，接着收出一根高开中阴线或大阴线，阴线的收盘价与阳线的收盘价相同或相近。如图4-7所示。

图4-7　淡友反攻

1. 淡友反攻的技术特征

（1）出现在上涨趋势中。

（2）由一阳一阴两根K线组合而成。

（3）先是收出一根中阳线或大阳线，接着是一根跳空高开的中阴线或大阴线。

（4）阴线的收盘价在前一根阳线收盘价相同或相近的位置。

2. 淡友反攻的技术含义

淡友反攻是见顶信号。

淡友反攻与好友反攻是相对的K线形态，二者形态相同，颜色、方向和技术含义相反，都是反转形态的预警信号。交易者见到淡友反攻，可以减仓，也可以不减，但一

图4-8　淡友反攻是见顶信号

定要做好随时离场的准备。

如图4–8所示，西昌电力（600505）的股价连续上涨，先是收出连续跳空三阳线的K线形态，紧接着收出乌云盖顶的K线形态。二者都是见顶的预警信号，叠加在一起，信号的可信赖性增强，交易者可以减掉一部分仓位。

随后股价快速回落，但不久又被快速拉起，在前高的压力处收出淡友反攻的K线形态。

淡友反攻虽然也是见顶的预警信号，但在前高的压力位收出，令其见顶作用大为增强。淡友反攻的大阴线收在前高的最高价之下，表明前高的压力很重，多方主力无心或无力继续推高股价。股价超越前高的概率极低，后市看跌，交易者宜逐步减仓。

3. 特别提示

淡友反攻的见顶信号不是很强，但交易者见到之后仍旧需要提高警惕。一般情况下，方向和阴阳线相反的同一种K线形态，见顶的信号总是比见底信号可靠。比如，淡友反攻见顶信号的可靠性就比好友反攻的见底信号强。

四、乌云盖顶

乌云盖顶是在上涨过程中先收出一根中阳线或大阳线，接着收出一根高开中阴线或大阴线，阴线实体深入到阳线实体的二分之一以下但不超出阳线的开盘价。如图4–9所示。

图4–9　乌云盖顶

1. 乌云盖顶的技术特征

（1）出现在上涨趋势中。

（2）由一阳一阴两根K线组成。

（3）先出现一根大阳线或中阳线，接着出现一根跳空高开的大阴线或中阴线。

（4）阴线实体深入到阳线实体的二分之一以下但没有超出阳线的开盘价。

2. 乌云盖顶的技术含义

乌云盖顶是见顶信号，后市看跌。

乌云盖顶与曙光初现是相对的K线形态，二者形态相同，颜色、方向和技术含义相反。乌云盖顶是见顶的预警信号，意思是暴风雨即将来临，寓意一轮跌势正在酝酿之中，其信号作用比较强烈。交易者见到乌云盖顶之后可以减仓，也可以继续持仓观察，密切关注动向，随时做好抽身准备。

如图4-10所示，中江地产（600053）逐级上涨，但在走出乌云盖顶的K线形态后，股价快速下跌。交易者可以在收出乌云盖顶之后减仓，也可以在次日继续收出阴线时开始减仓。

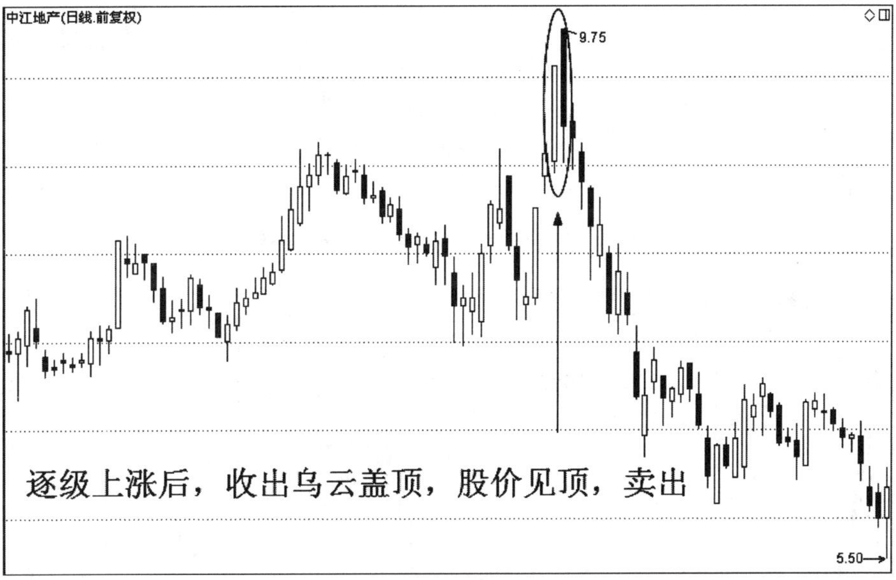

图4-10　乌云盖顶的见顶作用

单独的乌云盖顶形态不能作为趋势反转和清仓离场的依据。本例当中，乌云盖顶之后的三根阴线，分三次强化了乌云盖顶的信号作用，交易者可以自收出第一根阴线时清仓或逐步减仓。

从图4-11中可以看出，图4-10中乌云盖顶的位置恰好是前高压力处。在重要压力处收出见顶信号的K线形态，信号的可靠性更强。交易者可以以这两种信号作为减仓和清仓依据。

该股主力很喜欢玩这种把戏。图4-12是图4-10收出乌云盖顶之后的日线图。图上可以看到，收出乌云盖顶之后，股价先是快速下跌，然后跌势趋缓。接着多方再度发力，股价越涨越高，越涨越快，最后高位整理，走出收敛三角形。大阳线向上突破收敛三角形，但很不幸，在前高压力处股价再度高开低走，收出一根大阴线。这根大阴线恰与前一根大阳线形成乌云盖顶的K线形态，预示多方能量已尽，后市将转涨为跌，故应卖出。

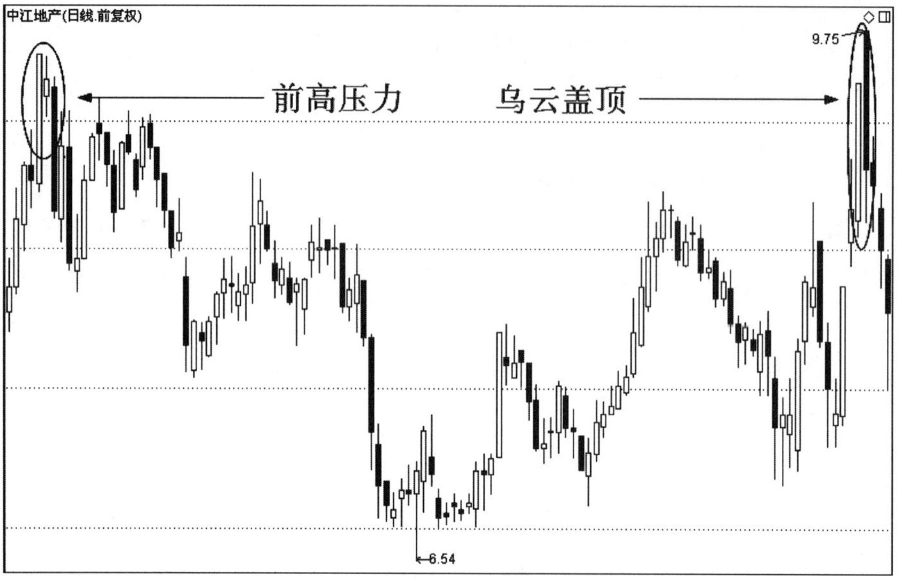

图4-11　前高压力处收出乌云盖顶，信号作用更强

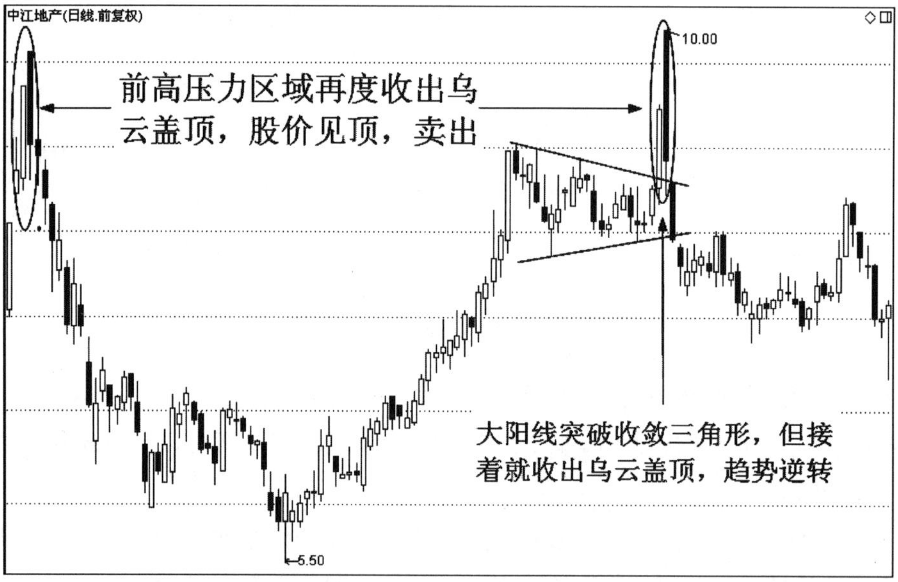

图4-12　前高压力处收出乌云盖顶，见顶信号更为可靠，卖出

大阴线当日股价大幅跳空高开，直接站在前高之上，看上去多方气势如虹，但股价却急转直回，至收盘时收出一根长长的大阴线，重新跌回前高之下。很显然这是主力倾尽全力操控高价开盘，诱使公众交易者进场买入，然后将手中筹码抛出，实为多头陷阱。

多头陷井：简单地说就是市场主流资金故意大力做多，指数或股价从低位区放量向上突破重要的点位、颈线、支撑位、趋势线或均线等，造成向上突破的假象，诱使交易者入场抢筹。大量买盘涌进后，股价迅速下跌并跌破原先的价格区域，恢复下降趋势，将那些在高位抢进的交易者悉数套牢。

图4–13是该股当日的日分时走势图。从图上可以看出，该股接近涨停价高开，但开盘后即像自由落体一样下跌，然后全天都在低价位徘徊，将早盘追涨的交易者悉数套牢。

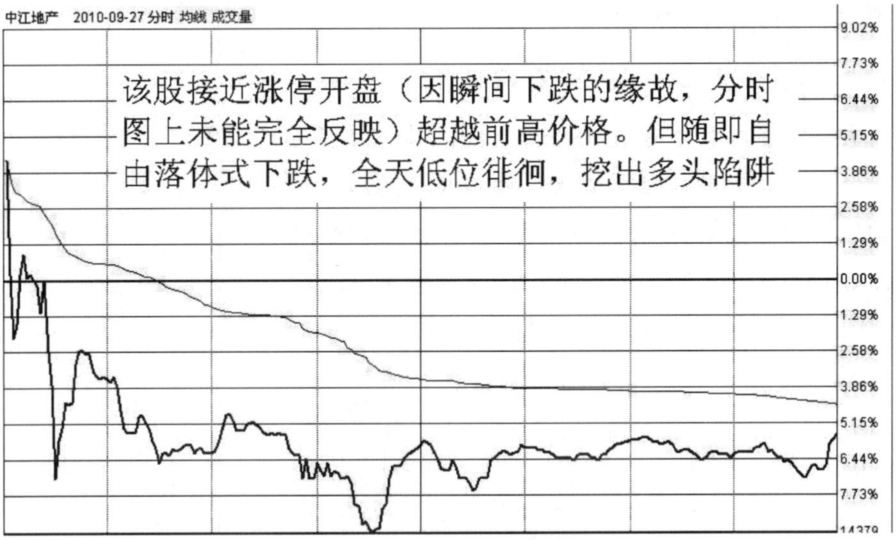

图4–13　高开低走的多头陷阱

分时图上的价格和日线图上的价格有差异，原因是日线图使用了前复权。

3. 特别提示

阴线实体深入阳线实体的部分越多，转势信号的可靠性就越强。

五、倾盆大雨

倾盆大雨是在上涨过程中先收出一根中阳线或大阳线，接着收出一根低开中阴线或大阴线，阴线收盘价低于阳线开盘价。如图4–14所示。

图4–14　倾盆大雨

1. 倾盆大雨的技术特征

（1）出现在上涨趋势中。

（2）由一阳一阴两根K线组成。

（3）先出现一根大阳线或中阳线，接着出现一根低开低收的大阴线或中阴线。

（4）阴线的收盘价低于前一根阳线的开盘价。

2. 倾盆大雨的技术含义

倾盆大雨是见顶反转信号，后市看跌，卖出。

倾盆大雨和旭日东升是相对的K线形态。倾盆大雨展现了多空双方力量在一日之内骤然转换的过程，同时体现了道氏理论定义下的短期趋势逆转过程，是较为强烈的见顶反转信号。交易者见到倾盆大雨，可以减仓或清仓。

如图4-15所示，北方股份（600262）连续上涨之后，在高位接连两次收出倾盆大雨的K线形态，随后股价就像瀑布一样飞泻而下。

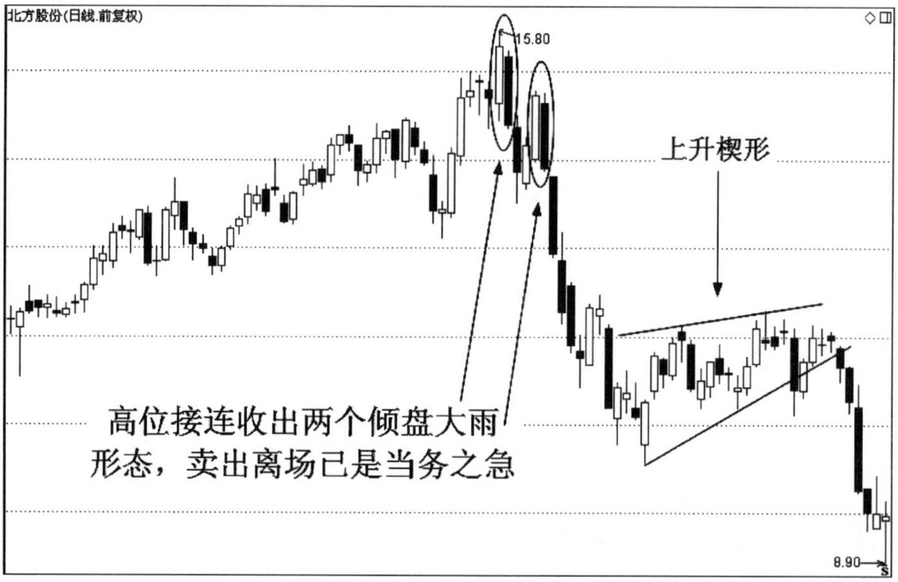

图4-15 倾盆大雨的见顶反转作用

股价趋势的运行和自然界的规律一样，存在惯性。一般情况下，改变惯性并不容易，需要时间和空间。但是倾盆大雨的形态却是第一天还涨得好好的，次日就是一根低开低走的中阴线甚至是大阴线，就像一辆以每小时100公里的速度飞驰在高速路上的汽车，突然被阻停住，然后再以每小时110公里的速度向后回撤，完成这一转换需要的力量之大，可以说超乎想象。所以倾盆大雨表明空方积聚了远胜于多方的力量，交易者见到倾盆大雨的K线形态，减仓或离场观望通常是最好的选择。

该股下跌过程中，走出了上升楔形的技术图形。上升楔形大多选择向下突破。

3. 特别提示

（1）阴线实体低于阳线实体的部分越多，倾盆大雨的转势信号就越可靠。

（2）倾盆大雨的见顶作用强于乌云盖顶，乌云盖顶又强于淡友反攻。

六、平顶（镊子顶）

平顶又称镊子顶，是在上涨趋势中最高价都相同的两根或两根以上K线组合。如图4–16所示。

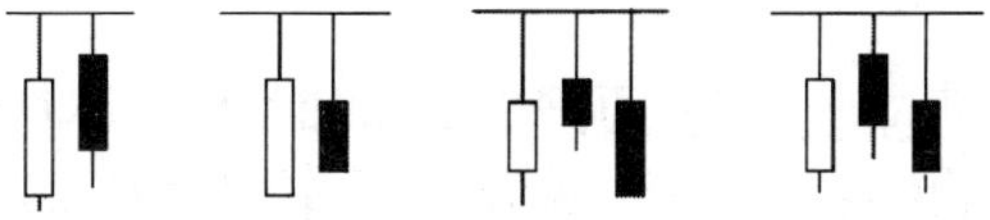

图4–16　平顶（镊子顶）

1. 平顶的技术特征

（1）出现在上涨趋势中。

（2）由两根或两根以上K线组成。

（3）最高价处在同一水平位置上。

2. 平顶的技术含义

平顶是见顶信号。

平顶是和平底相对的K线形态，都是预警的反转形态。股价或指数每次碰到某一高点就回落，说明多方的优势正在消失，空方已逐步壮大到可以与多方势均力敌的程度。这是一种警告信号，提醒交易者做好防范措施，提防有可能到来的下跌。

如图4–17所示，康恩贝（600572）在上涨行情中，有一根阳线与其后面的一根阴线形成平顶，同时这两根K线还是不十分标准的倾盆大雨。这种见顶信号比较强烈，离场观望通常是比较好的选择。该股后市逐级回落。

3. 特别提示

（1）平顶的转势信号不强，但经常和穿头破脚、吊颈线、射击之星、黄昏之星、倾盘大雨等其他见顶或反转的K线形态同时出现。和其他见顶形态同时出现时，信号的可靠性将大为增强，有时不再是一种单纯的见顶预警信号，交易者应根据具体情况减仓或清仓。

（2）最高价在同一点位的几根K线可以紧挨在一起，也可以中间有间隔，但间隔的K线不宜过多，过多则不再是平顶的K线形态。

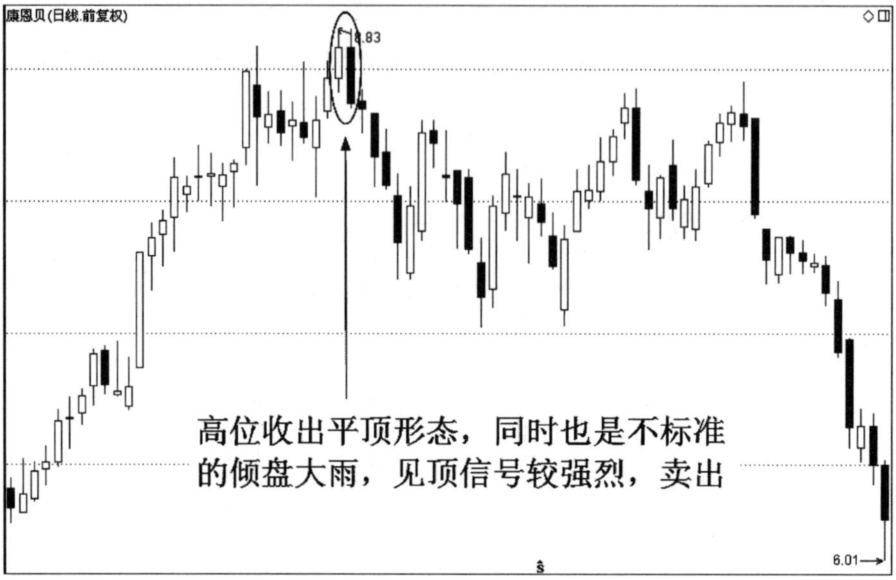

图4-17　平顶的见顶作用

七、塔形顶

塔形顶是在上涨过程中收出一根大阳线或中阳线，接着在阳线顶部收出几根小阴线和小阳线，最后收出一根大阴线或中阴线。塔形顶因其形状像一个塔顶而得名。如图4-18所示。

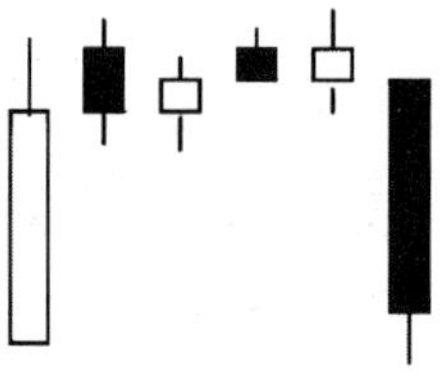

图4-18　塔形顶

1. 塔形顶的技术特征

（1）出现在上涨趋势中。

（2）先是一根大阳线或中阳线，接着在阳线上方收出一连串小阴线、小阳线，最后出现一根大阴线或中阴线。

2. 塔形顶的技术含义

塔形顶是见顶反转信号，后市看跌，卖出。

塔形顶是和塔形底相对的K线形态，表明多方已是强弩之末，无力继续推高股价。大阳线或中阳线之后出现的小阴线和小阳线横盘整理，逐步将多方仅剩的一点能量耗尽，最后一根大阴线或中阴线是空方拉开了大反攻的序幕，也确认了趋势由上涨转为下跌。交易者可在塔形顶收出大阴线或中阴线的当日或次日减仓或清仓。

如图4–19所示，迪康药业（600466）持续上涨后，收出塔形顶和平顶形态，股价见顶的信号比较强烈，应减仓或清仓。

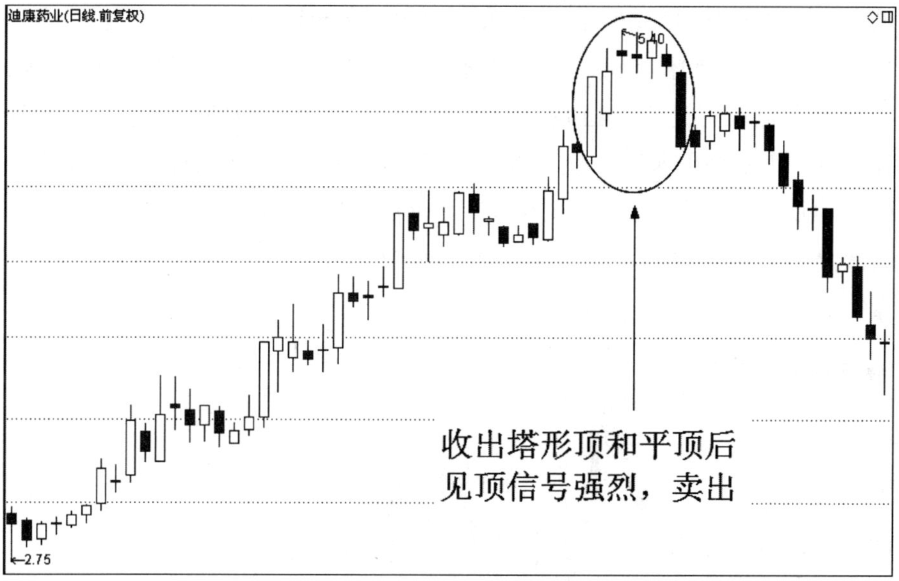

图4–19　塔形顶是反转信号，卖出

八、圆顶

圆顶是上涨过程中或横向整理时，一根大阳线或中阳线后，在阳线顶部收出若干走势呈向下圆弧形的小阴线和小阳线，最后以向下跳空缺口确认成立的K线组合形态。如图4–20所示。

图4–20　圆顶

1. 圆顶的技术特征

（1）在上涨趋势或横向整理时出现。

（2）先收出一根大阳线或中阳线，然后在其顶部由若干小阴线、小阳线形成一个圆弧顶。

（3）最后以向下跳空缺口确认圆顶形态成立。

2. 圆顶的技术含义

圆顶是见顶反转信号，后市看跌，卖出。

圆顶是和圆底相对的K线形态，见顶反转的信号强于圆底。

圆顶展示了股价快速上涨、上涨减速、停止上涨、缓慢下跌、加速下跌的全过程，完美再现了道氏理论关于趋势逆转的定义，是比较强烈的见顶信号。圆顶形成的头部，往往是中期趋势的头部。交易者见到圆顶形态，至少要减掉大部分仓位。

如图4-21所示，中信证券（600030）的股价冲高回落获支撑后再度上涨，但是没能超越前次高点，在高位盘旋了几日，收出圆顶的K线形态，表明后市看淡。交易者可以离场做空。

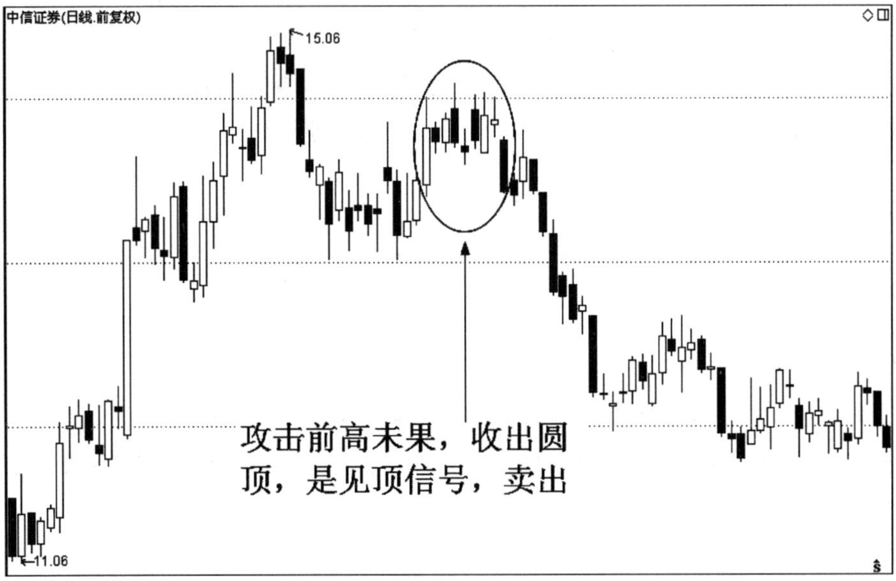

图4-21　圆顶预示后市看跌

图4-22是上证指数（999999）1992年12月至1993年3月的日线图。从图中可以看到，连续上涨后收出圆顶形态，指数就由涨转跌。交易者应在圆顶形态得到确认后，及时减仓或清掉手中的股票。

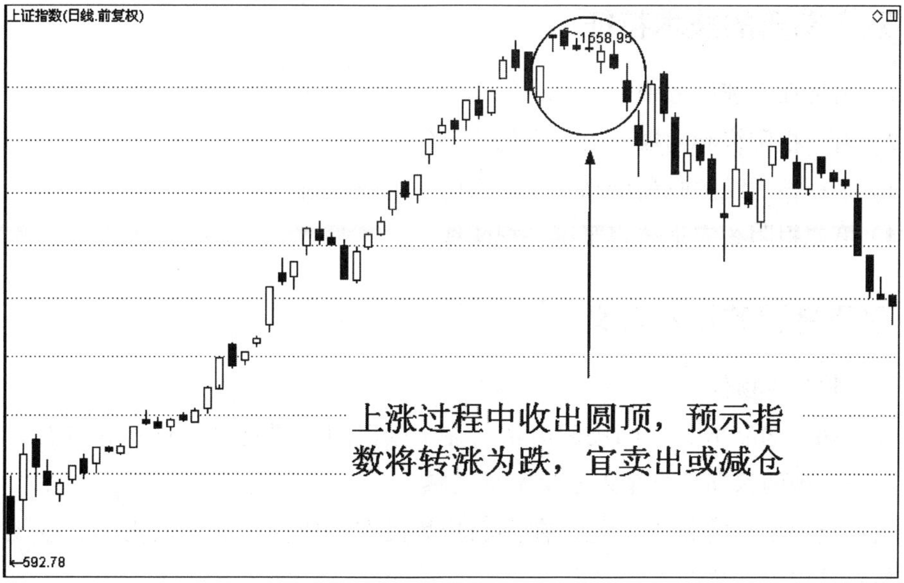

图4-22　圆顶的见顶信号比较强烈

3. 特别提示

要注意技术图形的圆顶和K线组合形态的圆顶的区别：前者形成的时间周期长，后者短；前者常预示着一个中期甚至长期下降趋势的来临，后者则常常形成短期或中期趋势的顶部。

九、双飞乌鸦

双飞乌鸦出现在上涨趋势中，是由三根K线组成的K线组合形态。其中第一根是阳线，第二根是高开低走且收盘价高于阳线收盘价的阴线，第三根是完全包容了前一根阴线的阴线。如图4-23所示。

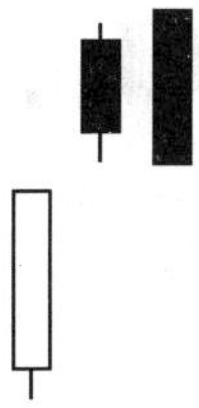

图4-23　双飞乌鸦

1. 双飞乌鸦的技术特征

（1）出现在上涨趋势中。

（2）由一根阳线和两根一大一小的阴线组成。

（3）第一根阴线的收盘价高于前一根阳线的收盘价。

（4）第二根阴线完全包容了第一根阴线。

2. 双飞乌鸦的技术含义

双飞乌鸦是见顶信号。

双飞乌鸦的名字取自中国民间习俗。在中国民间，看见乌鸦预示着将有不吉祥的事情发生，出现两只乌鸦更令人心生不祥之感。

双飞乌鸦显示多方依然占优，在上涨趋势没有实质性改变的前提下，双飞乌鸦只是向交易者发出了不祥的警告之声。

如图4-24所示，信达地产（600657）的股价在上升过程中，凭借涨停余威跳空高开，可惜后继乏力，在空方的打压下股价走低，收出一根阴线。好在多方守住了昨日收盘价，股价仍以上涨报收，显示多方力量尚在，依旧维持了强势特征。次日股价继续大幅高开，开盘价超过了前一日的开盘价，多方看起来气势凶猛，但实际上已经是强弩之末。高开用尽了多方最后的一点力量，随后一路下挫，至收市时连前一日的阵地都丧失了，收出一根覆盖阴线。两根阴线组成双飞乌鸦的K线形态，预示着多方的能量将尽。

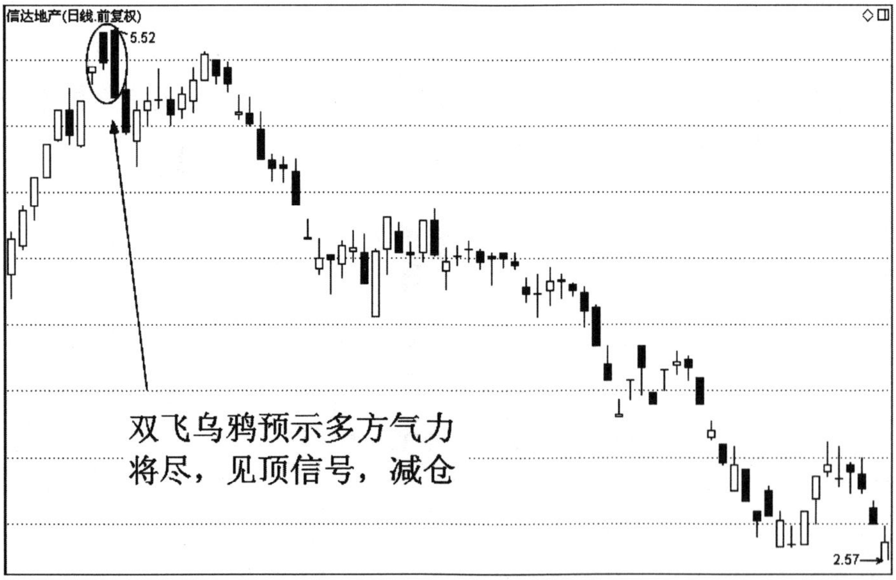

图4-24　双飞乌鸦的见顶作用

在本例中，双飞乌鸦后面的一根阴线不仅覆盖了前一根阴线，也将第一根阳线完全吞噬，实际上是穿头破脚形态，说明空方来袭的力量非常大，交易者见到应当减仓。

十、高档五阴线

高档五阴线出现在上涨行情中，由一根大阳线或中阳线和在阳线上方并排的五根小阴线组成。如图4-25所示。

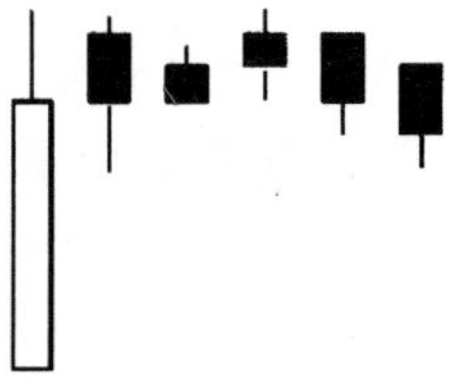

图4-25　高档五阴线

1. 高档五阴线的技术特征

（1）出现在上涨行情中。

（2）先是收出一根大阳线或中阳线，然后在阳线上方出现五根并排小阴线。

2. 高档五阴线的技术含义

高档五阴线是见顶信号。

高档五阴线与低档五阳线技术含义相对，是一种准转势信号。

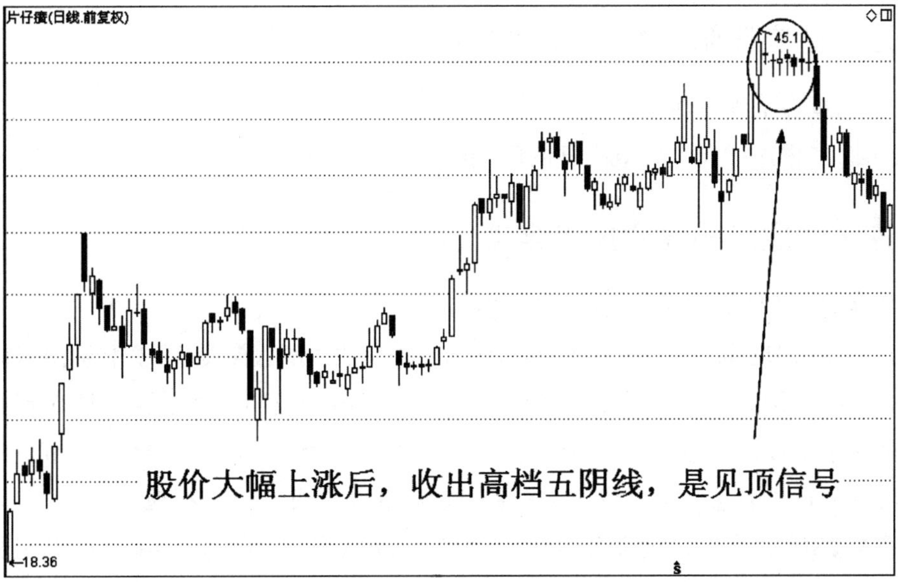

图4-26　高档五阴线是见顶信号

如图4–26所示，片仔癀（600436）的股价一直处在上涨趋势当中，高位收出不是很标准的高档五阴线，表明多方已无力继续推高股价，只能勉强维持，而空方的力量却在不断蓄积。

因为股价连续上涨，获利盘数量和盈利空间都已十分巨大，所以后市很有可能见顶回落。交易者应当做好离场准备，在收出大阴线时及时减仓或清仓。

3. 特别提示

（1）在阳线上方出现的小阴线也可以多于五根，数量越多，则信号的强度越大。

（2）减仓或清仓点一般选在一根大阴线或中阴线结束高档五阴线盘整之时。

十一、连续跳空三阳线

连续跳空三阳线是在上涨过程中出现的连续三根向上跳空高开的阳线。如图4–27所示。

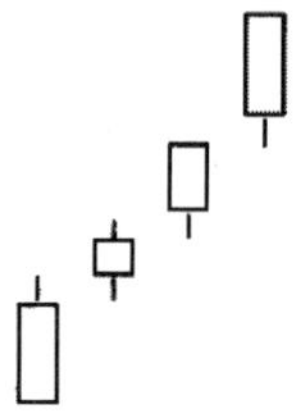

图4–27　连续跳空三阳线

1. 连续跳空三阳线的技术特征

（1）出现在上涨行情中。

（2）由三根连续向上跳空高开的阳线组成。

2. 连续跳空三阳线的技术含义

连续跳空三阳线是滞涨信号，后市看淡。

在上涨途中出现连续跳空三阳线的K线组合形态，往往预示着股价不久将会由涨转跌。

连续跳空三阳线虽然也是预警的转势信号，但由于短期上涨过猛，股价或指数常常单日就转涨为跌。即便是上涨中继，短期股价有一个调整也是大概率的事件。短线交易者可以减仓或清仓，中长线的交易者可以减仓，也可以持股不动。

如图4–28所示，同达创业（600647）在上涨途中连续跳空高开，收出三根大阳线，显示了多方咄咄逼人的盛气。但是盛极而衰，多方在跳空上涨中耗尽了最后的能量，被空方趁机反攻，从此走了下坡路。交易者可以于第一根阴线时减仓，跌破最后一根大阳线根部时清仓。

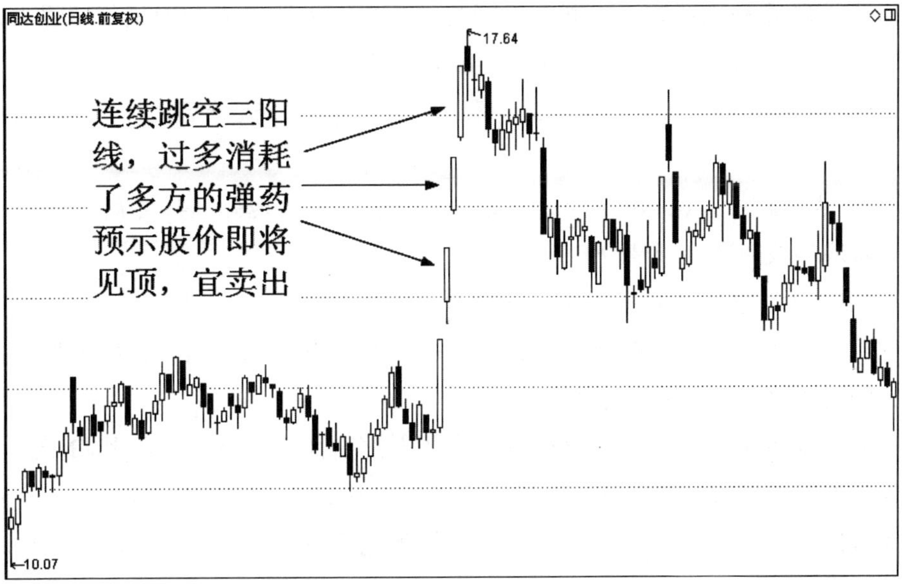

图4-28　连续跳空三阳线是见顶信号

对于类似于连续跳空三阳线形态的暴涨行情，交易者可在放量滞涨、收出大阴线等见顶K线形态或跌破5日均线时减仓或清仓。

十二、黑三兵

黑三兵是连续三根创新低的小阴线。如图4-29所示。

和红三兵不同的是，黑三兵既可以出现在上涨趋势中，也可以出现在下跌趋势中。

图4-29　黑三兵

1. 黑三兵的技术特征

（1）既可以出现在上涨趋势中，也可以出现在下跌趋势中。

（2）由三根最低价一根比一根低的小阴线组成。

2. 黑三兵的技术含义

黑三兵是卖出信号，后市看跌。

黑三兵是和红三兵相对的看跌形态，出现在上涨趋势中，表明股价或指数已转涨为跌，后市下跌才刚刚开始；出现在下降趋势当中，表明空方的力量依然强大，继续看跌。因此收出黑三兵后，交易者应当及时卖出离场。

（1）黑三兵出现在上涨行情中，特别是在股价有了较大升幅之后出现，表明行情已转涨为跌，后市继续看跌。

图4-30是ST磁卡（600800）的日线图。图中高位出现黑三兵之后，股价由涨转跌。交易者应当及时减仓或清仓。

（2）黑三兵出现在整理行情中，继续看跌。

整理行情如果处在下跌趋势当中，实则可以归到下跌趋势当中；如果处在上涨趋势当中，则可以将其归入上涨趋势当中。

同样的，如果黑三兵出现在整理行情中的上涨阶段，依然可以将其归于上涨趋势当中；如果处在整理行情中下降的一段，则可以将其归入下跌趋势中。

由此可以看出本项分类不是十分严密，但无论黑三兵出现在何种趋势当中，其技术含义都不变：都是看跌。

如图4-30所示，ST磁卡（600800）高位收出黑三兵之后，股价下跌，之后整理再下跌，走出菱形整理形态。在菱形整理末端，再度收出黑三兵，并向下突破菱形，股价急速下跌。交易者应在收出黑三兵时卖出离场。

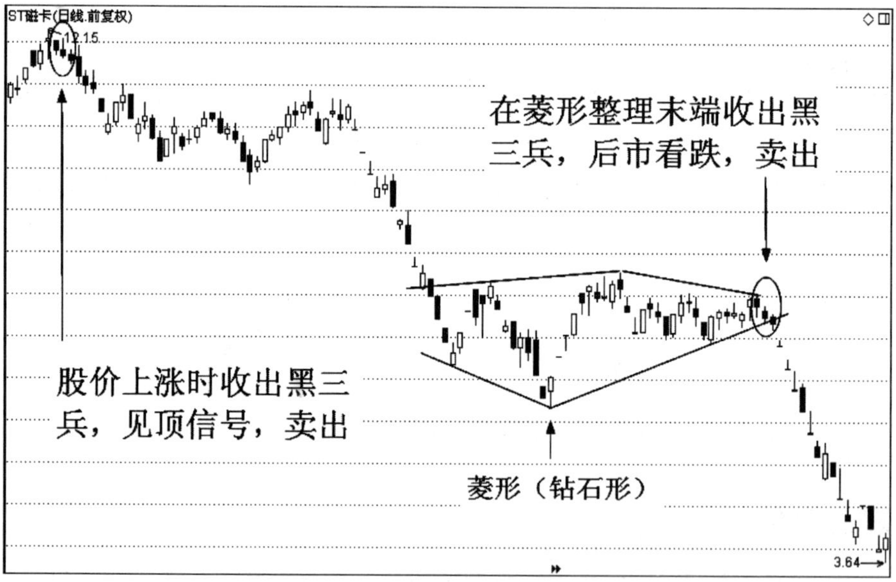

图4-30　黑三兵的见顶和看跌作用

由于收出黑三兵时股价同时也跌破了菱形的边线，所以本例当中，黑三兵和菱形的离场标准是一样的。

（3）黑三兵出现在下跌行情中，继续看跌。

如图4-31所示，首创股份（600008）的股价在持续下跌过程中收出黑三兵，表明空方威力不减，预示股价还将继续下跌，是卖出信号。

图4-31　黑三兵在下降趋势中的看跌作用

3. 特别提示

（1）出现在涨势中的黑三兵，有时未必是真正的黑三兵，也有可能是上涨三部曲。所以在上涨趋势中发现连续创新低的三根阴线，交易者可以暂时观望，确认之后再采取行动。

（2）黑三兵出现在行情大幅下跌之后，股价有可能见底。其作用类似于下跌三连阴，但是见底信号弱于下跌三连阴。

十三、三只乌鸦（暴跌三杰）

三只乌鸦又叫暴跌三杰，是由上涨趋势中以跳高开盘的三根大阴线或中阴线组成的。如图4-32所示。

图4-32　三只乌鸦（暴跌三杰）

1. 三只乌鸦的技术特征

（1）出现在上涨趋势中。

（2）由三根跳高开盘的大阴线或中阴线组成。

2. 三只乌鸦的技术含义

三只乌鸦是见顶信号，后市看跌。

三只乌鸦表明经过连续的上涨，多方已是强弩之末。虽然每次开盘都竭尽全力跳高开盘，但却无力维持，开盘之后马上就被空方当头杀黑，一连三天都是如此。虽然每次都是跳高开盘，但股价或指数却一天比一天走低，昔日多方一路逼空的辉煌已经不再。交易者可以减仓或清仓。

图4-33是长安汽车（000625）的周线图。股价稳步上涨时，突然收出三只乌鸦，说明上档卖压沉重，多方每次跳高开盘均被空方无情地打压回去，预示股价即将暴跌。交易者如果没有及时离场，后市的大幅下跌将会带来巨大的损失。

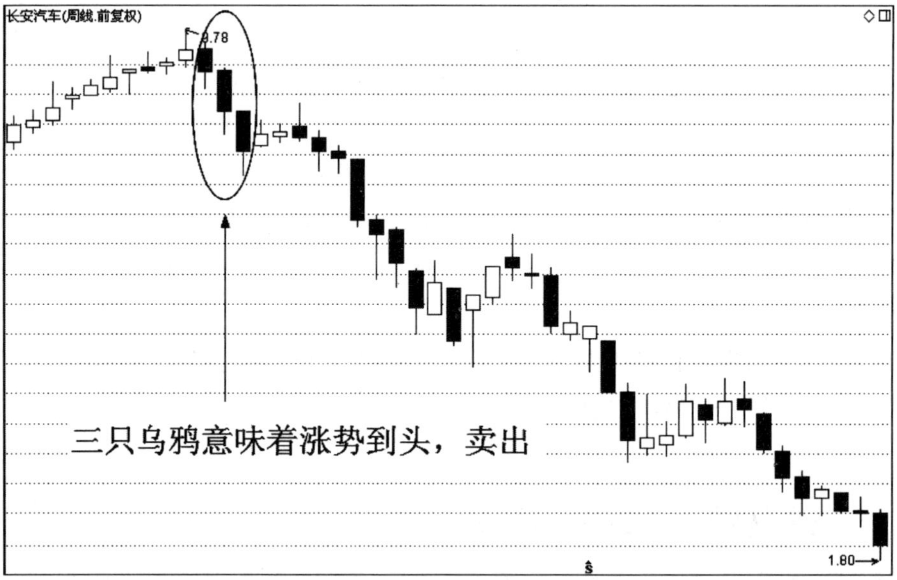

图4-33 三只乌鸦是见顶信号

如图4-34所示，中国联通（600050）在高位收出三只乌鸦后，股价见顶。交易者应当减仓或清仓。

该股三只乌鸦的栖息之处与前期的高点形成了一个小双顶，双顶是见顶的转势技术图形。双顶第一个顶的顶部有一阴一阳两根K线，组成乌云盖顶的K线形态。乌云盖顶是见顶形态。

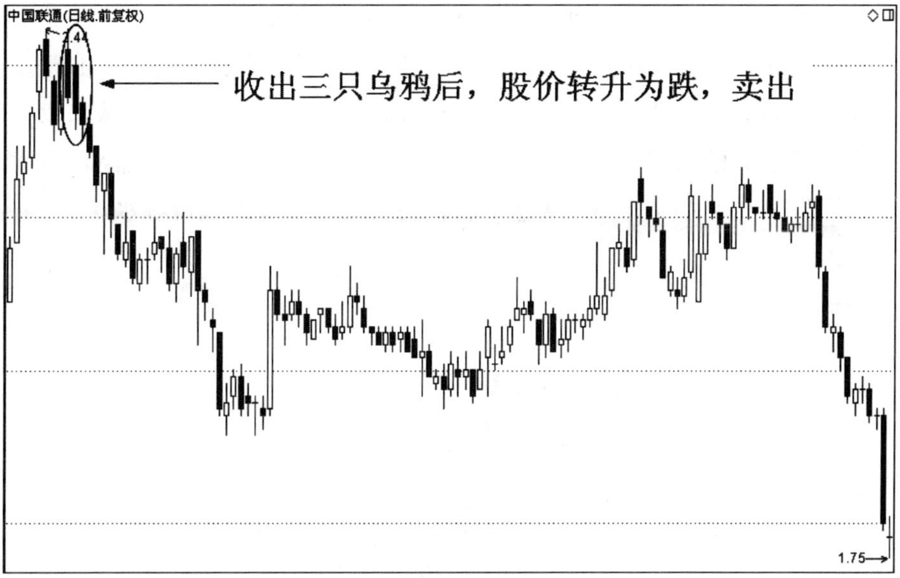

图4-34　见顶信号

十四、绵绵阴跌

绵绵阴跌形是指在下跌初期或盘整后期，股价或指数收出若干夹着一些小阳线、十字线的小阴线（一般不少于8根），整体走势略向下倾斜。如图4-35所示。

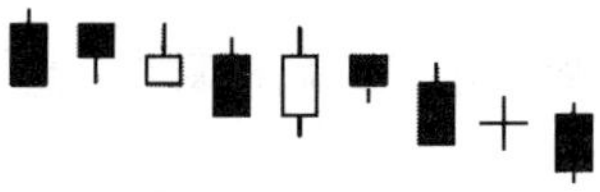

图4-35　绵绵阴跌形

1. 绵绵阴跌形的技术特征

（1）出现在下跌初期或盘整后期。

（2）由若干小K线组成（一般不少于8根）。

（2）一般以小阴线居多，中间也可夹着一些小阳线、十字线。

（4）整个K线组合排列略呈向下倾斜状态。

2. 绵绵阴跌形的技术含义

绵绵阴跌形是卖出信号，后市看跌。

绵绵阴跌形每天的跌幅都不大，但却像黄梅天的阴雨下个不停。股市中有谚语说：不怕急跌，最怕阴跌。说的就是类似于绵绵阴跌形的走势。因为这种缓跌延长了下跌的时间，拓展了下跌的空间，预示着后市走势不容乐观，股价很可能就此长期走弱。交易者一旦发现绵绵阴跌走势的个股，必须保持高度警觉，空仓者不能买入，持仓者应及时离场，也许不久就会迎来快速下跌，甚至是暴跌。

图4-36是ST康达尔（000048）的周线图。股价见顶回落后，出现了非常多向下倾斜的小阴线，中间夹着一些小阳线和十字线，每天的跌幅都不大，但从来没有停止的时候。然后一根巨大的长阴，宣告股价彻底崩溃，表演了一场惊险的高台跳水。交易者应当于绵绵阴跌形成之时就及时清仓离场，而不是一直等到股价跳水。

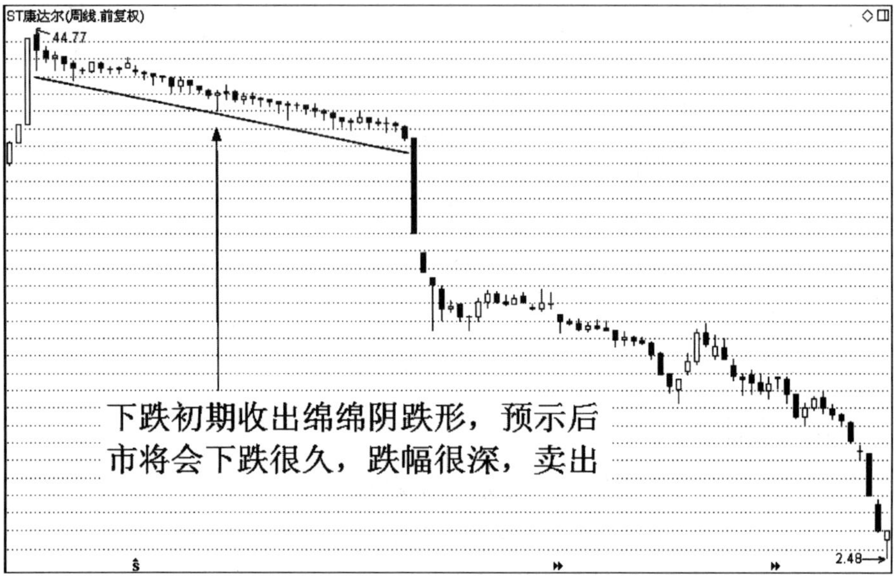

图4-36　绵绵阴跌形，后市看跌，是卖出信号

该股由于主力高控盘，出货不易，才走出如此完美和漫长的绵绵阴跌形。

图4-37是ST合金（000633）周线图，该股是另外一个主力高度控盘的例子。主力持筹过多，造成对手盘太少，出货不易，很多时候市场走势都是主力自弹自唱。为了迷惑场外的交易者，主力小心翼翼地维持着股价不跌，但承接盘实在太少，即使很少的出货量也会令股价缓慢走低，于是形成时间周期极为漫长的绵绵阴跌形态。

对于控盘如此完美的股价走势，但凡粗浅掌握了一点技术分析的方法，都可以看出股票有人操控。如果交易者认为只要有庄家在就不怕，因此进场买入，那就大错而特错了。主力的心理和行为也许无法准确测知，但是市场趋势不会欺骗任何人。

趋势交易者只做顺势交易。如果可以遵守这一原则，就不会因为该股有主力而盲目介入。趋势在很大程度上是资金和心性博弈的结果，无论股票有无主力资金在，技术分析方法都在那里发挥自身的作用。明白了这一点，就不会明摆着是绵绵阴跌的看跌K线形态，还要着急忙慌地杀入了。这是非常典型、非常完美的看跌形态，交易者只可卖出，不能买入。

公众交易者是做不出如此完美的走势的，所以要感谢这些强庄，为大家带来如此完美的图形，感受到人力改变自然的神奇。

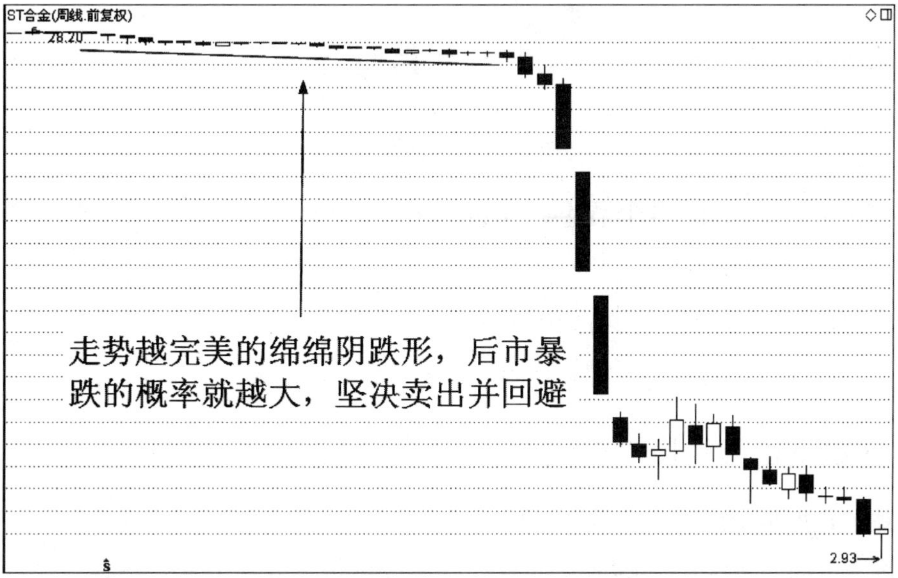

图4-37　主力操控下走出完美的绵绵阴跌形态，其技术含义不变，是卖出信号

如图4-38所示，汉王科技（002362）在下跌过程中出现反弹，随后横盘整理。在整理末端收出绵绵阴跌形，预示整理结束后股价将继续下跌。交易者应见微知著，及时收手卖出。

图4-38　整理形态末端的绵绵阴跌形也是看跌信号，卖出

十五、下跌不止

下跌不止形是指下降行情中，股价或指数收出若干夹着一些小阳线的阴线，整体走势呈向下倾斜的K线组合形态。如图4-39所示。

图4-39　下跌不止形

1. 下跌不止形的技术特征

（1）出现在下跌途中。

（2）众多阴线中夹着较少的小阳线。

（3）整个K线排列呈向下倾斜状态。

2. 下跌不止形的技术含义

下跌不止形是卖出信号，后市看跌。

下跌不止形说明空方掌握着主动权，预示股价仍将继续下跌。持仓交易者唯一正确的选择就是清仓离场。

如图4-40所示，英力特（000635）在下跌过程中，众多阴线中夹着较少的小阳线，典型的下跌不止形态，股价之后一路下滑。如果基于安全考虑，交易者完全可以在下跌不止形态尚未完成之时开始减仓。形态完成后即应清仓离场。

图中反弹的区域走出一个下降旗形的形态，旗形向下跌破下轨之后，有一个回抽。回抽过后，股价继续加速下跌。

图4-40　下跌不止有看跌作用

十六、徐缓下降

徐缓下降形是指下跌初期股价或指数先收出几根小阴线，接着再收出中阴线、大阴线的K线组合形态。如图4–41所示。

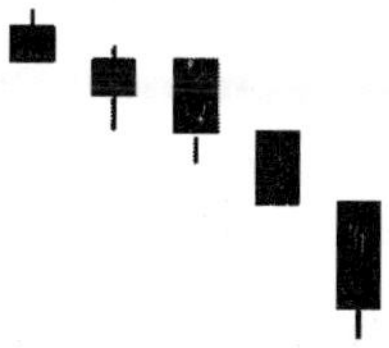

图4–41　徐缓下降形

1. 徐缓下降形的技术特征

（1）多数出现在跌势初期。

（2）先连续出现几根小阴线，然后收出中阴线、大阴线。

2. 徐缓下降形的技术含义

徐缓下降形是卖出信号，后市看跌。

徐缓下降形是与徐缓上升形相对的技术形态。在下跌趋势中，先是收出几根小阴线，接着就是中阴线、大阴线，说明市场节奏完全控制在空方手中，多方毫无话语权，只有退缩逃跑的份儿。该形态后市看跌，交易者应当及时卖出。

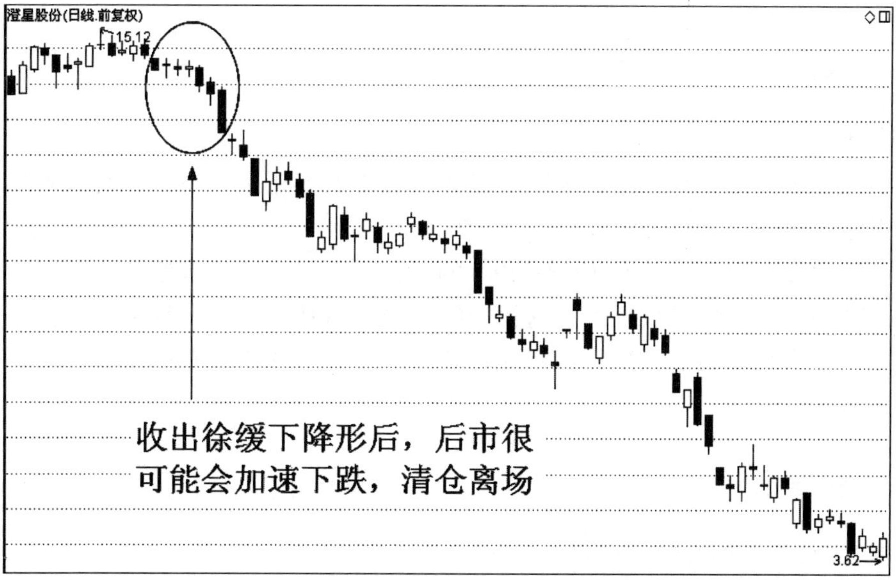

图4–42　徐缓下降形的看跌作用很强，卖出

如图4–42所示，澄星股份（600078）在下跌行情初期连续出现几根小阴线，接着是中阴线、大阴线，形成徐缓下降形，表明空方力量正在逐步壮大，后市看跌。空仓的交易者继续观望，持仓的交易者应及时清仓离场。如图所示，形成徐缓下降形后，股价几乎像顺着陡坡往下滑，持有仓位的交易者必将深受套牢之苦。

十七、下跌抵抗

下跌抵抗形是指下降行情中，股价或指数收出若干连续跳空低开的阴线和阳线，其中阳线收盘价也低于前一根K线收盘价。如图4–43所示。

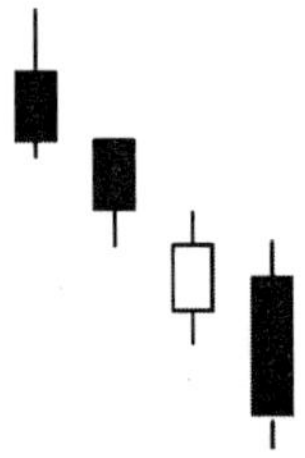

图4–43　下跌抵抗形

1. 下跌抵抗形的技术特征

（1）出现在下跌途中。

（2）由若干阴线和阳线组合而成，但阴线大大多于阳线。

（3）连续跳空低开，即使是阳线，其收盘价也比前一根K线的收盘价低。

2. 下跌抵抗形的技术含义

下跌抵抗形是卖出信号，后市看跌。

下跌抵抗形态表明空方占据了绝对优势，后市不容乐观，持筹的交易者要清仓，持币的交易者不应入场抢反弹。

如图4–44所示，青岛碱业（600229）的股价在下跌过程中连续跳空低开，收出众多阴线。其中夹了一根阳线，但是这根阳线的收盘价比前一根阴线的收盘价还低，反映了多方不甘失败，奋起反抗，但终究势单力薄，回天乏术。在空方的凶猛打击下，股价继续加速下滑。

3. 特别提示

各相似K线组合形态的区别如下。

（1）绵绵阴跌形大多出现在下跌初期或盘整后期，由若干夹有一些小阳线的小阴线组成，整个K线排列呈向下倾斜状态，反映出空方力量正在悄然积聚。

图4-44　下跌抵抗形的看跌作用

（2）下跌不止形出现在下跌过程中，虽然出现少量上涨的K线，但仍然止不住股价下跌的脚步，预示着空方力量占据优势。

（3）徐缓下跌形是在下跌过程中先连续出现数根小阴线，然后再拉出中阴线、大阴线，反映出空方气势日益强盛。

（4）下跌抵抗形是连续低开，收出很多涨幅为负的阴线和阳线，说明空方力量十分强大，拥有压倒多方的绝对性优势。

由此可见，上述各K线组合形态对股价下跌的推动作用是不相同的，由强至弱依次为：下跌抵抗形，徐缓下降形，下跌不止形，绵绵阴跌形。

和冉冉上升形等看涨的K线组合形态一样，绵绵阴跌等各K线形态也是形态信号越弱，后市跌幅就越久越深；信号越强，离底部就越近。塞翁失马，焉知非福，这句话在这里依然适用。交易者对K线形态的信号作用不可不信，也不可将其固化。只有在规则下实行灵活的操作和顺势增减的仓位管理方法，才可以长久立于不败之地。

十八、下降弧形线

下降弧形线出现在下跌初期，由若干走势呈向下抛物线的K线组成。如图4–45所示。

图4-45　下降弧形线

1. 下降弧形线的技术特征

（1）在下跌初期出现。

（2）由若干K线组成。

（3）股价走势是一个向下的抛物线。

2. 下降弧形线的技术含义

下降弧形线是卖出信号，继续看跌。

下降弧形线表明空方的力量正在逐渐增加，就像行军作战一样，空方的后援正源源不断投入战斗。反观多方，兵力越打越少，最终溃败是预料之中的事情。因此，遇到下降弧形线，持仓的交易者应选择清仓，空仓的应继续持币观望。

如图4-46所示，中泰化学（002092）先是高位收出一个下降弧形线形态，股价随后快速急跌。接着多方组织反抗，走出下降旗形的整理形态。在旗形末端，第二次收出下降弧形线，这次股价仅略作停顿，回抽了一下旗形，就瀑布一样狂泻而下。交易者在第一次收出下降弧形线形态时，就应清仓离场。

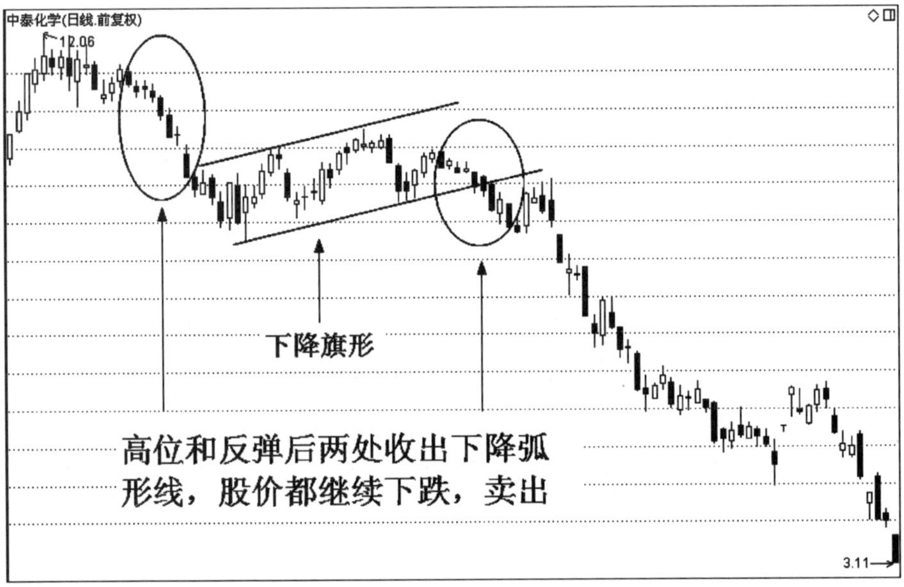

图4-46　下降弧形线的看跌作用

在下降旗形整理末端，股价先跌破旗形下边线，然后完成第二个下降弧形线形态。如果不幸持有仓位，交易者可以在股价跌破旗形下边线时清仓离场，不必等到完成下降弧形线后再离场。

如图4-47所示，中海发展（600026）在下跌过程和整理形态末端，两次收出下降弧形线。每次收出该形态后，股价都出现加速下跌的情形。交易者在股价收出下降弧形线后，应及时卖出离场。

中海发展的整理形态是一个上升楔形，上升楔形后市大多看跌。上升楔形的末端还收出一个圆顶的K线组合形态，圆顶是见顶信号。

本例当中，在楔形整理形态中，圆顶发出的离场信号最早，交易者可以不必等到上升楔形和下降弧形线发出离场信号时才卖出。

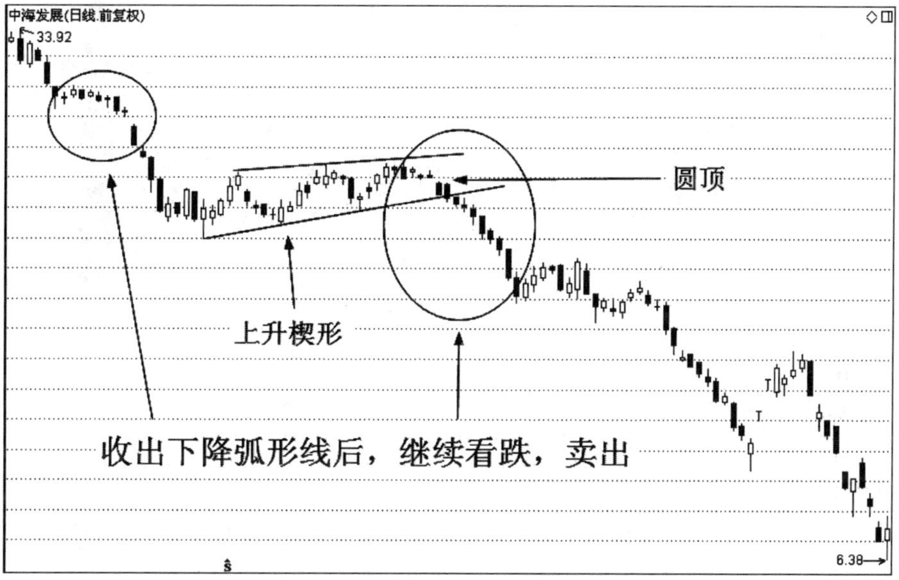

图4-47　下降弧形线的看跌作用

十九、高开出逃

高开出逃是指在下跌途中股价突然大幅跳高开盘（甚至以涨停开盘），却以下跌收盘（甚至以跌停收盘），最终收出一根实体很长的大阴线。如图4-48所示。

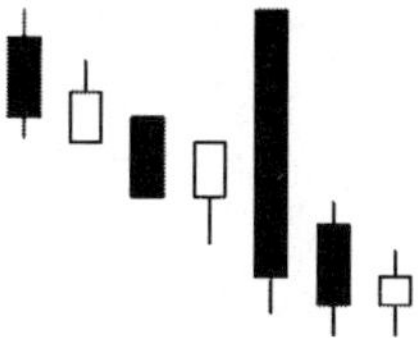

图4-48　高开出逃形

图4-49是形成高开出逃形的日分时走势图。

1. 高开出逃形的技术特征

（1）出现在下跌途中。

（2）突然跳高开盘，甚至以涨停开盘，之后一路下跌，甚至以跌停收盘，最后收出一根大阴线。

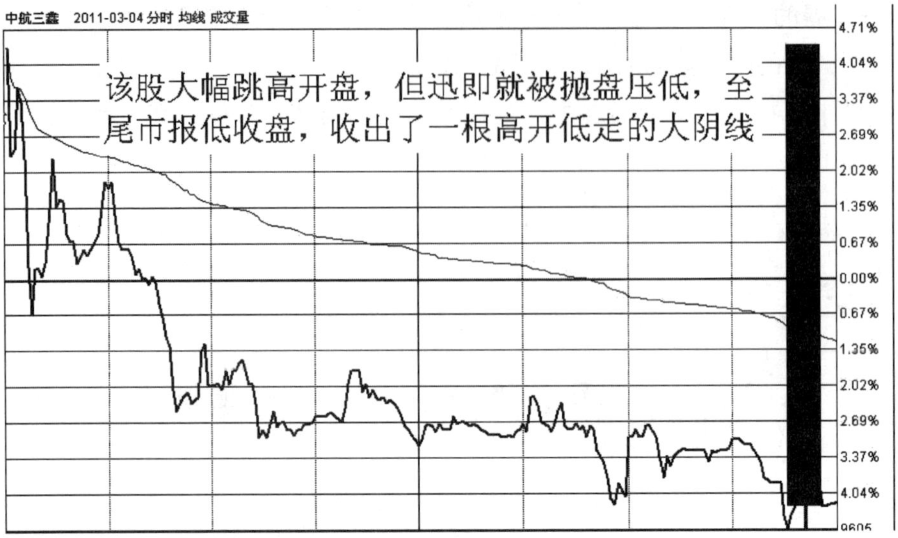

图4-49 形成高开出逃的日分时走势图

2. 高开出逃形的技术含义

高开出逃形是卖出信号，后市看跌。

高开出逃形大多为主力利用消息拉高出货所致。出现该形态后，股价通常将有一段较大的跌幅。交易者见到高开出逃形，应当及时清仓离场。

如图4-50所示，宁波富邦（600768）在连续快速杀跌的过程中，突然有一天股价大幅高开，但开盘之后就遭到空方猛力打压，股价持续走低，最终收出一根大阴线。

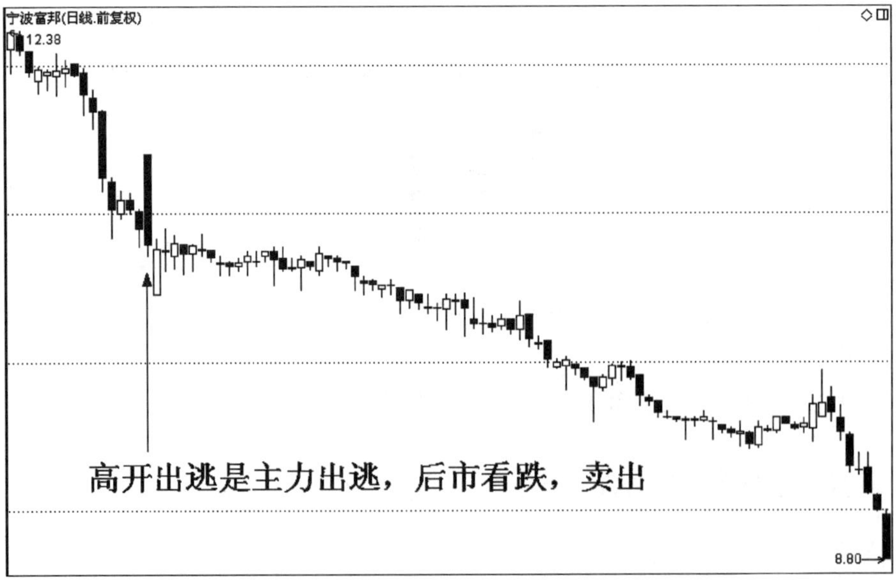

图4-50 高开出逃形有看跌作用

之后股价一路绵绵阴跌，未及时退出的交易者会越套越深。

二十、下跌三颗星

下跌三颗星是在下跌行情初期和中期出现的，由一根大阴线或中阴线及下方收出的三根小K线组成。小K线可以是十字线、十字星，也可以是小阳线、小阴线。如图4-51所示。

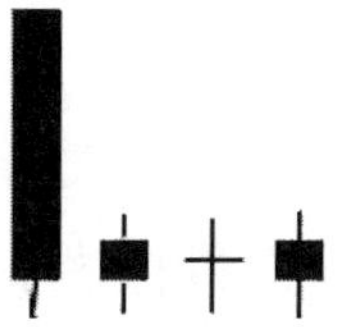

图4-51　下跌三颗星

1. 下跌三颗星的技术特征

（1）出现在下跌行情初期和中期。

（2）由四根K线组成，前面是一根大阴线或中阴线，然后阴线下方收出三根小K线。小K线可以是十字星、十字线，也可以是小阴线、小阳线。

2. 下跌三颗星的技术含义

下跌三颗星是卖出信号，后市看跌。

下跌三颗星表明多方的抵抗非常虚弱，仅仅迟滞了一下空方前行的脚步。在多空双方胜负已分的情况下，空仓的交易者要继续观望，持仓的交易者应及时离场。

如图4-52所示，誉衡药业（002437）在下跌过程中连续出现两次下跌三颗星，股价只是在中大阴线下部略微停顿了一下，就继续加速下滑。

3. 特别提示

交易者要注意区分下跌三颗星和跳空下跌三颗星的不同之处。

（1）下跌三颗星大多出现在下跌趋势的初期和中期，跳空下跌三颗星大多出现在大幅下跌之后或连续快速下跌之后。

（2）下跌三颗星的三颗小K线和前面的K线之间没有缺口，而跳空下跌三颗星的三颗小K线与前面一根K线之间留有一个向下的跳空缺口。

（3）下跌三颗星是下跌中继形态，后市继续看跌，而跳空下跌三颗星是空方气力将尽的表现，预示股价或指数可能见底。

图4-52　下跌三颗星的看跌作用

二十一、倒三阳

倒三阳出现在下跌初期，由三根低开高走的阳线组成。其中第一根K线以下跌收盘，后面两根K线的收盘价低于或接近前一天阳线的开盘价。如图4-53所示。

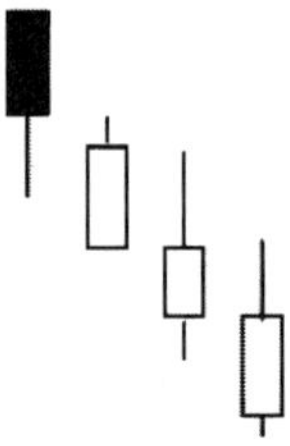

图4-53　倒三阳

1. 倒三阳的技术特征

（1）出现在下跌初期。

（2）由三根低开高走的阳线组成。

（3）第一根K线以跌势收盘。

（4）后面两根K线的收盘价低于或接近前一天阳线的开盘价。

2. 倒三阳的技术含义

倒三阳是卖出信号，后市看跌。

倒三阳是股价连收三根阳线，但在图形上却走出了类似连续三根阴线的跌势，股价一天比一天低。因为与一般的连拉三阳走势完全不同，所以叫它倒三阳。倒三阳K线组合多数出现在庄股上，是庄家为了掩盖其出货行为而施放的烟幕弹。倒三阳的K线组合出现的概率很小，但是出现后下跌的概率极大。交易者见到此K线组合形态，一定要趁早脱手股票，千万别被表面的阳线所迷惑。

图4-54是轻纺城（600790）1998年8月至1999年1月的日线图。该股也许是沪深股市首个收出倒三阳形态的股票。该股下跌之前先是快速拉升一波，然后进行一段时间的横盘整理。接着上涨由缓转急，开始第二波拉升，成交量也呈价涨量增的良好态势，且换手率不高，显示主力控筹很好。股价突破前高后，高位放量。但是因为两天的换手率都只在20%多一点，所以无法判断究竟是过顶吸筹还是主力出货。接下来收出一根缩量的大阳线，量价关系背离，但是依然无法判断主力的操作意图。

直至1998年11月17日，低开放量收阳，也就是图中倒三阳的第一根阳线，这时才能基本确认之前的放量拉升走势是主力出货。

那些短线进场博取短差的交易者，当日买入后虽然盈利，但次日开盘即悉数被套。受放量阳线的迷惑，有些短线交易者次日补仓，另有一些短线交易者继续进场，补仓仓位和新开仓位当日依然浮盈，但是第三日开盘，同样又是悉数被套。如此一而再，再而三，至第三日，即收出倒三阳形态中的第三根阳线时，单日换手高达67.5%，主力的筹码基本上抛售一空。此后股价无人照看，开始一轮深幅下跌。

遇到这种向下跳空收阳线的形态，交易者不一定非要等到倒三阳完全形成之后才开始离场。

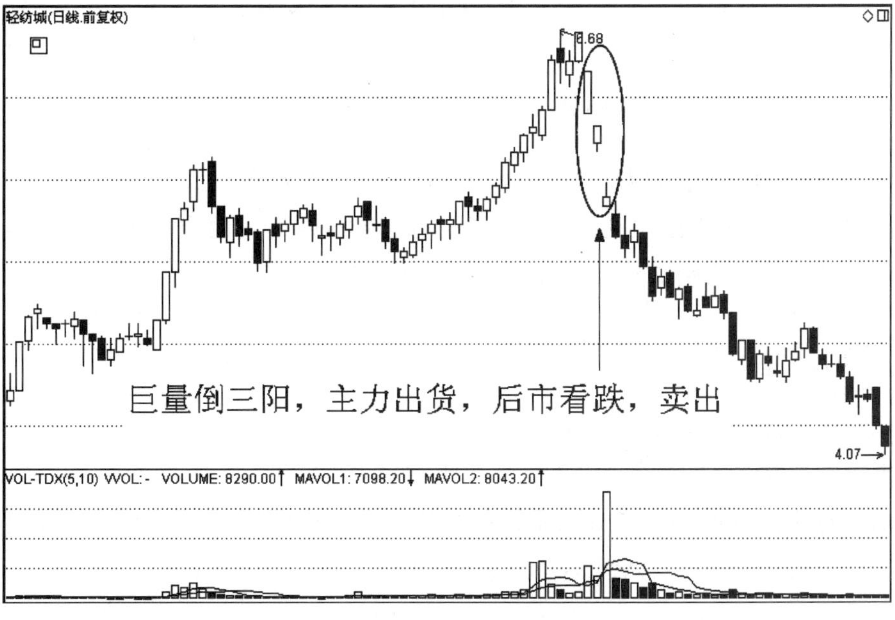

图4-54 倒三阳具有强烈的看跌作用

图4-55和图4-54是相同时段的K线走势图。从图4-55上可以看出，倒三阳的第一根阳线开盘即跌破5日均线、10日均线和短期上升趋势线，收盘也收在5日均线和趋势线之下，很显然短期走势严重破位，这是非常清晰明确的短期离场信号。该股当日放量不涨，也是短期离场的信号。放量不涨，大多是主力出货的征兆。

有的交易者可能会想，是不是主力洗盘或者震仓呢？出货和震仓、洗盘有两个重要的区别：一是出货放量，而洗盘和震仓一般都是缩量，即使出现放量，也只是微微增加；二是出货经常会跌破重要关口、颈线、支撑位、趋势线、均线等，而洗盘和震仓一般不会把技术形态走坏，即使跌破也会很快收复。这就是在上图中判断是主力出货的主要原因。

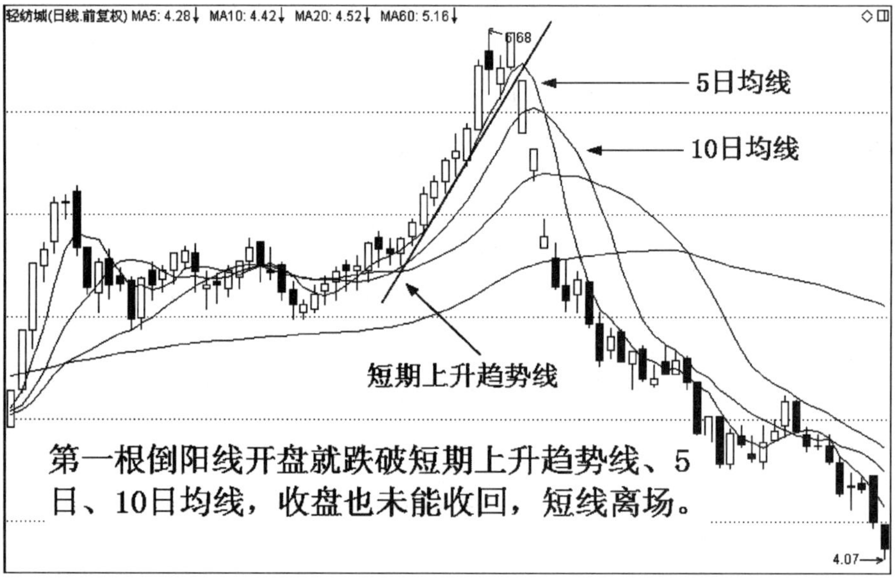

图4-55　跌破5日、10日均线和短期趋势线，短线离场

如图4-56所示，宁波富邦（600768）走出一个不标准的倒三阳形态，股价收出三根阳线，中间夹了一根阳十字星。四根阳线对应着急剧放大的成交量，很显然是主力通过对倒放量的方式吸引交易者入市，从而借机出货。

3. 特别提示

倒三阳的走势非常罕见，原因是出货痕迹太明显。现在资讯非常发达，很多交易者对这种出货方式都或多或少有所耳闻，所以现在很少再有主力采用这种方式出货了。

目前比较常见的两种出货方式是边拉高边出货和杀跌式出货。但是如果偶然遇到倒三阳，第一时间出来十有八九不会犯错。

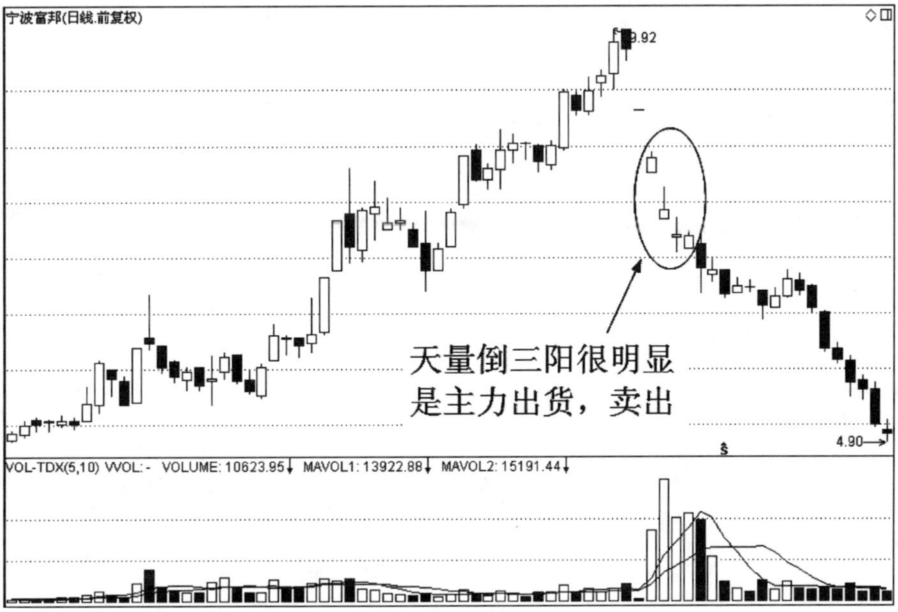

图4-56　不标准的倒三阳技术含义不变，卖出

二十二、升势受阻

升势受阻出现在上涨趋势中，由三根实体越来越小的阳线组成，其中最后一根阳线的上影线很长。如图4-57所示。

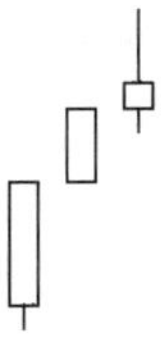

图4-57　升势受阻

1. 升势受阻的技术特征

（1）出现在涨势或反弹行情中。

（2）由三根阳线组成。

（3）三根阳线的实体越来越小，最后一根阳线的上影线很长。

2. 升势受阻的技术含义

升势受阻是滞涨信号。

升势受阻形态越来越短的阳线实体，以及最后一根阳线长长的上影线，表明多方遇到了越来越强大的压力，或者说多方的势头越来越疲弱，后续资金已经显露出难以为继的苗头。后市一旦遭遇空方抛售，股价或指数很有可能掉头直下。在股价或指数连续上涨一大段后收出升势受阻形态，是市场发出的警告信号，意在提醒也许将有危险来临。

如图4–58所示，南方航空（600029）的股价在反弹过程中放量上攻，呈现价涨量增的良好态势。但是在前期密集成交区、前高和下降通道趋势线处遇到压力，收出升势受阻的K线组合形态。

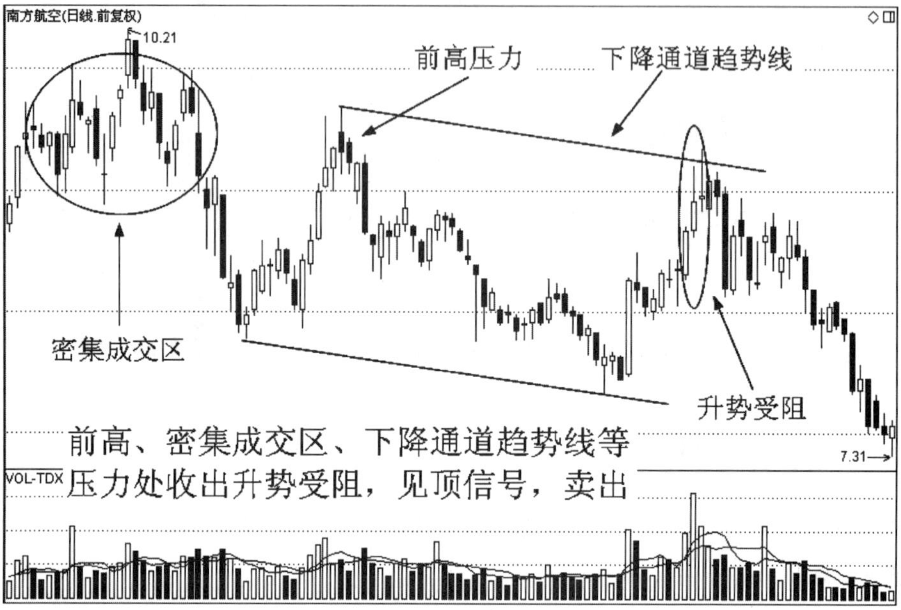

图4–58　升势受阻的见顶作用

升势受阻的三根阳线实体越来越小，显示多方进攻有始无终，虎头蛇尾。最后一根K线的上影线很长，表明上档抛压沉重，多方力量明显不足，推高股价已力不从心。上方压力重重，预示股价有可能见顶，交易者应提高警惕，一旦发现形势不妙，应当及时卖出。

本例中，升势受阻形态的最后一根阳线还是一根不标准的螺旋桨形态。螺旋桨也是见顶信号。前期密集成交区和前高压力处放量滞涨，一般表明主力出货，或者是错过前高离场机会的交易者竞相抛售所致。

本例图中所画的下降通道，是通过通道逆推法画的，即先画出返回线，再画与之平行的直线，推定该直线是趋势线，预测后市股价或指数将在推定的趋势线处遇到压力，或受到支撑。返回线是和趋势线平行的直线，与趋势线共同形成通道。

二十三、升势停顿

升势停顿出现在上涨趋势中，由两根大阳线或中阳线和一根小阳线组成。如图4-59所示。

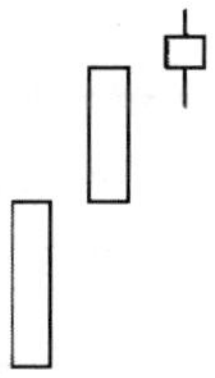

图4-59　升势停顿

1. 升势停顿的技术特征

（1）出现在上涨趋势中。

（2）由三根阳线组成。

（3）前两根是大阳线或中阳线。

（4）第三根是小阳线。

2. 升势停顿的技术含义

升势停顿是滞涨信号。

升势停顿和升势受阻的形态相差无几，技术含义以及信号的可靠性也区别不大，都是滞涨见顶的预警信号。升势停顿和升势受阻形态，都表明上涨趋势未有实质性的改变。

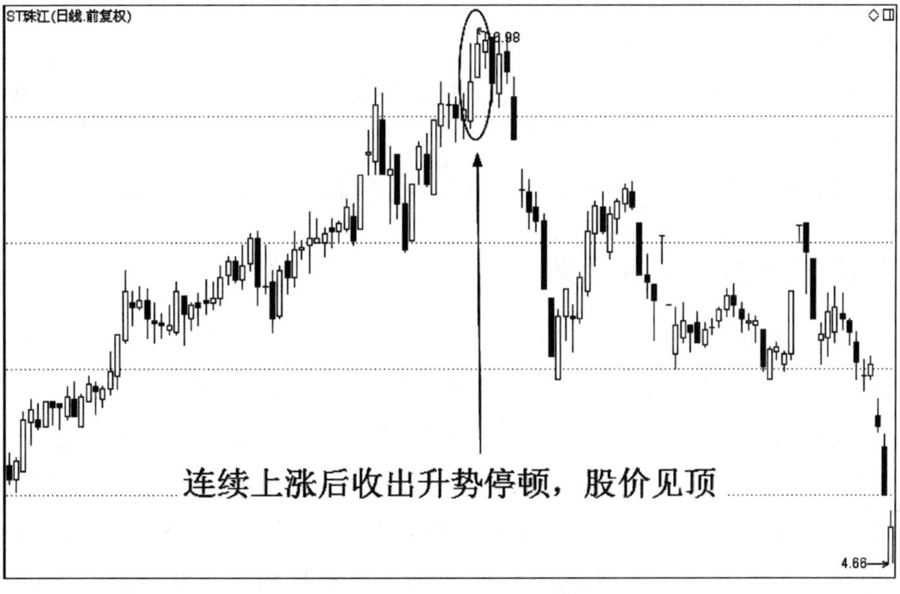

图4-60　升势停顿的滞涨作用

在上涨行情中，连续出现两根相对较长的阳线之后，第三根阳线实体一下缩得很小，反映出多方力量可能正在衰竭，场外准备买入的交易者迟疑不定，场内持仓的多方开始心怀忐忑。在股价已有了较大升幅之后，交易者见到升势停顿K线组合，应当做好及时减仓或清仓的准备。

如图4–60所示，ST珠江（000505）的股价持续上涨了一段时间后，收出升势停顿的K线形态，预示股价有可能即将见顶，此时交易者应当做好离场准备。

升势停顿形态的第三根小阳线和紧随其后的一根大阴线，组成穿头破脚的K线形态。阴包阳的顶部穿头破脚是见顶信号，交易者可以在股价收出穿头破脚形态时减仓或清仓。

二十四、下降三部曲（降势三鹤）

下降三部曲又称降势三鹤，出现在下跌途中，由两根中阴线或大阴线中间夹着三根没有突破第一根阴线开盘价的三根小阳线组成。如图4–61所示。

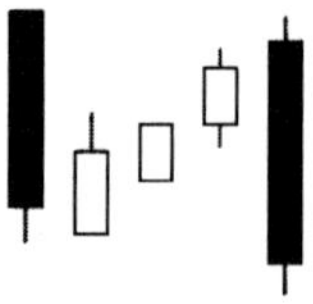

图4–61　下降三部曲（降势三鹤）

1. 下降三部曲的技术特征

（1）出现在下跌趋势中。

（2）由五根大小不等的K线组合而成。

（3）在拉出一根中阴线或大阴线后，接着出现三根小阳线，但都没有突破第一根阳线的开盘价。

（4）最后一根大阴线或中阴线全部或大部分覆盖了前面三根小阳线。

2. 下降三部曲的技术含义

下降三部曲是卖出信号，后市看跌。

下降三部曲的出现，表明多方虽然努力反抗，但微弱的反弹很快就在空方的打击下夭折了，因此后市继续看跌。遇到这种走势，交易者只可卖出，不可买进。

如图4–62所示，鲁银投资（600784）加速下跌时，出现了一根实体较长的阴线，随后连续拉出三根实体较小的阳线，似乎有反弹迹象。但三根阳线都没有超越前面那根长阴线的开盘价，表明多方力量很弱。接着又出现了一根长阴线，几乎覆盖了前面三根小阳线，形成下降三部曲的K线走势，表明股价没有止住跌势，随后股价继续下跌。

图4-62　下降三部曲的看跌作用

在一个明显的下降趋势当中，趋势交易者是不应当有任何仓位在手的。但不幸仍然还持股的交易者，在股价收出下降三部曲后，应当壮士断腕，果断离场。因为下降三部曲表明空方的力量依然强大，后市还会继续下跌。

二十五、空方尖兵

空方尖兵指出现在下跌行情中，由若干向下倾斜、收在第一根中阴线或大阴线长下影线下方的K线组成。如图4–63所示。

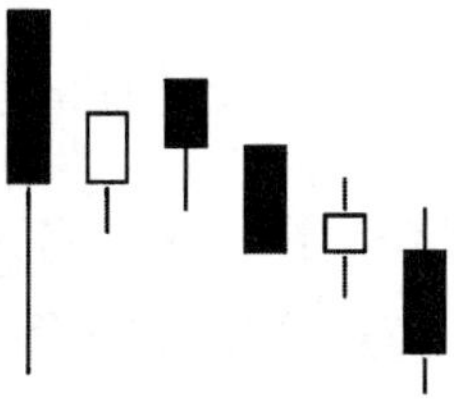

图4-63　空方尖兵

1. 空方尖兵的技术特征

（1）出现在下跌行情中。

（2）由若干K线组合而成。

（3）在拉出一根中阴线或大阴线时，留下一根较长的下影线。

（4）股价反弹后不久又跌至下影线的下方。

2. 空方尖兵的技术含义

空方尖兵是卖出信号，后市看跌。

第一根阴线的长下影线可以看作是空方大举进攻前向多方发动的一次试探性冲锋，如同深入敌方阵地的尖兵，所以称为空方尖兵。

空方尖兵表明多方的反击有心无力，时间短暂得如昙花一现，后市下跌的概率很大。交易者见到空方尖兵，应及时做空，离场观望。

如图4-64所示，九芝堂（000989）的股价在下跌初期遇到了多方反抗，所以在跳空下行的中阴线上留下一根较长的下影线。但是空方很快又组织反攻，随后几日股价就跌穿了中阴线的下影线，完成了空方尖兵的K线形态。

图4-64 空方尖兵的看跌作用

交易者应在形态完成后立即清仓卖出，无需考虑有多大的盈亏，否则股价将会像孙悟空头上的紧箍咒一样，在K线形态发出的咒语下越勒越紧。念不念咒，是市场的事情，戴不戴紧箍咒，是交易者的事情。管好自己的事情，就不会受套牢之苦。

二十六、两阴夹一阳（两黑夹一红）

两阴夹一阳，又名两黑夹一红，由两根较长的阴线夹着一根较短阳线组成。两阴夹一阳既可以出现在上涨趋势中，也可以出现在下跌趋势中。如图4-65所示。

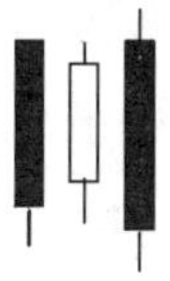

图4-65　两阴夹一阳

1. 两阴夹一阳的技术特征

（1）既可以出现在上涨趋势中，也可以出现在下跌趋势中。

（2）由两根较长的阴线和一根较短的阳线组成。

（3）阳线夹在两根阴线中间。

2. 两阴夹一阳的技术含义

（1）在涨势中出现是见顶信号，卖出。

（2）两阴夹一阳大多出现在下降趋势中，很少出现在上涨趋势中。

（3）在跌势中出现继续看跌。

在股价或指数连续上涨的过程中，突然收出一根中阴线或大阴线，表明空方开始反击。次日，多方企图重振雄风，但未能将股价或指数推升至前一日高点的上方，说明多方攻势乏力。第三日，空方再度发力，一根长阴将多方昨日的战果悉数抹掉，并继续向纵深挺进。多空双方攻守移位，说明股价或指数已经见顶，风险降临，交易者应及时减仓或清仓。

如图4-66所示，力生制药（002393）在顶部回落之后的反弹高点上收出两阴夹一阳的形态后，反弹结束，随后股价下跌。

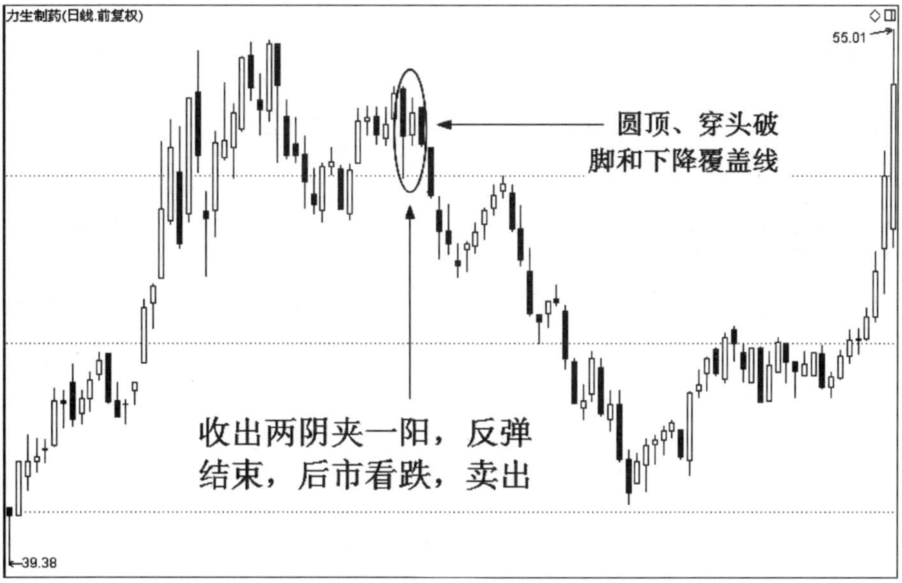

图4-66　两阴夹一阳的见顶作用

两阴夹一阳还是圆顶形态的顶部组成部分，和前面的一根阳线组成下降覆盖线的形态，第一根阴线和前面的阳线是阴穿阳的穿头破脚形态。圆顶和穿头破脚是见顶信号，下降覆盖线是看跌信号。多个信号表明股价向下转跌，此时不走，更待何时。

在下降趋势中收出两阴夹一阳，说明多方终于发起反攻，但并未取得优势，股价仅短暂止跌回升，并没有一扫此前颓势。随后的一根中阴线或大阴线，如秋风扫落叶一样，将多方残余席卷而去。

如图4–67所示，轻纺城（600790）的股价经过快速下跌之后收出两阴夹一阳，预示股价还将继续下跌。空仓的交易者不能进场，持仓的交易者应当离场。

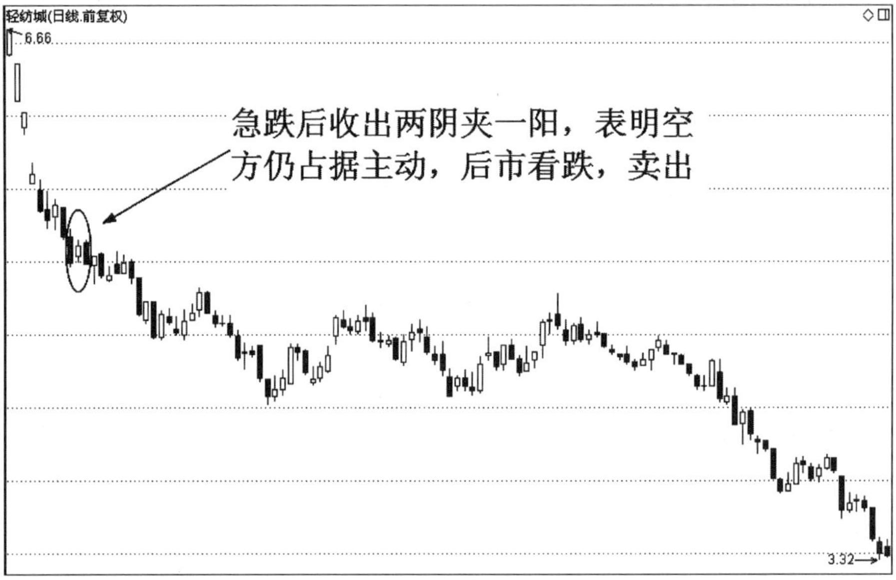

图4–67　两阴夹一阳的看跌作用

3. 特别提示

阴线实体和阳线实体的悬殊越大，其信号的可靠度越强。

二十七、跛脚阳线

跛脚阳线出现在涨势中，由三根阳线组成，其中前两根一般是大阳线或中阳线，后两根是低开阳线，第三根阳线实体很小，收盘价低于前一根阳线的收盘价。如图4–68所示。

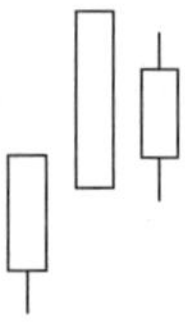

图4–68　跛脚阳线

1. 跛脚阳线的技术特征

（1）出现在上涨趋势中。

（2）由三根或三根以上阳线组成。

（3）前两根是大阳线或中阳线。

（4）后两根阳线都是低开。

（5）第三根阳线的实体很小，且收盘价比前面一根阳线的收盘价低。

2. 跛脚阳线的技术含义

跛脚阳线是滞涨信号。

在涨势中出现跛脚阳线，说明多方遭遇到上方沉重的抛压，后市看淡。

如图4–69所示，英唐智控（300131）反弹时收出跛脚阳线，预示着空方的能量很强，多方无力再次超越前高，反弹很可能会夭折。交易者见此K线形态应做好离场准备。

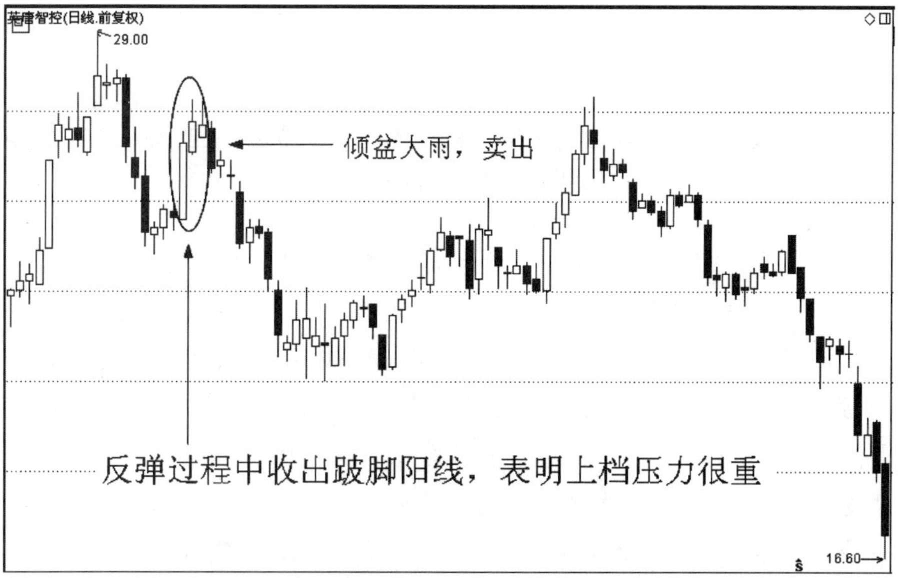

图4–69　收出跛脚阳线，后市看淡

跛脚阳线之后收出一根中阴线，后市看淡。这根中阴线还与跛脚阳线的最后一根阳线组成倾盆大雨的K线形态，倾盆大雨是见顶反转信号，交易者应当减仓或清仓。

在跛脚阳线的前高处，收出的是中间夹有两根小K线的黄昏之星形态。这个黄昏之星形态的最后一根阴线很长，与前面的阳线相比，比例悬殊，看跌意味非常浓厚。黄昏之星第一根阳线还是射击之星形态，射击之星也是见顶信号。

如图4–70所示，丰华股份（600615）跳空涨停突破收敛三角形整理形态，多头气势很盛。次日股价继续高开，但是却收出一根带长上影线的中阳线，成交量也异常放大，显示多方遭遇巨大的抛压，很有可能是主力出货。第三日股价低开收出一根小阳线，和前面的阳线组合成跛脚阳线形态，同时也是身怀六甲形态。说明多方已尽显疲弱之态，上攻乏力，股价随后下跌。交易者可以在次日收出阴线时减仓或清仓。

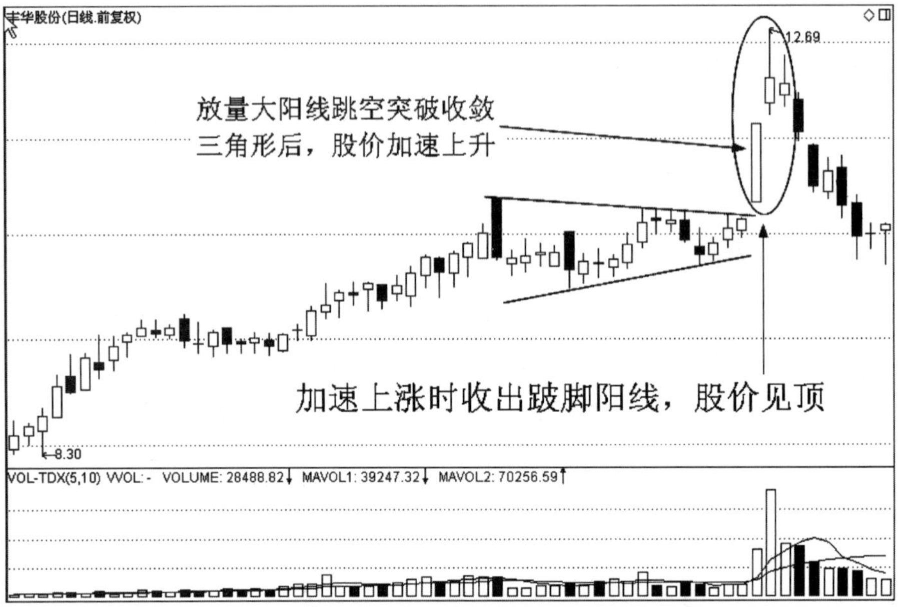

图4-70　跛脚阳线的见顶作用

跛脚阳线的后两根阳线还是射击之星形态，射击之星是见顶信号。

该股跛脚阳线中，第二根阳线当日的分时走势如图4-71所示。从图中交易者可以看到，当日该股跳空开盘，集合竞价巨量成交。这种情况一般有三种可能，一种是一个主力将筹码换给另一个，即俗称的换庄；另一种是主力通过不同的账户，自己卖给自己，即俗称的对倒；最后一种是散户一致看好，入场抢筹，即俗称的白马股。

下面逐一分析，看看哪一种情况可能性更大？

第一种。虽然当日和之前相比较，成交量异常放大，但实际上并没有大到极端，换手率只有9.92%，而且次日马上缩到只有4.95%。很显然，这样的换手率不足以将控盘的筹码转手。

第二种。从分时图中可以看到，当日带量短暂快速冲高，然后缩量横盘，午后股价更是跌破日均价线，很容易得出以下推断：主力早市是对倒，目的是通过对倒虚假放量，人为制造放量拉升的走势，使该股早市在量比、涨幅和涨速榜上的位置都比较靠前，从而吸引交易者的关注和跟风，以便主力乘势派发筹码。因为有主力的抛盘，股价马上快速下跌。主力放任不管，抛压减轻，股价就止住不跌。因为该股上一个交易日涨停突破，当日早市又放量拉升，吸引了很多交易者的眼球，所以仍有不少交易者买入，维持了当日股价横盘。

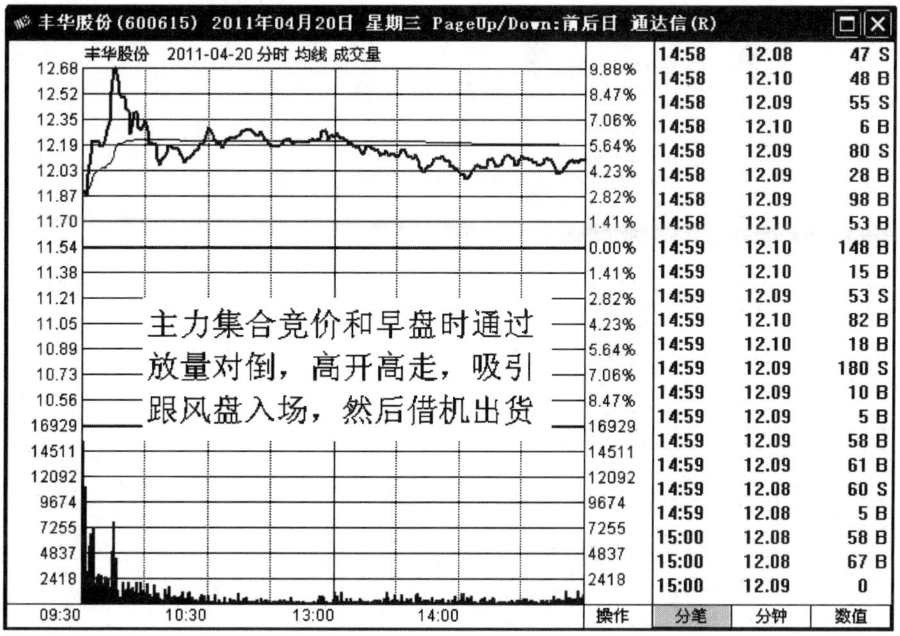

图4-71 踮脚阳线中第二根阳线的分时走势图

第三种。只有在大牛市和个股有突发性利好的前提下，才有可能出现散户入场抢筹的情形。散户入场抢筹时，除非股价已经连续上涨很长一段，涨幅巨大，否则主力只会顺势助力拔高，而不是打压股价。

通过以上分析，当日主力通过对倒出货的可能性最大。但是一两日的放量，主力是出不完货的。

主力出货的目的各不相同，有的是已达盈利目标，有的是进行高抛低吸，还有的则是急需兑现现金。不同的目的，后市的走势也不尽相同。不过交易者不必推测主力的意图，只需要根据K线形态、技术图形、趋势线、均线等方法，针对趋势进行判断即可。向上的趋势没有改变，就继续持有，如果发现有逆转的迹象，就赶紧减仓或清仓。

3. 特别提示

踮脚阳线的阳线也可以多于三根。

二十八、低档盘旋形

低档盘旋形又称下档盘旋形，是在下跌趋势中先收出若干横盘的小阴线和小阳线，然后再收出一根跳空向下阴线的K线组合形态。如图4-72所示。

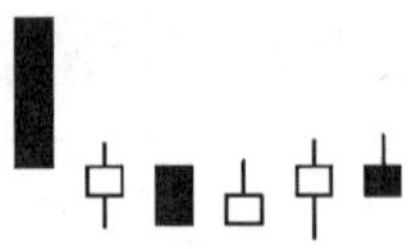

图4-72　低档盘旋形（下档盘旋形）

1. 低档盘旋形的技术特征

（1）出现在下跌趋势中。

（2）由若干横盘的小阴线、小阳线和一根跳空向下的阴线组成。

2. 低档盘旋形的技术含义

低档盘旋形是卖出信号，后市看跌。

如图4-73所示，津劝业（600821）的股价在下跌过程中，收出很多根横向整理的小阴线和小阳线，表明多空双方暂时取得了平衡。但是随后出现的一根跳空下跌的阴线打破了平衡状态，空方再次拥有了对多方进行打击的强大力量。这根跳空阴线也表明此前多方虽然拼尽了全力，不过是暂时阻碍了空方进攻的步伐，但毫无反击能力。趋势交易者跟随胜利者的脚步顺势而为，现在空方大获优势，自然要赶紧离场。

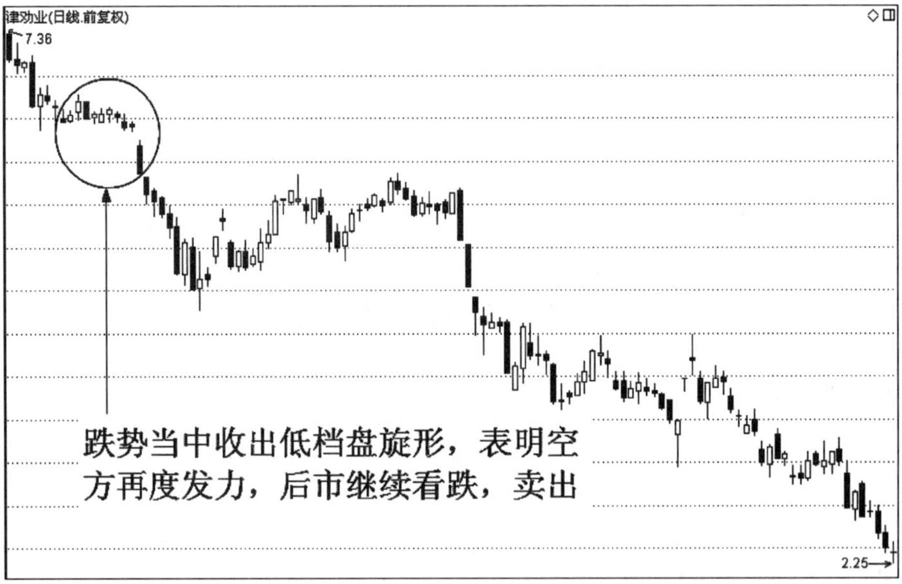

图4-73　下档盘旋形的看跌作用

图4-74是ST兴业（600603）的周线图。该股下跌过程中几乎未做停顿，先是收出下跌不止的K线形态，接着又收出徐缓下降的K线形态。随后收出几根小阴线、小阳线和十字星、十字线横盘整理，之后一根向下跳空的阴线完成低档盘旋形态。交易者应在低档盘旋形态完成后立即清仓离场。从图中可以看到，该股后市杀跌越来越快。

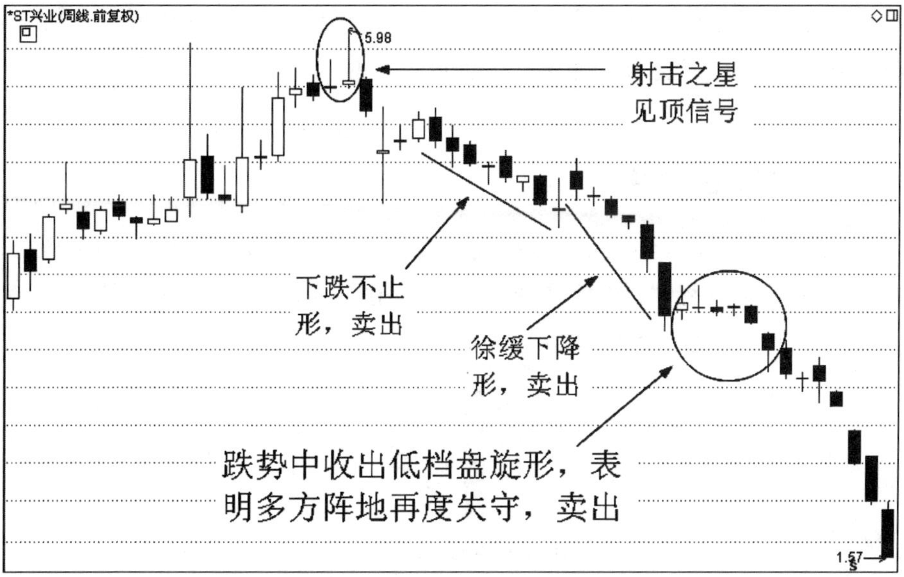

图4-74　低档盘旋形的看跌作用

在低档盘旋形之前，下跌不止和徐缓下降都是卖出信号，交易者如果熟知K线形态，其实早就已经清仓。再之前，该股顶部收出射击之星，也已发出见顶的警告信号，此时交易者就可以做出减仓行动。

如图4-75所示，ST兴业（600603）在下跌初期和下跌过程中，先后收出两个低档盘旋形。收出低档盘旋形后，股价都继续行进在漫漫熊途上。交易者应当回避这种下跌走势，持币等待，已持有仓位的交易者则应果断地断臂求生。

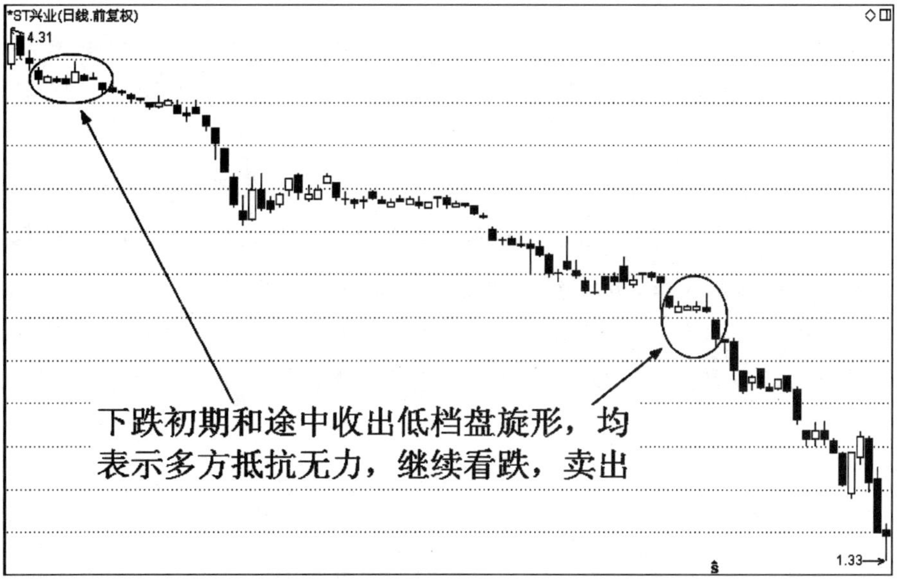

图4-75　下跌趋势中的低档盘旋形是看跌信号

该股下跌过程中还收出了下跌不止形、下降弧形线、绵绵阴跌形、徐缓下降形等看跌信号。这些形态在图上未予标注，读者可自行对照。

二十九、下降覆盖线

下降覆盖线是四根K线组成的K线组合形态，出现在下跌趋势中。前两根是阴线穿阳线的穿头破脚，第三根是实体短于前一根阴线的小阳线或中阳线，第四根是实体深入到第三根阳线的小阴线或中阴线。如图4-76所示。

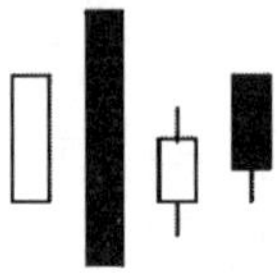

图4-76 下降覆盖线

1. 下降覆盖线的技术特征

（1）出现在下跌趋势中。

（2）由四根K线组成，前两根是阴线穿阳线的穿头破脚，第三根是小阳线或中阳线，实体短于前一根阴线，第四根是实体深入到第三根阳线的小阴线或中阴线。

2. 下降覆盖线的技术含义

下降覆盖线是卖出信号，继续看跌。

下降覆盖线出现在下跌过程中，多方试图反击，但却仅仅迟滞了空方进攻的脚步，表明空方的优势非常明显。出现该形态，交易者应离场观望，已空仓的不应进场。

下降覆盖线的实质是：前半部分是一根阴线穿阳线的顶部穿头破脚形态，中间是身怀六甲形态，后半部分是淡友反攻或乌云盖顶形态。以上各形态都是转势信号，一种形态中包含了这么意义相近的其他形态，其信号作用不容小看。

如图4-77所示，TCL集团（000100）在下跌途中收出下降覆盖线后，股价继续下跌。之后股价进行横盘，略有反弹，但最终还是没能扭转颓势。交易者看到该信号应果断卖出。

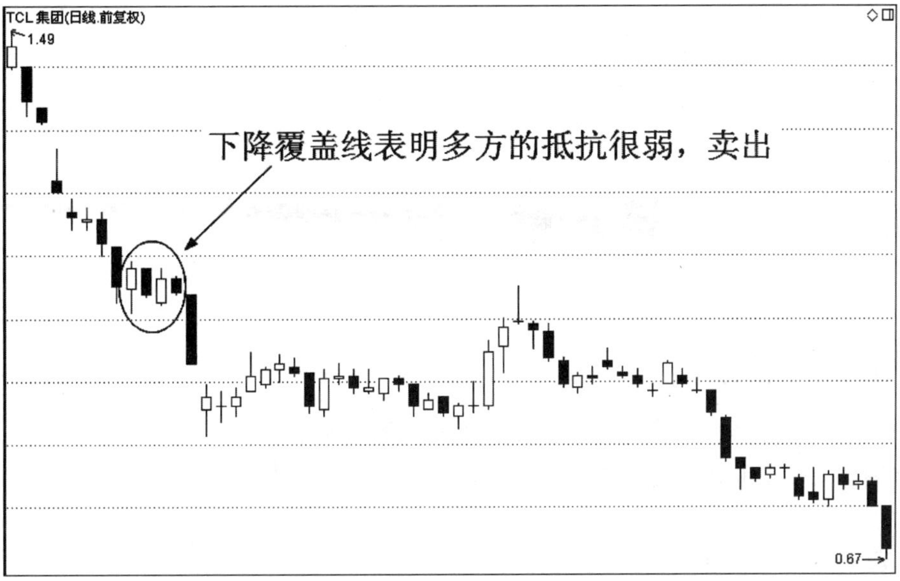

图4-77　下降覆盖线，后市看跌

如图4-78所示，鲁银投资（600784）在持续下跌的途中，多方试图组织反击，但是股价刚一反弹，就遭遇空方强力打压，收出下降覆盖线，之后股价一溃千里。遇到这种形态，交易者应卖出离场。

图4-78　下降覆盖线的看跌作用

第五章　技术图形

一、技术图形分类

K线和K线组合分为两大类：K线组合形态和技术图形。其中技术图形又分为两类：转势技术图形和整理技术图形。

1. 转势技术图形

转势技术图形又称反转形态。出现转势的技术图形后，股价运行的方向就会改变，由原来的上升趋势转为下跌趋势，或由原来的下跌趋势转为上升趋势。

由上升趋势转为下跌趋势的技术图形称为头（顶）部形态，主要有：头肩顶、双顶（M顶、双头）、圆顶（碟形顶）、倒置V形反转（尖顶）、向上竭尽（消耗）缺口、顶部岛形反转等。

由下跌趋势转为上升趋势的技术图形称为底部形态，主要有：头肩底、双底（W底）、圆底（碟形底）、潜伏底、V形反转、向下竭尽（消耗）缺口、底部岛形反转等。

2. 整理技术图形

整理技术图形又称为整理形态，出现整理形态后，股价就会向上或向下突破。整理形态分为三种。

（1）突破方向经常选择向上的整理形态。主要有：上升三角形、底部三角形、上升（下飘）旗形、下降楔形等。

（2）突破方向经常选择向下的整理形态。主要有：下降三角形、下降（上飘）旗形、上升楔形、扩散三角形（喇叭形）、菱形（钻石形）等。

（3）突破方向向上、向下的概率各为50%的整理形态。主要有：收敛（对称）三角形、矩形（箱体、股票箱）等。

二、技术图形与时间周期

与K线组合形态不同的是，技术图形所代表的技术含义，无论是从信号的准确性和可靠性上，还是信号被确认后股价或指数的涨跌幅度上，都要远远大于K线组合形态。

技术图形所逆转或延续的趋势，通常至少是一个中期趋势。这是因为一个技术图形的形成，短则十几个、几十个交易日，长则几个月、一年甚至数年。时间周期越长，参与交易的人数就越多，少数交易者对市场的影响就越小，技术图形走势所反映的规律就越接近群体的心理共性，图形本身所代表的涨跌信号就越稳定可靠。不过，时间周期过长的技术图形基本上失去了对交易的指导性和可操作性。

对于转势技术图形和整理技术图形，在时间周期上的技术含义还要区别对待。转势技术图形，无论是底部技术图形还是顶部技术图形，都是形成的时间周期越长，信号就越强烈，越可靠，随后趋势运行的周期就越长，涨跌幅度就越大。但通常情况下，顶部技术图形的形成周期会比底部技术图形的形成周期短。

整理技术图形也是形成的时间周期越长，信号就越强烈。但时间周期过长，一些整理技术图形向上或向下突破的概率就会发生变化。一般情况下，整理的时间越长，向下突破的概率就越大。

总之，对于一个完美技术图形所蕴含的意义，不应有所怀疑，尤其是对于那些需要很长时间形成的图形，更应该相信它。主力机构只能在短时间内操控股价，却无法长期左右股价，令其按照自己的意图走出一个完美的技术图形。

任何技术形态，包括技术图形在内，都是趋势作用下资金和人性博弈的结果。其中既包括主力和公众交易者之间的博弈，也包括主力和主力之间、公众交易者和公众交易者之间的博弈，期间的股价变化，来去如风，画不出确定的轨迹，不是博弈的某一方可以自主定义的。

即使主力能够通过极限控筹，做到完全自主定价，技术图形的含义依然存在并时刻发挥作用。因为只要主力想出货，就必然要有买进卖出的交易。只要有交易，就必然是资金和人性博弈的结果。除非所有的交易都是主力自买自卖，自弹自唱。但如果是这样，股票交易还有什么存在的意义呢?

从另一方面说，根本就没有确定必涨和确定必跌的技术图形，仅仅是一种大概率事件和小概率事件之间的区别而已。所有技术图形，其技术含义的最终确定，都是以有效突破为准则的，不必考虑其本身究竟是大概率事件还是小概率事件。

三、技术图形与趋势

不同转势的技术图形，所转变的趋势也有所不同。一般情况下，头肩模式（包括复合头肩模式）、圆形模式（包括潜伏底）、双重或三重的顶底模式，可见于长期趋势和中期趋势，但更常见于长期趋势。经常被归为转势技术图形中的底部三角形，只是下降三角形的特例，不能单独算作一类。

整理技术图形虽然经常出现在长期趋势的途中，但出现在趋势末端并成功反转趋势的事例也不鲜见。例如，扩散三角形和菱形就经常出现在熊市顶部并促使趋势反转，而极其狭长的矩形常常是圆形模式或不规则头肩模式的变形。

总之，转势技术图形和整理技术图形，都是出现在长期趋势运行当中最关键的位置，即趋势反转和趋势中期调整之处，这是趋势交易者决定进出场和管理仓位最重要的技术依据之一。

四、技术图形理论基础——技术分析三大假设

技术图形是技术分析理论三大假设和道氏理论的具体体现。

技术分析理论的三大假设是：市场行为（价格或指数）包容和消化一切信息；市场以趋势的方式演变，趋势具有惯性；历史会重演。

这三大假设其实是对道氏理论原则的归纳。

1. 市场行为（价格或指数）包容和消化一切信息

前面已经做过论述，证明该假设是客观存在的真实，而并非仅仅是可以成立的假设。体现在价格走势上，每一次趋势发生变化时，总会有人走在公众交易者前面，促使趋势慢慢逆转。比如，在熊市转向牛市之时，会有先知先觉的价值交易者、趋势交易者当中的左侧交易者、内幕消息者、短线交易者，基于各种各样的理由和原因抢先进场。数量和资金更为庞大的交易者对此可能毫无所知，或者尚未觉察，或者套牢太久难以忍耐，这些交易者继续看空后市，不断抛出股票，导致股价或指数的回暖往往看起来很像反弹，虚弱得像早春的嫩芽。一阵倒春寒袭来，股价或指数又被打回原地，甚至更低。然后买盘继续进入，股价或指数再度上升。但看空的套牢盘和很少的获利盘仍继续抛出股票，令股价或指数下跌。如此反复，在图形上，股价或指数的走势就呈现圆底、头肩底、双底等几何形状的模样。技术分析人士通过大量观察以后，归纳总结出其规律，将其命名为技术图形。

技术图形的形成过程，就是拥有不同信息资源、技术分析理论、价值决策方法的交易者，面对相同的股市走势和外部环境，在心性层面上产生不同的心理和情绪变化，有人贪婪，有人恐惧，从而做出相反的分析判断和操作行为的博弈过程。博弈中变化，变化中博弈，期间无数的变数最终以一种完美的几何图形体现了所有信息作用于心性和资金的结果。

牛市转向熊市之时，和上述类似，只是方向相反。

2. 市场以趋势的方式演变，趋势具有惯性

物理学和社会科学早已证明，一切自然现象和社会现象都是按照一定周期和一定

波幅做规律性运动，这种规律性运动的基本方式就是趋势。

《三国演义》开篇说：天下大势，分久必合，合久必分。这是对国家统一和分裂趋势的精辟论述。在分分合合之际，必先有可预知的迹象出现。

证券分析家艾略特将其关于波浪理论的著作称为《自然的法则》，这既非偶然，也绝非空中楼阁。

体现在股票价格上，股票价格或指数的涨跌，并非是以一种杂乱无章的方式运行，而是以一种周期性上涨和下跌的方式进行。这种周期涨跌循环的过程和轨迹，都是以趋势的方式进行演化的。趋势的延续和转折，无论是由升转降，还是由跌转涨，都是有章可循，有迹可察，有征兆可预知的，并且总是按照某一种近似的方式不断重复。不仅图形形态上如此，连涨跌幅度和时间周期，甚至趋势转折的价格区域和方式，都能够根据其历史走势对未来的走势大致给出定性、定量的判断和预测，而不是像有人所认为的那样，价格或指数是随机漫步、毫无规律可言的。

当然，这种规律性的变化，并不是一种绝对化的规则，它是一种周期性的、几种可能性并存的或然性规律。

道氏理论认为，股价趋势产生关键性变化之前，必然有可资辨认的形态出现。艾略特将其具体化，认为在每一次趋势发生变化之时，无论是转折还是调整，都会以某几类形态近似的方式进行。

实际上，这些近似形态通常就是大家所说的技术图形，例如斜三角形的2浪或4浪，和技术图形中的楔形模式具有同样的技术含义；不规则修正浪的顶点，往往会以头肩顶的形态模式进行演变；双重顶和双重底则经常是由平台型和失败型的波浪演化而来；调整浪的走势几乎就是以收敛三角形、扩散三角形、钻石形态、旗形和楔形等形态完成。

3. 历史会重演

这个假设是趋势规律性演变和相近的人性相互作用的必然结果。

这一假设包含两方面的内容：一是趋势规律和日升日落、月盈月亏一样，周期性涨跌循环；二是人性相近，交易者在受到相同或相近的走势和消息刺激时，会产生相近的反应，但处理反应的习性不同，导致行为和结果相反，这就是所谓的“性相近，习相远”。

正因为性相近，习相远，交易才得以持续，否则很容易产生要买大家都买，要卖大家都卖，不会出现有人卖、有人买的情形。

市场的趋势规律和相近的人性相互作用的过程如下：市场总是涨久必跌，跌久必涨，周期性地往复循环。交易者面对周期性涨跌循环的股价时，总是产生类似的反应，并在类似的反应下做出不同的行动：固执己见的总是固执己见，轻信传言的总是轻信传言，追涨杀跌的总是追涨杀跌，抄底逃顶的总是抄底逃顶，喜新厌旧的总是喜新厌旧（指频繁换股、短线进出、观点多变，以及热衷于学习并尝试各种新的操作方法的交易者），从一而终的总是从一而终（指只捂一股、方法固定、恪守旧习，以及永不言败、不改初衷的交易者）。市场规律、交易者的心性、心理和行为习惯，从来都不会有显著的、实质性的改变。

周期性的股市涨跌影响到交易者心性变化，表现为交易者被外在的股市涨跌变化牵动心弦，从而失去自我，对股市的认知也开始散乱和缺乏逻辑性。

交易者心性变化影响到心理变化，表现为贪婪、恐惧、幻想等欲望和情绪。心理变化影响到交易行为，表现为在同样的股市周期性涨跌面前，总是分别做出相似的抢筹和卖空行为。类似人群有类似行为，在相同或类似的股市走势出现时，抢筹的那部分交易者，每次总是抢筹；而卖空的那部分交易者，每次总是卖空。

相似的交易行为影响到股市涨跌，表现为市场趋势的延续和转折，总是以周期性的相似走势和形态呈现；周期性的相似走势和形态，又继续影响交易者的心性变化。如此周而复始。

以上所有的这些变化，都被股价或指数忠实记录下来，绘成K线走势图，标注在坐标上。从图上观察就会发现，每一轮的上涨和下跌，在某些位置和某些时间段上，股价或指数的运行都会以比较近似的方式演化。这些近似的方式就是呈规律性几何图形形态变化的技术图形，例如头肩模式、三角形模式、旗形模式等。

五、技术图形理论基础——道氏理论

几乎所有的转势技术图形，都完美再现了道氏理论关于牛市转熊市或熊市转牛市的发展变化过程。

例如圆底，先是后高低于前高，后低低于前低。接着是后高等于前高，后低等于前低。最后是后高高于前高，后低高于前低，熊市（或中期下跌趋势）终于结束，牛市（或中期上涨趋势）逐步开始。这一过程虽然缓慢和模糊不清，却完美地展示了快速下跌、下跌趋缓、横盘、慢牛、快速上涨的全过程。这个过程是道氏理论关于牛市（上升趋势）和熊市（下降趋势）定义的经典诠释。

同样，几乎所有的整理技术图形都完美再现了道氏理论关于趋势延续的论述。而且更重要的是，几乎所有的技术图形都比道氏理论更早地向交易者发出转折或延续的信号。

第六章　转势技术图形

一、头肩顶

头肩顶是指股价或指数大幅上涨后，走势形成三个明显的、中间略高于两边的高峰。三个高峰从左往右依次称为左肩、头部和右肩。头肩顶的成交量经常呈现梯级下降。如图6–1所示。

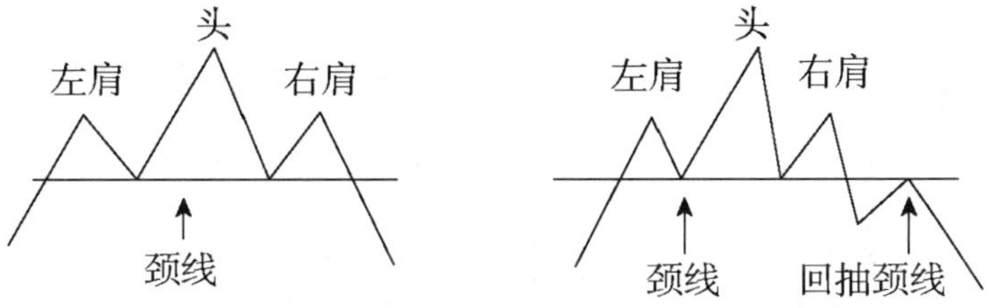

图6–1　头肩顶形态

头肩顶是一种转势技术图形，出现之后常常意味着牛市结束，但也经常出现在中期上涨趋势的顶部。

1. 头肩顶的技术特征

（1）出现在一个强势的上涨趋势中，上涨幅度和成交量都很大。

（2）上涨末期股价三次冲高回落，形成三个明显的高峰。其中左右两个高峰的高点基本处于同一水平位置上，称为左肩和右肩；中间的高峰则明显高于左肩和右肩，称为头部。

（3）左肩和头部回落止跌的低点基本相同，将两个低点用直线相连，即为头肩顶的颈线。股价或指数最后一次回落若有效跌破颈线，则头肩顶成立。公认的有效跌破的标准是指收盘价跌破颈线的幅度超过3%以上。

（4）成交量在每一次上升时增加，下跌时减少。但从左肩到头部到右肩，整体上呈梯级依次减少。

2. 头肩顶的技术含义

股价或指数有效跌破头肩顶颈线之后，趋势将由上升转为下跌，是卖出信号。

如图6–2所示，航天机电（600151）经过连续涨停之后，股价进行整理，走出不标准的扩散三角形。扩散三角形一般认为是市场失去理性的结果，所以大部分情况下，扩散三角形选择向下突破。但因为大众十分看好该股，所以股价以跳空涨停板的方式向上突破了扩散三角形，成交量也随之放大。

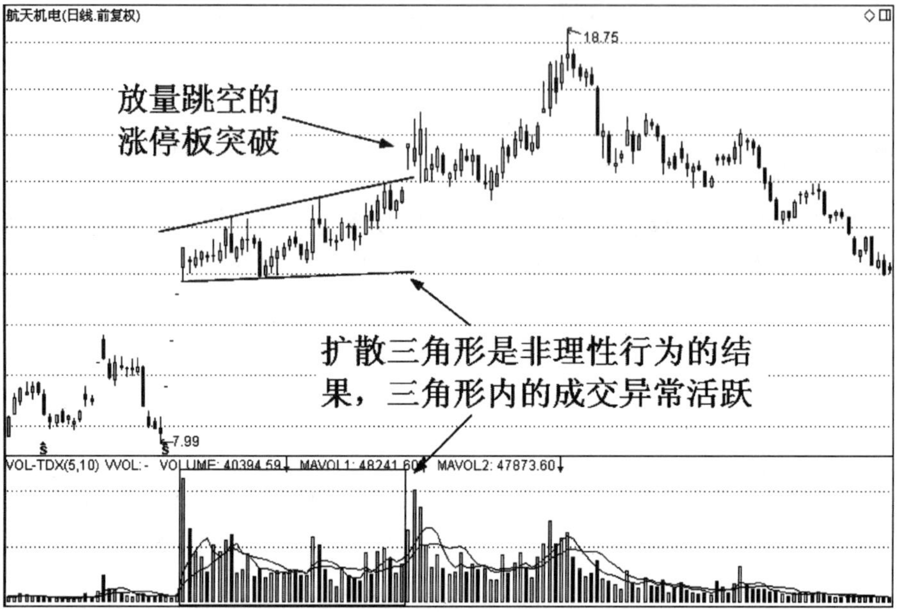

图6–2　非理性的扩散三角形

这时市场参与交易的情绪依旧高涨，不断有买盘进入，成交量继续放大。但是由于股价持续上涨，此前很长一段时间内买进的交易者全都获利，于是获利盘以比买盘更汹涌的势头倾泻，令股价出现短期回落，形成左肩。见图6–3中标明的左肩处。

第一次的回落调整给了那些错过左肩升势的交易者一个买入的机会。回落整理期间，成交量虽然较左肩上升时有显著的减少，但是依然维持了较高的换手率，市场成交活跃。

接下来，买盘持续进入，成交量也随之增加，推动股价再度强力上升，超越左肩的高点。这时从表面上看，市场氛围非常健康乐观。但是此时的成交量和左肩成交量最高点相比较，明显已大不如前，反映出买方力量正在减弱，股价也在超过左肩高点之后再一次回落，形成头部。见图6–3中标明的头部。回落期间的成交量继续减少。

有时缩量创新高是抛压很轻或主力控盘能力很强的表现。图中头部区域的位置也的确是该股历史高点，所以不能排除主力控盘能力很强这种可能性。但即使是主力控盘，进出场的标准也只能是K线和趋势给出的信号，而非主力进场或控盘的痕迹。总之，价涨量缩的背离状态，无论是哪一种原因，对交易者而言，都要保持足够的警觉。

股价继续回落，已经低于左肩的高点，这表明已经有交易者对后市走势产生动摇，不愿意继续买进。那些错过了头部高点获利回吐的交易者，以及在上次回落低点买进的短线交易者于是纷纷卖出股票。上述各原因的综合作用，导致股价低于左肩的高点。这是一个不明显的看淡信号，因为左肩高点是支撑，跌破支撑意味着后市向淡。

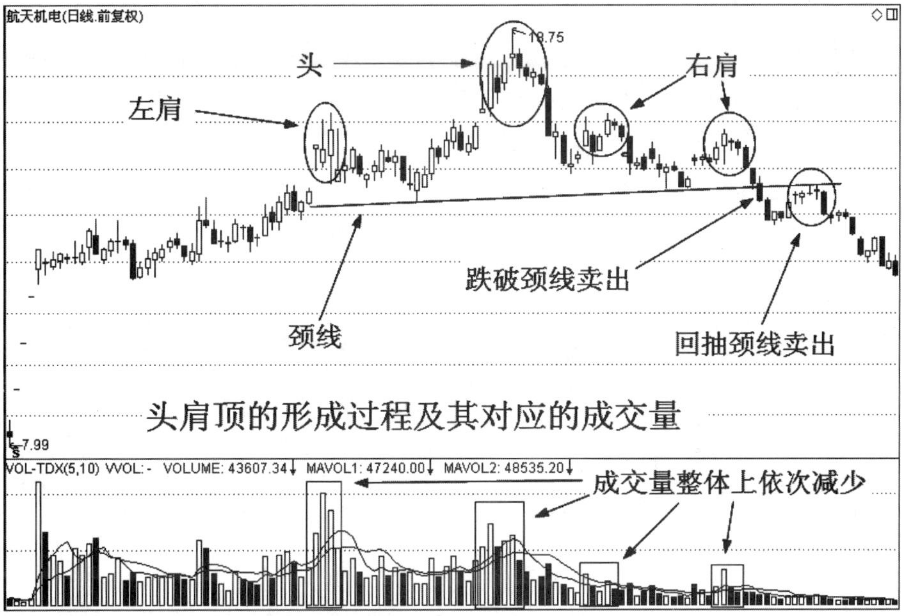

图6-3　头肩顶的形成过程及其对应的成交量

下一个支撑在左肩回落后的低点。股价下跌到接近这个区域时，获得支撑回升。这是因为一些行事犹豫以及后知后觉的交易者，获得了买入机会并进场买入。但是市场的看法由分歧逐渐趋于一致，成交量较左肩和头部相比显著下降，预示着看好后市的资金越来越少。之前形成扩散三角形和左肩时的狂热，仿佛暑去秋来，全然褪尽。更多的资金开始在场外作壁上观，股价已经无力超越头部高点中途折返，于是形成右肩。见图6–3中标明的右肩。

通常一个完整的头肩顶至此已经完成，但该股的走势比较独特。形成右肩之后，股价又反弹了一次，形成第二个右肩。见图6–3中标明的右肩。这一次股价上涨的力度更弱，甚至没有超越第一个右肩的高点，上升时成交量和第一个右肩一样，与左肩和头部相比显著萎缩，市场疲弱之态尽显。

这个时候，交易者用尺子和画笔连接左肩、右肩和头部之间的低点，画一条直线，这条直线就是头肩顶的颈线。见图6–3和图6–4中标明的颈线。

画完颈线后，交易者所应当做的只是静静地等候，就像一个猎手做好了套索，只管等待猎物陷于其中。交易者的猎物就是股价，而套索是颈线。猎物不一定会碰套索。不碰，交易者可以不必理会，该做什么就去做什么。一旦猎物钻进了套索，即股价向下有效跌穿颈线，放空股票的机会几乎是确定无疑地来临了。衡量是否有效跌穿的标准，以收盘价计算，跌破颈线的幅度要超过3%以上。

跌穿颈线是确定无疑的卖出信号。即使是一个中期趋势的逆转，后市也将会有一段跌幅，并且头肩顶失败的情形，即跌破颈线后马上重回颈线之上的情况非常少见。

股价跌穿颈线后，一般有两种走势比较常见：一种是跌穿之后直接下行，不再回头；另一种是跌穿之后，再回抽一下颈线。

从图6-4中可以看出，该股跌破颈线之后，有一个非常明显的回抽。回抽颈线是另一个技术上的绝佳卖出机会。

图6-4 股价跌破颈线以及回抽颈线不上都是卖出点

是否有回抽，目前尚无确定、可靠的技术分析方法能够予以准确预测。不过，如果市场（指大盘）或个股所在板块的走势良好，只是个股向下突破颈线完成头肩顶的走势，那么回抽的可能性就大一些。

头肩顶不仅是非常重要和可靠的转势技术图形，也是一个比较准确的衡量模式图形。头肩顶可以预测形态完成后，股价或指数首次可能下跌的幅度。为什么说首次呢？因为此后的走势并不一定主要受头肩顶走势的影响，很可能会有其他因素取代头肩顶成为下跌的主导力量。

广为技术分析人士认可的衡量定则是：当颈线跌破后，交易者可以从头部的最高点画一条垂直线到颈线，然后从完成右肩突破颈线的那一点开始，向下量出同样的长度，该价格就是日后股价下跌的最小幅度。如图6-5所示。

关于衡量定则，还有一条很重要的原则或者前提：如果头肩顶所转的趋势，自起涨点至颈线位置的幅度小于从头肩顶头部最高点至颈线的垂直幅度，那么头肩顶颈线突破后可能会到达的价格，就是从完成右肩突破颈线的那一点开始，向下量出趋势起

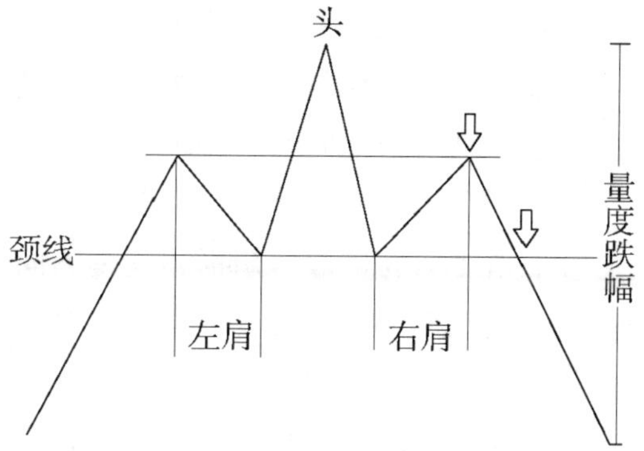

图6-5　头肩顶的量度跌幅

涨点至颈线位置的幅度。

也就是说，形成头肩顶之前的趋势上涨幅度，和头肩顶头部最高点至颈线的垂直幅度，这两个幅度哪一个小，就用哪一个作为量度标准。这其中主要的原因在于，头肩顶是转势技术图形，转势力度在一定程度上取决于所转趋势的强弱。

头肩顶有着比较强烈的转势作用，通常股价或指数跌破颈线后下跌的幅度，都会超过量度跌幅。但是上面所分析的航天机电走出头肩顶后，并没有达到理论跌幅。原因并非是头肩顶之前的趋势涨幅过小，而是在走出扩散三角形形态时有主力介入。

如图6-6所示，图中方框内的K线价格对应的成交量与之前的相比较，大到不可同日而语的程度。如此突放巨量，价格不跌，不能仅仅用主力出货来解释。所有股票走势，不论是否有主力控盘，价格走势都是趋势作用下多空博弈的结果。趋势技术分析就是依据博弈结果推测原因，预知未来。

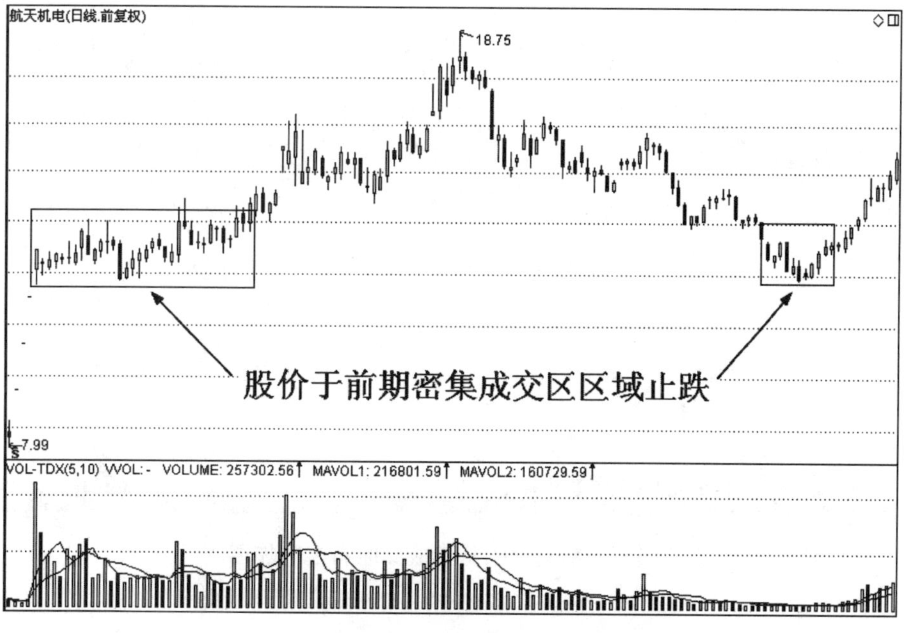

图6-6　前低处的密集成交区有支撑作用

前面已经讲解过，图6–6中方框内的价格走势是扩散三角形。扩散三角形一般是市场失去理性的结果，经常出现在趋势的顶部。失去理性的交易者不断地冲进场内购买股票，将股价一次又一次推过前高。与此同时，主力也利用公众交易者的热情大肆抛售股票，令股价低点一次比一次低。

但是该股的扩散三角形不是对称的扩散三角形，而是略向上倾斜的扩散三角形，是一个左右倒转的下降楔形。三角形整理形态内的高点的确一个高于一个，但是低点也是一个高于一个，而不是通常的低点一个低于一个。见前图6–2。

这说明扩散三角形形态内的非理性高成交量，不一定是公众交易者所为，很有可能是主力反复振荡吸筹所致。如果是主力利用利好调动市场热情乘机出货，公众交易者很难将股价托起，维持一浪高于一浪的走势。所以扩散三角形内的高成交量很可能是主力入场的结果。

这样后面的走势就好解释了。股价跌破头肩顶后继续下跌，在到达理论跌幅之前，先到达了扩散三角形密集成交的区域。由于该区域主力持有大量的筹码，所以股价跌至此处时供给减少，抛压减轻。主力在头肩顶形态内也会抛掉很多仓位，此时也开始重新进场买入，一则摊低成本，二则维持股价，以防跌破成本，所以股价在前期扩散三角形放量处止跌回升。

该股后期走势如图6–7所示，股价升至头肩顶的两个肩部的价格区域，遇到强大阻力回落。

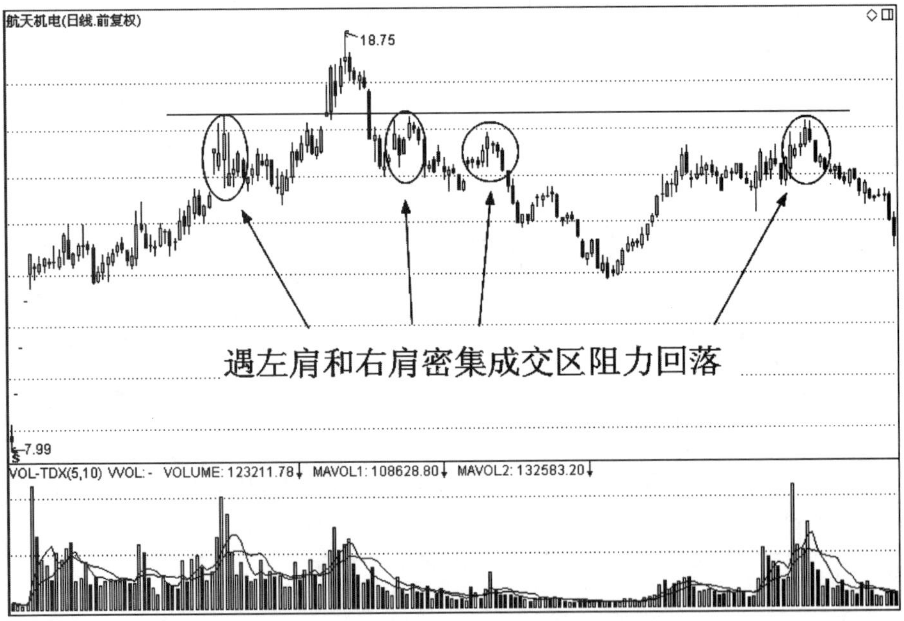

图6–7　前高处的密集成交区有阻力作用

头肩顶的左肩和右肩显示了股价走势的一种对称性，是技术分析三大假设中第三大假设“历史会重演”的体现之一。

头肩顶完美诠释了道氏理论关于牛市和熊市的定义（该定义也适用于中期趋势和短期趋势），以及趋势逆转的过程。形成头部之前，股价走势是后顶高于前顶，后底高于前底；形成头部之后，股价走势是后顶低于前顶，但是还没有出现后底低于前低。当头肩顶的颈线被跌穿时，后低低于前低的走势出现，确定趋势已经发生逆转。

现在来看转势前后股价的走势过程：后高高于前高，后低高于前低，这是牛市阶段；然后是后高低于前高，后低尚未低于前低，这是头肩顶的形成阶段；最后是后高低于前高，后低低于前低，这是头肩顶的完成（确认）阶段。这恰好是牛市转熊市过程的完美体现。

头肩顶的成交量也并非总是从左肩到头部到右肩依次减少的。成交量的变化不是判断头肩顶是否成立的必需依据，形态以及是否有效跌破颈线才是最关键之处。

图6-8是华电国际（600027）的周线图。图中头肩顶形态对应的成交量不是左肩最大，而是头部最大。

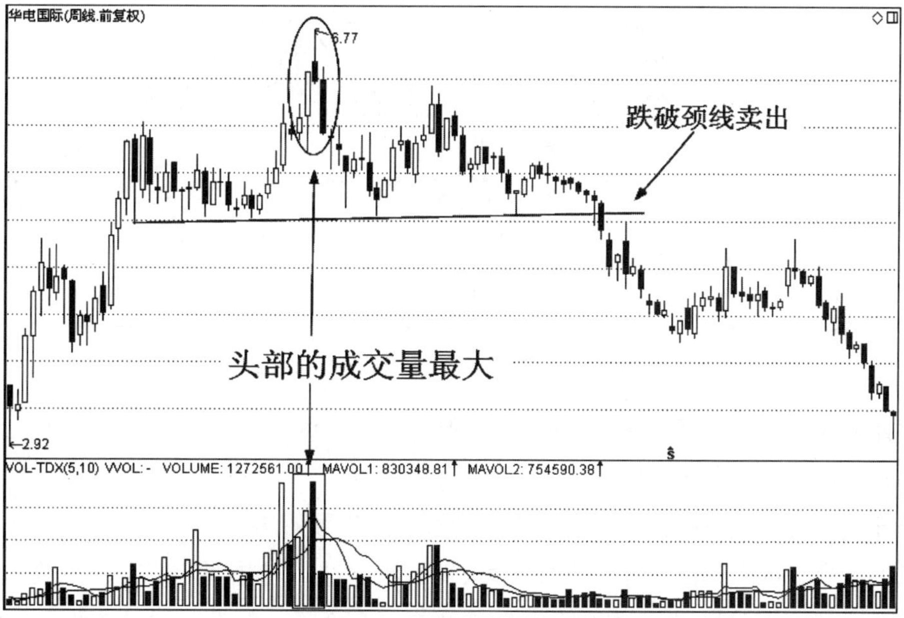

图6-8　头部成交量大于左肩

如果翻看该股的历史走势，也许可以找到其中的原因。

一切事物都不是孤立的，而是相互联系的。价格走势和成交量之间的关系如此，任何有特定意义的技术图形也是如此。技术分析的重点，无非是针对交易和交易行为，研究其过去，判断其现在，预测其未来。一切结果皆有成因，历史走势会清清楚楚、明明白白地告诉我们未来的发展趋势。

这里所说的预测未来，是指技术分析本身的确可以对未来走势做出相对准确的预测。但并不是说趋势交易者就要以预测作为进出场的依据。趋势交易者，尤其是右侧交易者，是以跟随和顺势作为交易的原则，所有进出场的行为都是依据当下的判断做出的。

如图6–9所示，从图上可以看出，该股头肩顶的头部区域恰好处在以下几个重要的位置：中期趋势线下，120日均线下，前面三个高点和低点区域。如此多的压力，自然难以轻易突破，所以多方主力才会竭尽全力，希望一举攻克。但事与愿违，多方主力终难抵挡获利盘和解套盘的重重压力，在股价收出一根带长上影线的阴锤头线（射击之星）后，铩羽而归。

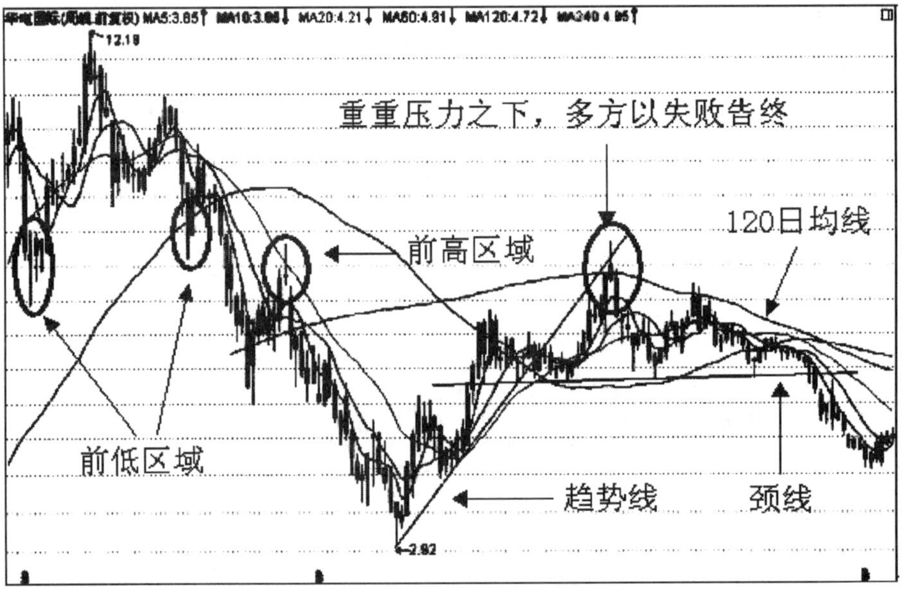

图6–9　头肩顶头部区域的重重压力

此处汇集了好几个重要的离场信号，所以交易者可以不必等到头肩顶形态完成，在头部收出射击之星后卖出股票。

上升趋势线被跌破后，经常会成为后期股价或指数的阻力。

从以上分析可以看出，综合支撑压力、均线、K线、趋势线和成交量等技术分析手段，完全可以比股价跌破头肩顶的颈线时更早一点离场。如果股价已经跌破颈线，交易者仍不离场，那就只能说离成功的趋势交易技术还有很长的一段路要走。

总之，左肩的成交量大于头部属于量价关系发生背离，需要引起警惕；头部的成交量大于左肩，是市场上演最后的疯狂，需要交易者高度警惕。

结论：左肩的成交量大还是头部的成交量大，不是判断头肩顶成立与否的关键。所有的趋势技术分析工具确定和判断趋势，价格永远比成交量重要。成交量只是辅助工具，在特定的位置有着特定的含义。成交量在大部分时间里只是传达价格走势是否健康的信息。

有一些头肩顶，虽然不一定是复合头肩顶，但是分辨起来也不是那么容易的。

图6-10是宏图高科（600122）的日线图，图中头肩顶的左肩和右肩走势似乎非常复杂，准确而又快速地将其分清，不那么容易。这需要交易者平时多看盘，多翻K线走势图，才能逐渐积累经验。

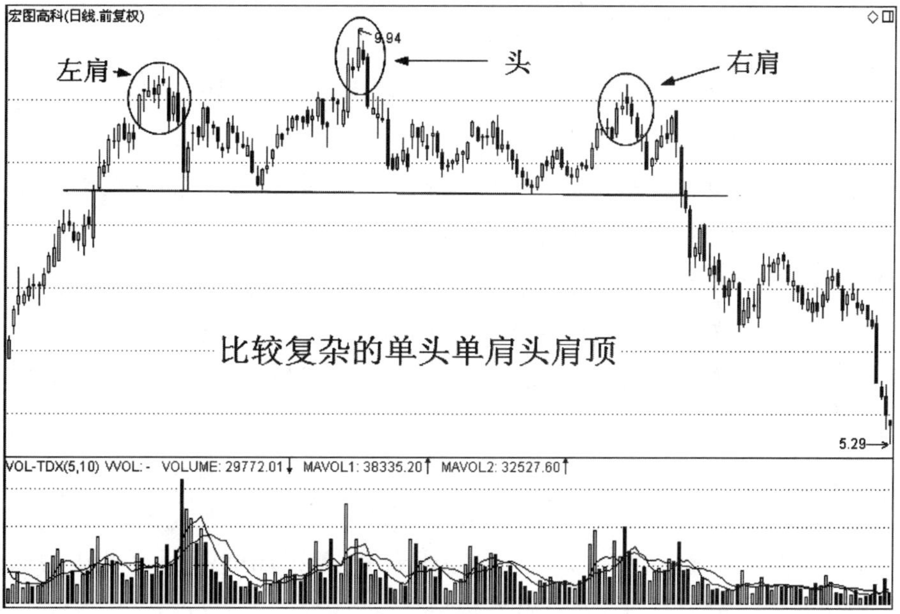

图6-10　较复杂的头肩顶

先看左肩。从图上看，有一高一低两个高峰，是两个左肩吗？本书观点倾向于一个左肩。较低的那个高峰可以视作左肩回调时所走的一个B浪反弹。根据波浪理论，多头市场中，推动浪是上升的，走5浪形态；调整浪是下降的，走3浪形态，分别是A浪下跌，B浪反弹，C浪下跌。

再看右肩。紧靠头部的两个高峰不是右肩或右肩的组成部分，将其视为头部回落时的B浪反弹好像更合适一些，只不过这一次的B浪反弹走了一个复杂的形态。

大多数情况下，头肩顶并不难分辨。只要把握住两个原则，基本上就差不多了。一个是对称性原则，另一个是颈线水平或接近水平。过于复杂难辨，和标准图形相距甚远的头肩顶，将会失去头肩顶的技术含义和参考价值。

3. 特别提示

（1）技术形态方面。

①头肩顶大多是一个长期趋势的转势形态，通常出现在牛市的尽头。

②头肩顶的右肩低于头部，表明股价或指数的高点不再高于前高，预示熊市即将来临。

③股价或指数跌破头肩顶的颈线时，表明低点已低于前低，确认了熊市来临。

④头肩顶的完成以有效突破颈线为准，这也是交易者卖出做空的离场标准。

其实，无论头肩顶出现在长期趋势的顶部，还是中期趋势的顶部，跌破颈线都是对趋势逆转的确认。趋势具有惯性，被确认的趋势一般还会沿着惯性方向继续运行，所以跌破颈线是一个真正的卖出信号。虽然这时和最高点比较，股价已回落了相当的幅度，但跌势只是刚刚开始，未出货的交易者应当继续卖出。

借助其他技术分析手段，有时可以比头肩顶确认的离场信号更早。对于技术分析交易者而言，任何提示卖出的端倪都必须引起足够的重视和警惕。

（2）成交量方面。

①头肩顶的成交量一般左肩最大，头部次之，右肩最少。不过，头肩顶左肩成交量等于或小于头部，不影响头肩顶的成立。

②确认跌破颈线有效与否，仅以价格为准，与成交量是否放大无关。但如果跌破颈线时成交量激增，则表明市场抛售力量十分强大，股价有可能加速下跌。

③较低成交量跌破颈线，出现回抽的可能性要略大于较高成交量跌破颈线的情形。

二、头肩底

头肩底是指股价或指数大幅下跌后，形成三个明显的中间略低于两边的低谷。三个低谷从左往右依次称为左肩、头部和右肩。

成交量方面，头肩底要比头肩顶复杂一些，特别是从右肩向上反弹突破颈线时。和头肩顶不同的是，突破颈线通常需要显著放大的成交量予以确认，否则就要对头肩底形态的有效性打个问号，因为后市很可能走出一个失败的头肩底走势。如图6–11所示。

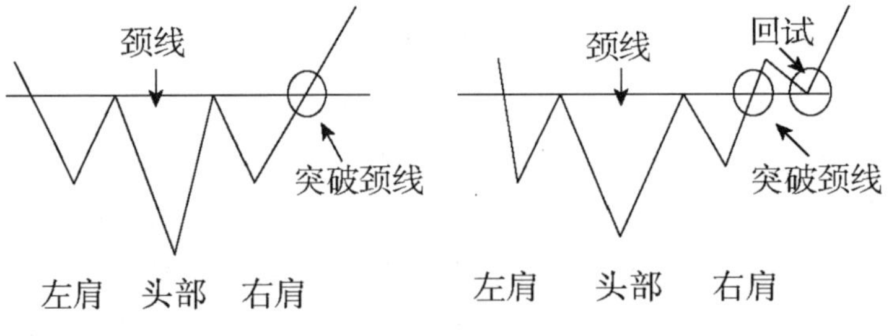

图6–11　头肩底形态

1. 头肩底的技术特征

（1）出现在一个比较凌厉的下跌趋势中，前期跌幅很深。

（2）下跌末期，股价三次探底，形成三个低谷。其中左右两个低谷的低点基本处于同一水平位置上，称为左肩和右肩；中间的低谷明显低于左肩和右肩，称为头部。

（3）左肩和头部冲高反弹的高点基本相同，将两个高点用直线相连，即为颈线。最后一次上升若有效突破颈线，则头肩底成立。有效突破的标准，是指收盘价突破颈线的幅度超过3%以上。

（4）通常情况下，成交量在头肩底形成过程中变化不大，基本上呈极度萎缩状态。但向上突破颈线时，成交量须显著放大，否则突破的有效性就值得怀疑。

头肩底和头肩顶的形状完全一样，不同之处仅在于方向相反。头肩底是头肩顶形态的倒转，所以又称倒转头肩式。头肩顶和头肩底的对称性，是技术分析三大假设中，第三大假设“历史会重演”的又一种体现。

和头肩顶一样，头肩底也完美诠释了道氏理论关于牛市和熊市的定义，以及趋势逆转的过程。头肩底在头部形成之前，股价走势是后高低于前高，后低低于前低；头部形成之后，是后低高于前低，之后股价放量突破颈线，宣告后高也高于前高，由此确定了长期趋势由熊转牛。

下面来看转势前后股价走势的整个过程：后高低于前高，后低低于前低，这是熊市阶段；然后是后低高于前低，后高尚未高于前高，这是头肩底的形成阶段；最后是后低高于前低，后高高于前高，这是头肩顶的完成（确认）阶段。这种走势完美地体现了一轮熊市转牛市的过程。

头肩底的成交量变化不是很规则，但有相当数量的头肩底遵循以下模式：股价持续下跌，成交量也跟着相对增加，出现一次成交量较小的反弹，形成左肩；然后股价再次下跌且跌破上次的最低点，成交量再次随着下跌而增加，比左肩反弹阶段时的成交量稍多，形成头部；从头部最低点回升时，成交量有时有可能增加，显示市场微露回暖迹象。当股价回升到左肩的反弹高点时，出现第三次回落，成交量继续萎缩，明显少于左肩和头部。股价在和左肩差不多价格水平区域止住，形成右肩。最后，股价从右肩再次上升，成交量跟随价格增加。当遇到颈线阻力时，更是以显著放量的方式一举突破，确认头肩底形态完成。

2. 头肩底的技术含义

股价向上突破颈线后，趋势将由下跌转为上升，是买入信号。

头肩底向上有效突破是趋势技术交易者的进场点。

如图6–12所示，金龙汽车（600686）形成头肩底时，成交量明显萎缩。向上突破颈线时，则是带量冲过。交易者可于放量有效突破后进场买入。

如图6–13所示，华远地产（600743）放量突破颈线后，确定了头肩底形态完成，买入。接着股价又有一个回试动作，给了交易者第二次技术上的绝佳买入机会。

如图6–14所示，英特集团（000411）头肩底的颈线略向上倾斜，转势的信号更加强烈。因为头肩底本身已经是后高高于前高，后低高于前低了。其中右肩向上涨升时，成交量稳步放大，K线排列有序，大小均匀，全是阳线，整个形状呈一条向上的直线。很明显，这是主力操控股价的结果。

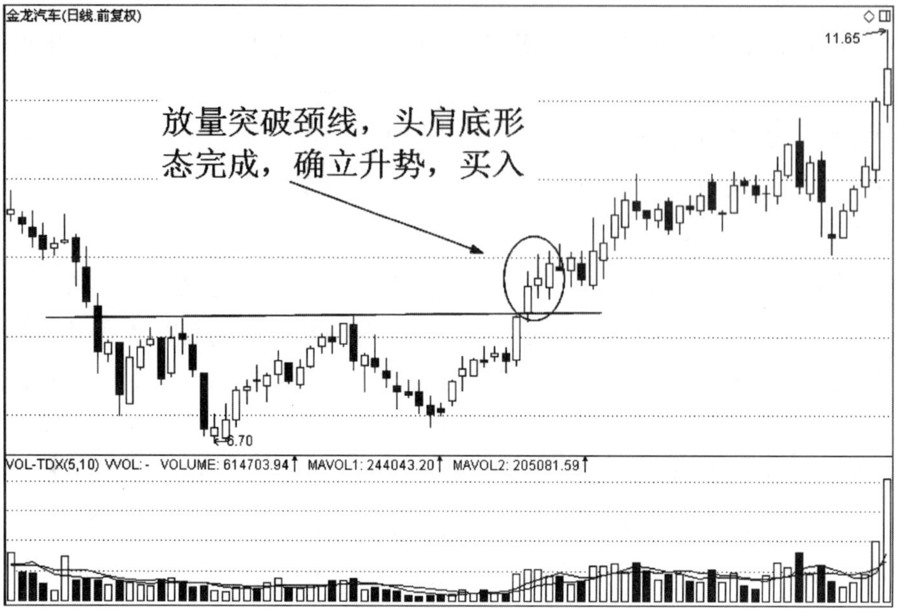

图6-12　头肩底的转势作用和进场标准

突破颈线之后的剧烈振荡，是主力强力洗盘的表现。如果交易者掌握了头肩底技术图形的奥妙，就不会被主力半途赶下车，甚至还可以在股价回试颈线不破时加仓，

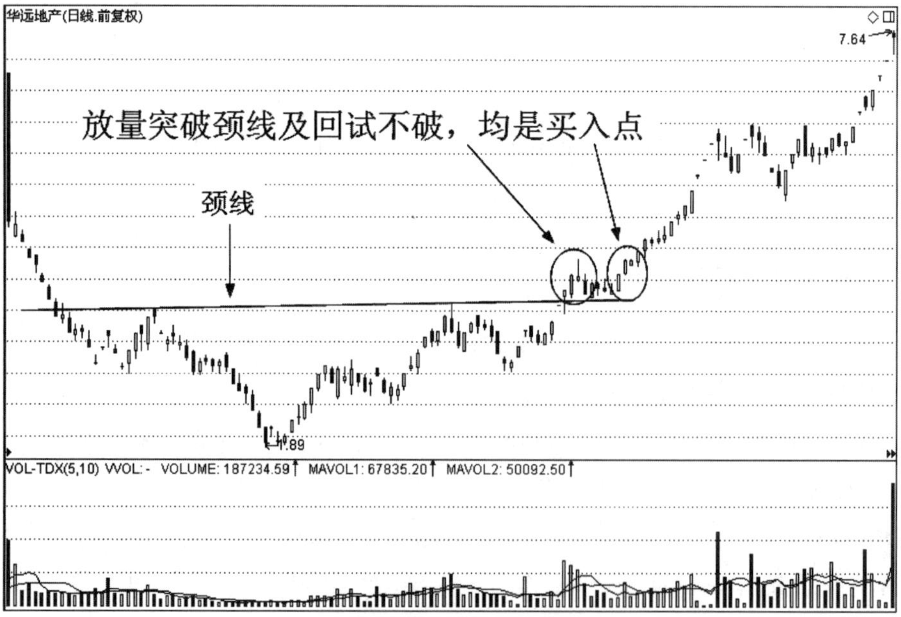

图6-13　突破颈线及突破后回试不破，都是买入点

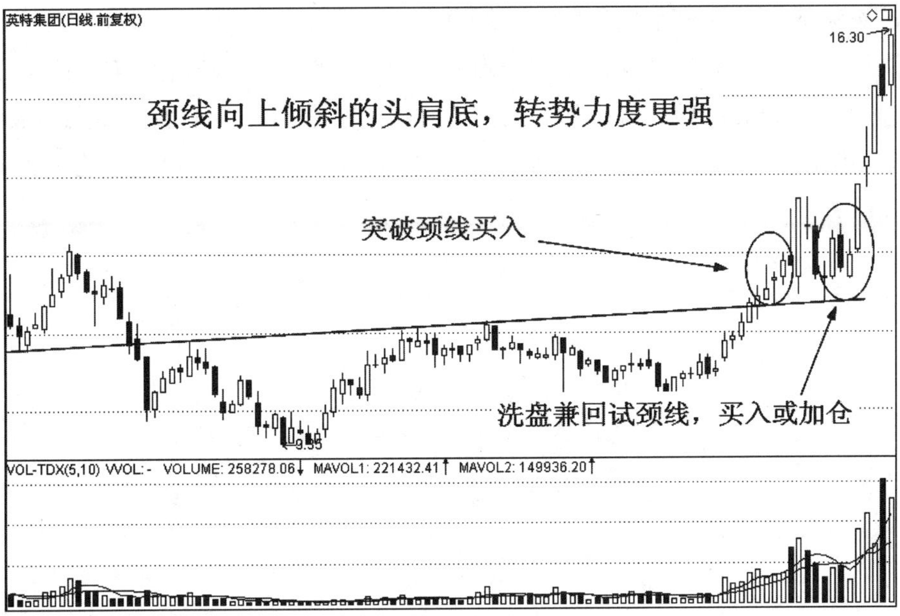

图6-14　颈线向上倾斜的头肩底

享受主力拉升的喜悦。

如图6-15所示，包钢股份（600010）头肩底的颈线略向下倾斜，和上图英特集团一样，突破颈线后，有一个回试动作。

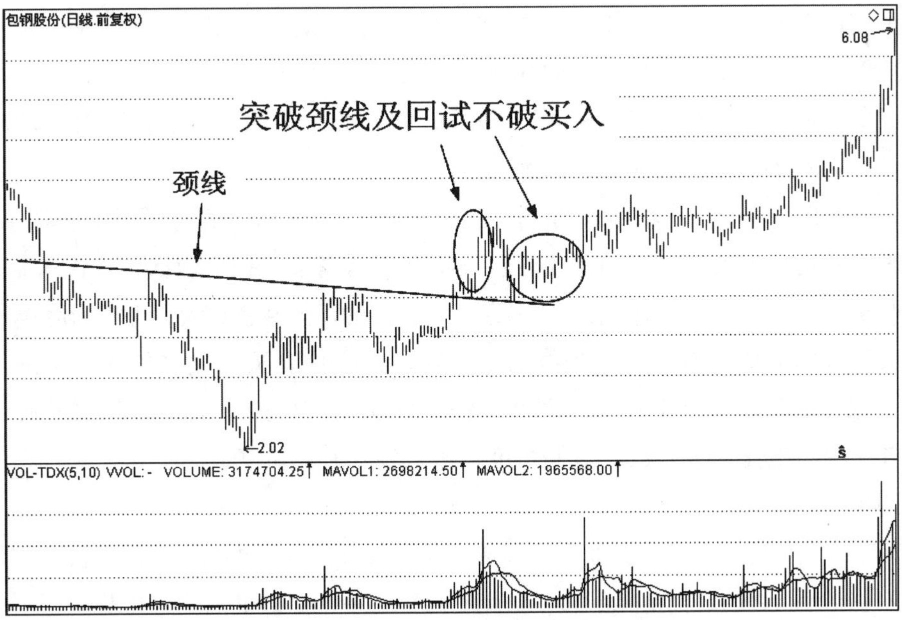

图6-15　颈线向下倾斜的头肩底

颈线向下倾斜的头肩底，一般转势力度弱于颈线水平和向上倾斜的头肩底。但该股向上突破颈线后，股价继续快速拉升，远离颈线，完成了后高高于前高的过程，转熊为牛的态势依然完美，所以后市的走势很强。

和头肩顶一样，头肩底也是比较准确的衡量技术图形。头肩底突破颈线后，理论上的价格可以达到的位置，就是从右肩突破颈线的那一点，向上加上和头部最低点至颈线垂直距离相同的高度。通常头肩底形态完成后，实际的升幅大多会超过理论升幅。如图6–16所示。

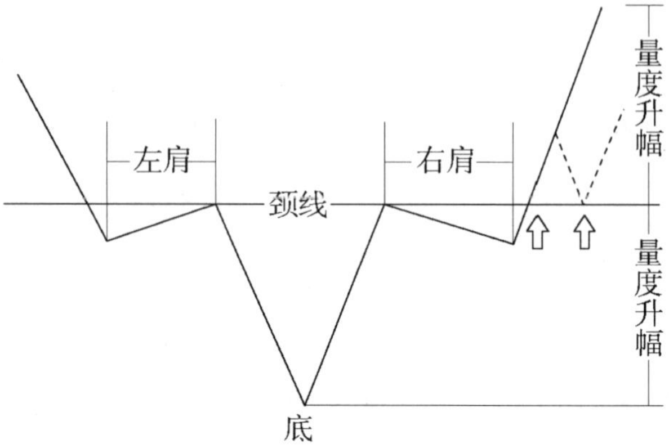

图6–16　头肩底的量度升幅

3. 特别提示

（1）技术形态方面。

①头肩底和头肩顶的形状相同，方向相反，技术含义也相同，大多是一个长期趋势的转势形态，只是所转趋势的方向相反。

②股价突破头肩底的颈线时是买入信号，虽然股价相比最低点已上升一段幅度，但上涨已是大概率事件，交易者可以大胆入场。

③头肩底的右肩高于头部，表明股价或指数的低点不再低于前低，预示牛市即将来临。

④股价或指数突破头肩底的颈线时，表明高点已高于前高，确认了牛市来临。

⑤形成头肩底的时间越长，后市突破颈线后上涨的可能性就越大，上涨力度也越强。

⑥头肩底的完成以有效突破颈线为准，这也是交易者买入做多的入场标准。突破颈线后，有的股价可能会下跌回试颈线，第二次确认突破的有效性。回试不破颈线，是交易者第二次绝佳的买入点。但如再度跌破颈线，则须离场。

（2）成交量方面。

头肩底的成交量比头肩顶更加复杂多变，几乎没有什么规律性。但是股价突破颈线阻力时，必须要有放大的成交量相配合，否则有可能是一个失败的头肩底走势。这一点和头肩顶不同，交易者应当牢记。但是突破颈线是否有效，最关键的判断标准还是价格。

三、复合头肩模式

复合头肩模式包括复合头肩顶和复合头肩底两种技术图形，主要是指多头多肩的头肩顶和头肩底。比如双头、双左肩、双右肩的头肩顶。如图6-17所示。

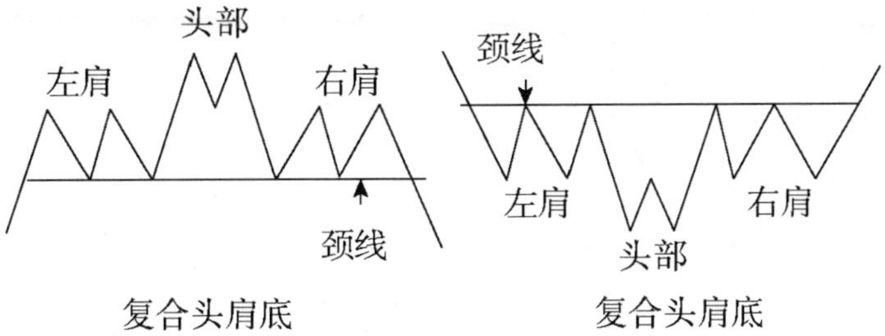

图6-17　复合头肩模式

复合头肩模式大致分为以下几类。

（1）一头双肩模式。又分为一头左右各双肩的复合头肩模式和一头一边单肩另一边双肩的复合头肩模式。

（2）一头多肩模式。又分为一头左右各多肩的复合头肩模式和一头一边单肩另一边多肩的复合头肩模式。

（3）多头单肩模式。又分为双头单肩的复合头肩模式和多头单肩的复合头肩模式。

（4）多头多肩模式。又分为多头左右各多肩的复合头肩模式和多头一边单肩另一边多肩的复合头肩模式。

1. 复合头肩模式的技术特征

复合头肩模式是头肩模式（头肩顶或头肩底）的复杂走势，其形状和头肩模式十分相似，只是更复杂一些。如果将多头和多肩看做一个整体，复合头肩模式和普通头肩模式基本上完全一样。

2. 复合头肩模式的技术含义

复合头肩模式的技术含义和普通头肩模式一样，都是转势技术图形。出现在底部，表明下降趋势结束，上升趋势来临；出现在顶部，表明上升趋势结束，下跌趋势来临。

和普通头肩模式一样，所转的趋势可以是长期趋势，也可以是中期趋势。但由于走势复杂，形成该技术图形需要的时间周期更长，因此所转的趋势大多是长期趋势。

图6-18是亚泰集团（600881）的日线图。该股走出一个时间周期很长的大型复合头肩顶。该复合形态共有两个左肩，三个头部，一个右肩。股价跌破颈线后，复合头肩顶形态完成，趋势反转已经确认，交易者应当做空。就股票交易而言，跌破颈线是交易者最后一次技术上的正确止损位和离场点。

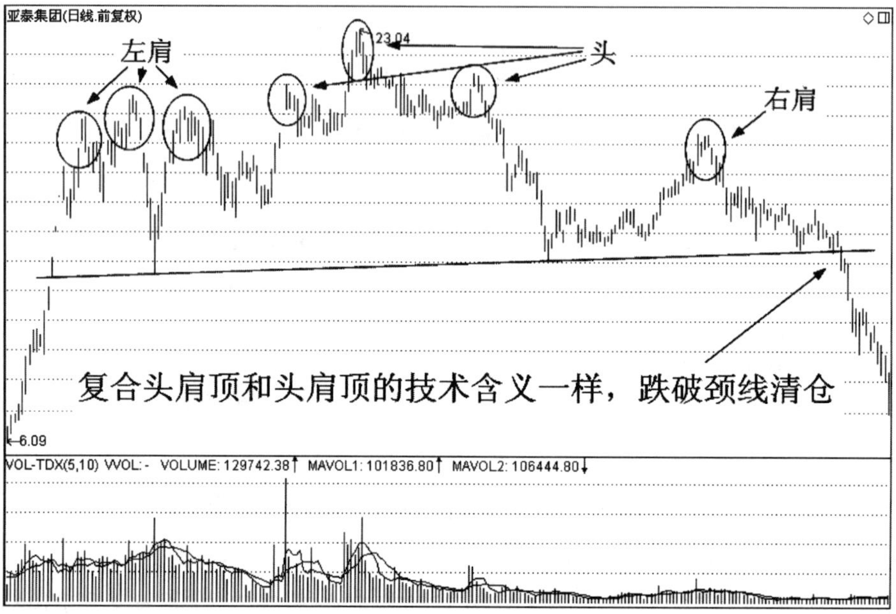

图6-18　复合头肩顶的技术含义和头肩顶相同

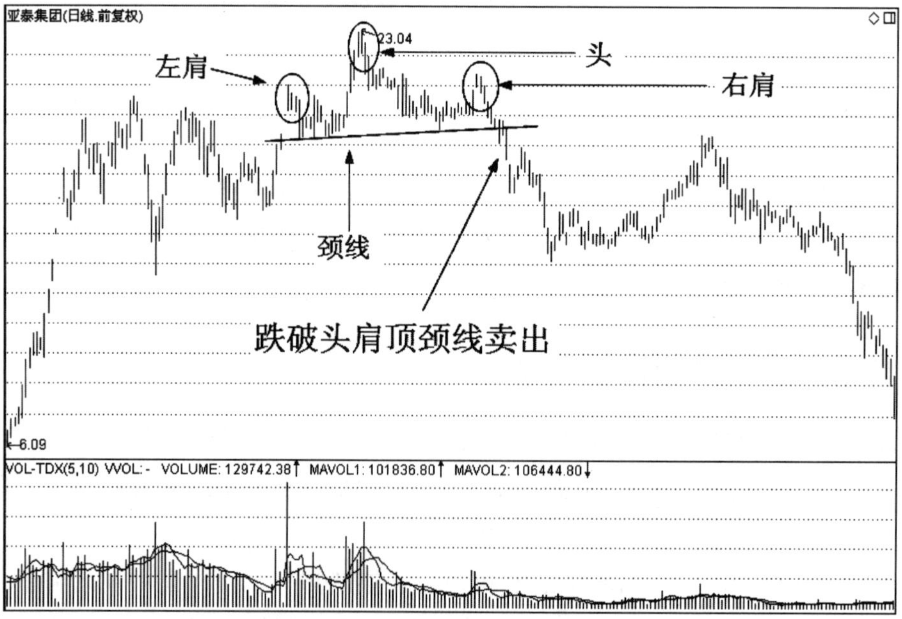

图6-19　包含头肩顶的复合头肩顶

有趣的是，该股复合头肩顶的头部本身就是一个头肩顶。如图6-19所示。交易者可以不必等到复合头肩顶形态完成，在头肩顶形态完成时离场观望。因为头肩模式所逆转的趋势至少是一个中期趋势，在头肩顶形态完成时离场，十有八九都是正确的。

该股复合头肩顶的左肩是菱形，如图6-20所示。菱形虽然是整理技术图形，但大多数菱形都是看空的。该股菱形向上突破的原因，也许是因为当时大盘还在强势向上。大盘是2007年10月16日见顶，该股菱形整理期是2007年5月至7月。

图6-20 左肩是菱形的复合头肩顶

虽然此处的菱形选择了向上突破，但菱形总归是市场不理性的结果，所以在该股大型复合头肩顶左肩形成之时，已经向专业的技术分析人士发出警告：交易者的情绪达到了狂热阶段，是该谨慎的时候了。

图6-21是图6-20亚泰集团的周线图。从周线图上看，技术图形依然是一个复合头肩顶，但是只剩下两个左肩。头部的头肩顶形态已不如日线图明显。如果把两个左肩看做一个整体，把三个头部也看做一个整体，成交量的变化虽然不是那么明显，但也是渐次减少。

图6-22是哈飞股份（600038）的日线图。图中是左右各有三个肩的单头复合头肩顶。遇到这种走势图形，离场标准不变，依然是股价有效跌破颈线时卖出。

3. 特别提示

（1）技术形态方面。

①复合头肩模式是一种衡量技术图形，其最少上升或下跌幅度的测量方法和普通

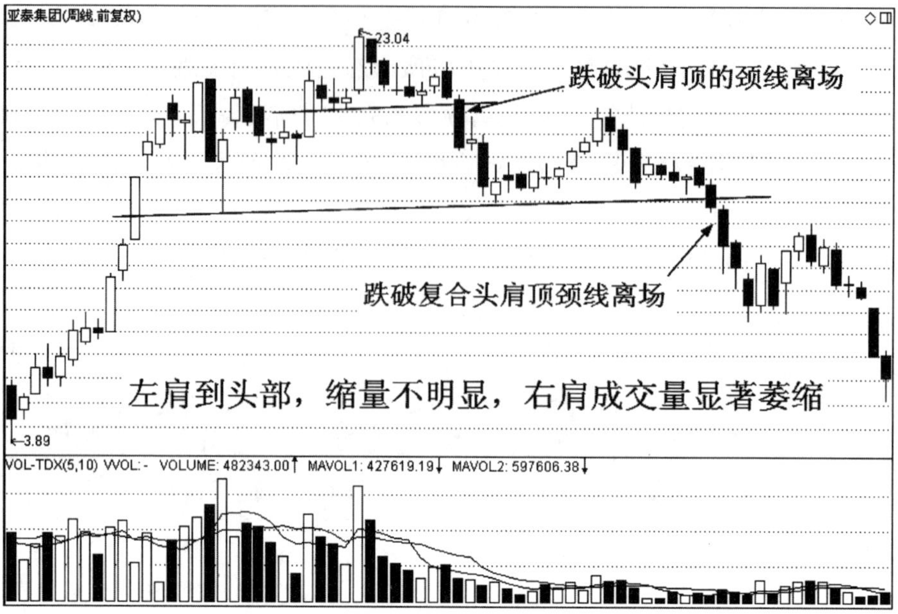

图6-21　复合头肩顶

头肩模式的方法一样。但是当复合头肩模式出现在中期性趋势的顶部或底部时，复合头肩模式一般在达到或接近最少升幅或跌幅后，股价会就此止住。而普通头肩模式在达到最少升幅或跌幅后是否会止住，取决于股价当时的形态。但大多数普通头肩模式往往会超过其最少升跌幅度。

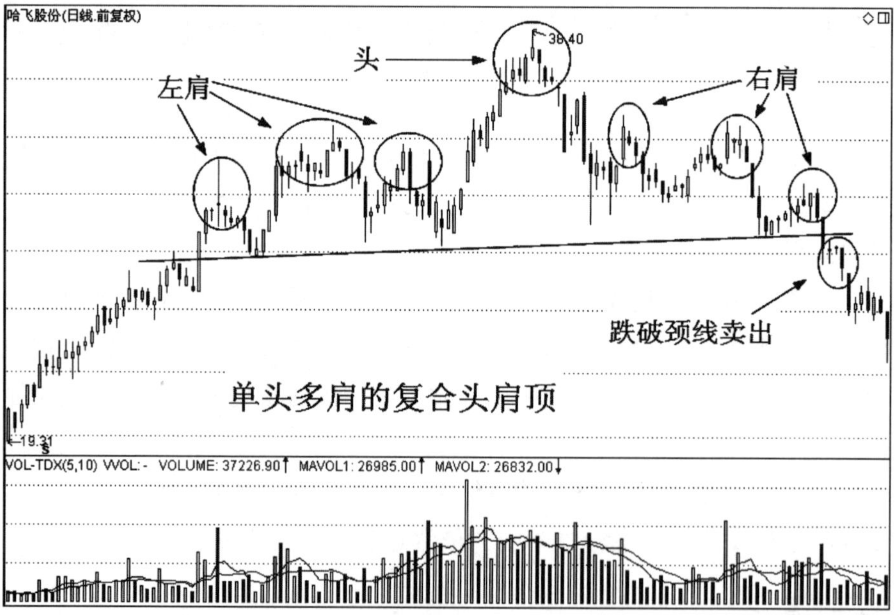

图6-22　单头多肩的复合头肩顶

这其中最主要的原因是：复合头肩模式完成形态需要的时间一般比普通头肩模式更长。当其形态完成后，其本身也就差不多是一个中期趋势运行的时间周期。如图6-23所示。

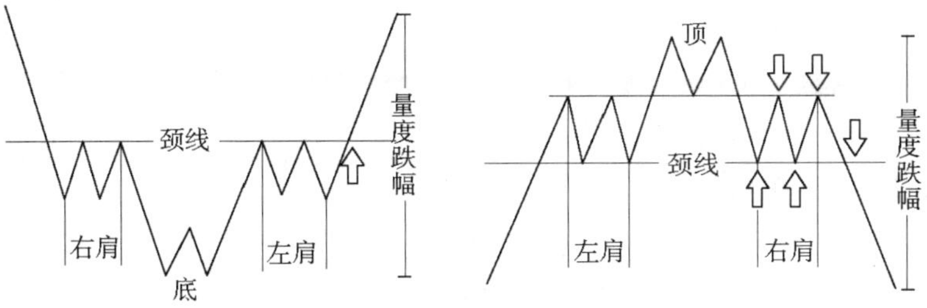

图6-23　复合头肩模式的量度涨跌幅

②准确画出复合头肩模式的颈线不是一件很容易的事情，尤其是多肩的复合头肩模式。因为每一个肩部回落或反弹的位置，很少全都处在同一条线上。交易者可以用最明显的两个回落低点或反弹高点画出颈线，或者以回落或反弹价格接触次数最多的连线作为颈线。

无论使用那一种方法，有一个问题需要特别注意，就是画出来的颈线应当是尽可能地接近水平。如果可以同时画出两条或更多的颈线，最接近水平的那一条通常是最准确的。

③复合头肩模式的完成和交易者买入或者卖出的进出场标准，都是以有效突破颈线为准。颈线突破后，有时股价可能回试或回抽颈线。回试或回抽颈线时，是交易者第二次的买入或卖出点。

（2）成交量方面。

①复合头肩顶跌破颈线时，不需要成交量的配合，放大、缩小抑或是维持不变，均不影响跌破的有效性。复合头肩底突破颈线时，如果成交量没有放大，那么突破的有效性则有待观察，交易者不必急于进场。

②复合头肩模式的成交量更加变化多端，难以寻找规律。但是如果交易者将复合头肩模式的多头作为一个整体，当做一个头部来看，把多肩也作为一个肩部，也许就没有那么复杂了。复合头肩模式的成交量变化，基本上遵循普通头肩模式的规律。

四、圆底（碟形底）

圆底又称碟形底。股价或指数在下跌过程中跌速越来越慢，成交量也越来越萎缩，然后股价或指数停止下跌，在底部横盘一段时间后开始缓慢回升，涨速越来越快，成交量也随着股价的上涨而逐步放大。因为其形状呈圆弧形，所以称为圆底。又因其形状像一个碟子，所以又称为碟形底。如图6-24所示。

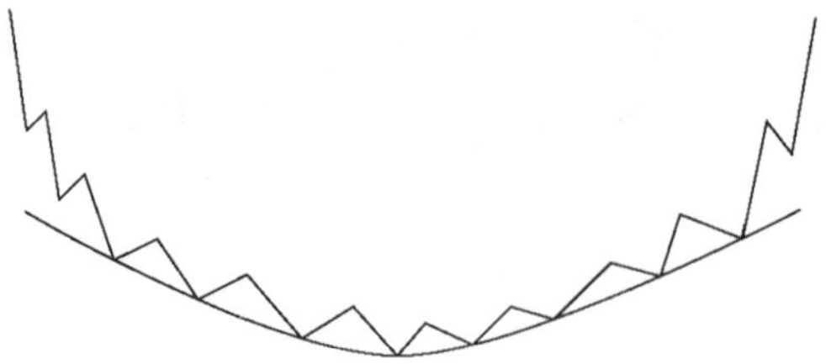

图6-24　圆底（碟形底）

1. 圆底的技术特征

（1）可以出现在下跌的末期，也可以出现在上升中途。

（2）股价或指数起初下跌和反弹都比较快，随着交易者参与的热度降低，下跌和反弹的力度也越来越弱，后来就跌不下去也涨不起来，横盘整理。直到有新的资金进场，股价或指数才开始略有起色，开始慢慢上涨，然后有更多的资金入场，推动股价或指数加速上扬。

（3）成交量随着下跌的趋缓越来越小，至横盘时缩至最小，然后随着股价或指数的上涨逐渐放大。股价加速上扬时，成交量也显著增加。在K线走势图上，成交量的柱状图往往也呈圆弧形。

2. 圆底的技术含义

圆底是一种比较可靠的转势信号。因为有一些圆底画不出颈线，所以交易者可以在股价有效突破颈线时入场做多，也可以在圆底尚未完全形成时，根据其他趋势技术分析手段，选择合适的介入时机，逐步买入做多。

圆底和头肩底一样，是道氏理论关于熊市和牛市定义的经典诠释，先是后高低于前高，后低低于前低，接着是后高等于前高，后低等于前低，最后是后高高于前高，后低高于前低，终于熊市（或中期下跌趋势）结束，牛市（或中期上涨趋势）开始。虽然整个转换过程缓慢、模糊，却完美地展示了熊市下跌、趋缓、横盘、慢牛、快速上涨的全过程。

圆底之后的一轮升势往往具有可靠、持久、快速、猛烈等特点，是交易者比较容易把握和盈利的一种技术图形。但因为圆底的形成缓慢而又波动微小，常常被交易者忽视或因缺乏耐心而放手。

圆底反映了市场供求关系、市场行为和交易者心理在牛熊转换之间发生转变的全过程，细致得犹如一幅幅技术动作分解图。

图6-25是宁波富邦（600768）的日线图，该股走出了一个几乎是完美无缺的圆底经典图形。

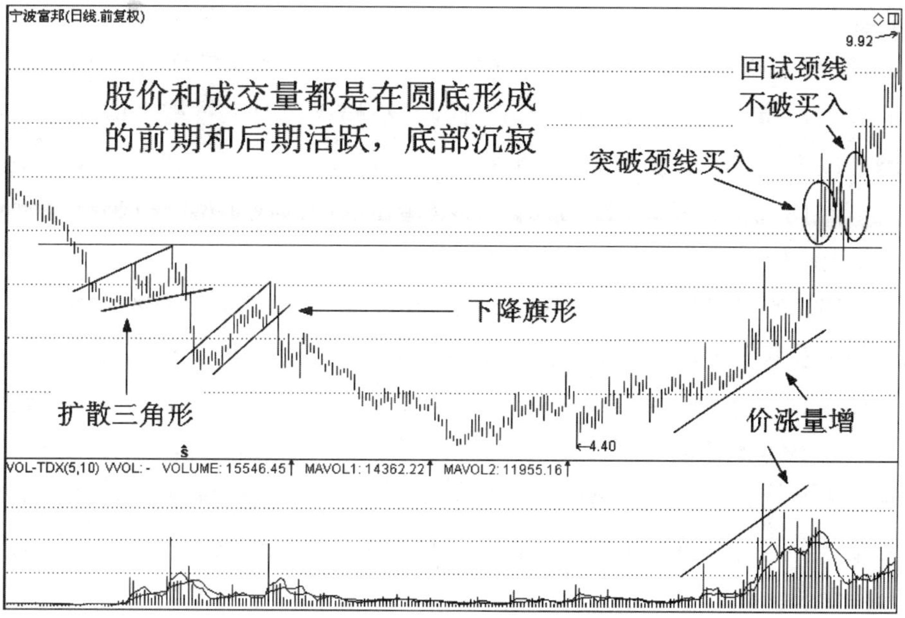

图6-25 形成圆底的过程和多空转换

从图上可以看到，当股价从高位开始回落时，交易者对股票未来的走势充满信心，交投气氛十分热烈。因此向上反弹时，股价的波动幅度很大，成交量较之前下跌时显著放大。第一波反弹时，甚至还收出了一浪高过一浪的扩散三角形，表面上看股价似乎真的要重新走向牛市。但事情总难如意，大多数扩散三角形都选择向下突破，该股也是。眼看着价涨量增，已呈突破之势，股价却突然掉头下行，就像垂下来的一条直线一样狂泻。即使这样，市场内的多方依然没有死心，很快又组织了一次反攻，收出一个向上角度很陡的下降旗形。下降旗形整理结束后，大多选择向下突破，但是表面上看起来很像一轮升势，尤其是本图中的旗形，向上角度如此陡峭，更加引人浮想联翩。但是现实无情，一根放量大阴线结束了反弹，股价再次像垂落的绳子一样下跌。

两次反弹结束后，股价已在振荡中下行了很大空间。场外的交易者发现，此时的市场很难盈利，场内的交易者几乎全部被套，参与的人数和参与的兴趣随之显著降低。体现在股价走势上，就是价格逐渐回落，但股价波动的幅度以及对应的成交量越来越小。

随着股价下行和成交量的萎缩，交易者的持仓成本越来越低，下跌的动力也越来越弱。因为想离场的交易者已经离场，没有离场的都是抱着股票死扛，哪怕股价再跌也不肯割肉，于是股票的供应量减少，股价止跌。股价持续低迷，以致大多数交易者心灰意冷，没有什么兴趣进场买入股票，这样就造成股价也难以大幅反弹，形成了底部横盘的局面。整体上交投清淡，市场像一潭沉寂的死水，于是形成了圆底的左半部分。

经过一段时间的僵持，开始有先行者进场。表现在行情走势上，就是股价再度趋于活跃，上下振荡的幅度加大，整体上呈小幅上扬之势，成交量也随之同步放大，形成圆底的右半部分。

这一阶段走势的实质是：虽然有新的买入力量打破了原有的平衡，但是场内的一部分持仓者对后市依然没有信心。当股价开始小幅反弹时，被套者的内心也起了涟漪，唯恐错过这久违的回暖，于是赶紧抛出股票套现，所以股票的供应量也是同步增加的。表现在图表上，就是振荡加剧，甚至还在已经形成小型上升趋势之时突然杀跌，股价创出新低。

毕竟趋势开始走好，买盘依然持续不断地进入。短暂而又激烈的杀跌不过是烂漫三月的一阵倒春寒，随后股价的上涨一浪更比一浪汹涌，不断有新高出现。激进的交易者可以在这时每逢回调获得支撑的时候介入，稳健的交易者可以在股价突破颈线时进场买入，如图6–25所示。

圆底形成的时间越长，积聚的动力就越充足，当其向上突破时，后市的上涨就越有力，越持久。交易者可以果断买入做多，切不可因为上涨初期市场微弱、后期突破股价已高而错失良机。

3. 特别提示

（1）圆底最好的介入点是股价或指数突破颈线位时。颈线可以是圆底左边上沿的高点，也可以是其他重要位置。

如图6–26所示，济南钢铁（600022）的颈线是左边上沿的高点。股价放量突破颈线时交易者可以大胆进场。

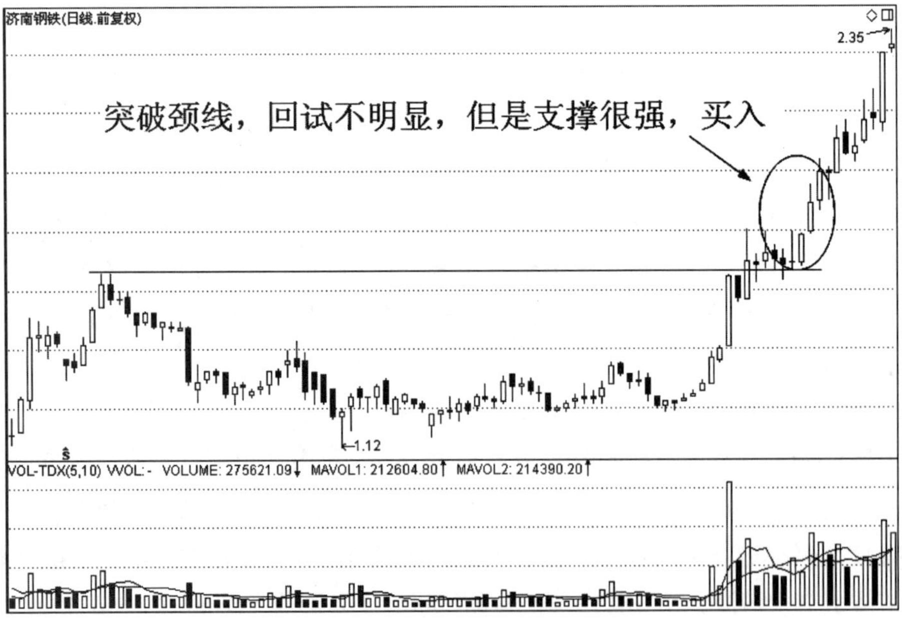

图6–26　圆底的进场标准

如图6–27所示，湘邮科技（600476）圆底的左边上沿可以看作颈线位。股价突破颈线时显得很犹豫，但是经过两次回试，终于成功远离颈线。交易者可以在突破颈线之时入场，第一次回试后向上和第二次回试后收出红三兵形态时加仓。稳健的交易者一般会在回试不破颈线时入场，也就是第一次和第二次回试后进场。

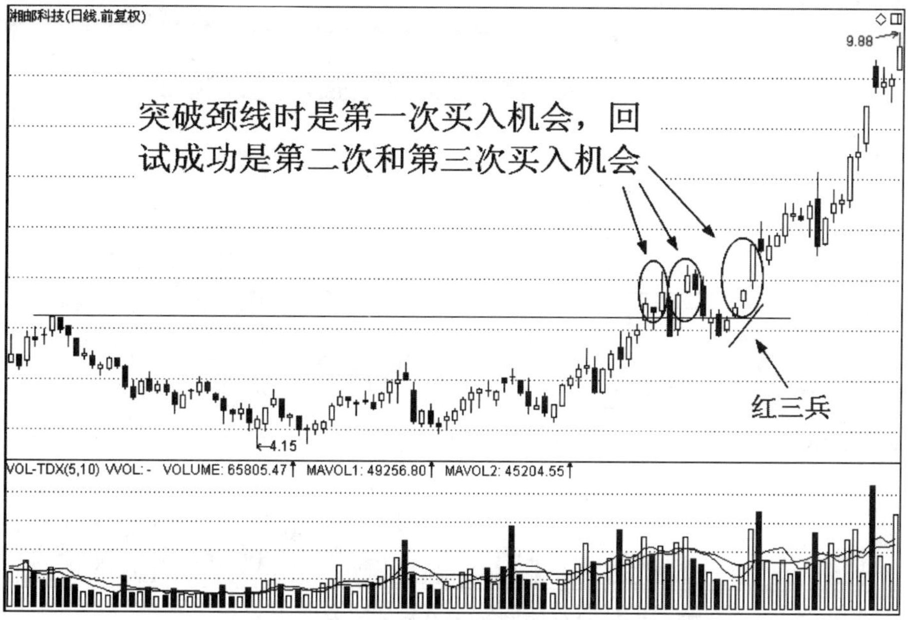

图6–27　圆底的进场标准

总的来说，该股入场之后并不容易把握，因为有两次跌破颈线。如果初始离场标准定的比较严格，也许早就被洗出了。该股两次回试跌破了颈线，并且跌幅都超过了3%的有效标准。

但即使被洗出，也不影响交易者在该股上面盈利。关键在于交易者的系统是否可以保持一致性和灵活性，实际操作过程中能否严格执行交易纪律。被洗出以后，在股价重新有效站上颈线时，交易者仍旧可以再次进场。

操作该股的技术分析方法也并非一种。图6–28是图6–27同一时间段的日线图。从图上可以看出，该股两次下跌回试颈线，都没有有效跌破上升趋势线和20日均线。这两条线是中期离场的标准，没有跌破这两条线，交易者就可以继续持股。当然，如果按照均线操作，进场位置要远远早于圆底。

图6–29是华电国际（600027）的周线图。这里以圆底左边上沿的密集成交区上轨作为圆底的颈线。左边上沿第一根阳线的上影线是该股上市首日留下的，对后市走势的影响比较大。从图上可以看出，圆底右边股价上涨到影线价格区域时振荡了五周。

图6–30是攀钢钒钛（000629）的日线图，图中可以画出两条颈线。股价突破第一条颈线时，又遇到第二条颈线的压力，于是在两条颈线之间进行了一段时间的整理，走出一个收敛（对称）三角形形态。交易者可以在大阳线突破第二条颈线，同时也是

收敛三角形向上突破时入场。

同时突破三道阻力，说明多方有备而来。一般而言，突破的阻力越大，阻力位越多，后市上涨的概率越大。

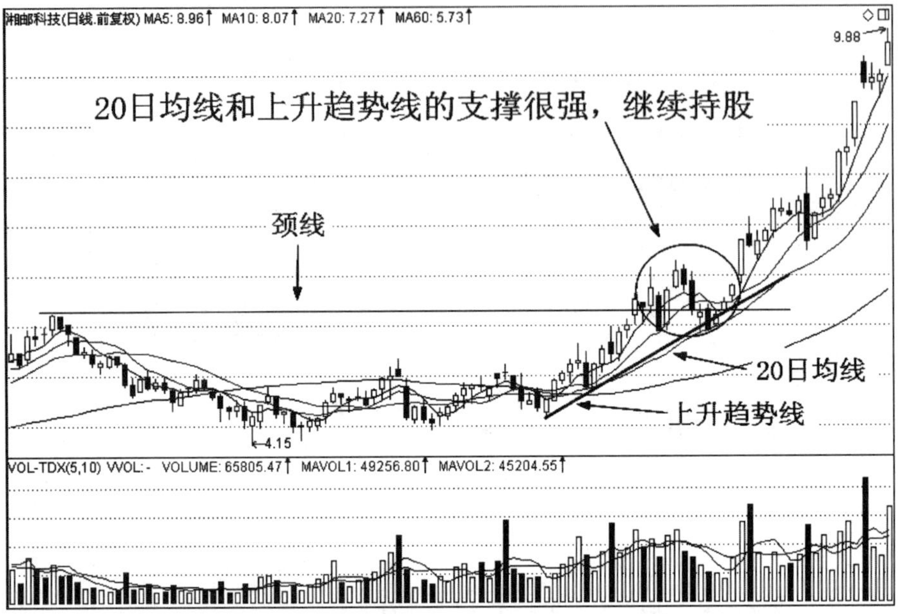

图6-28　其他趋势技术分析方法的综合运用

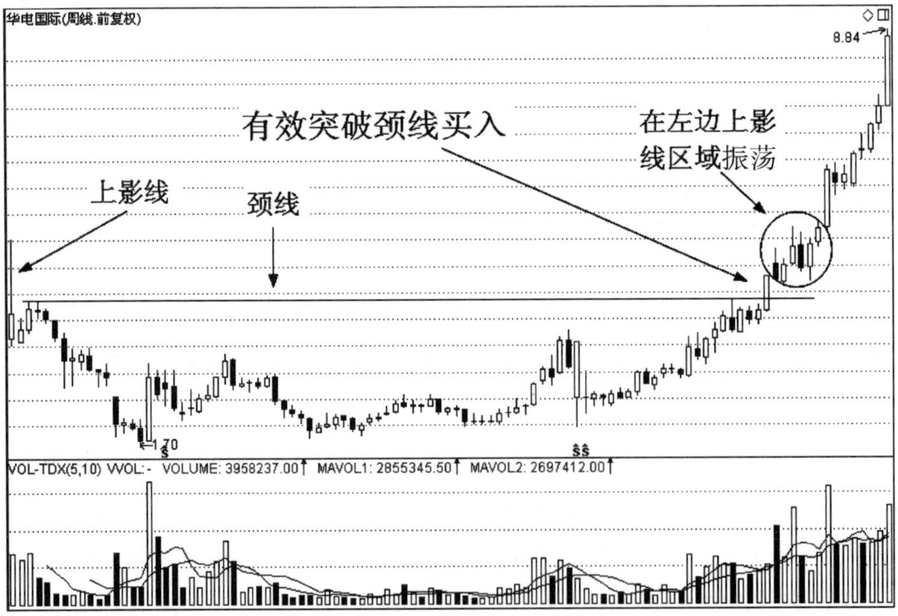

图6-29　圆底的进场点

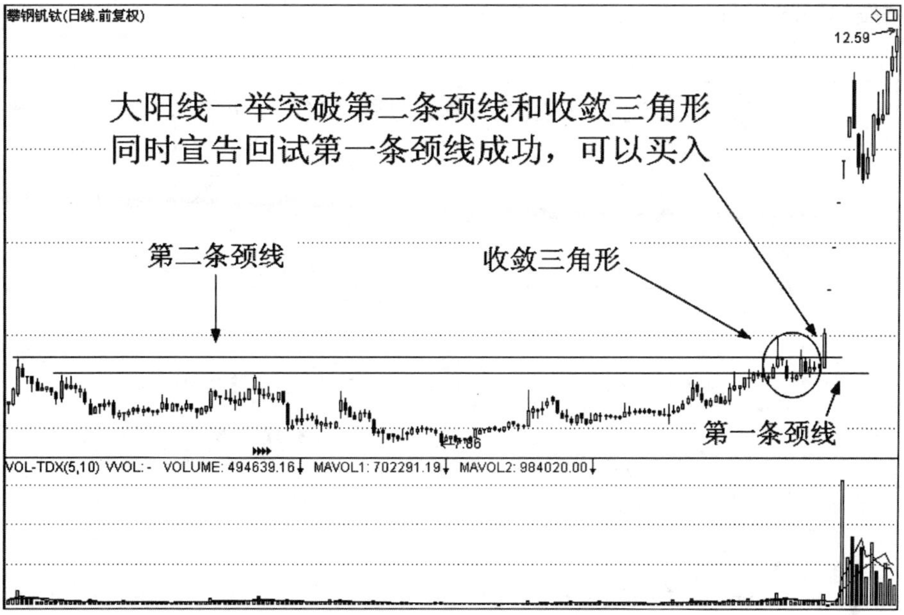

图6-30　突破重重阻力，后市看涨

图6-31是图6-30中收敛三角形突破之处放大之后的图形，大家可以仔细观察一下。

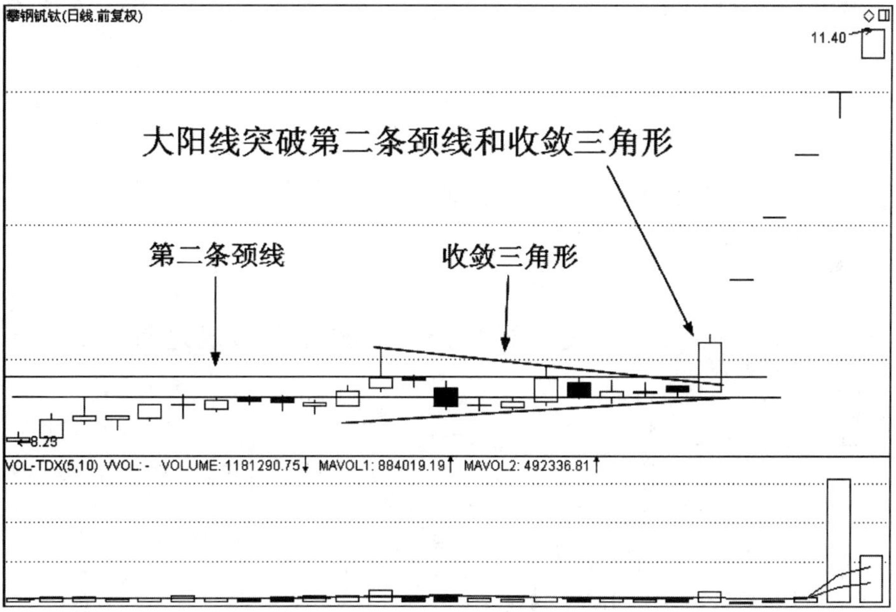

图6-31　突破之处的细节

图6-32是攀钢钒钛（000629）的周线图。图形上走出一个大型的圆底，圆底左边的上沿有一根巨量的小阳线，这是很重要的阻力位。股价突破该阻力位时，是买入信号。

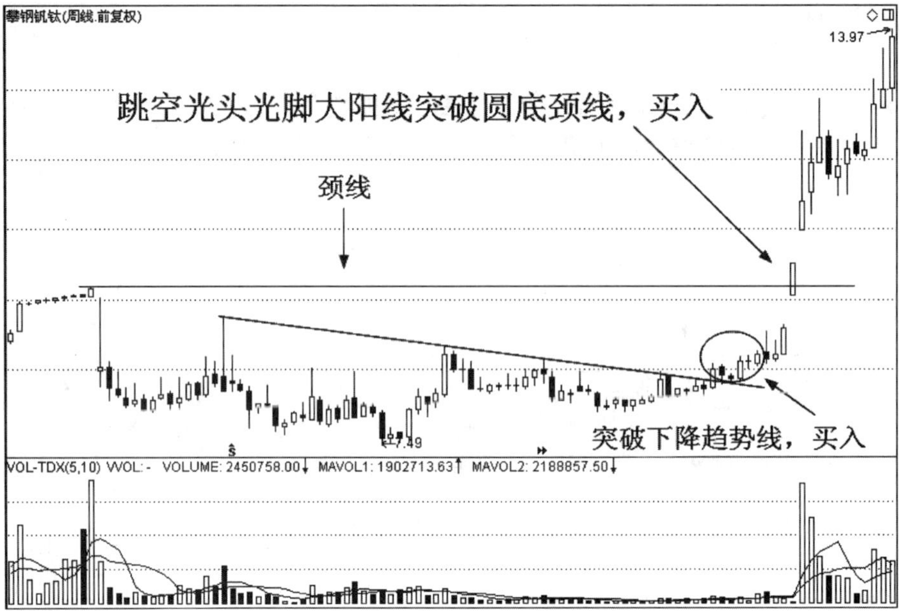

图6-32　圆底的进场点

值得注意的是，该股突破颈线时，成交量是极度萎缩的。这说明圆底左边上沿那根小阳线的巨量，在构筑圆底时已经消化殆尽。突破时量能极度萎缩，是主力高度控盘的标志。

如何判断缩量突破和放量突破的有效性，方法比较复杂，将在系列图书的专门章节进行讲解。

更早一些，圆底底部振荡整理时，受制于一条下降趋势线。当股价突破下降趋势

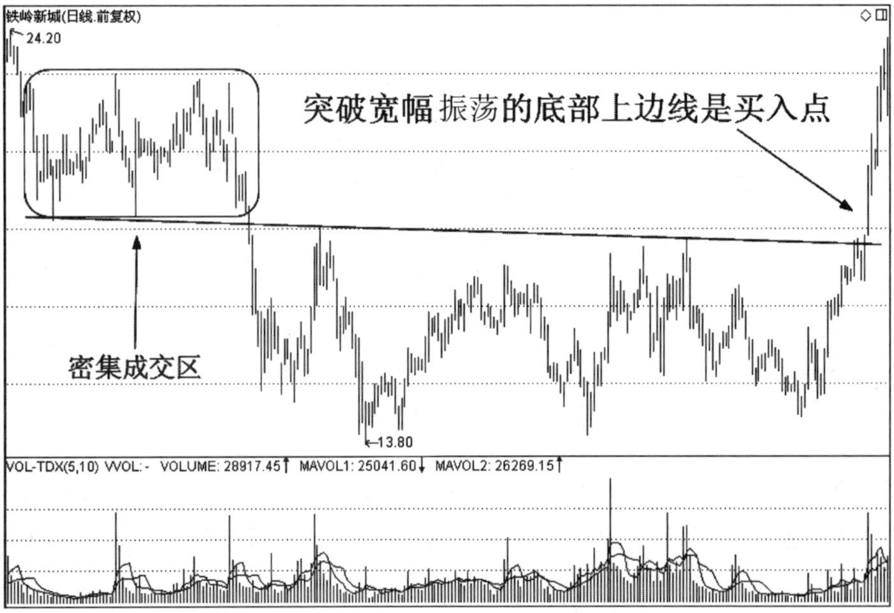

图6-33　突破宽幅振荡底部的上边线是进场点

线时，也可适量介入。

（2）很多圆底无法画出一根明确的颈线。交易者可以选择突破关键位置、重要压力位、趋势线以及其他技术图形的颈线时择机入场。

如图6-33所示，中汇医药（000809）是碟形的圆底，没有明显的颈线位。但是宽幅振荡的底部是一个矩形或者说是一个大的收敛三角形，交易者可以在放量突破上边线时入场。该上边线也是形成圆底之前一个历史密集成交区下轨所在区域。

图6-34是图6-33中汇医药（000809）同一时期的周线图，周线图上看得更为清晰。

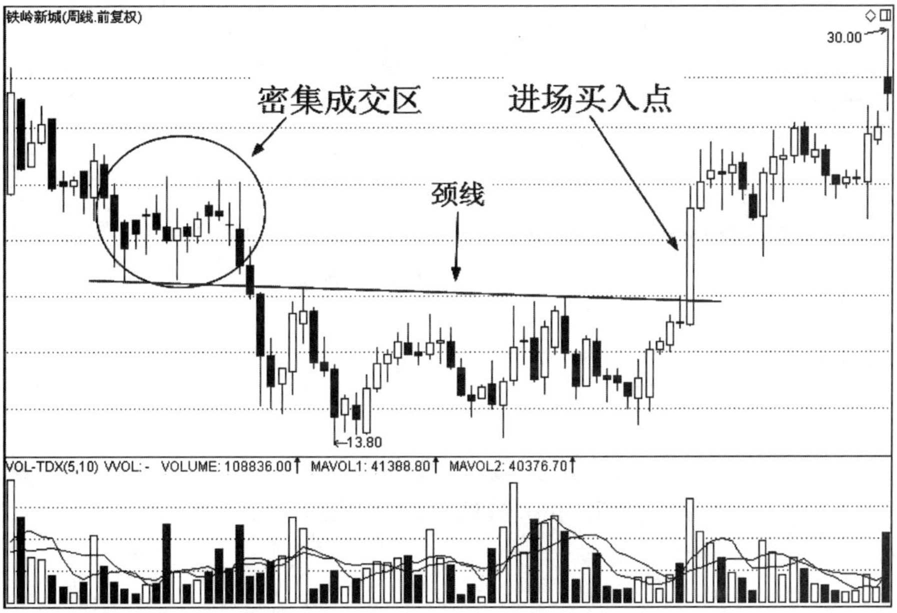

图6-34　放量长阳突破上边线，是进场信号

如图6-35所示，南钢股份（600282）形成的圆底，实际上是由一个松散的复合头肩底扩展而成。此时交易者可以按照头肩模式的进场标准进场。

图6-36是深物业（000011）的日线图。该股圆形底部也是一个舒缓的、不是很明显的头肩底。确定头肩底的颈线确实比圆底的容易一些，股价突破头肩底的颈线位，以及回试成功时，都是很好的进场机会。

如图6-37所示，南方航空（600029）的股价下跌后形成圆底，圆底的底部是一个略向下倾斜的矩形，也可以看作是不明显的下降通道，或者是宽幅的潜伏底，或者是不标准的头肩底，或者是多重底。

该股画不出圆底的颈线，但是矩形的上边线、下降通道趋势线、多重底的颈线以及不标准头肩底的颈线，四线完全重合。股价向上突破后，交易者可以进场买入。

（3）有一些圆底的底部形态会在股价突破颈线之前给出进场信号，交易者可以不必等到股价突破圆底颈线再进场。这主要是因为圆底形成的时间比较长，在形成圆底

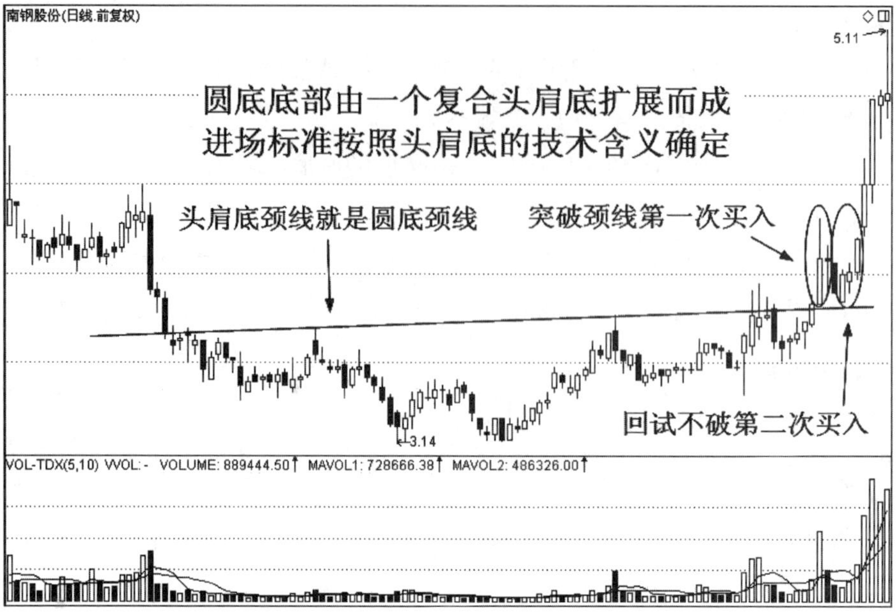

图6-35 头肩底扩展而成的圆底

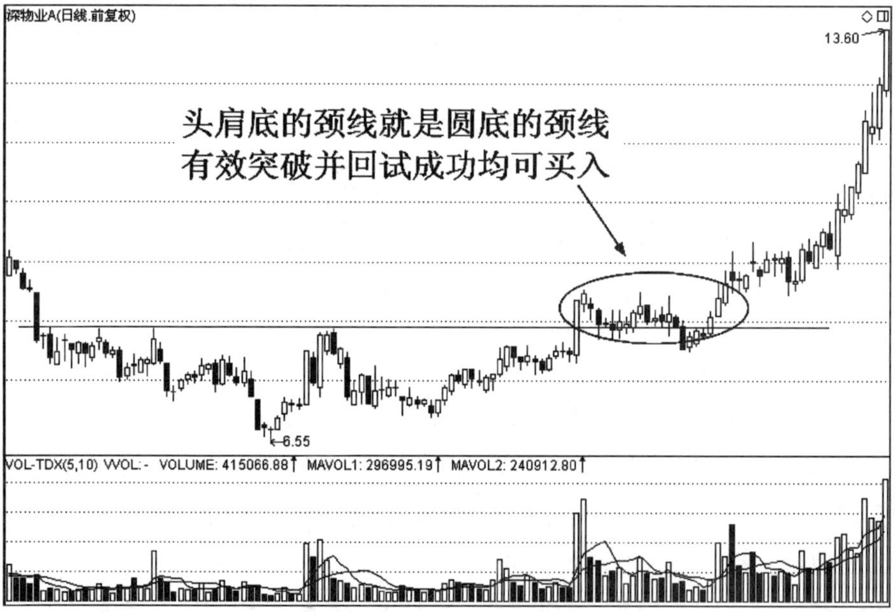

图6-36 以头肩底的颈线作为圆底入场点

之时，已经完成了其他技术形态。

图6-38是成城股份（600247）的日线图。从图中可以看到，底部呈现不规则的宽幅振荡走势，但是一条中期下降趋势线清晰可见。交易者可以在股价突破趋势线时入场，回试不破时加仓。趋势线位置低于圆底颈线，突破趋势线时入场，很显然比股价突破圆底颈线时入场利润更大，当然风险也相应增加。交易者可以在突破下降趋势线

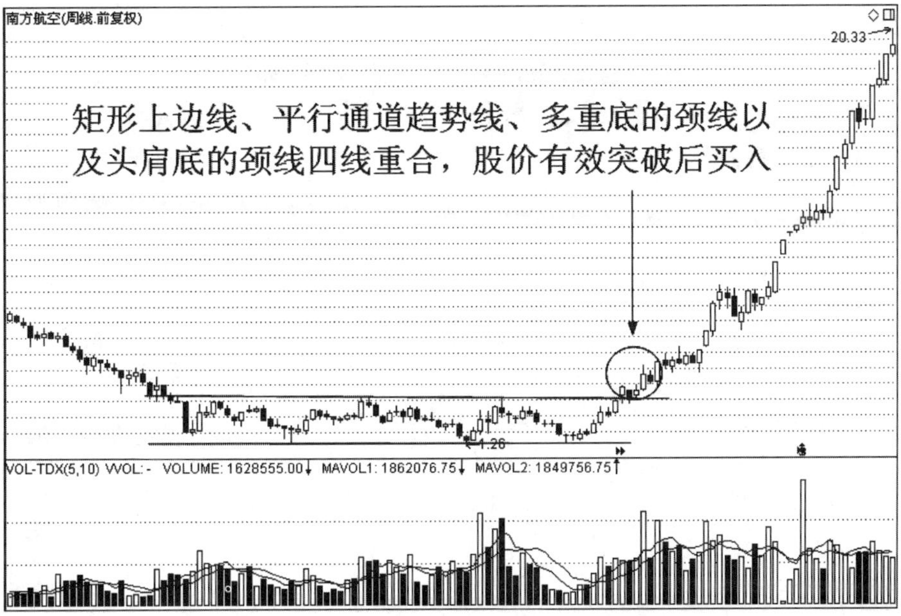

图6-37 多种形态竞合时的进场标准

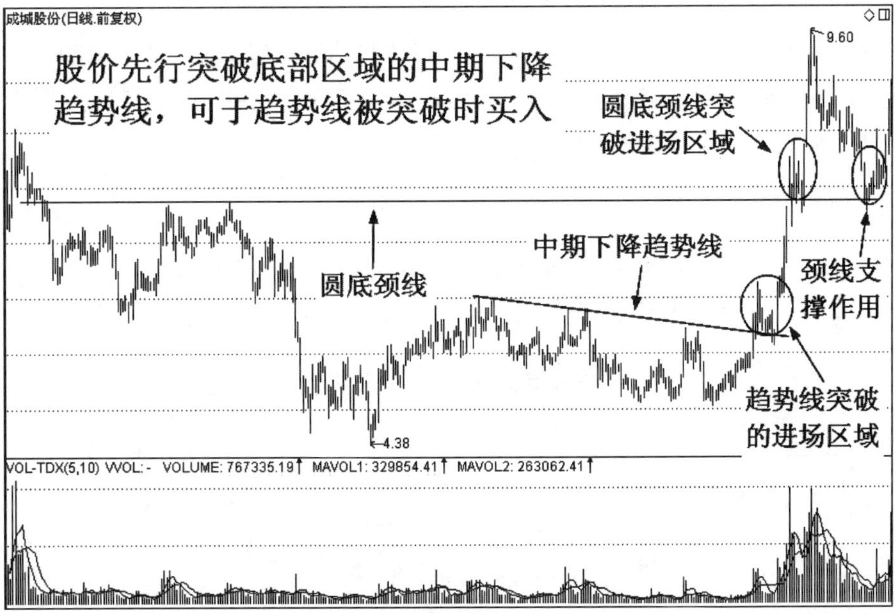

图6-38 下降趋势线的突破早于圆底颈线突破

时适量买入，然后在突破圆底颈线时加仓。

突破圆底颈线后，颈线对股价有支撑作用。如图6-38所示，股价回调至颈线位，遇支撑展开反弹拉升。

如图6-39所示，河北钢铁（000709）也在圆底底部走出了复合头肩底。图中可以看出，头肩底的颈线低于圆底的颈线，按照头肩底的进场标准进场，交易者可以获取

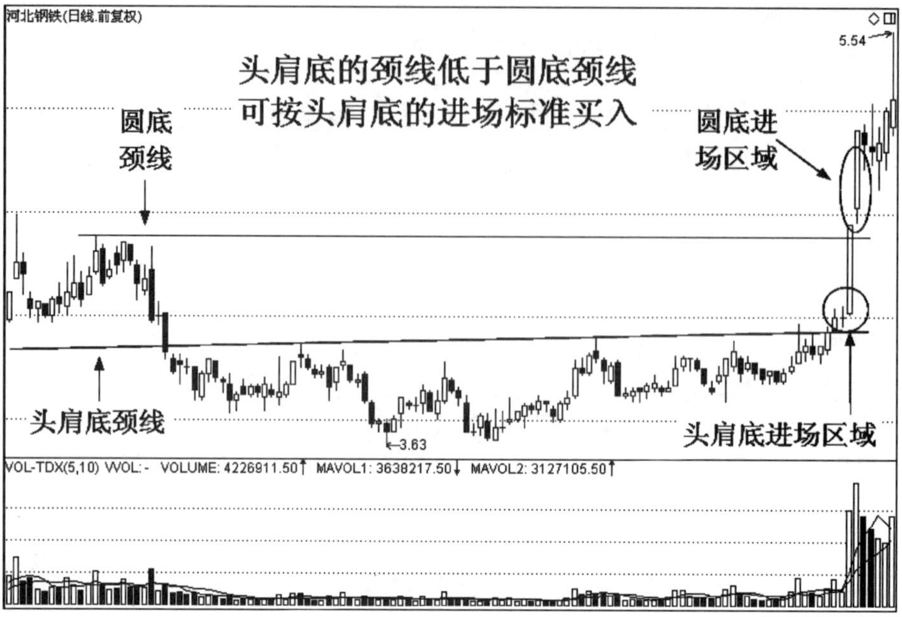

图6-39 头肩底的颈线先于圆底颈线被突破

更多的利润。突破圆底颈线时可以加仓买入。

图6-40是鲁泰A（000726）的周线图。该股圆底底部区域是一个松散的、头和肩部都不十分明显的头肩底，交易者可以在股价突破头肩底颈线时先进场。至股价到达圆底颈线位时观察，根据走势决定是加仓还是退出。

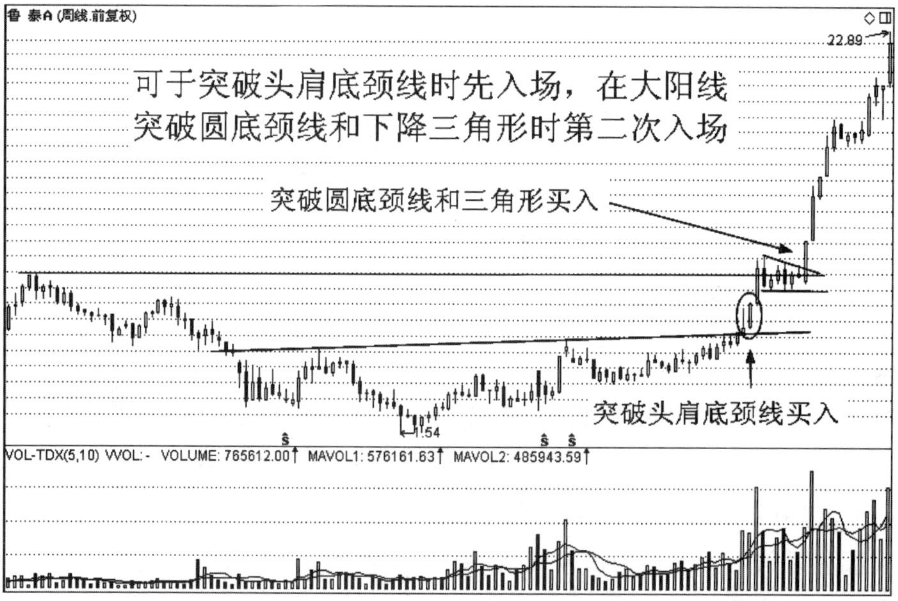

图6-40 股价先行突破头肩底，进场

该股股价到达圆底颈线时，遭遇空方强力打压，在颈线位区域振荡收出下降三角形，但最终收出一根大阳线，向上突破圆底颈线和下降三角形。多方获胜，可以跟进做多。

（4）突破颈线时如果没有放量，很有可能走出失败的圆底。交易者可以暂先按兵不动，观察一阵再做定夺。

图6–41是赣能股份（000899）的日线图。从图上看，该股形成一个近乎完美的圆形底，可惜股价未能有效突破，在遇到颈线阻力时放量收阴，随后股价下行，圆底突破失败。

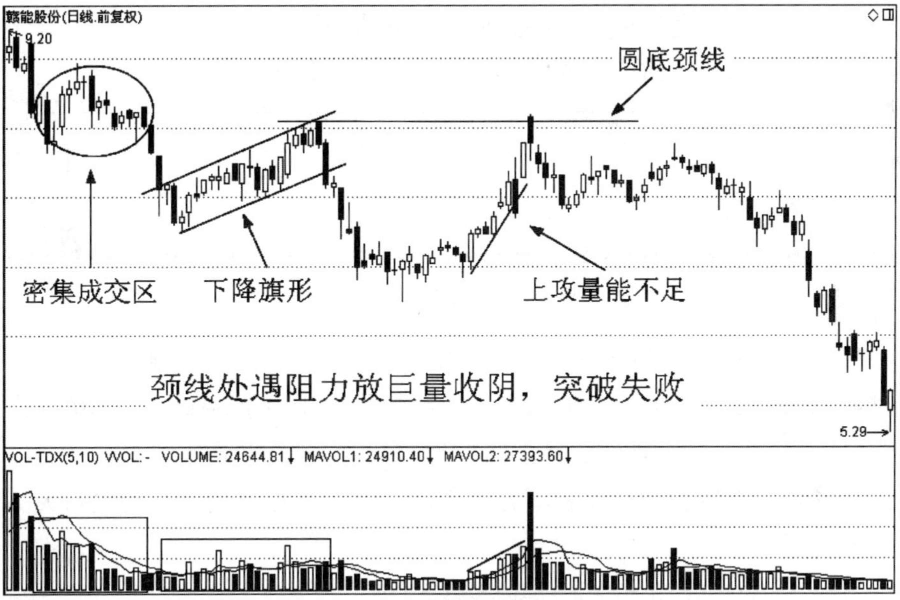

图6–41　下跌三颗星的看跌作用

该股圆底右侧虽然价涨量升，但是成交量放大得很有限，很难将圆底左侧以及左侧之前下降旗形内的套牢盘全部解放，显示多方动能不足，或上攻愿望不强烈。颈线处的放量阴线是主力离场和套牢盘涌出所致。

图6–42是正虹科技（000702）的周线图，也是一个失败的圆形底。该股上攻以及突破颈线时，成交量都没有有效放大。突破颈线后，回试时快速向下杀跌，重新跌破并向下远离颈线，圆底突破失败。没有进场的不宜进场，已经在突破之时进场的交易者应坚决离场。

有意思的是，该股圆形底底部的右半部分是一个潜伏底。该股顶部收出一个倾盆大雨的K线形态。倾盆大雨是见顶反转信号，应卖出。

除了成交量之外，其他趋势技术分析方法也可以对突破是否有效提供一些预警方面的帮助。

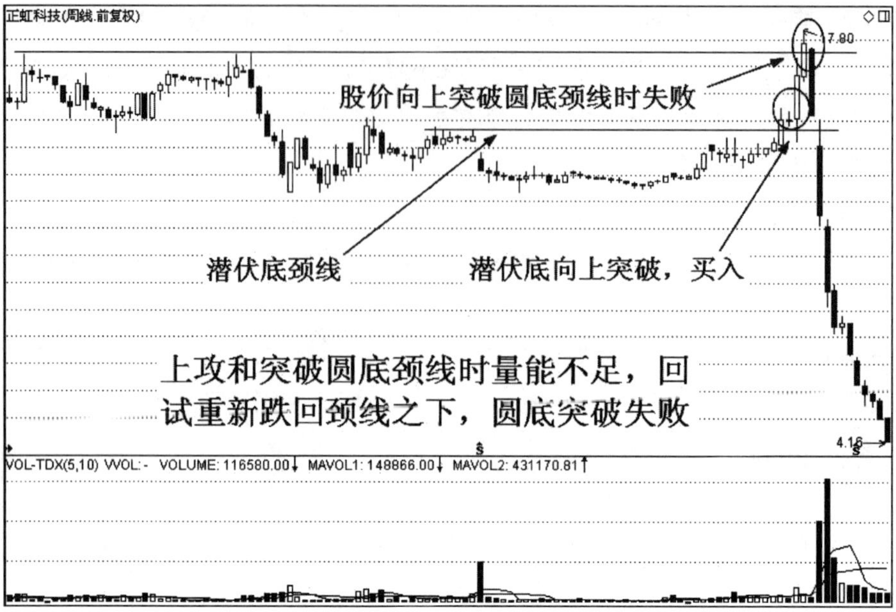

图6-42　圆底突破失败

图6-43是南方汇通（000920）的日线图。从图形上看，这个圆底画不出颈线，向上涨升时量能明显不足。同时，股价在下降趋势线的压力下徘徊，犹犹豫豫没有突破的意思。5日、10日、20日均线虽然上行，但5日线开始逐渐走平，而且60日线一直向下，表明市场内中期持仓的交易者不看好后市，因此该处是葛南维均线八大买卖法则当中的卖出点。

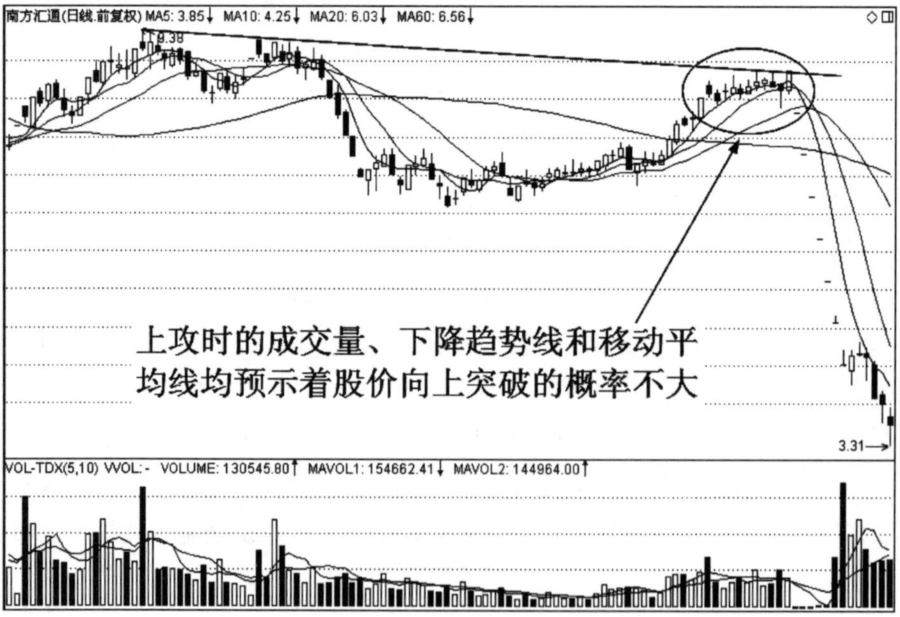

图6-43　多种信号预示股价将疲软

以上种种迹象表明，该圆底突破失败的概率很大，所以不一定要等到股价突破失败反身向下时，才判定股价走势趋弱。

五、圆顶（碟形顶）

圆顶又称碟形顶。股价或指数在上涨过程中涨速越来越慢，成交量也越来越萎缩，然后股价或指数停止上涨，在顶部横盘一段时间后开始缓慢下跌，跌速越来越快。因其形状呈一个向下的圆弧形，所以称为圆顶。又因其形状像一个倒扣的碟子，所以又称为碟形顶。如图6–44所示。

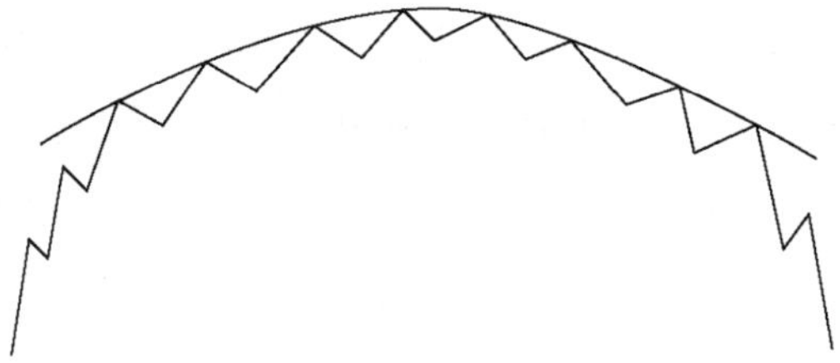

图6–44　圆顶

1. 圆顶的技术特征

（1）可以出现在上涨末期，也可以出现在下跌中途。

（2）股价或指数起初上涨和调整的速度都比较快，随着股价持续上涨，交易者参与的热度越来越低，股价每一次上升，都比前一个高点高不了多少就开始回落，回落的力度也不大。接着上涨和调整的力度也越来越弱，逐渐由新高点略比前高点高转为新高点略低于前高点。将各个短期高点连接起来，就形成圆弧状。到最后，越来越多的交易者开始离场，股价或指数加速下跌。

（3）圆顶的成交量不像圆底那么有规则，有时成交量的柱状图也会呈现顶部圆弧形。

2. 圆顶的技术含义

圆顶是一种比较可靠的转势信号，其可靠程度超过圆底。原因也很简单，股价上涨，需要资金的推动。而股价下跌，什么也不需要，只要没有人买，股价就会跌。佣金和印花税也是推动股价下跌的天然重力之一。

以此类推，所有方向和技术含义相反，但图形对称的技术图形，乃至一切上下对称的形态、趋势等，都是顶部信号和继续看跌信号要比底部信号和继续看涨信号可靠。

圆顶之后的走势和圆底有所不同，一部分圆顶形成后，下跌势头犹如疾风暴雨。另一部分圆顶头部形成后，股价并不马上下跌，而是横向整理，横向整理区域称为碗柄。但即便如此，圆顶看空的技术含义仍旧没有改变，几乎所有的碗柄都会很快向下突破。

和圆底一样，有一些圆顶也画不出颈线。但是趋势交易技术，进场标准和离场标准的设定是不同的。进场标准是严格标准，必须是设定的各项条件都具备才可以入场。离场标准则不同，只要具备充分条件和必要条件其中之一，即可离场。所以，无论圆顶是否可以画出颈线，交易者都可以在股价有效突破颈线之前，根据其他趋势技术分析手段给出的离场信号卖出股票。

圆顶形成的时间周期比较长，顶部形成后，股价或指数的波动很小，跌势不明显。很多交易者往往忽视细微的离场信号，从而错失了最佳的离场机会。但是亡羊补牢，犹未晚也，圆顶形态完全形成后，最后还有一次技术上正确离场的机会。

圆顶和圆底一样，都是对道氏理论关于熊市和牛市论述的完美体现。

图6-45是潞安环能（601699）的日线图。经过一段比较急速的上涨之后，多方力量趋弱，涨势缓和。而空方力量却不断加强，最终和多方势均力敌，股价开始横盘。随着空方力量继续增加，股价开始慢慢回落，跌势不明显。之后横向整理，走出圆顶的碗柄。交易者可以在股价有效跌破圆顶颈线时清仓离场。

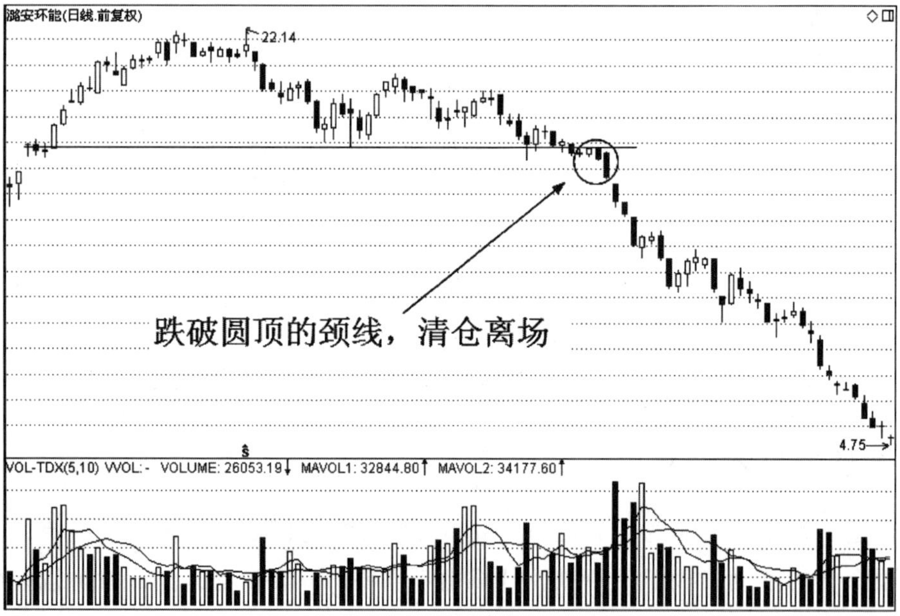

图6-45　股价跌破圆顶颈线，离场

图6-46是图6-45同一时间段的日线走势。从图上可以看出，该股圆顶的碗柄是一个扩散三角形（喇叭形），扩散三角形大多向下突破。圆顶的碗柄也大多向下突破。两种见顶信号叠加在一起，后市下跌的概率大为增加。

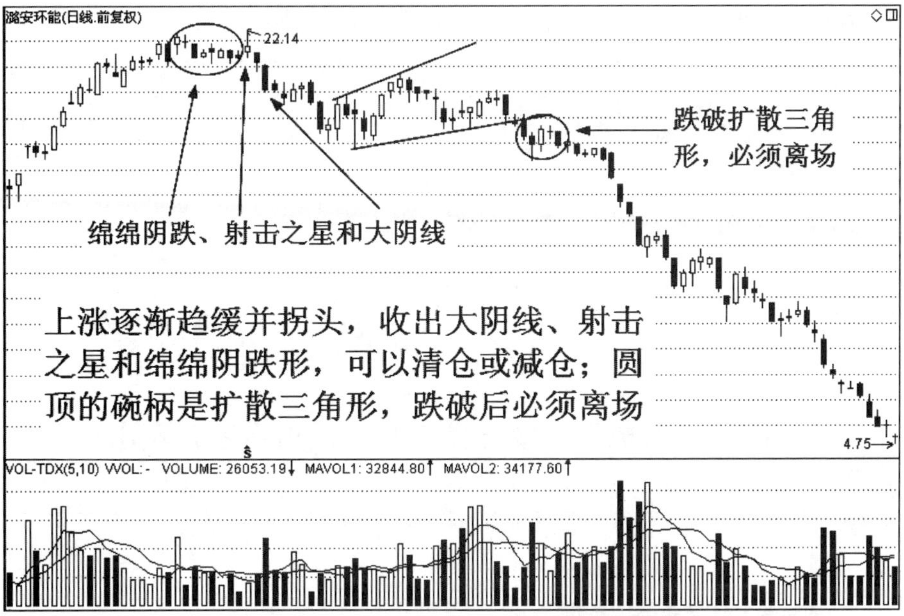

图6-46　可以根据K线形态和其他技术图形确定圆顶的离场标准

在股价跌破圆顶颈线之前，其实市场已经发出很多卖出信号。

在圆顶左半部和顶部形成后，可以发现其走势已经完成了大半个圆弧形。预计有可能形成圆顶时，交易者就要做好离场或减仓准备。一旦发现顶部出现大阴线、吊颈线、乌云盖顶、倾盆大雨、射击之星、绵绵阴跌、下跌不止、下跌三连阴、高档五阴线、下降弧形线等见顶和下跌的K线组合形态，以及双顶、头肩顶、收敛三角形、下降三角形等转势和整理技术图形，应当马上进行减仓或清仓动作。

该股圆顶的顶部是绵绵阴跌的K线形态，顶部之后收出一根射击之星，接着是大阴线。射击之星是见顶信号，其余两者是看跌信号，交易者见到这些信号就可以减仓。

该股的碗柄是扩散三角形，股价有效跌破该形态后，是技术上最后一次正确的离场机会。

如图6-47所示，中原高速（600020）先是急速上涨，然后遭受空方抵抗，涨势趋缓，开始构筑圆顶顶部。构筑过程中，多方和空方力量此消彼长，强弱互换，股价亦由涨转跌。初期跌势很慢，空方仅是步步紧逼，到后期收出K线实体越来越长的黑三兵，表明多方已难以支撑，后市下跌如箭在弦上，不得不发。交易者可以在圆顶基本形成，收出黑三兵时离场。

图6-48是华远地产（600743）的周K线走势图。从图中可以看到，该股形成一个标准的圆弧形，标准到可以让人在其完成过半时，一眼就能看出十有八九是圆顶。交易者不一定要等到股价跌破颈线才离场，可以在顶部区域收出绵绵阴跌K线形态时减仓，收出黑三兵时清仓，以避免更大的损失，留住更多的利润。

跌破颈线时是技术上必须清仓的卖出点。该股跌破颈线后，回抽了一下颈线。这是多方最后的逃命机会，因为不是每一次跌破颈线都会回抽。

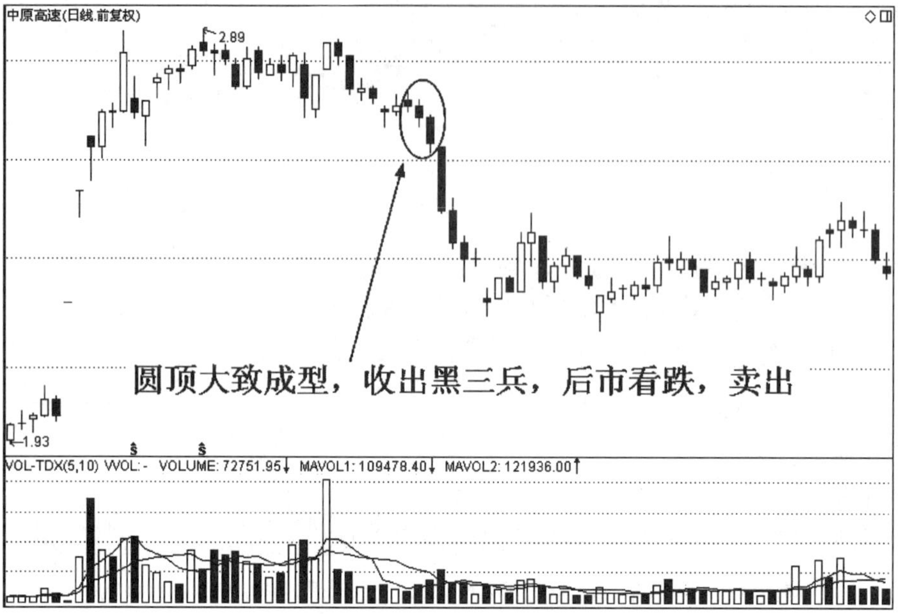

图6-47　圆顶的卖出区域

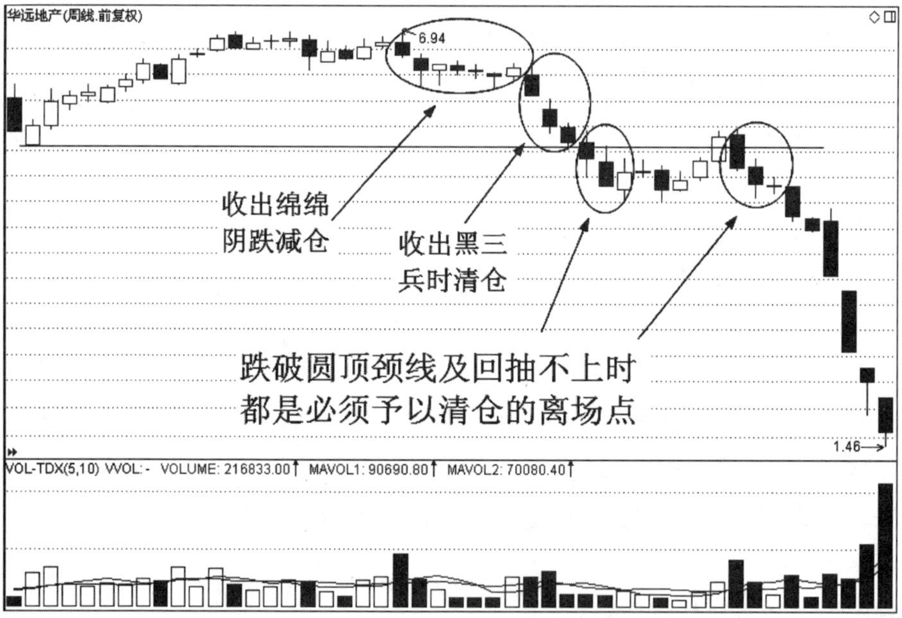

图6-48　先于跌破颈线位置的离场点

如图6-49所示，太极集团（600129）在跌破圆顶颈线之前，已有多处离场信号出现。第一处是放量大阳线和其后的大阴线组成的倾盘大雨K线形态。大阳线放量涨停创出新高，本是股价极为强势的表现，但是次日即低开收出跌停板，表明空方的力量更为强大。由此也可推断出，前一日的放量大阳线很有可能是主力拉高出货。即使不是拉高出货，多方锐气也已遭受严重挫伤，所以此处应减仓或清仓。

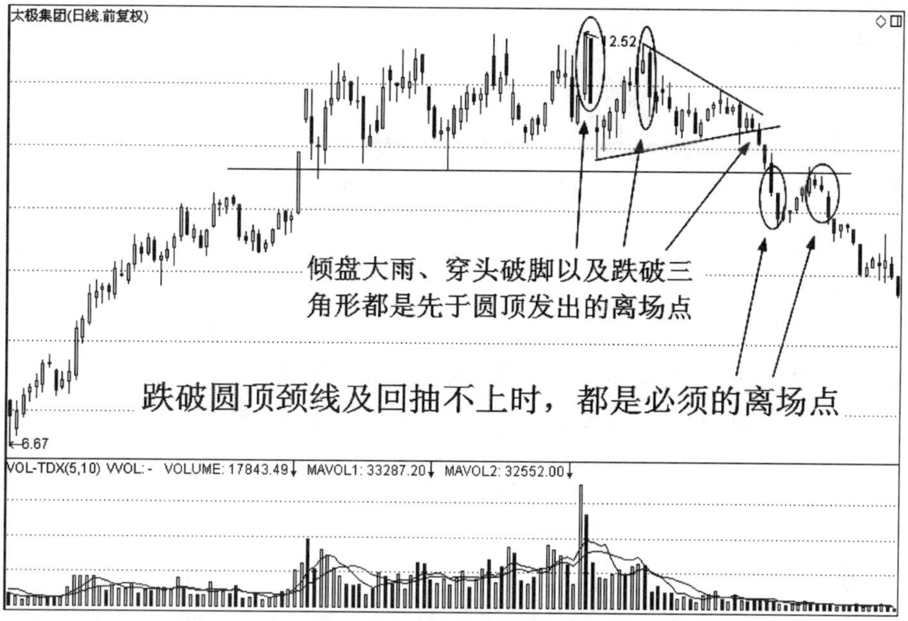

图6-49 先于跌破颈线的离场点

第二处是大阳线后面的那个高点。股价再度上攻，不仅未创出新高，反而在接近前高处收出穿头破脚的顶部K线形态，量能也未跟上，表明多方力量已经减弱。此时交易者应继续减仓或清仓。

第三处是跌破收敛三角形时。收敛三角形是整理技术图形，后市何去何从，取决于股价突破的方向。现在选择向下，表明至少是一个中期向下的趋势，交易者应该离场或减掉大部分仓位。

跌破圆顶颈线是当然的离场点。该股跌破颈线之后，回抽了一下颈线。回抽颈线时，是最后一个技术上的正确离场点。

如图6-50所示，大立科技（002214）在顶部整理时也走出了一个圆顶技术图形。圆顶本身又是一个头肩顶，所以可以将头肩顶的颈线作为圆顶的颈线。颈线略向下倾斜，跌破之后，股价有一个回抽动作。交易者可以在跌破颈线以及回抽不上颈线时卖出离场。

图6-51是图6-50同一时间段的日线图。从图中可以看出，该头肩顶的右肩也是一个圆顶的形态。右肩圆顶的颈线位高于大圆顶和头肩顶的颈线位，因此离场点高于大圆顶和头肩顶的离场点。

图6-52是厦门空港（600897）的周线图。该股的圆顶画不出颈线，可以在圆顶顶部明显形成后，根据K线组合形态决定离场位置。

如图所示，在顶部接连收出了吊颈线、黄昏之星、阴十字星、十字线、长十字线和连续向下跳空的小阴线等见顶和看跌的K线形态时，交易者可以按照K线形态提供的信号，逐渐减仓直至清仓。

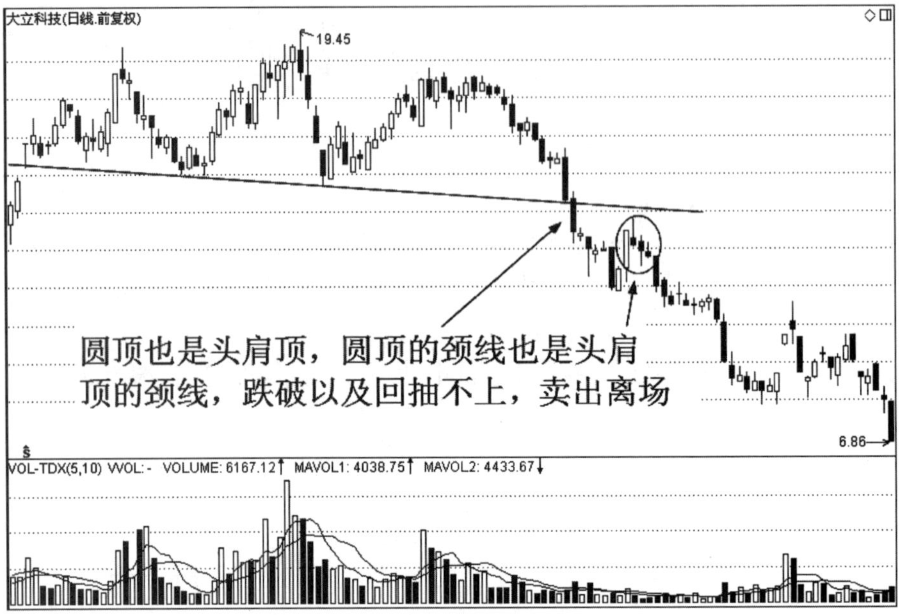

图6-50　圆顶的颈线就是头肩顶的颈线，跌破及回抽不上时清仓离场

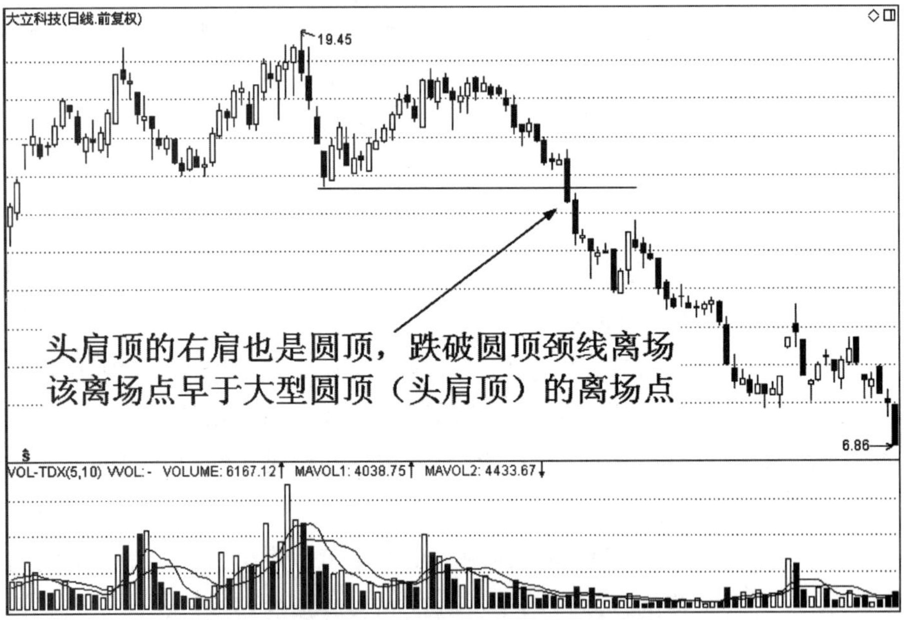

图6-51　头肩顶的右肩也是圆顶，跌破颈线离场

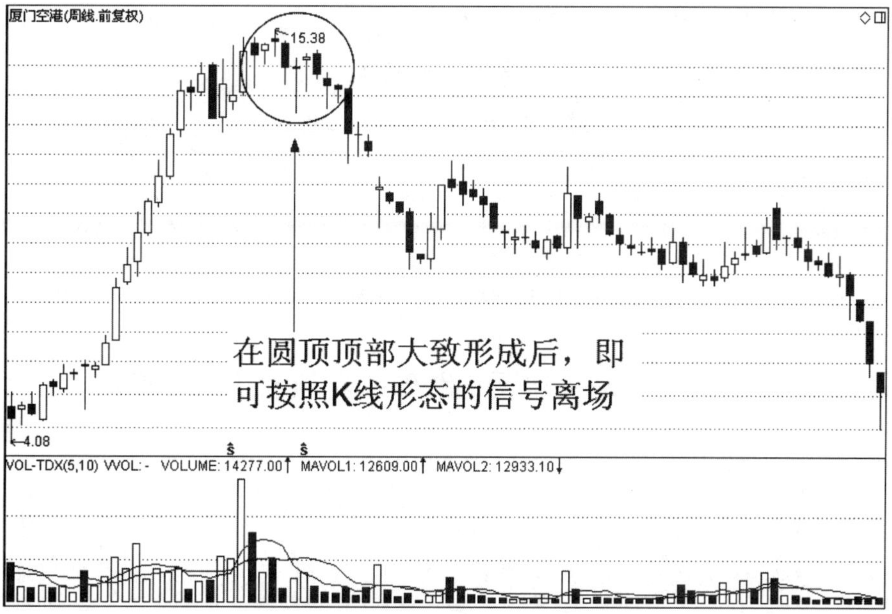

图6-52　K线组合形态的离场点

如图6-53所示，大元股份（600146）的圆顶是一个不十分明显的复合头肩顶。复合头肩顶的颈线就是圆顶的颈线，跌破时应清仓离场。

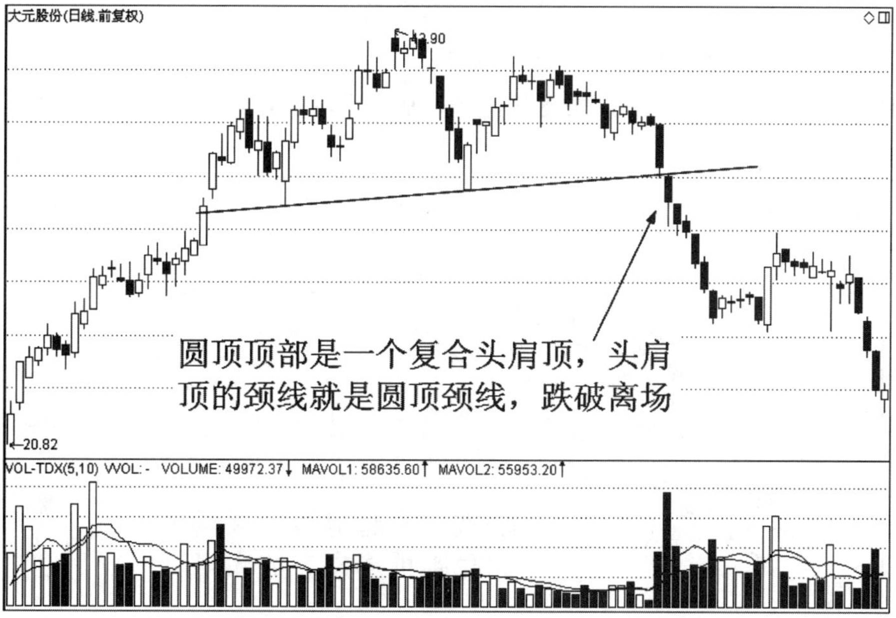

图6-53　圆顶颈线即是头肩顶的颈线，跌破离场

图6-54是冠农股份（600251）的日线图。图上圆顶顶部右部是一个扩展的头肩顶，跌破头肩顶的颈线必须离场。

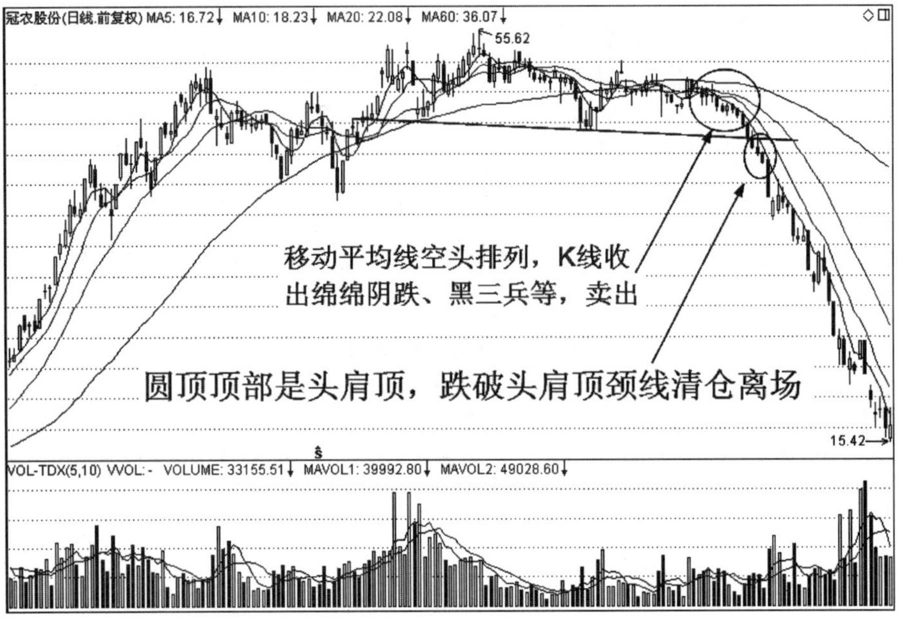

图6-54　先于颈线位的离场点

在颈线跌破之前，圆顶形态已经基本成形，交易者一眼就可以看出是圆顶的形状。在此前提下，均线和股价呈空头排列，日K线收出绵绵阴跌的组合形态，此时即应离场，不一定要等到股价跌破头肩顶颈线时才离场。

其实上例根据其他分析技术，还可以更早一些离场。

图6-55是比图6-54更长时间的K线走势。从图中可以看到，跌破上升趋势线时即可减仓或离场。

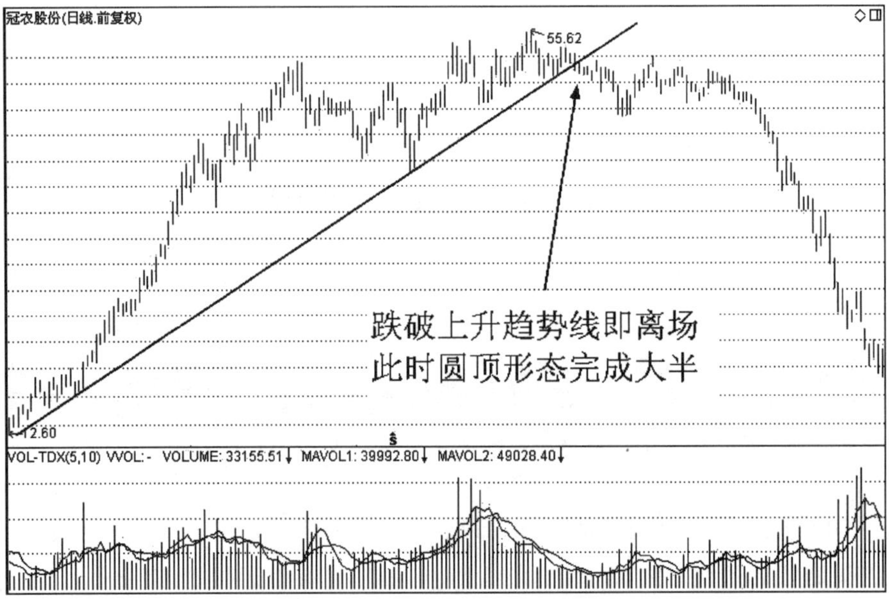

图6-55　圆顶尚未完成，股价已先行跌破上升趋势线

3. 特别提示

（1）和圆底一样，圆顶有时画不出颈线。交易者必须结合其他趋势技术分析手段，及时离场。

（2）圆顶跌破颈线，没有成交量方面的要求。无论放量与否，均不影响跌破的有效性。

（3）圆顶和圆底都是反转形态，分别出现在股价或指数的顶部和底部，二者形态对称，方向和技术含义相反。

六、双底（W底）

股价或指数跌到某一价格水平时，成交量萎缩，显示没有交易者愿意继续卖出，于是股价止跌。随后在买盘的推动下股价反弹，成交量相应增加。但上涨很快遭遇抛压，股价或指数第二次下跌。跌到和前一个低点几乎相等的位置时，股价再次止跌，同时成交量萎缩，比上一次下跌时更少。这时股价或指数展开第二次上升，成交量也比第一次反弹时明显放大。这次上涨成功超越第一次反弹时的高点，标志着形成双底形态。从图形上看，这种技术图形有两个低谷，所以称为双底。又因为形状像英文字母“W”，所以又称W底。如图6-56所示。

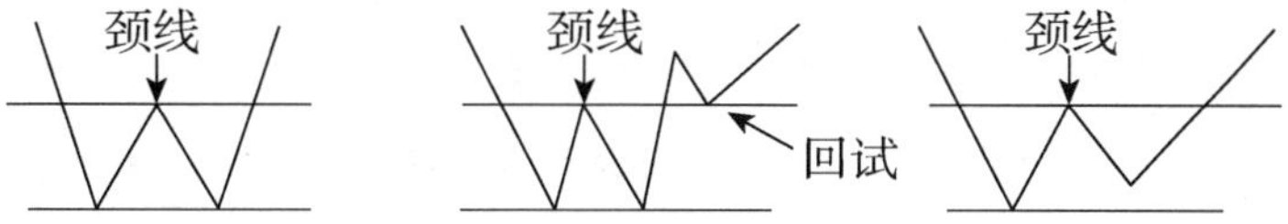

图6-56　双底（W底）

1. 双底的技术特征

（1）出现在下跌趋势中或中期调整末端。

（2）两个低点处在同一价格水平，或者右边低点略高。只有极少数双底右边低点低于左边低点。

（3）大多数双底右边低点的成交量小于左边，但第二次上升时，一般成交量会大于第一次反弹时。

（4）双底的颈线一般是经过第一次反弹高点的水平线。有时因为形态原因会略有倾斜。

2. 双底的技术含义

双底是转势的技术图形，表明股价已经见底回升，是买入信号。

图6-57是哈高科（600095）的日线图。股价下跌，成交量萎缩，说明持仓的交易者不愿意卖出股票，股票的供给逐渐减少。场外的交易者则因为股价降低而进场买

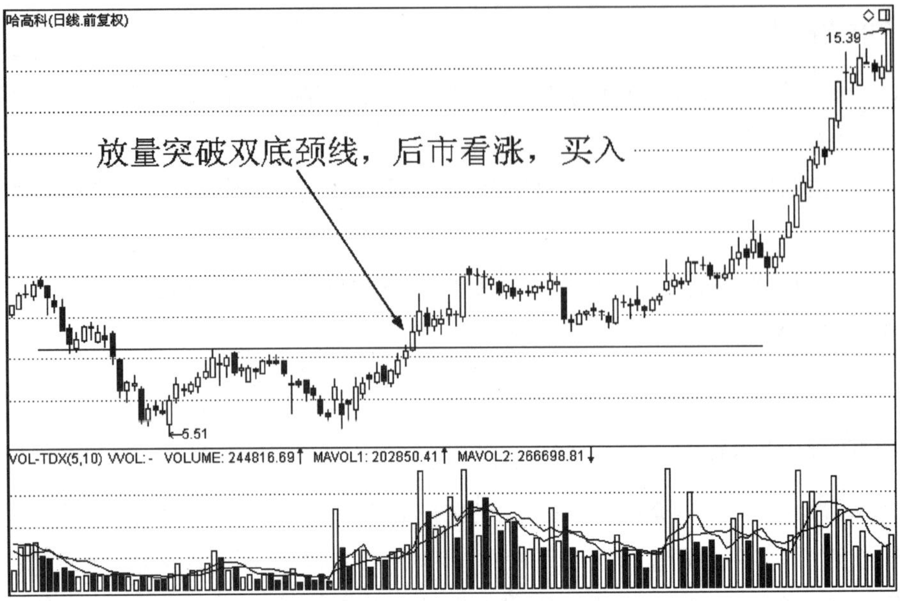

图6-57 放量突破双底颈线，买入

入，推动股价回升，成交量也相应增加。当股价上升至前期一个很小的整理平台时，底部介入的交易者开始获利回吐，一些套牢盘也逢高卖出股票，于是股价再次下跌。当股价回落至上一次的低点附近时，看好后市的交易者再次买入，成交量较前一次上升时明显增加。越来越多的买盘持续进入，推动股价上升并放量突破了上次回升的高点，双底形态完成，股价于是由下跌转为上升趋势。

双底的颈线一般是经过第一次回升时的高点画出的水平线，颈线被突破后，对股价有支撑作用。

双底形态突破颈线时，如果没有放量，那么突破的有效性就值得怀疑。交易者应多看少动，待股价或指数回试确认有效以后再大胆进场。

双底反映了买卖双方力量此消彼长的变化，和头肩底、圆底一样，完美诠释了道氏理论关于牛市的定义。基于后底高于前底的原则，双底的右底一般会比左底高一些。突破颈线后，是后高高于前高，一轮牛市或一轮中期上涨趋势就此展开。

每次股价从高位回落，在某个低点发生反弹之后，这个低点自然而然地就成为许多技术分析人士的重要参考位置。日后股价是否再次跌破此点，是判断反弹强弱和是否能形成双底的一个重要依据。

在实际走势当中，双底的技术图形比圆底多，因为参与市场的交易者有耐心的很少。当股价第二次回落无法创新低的时候，很多交易者就会迫不及待地进场买入了。

不破新低虽然是一个很重要的参考依据，但这仍然只表明抛盘很少。反弹的强弱还取决于另外一个重要因素：成交量。没有成交量的配合，说明主动介入的买盘很少，后市夭折的可能性依然很大。

当然，主要的决定因素还是突破颈线。在突破颈线之前，所有的分析和判断都只是参考的依据，不是进场的标准。尽管突破颈线之后，股价也常常再度返回，但是只有这个标准胜算最大。

趋势技术分析中，价格总是比成交量以及其他技术分析方法、技术分析指标来得更为重要。

通常来说，时间周期超过一个月的双底，才具备较为可靠的双底技术含义。

如图6-58所示，中天城投（000540）股价放量突破颈线，此时可以大胆买入。

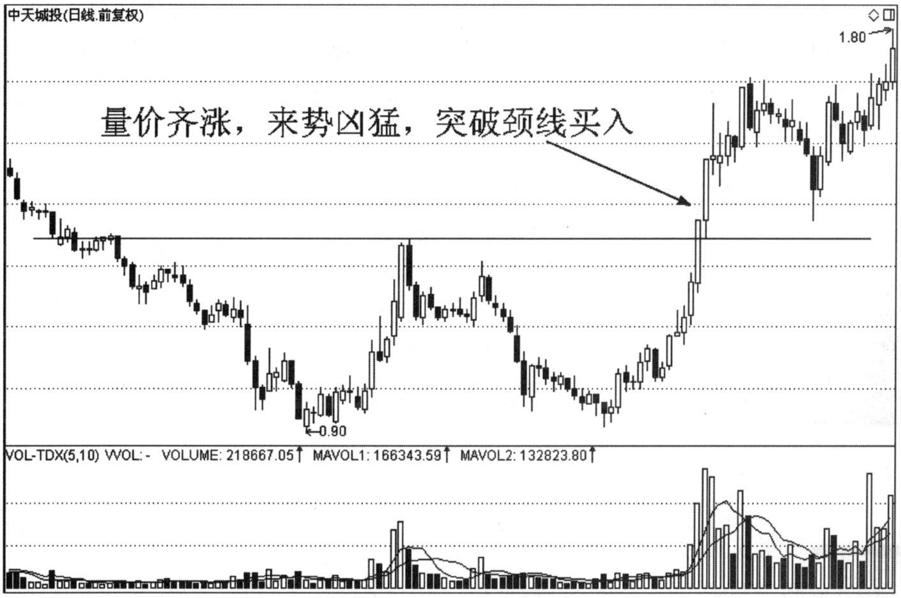

图6-58　突破双底颈线，买入

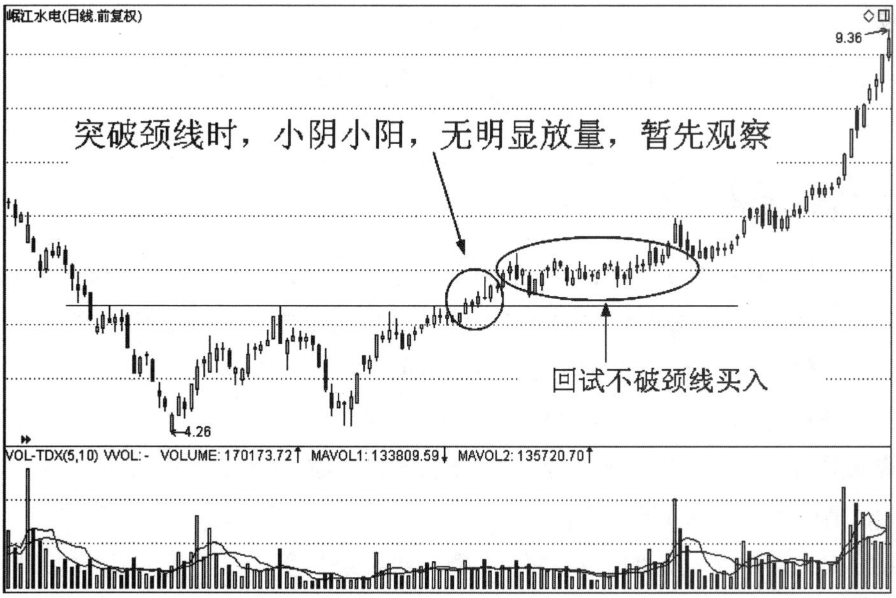

图6-59　没有明显放量的进场点

如图6-59所示，岷江水电（600131）突破颈线后，连续小阴小阳上涨，放量不明显。交易者可以暂时多看少动，继续观察，等到突破之后回试不破再进场买入。

七、双顶（M顶）

股价或指数上升到某一价格水平时放量滞涨，随后股价下跌，成交量减少。接着股价或指数又展开第二波升势，成交量也随着价格和指数的上涨而增加，但却未能超过前一个高峰的成交量。涨到和前一个高点几乎相等的位置时开始第二次下跌，并且跌破上一次的低点，从而形成双顶形态。从图形上看，股价或指数形成两个高峰，所以称为双顶、双头。又因为形状像英文大写的字母“M”，所以又称M头。如图6-60所示。

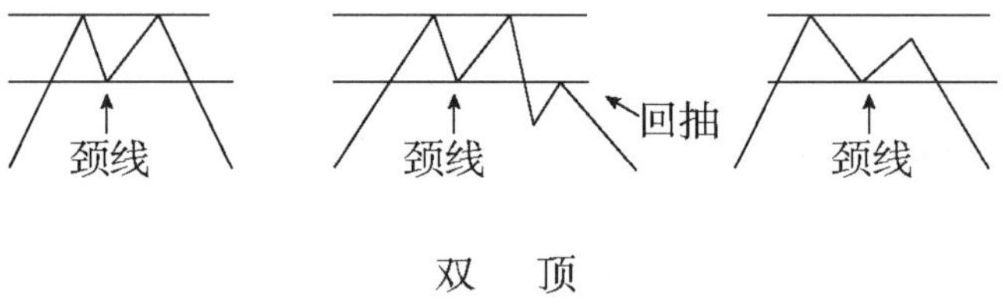

图6-60　双顶（M顶）

1. 双顶的技术特征

（1）出现在上涨趋势中。

（2）两个高点处在同一价格水平或右边高点略低。只有极少数的双顶右边高点高于左边高点。

（3）大多数双顶右边高点的成交量小于左边。

（4）双顶的颈线一般是过第一次回落低点的水平线。有时因为形态原因，会略有倾斜。

2. 双顶的技术含义

双顶是趋势逆转的技术形态，当股价跌破双顶颈线时，是很可靠的一个卖出信号。

如图6-61所示，山东海龙（000677）的股价持续上升，交易者获利丰厚，场内抛压渐渐增强，使行情转为下跌。当股价回落至前期一个密集成交的整理平台上轨时，很多交易者不再有利润，不愿继续抛出股票，供给减少。同时，下跌吸引了短线交易者进场博取差价。另外，有一些在高位沽出获利的交易者开始再次买入股票，需求增加，于是行情开始第二次上升。

当股价接近前一个高点时，那些错过第一次高点出货机会的交易者开始抛售，在回落低点进场的短线交易者也开始获利卖出，股票供给增加，股价再次下跌。这时股价已经形成两个高峰，双顶形态初具。谨慎的技术交易者看到这种走势，心中会感到不安，做出减仓或清仓动作，令抛压越来越大。至于那些价值投资者，也许其中的很多人早已在双顶形成之前离场。因此买方力量薄弱，股价下跌较快，至颈线处也未能止住，随后股价跌破颈线，完成双顶技术形态。股价跌破颈线时，交易者应立即清空股票离场。

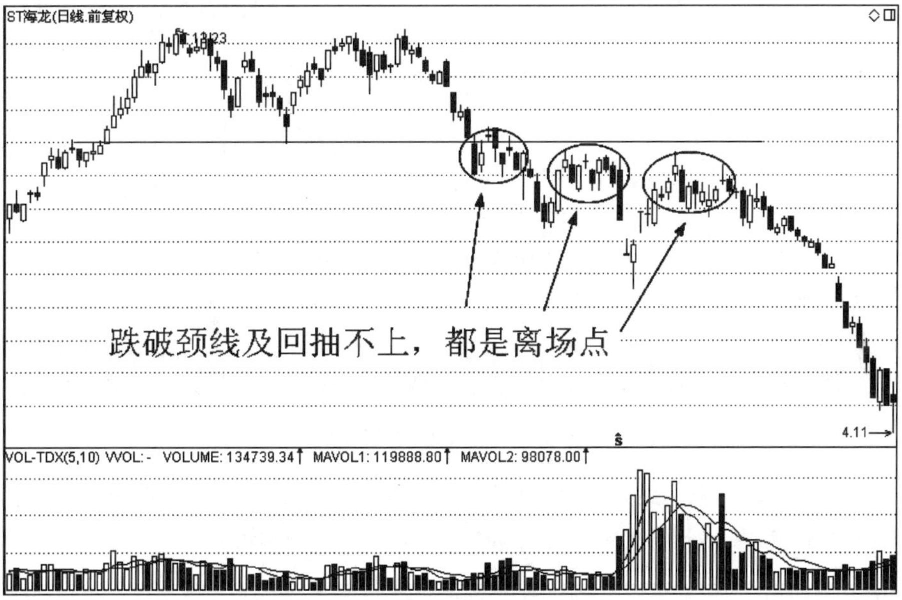

图6-61　双顶的离场标准

该股跌破颈线后，有两次回抽动作。回抽是趋势交易者第二次技术上的正确离场点，是错过第一次逃命机会的最后一次补救机会。一般情况下，跌破颈线即应完全离场，因为至今尚没有任何技术分析方法可以预知某一只股票跌破颈线之后是否会回抽颈线。

该股第二个高峰是一个时间周期很短的小型双顶，通常时间周期少于一个交易月的双顶，不具备双顶技术图形的技术含义。

有时其他趋势分析方法早于双顶发出明显的离场信号，这种情况下，不必等到股价跌破颈线才离场。

如图6-62所示，哈高科（600095）的股价冲高回落，随后第二次上攻，但未能超越前高，成交量反倒有所萎缩。接着收出穿头破脚的K线形态，交易者此时即应减仓。随后出现大阴线，应继续减仓。最后是一个向下的突破缺口，此时应当坚决清仓。

缺口是一个一字跌停板，当日如未能将股票脱手，次日应当继续卖出。而次日开盘即跌破颈线，看空信号已经相当强烈，此时应清仓离场。当日有一个上冲动作，是最后的绝佳离场机会。交易者不必在盘中等待上冲，开盘略观察一下即应挂单卖出。

双顶的颈线跌破以后，就会成为压力位。从图中可以看出，当股价再度上涨，碰到颈线时受到了明显的压力。

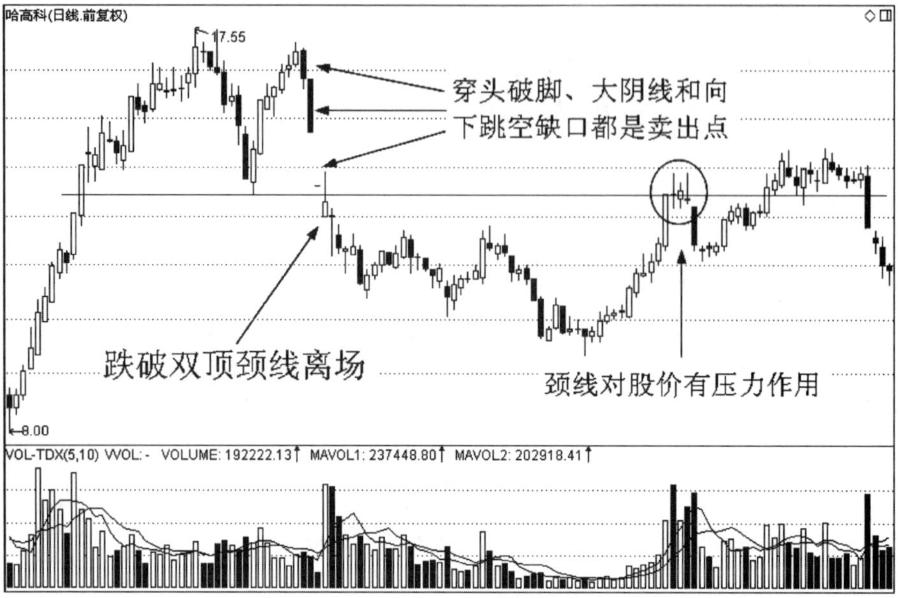

图6-62 双顶的离场标准

图6-63是中国船舶（600150）的日线图，图中可以看到该股走出一个完美的双顶，左右高峰近乎完全对称。股价跌破颈线是技术上的离场点。

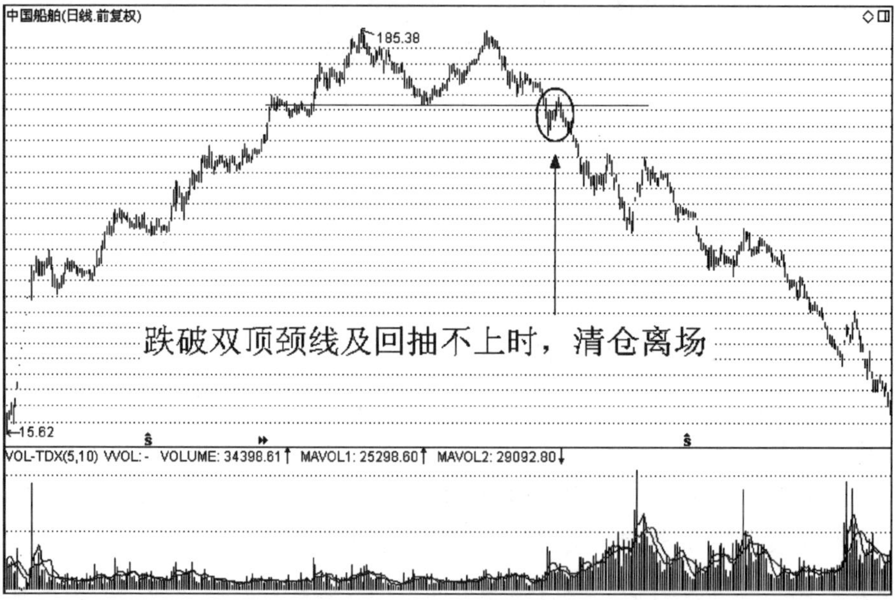

图6-63 双顶的离场标准

该股跌破颈线后，回抽了一下颈线，并短暂向上突破颈线，看起来反弹很强势。但股价并没有有效站在颈线之上，此时交易者应继续离场。错过了这个离场点，以后所有的离场行为虽然不能说全部是错的，但一定不是技术图形意义上的正确离场点了。

短线交易的离场位置更早一些，一般在股价不能再创新高时即应减仓，这也是短线交易离场标准的一般原则。

图6-64是中国船舶（600150）的周线图。和日线图一样，股价跌破颈线后离场。只是日线图上的回抽颈线动作，表现在周线图上只是一条上影线。

图6-64　跌破颈线离场

3. 特别提示

（1）技术含义方面。

①通常双顶的第二个头部比第一个低一些，比第一个头部高的情形很少。只要第二个头部高于或低于第一个头部的幅度不超过 3 %，依然可以认为是双顶。

双底的情形和双顶差不多，第二个底部一般会比第一个底部稍高。高于或低于第一个底部的幅度在3%之内，不影响双底技术图形的成立。

②双顶和双底都是衡量技术图形。量度方法是，从颈线开始起算，加上从颈线至最高点或最低点之间的垂直价差，就是双顶或双底最少的跌幅或涨幅。如图6-65所示。

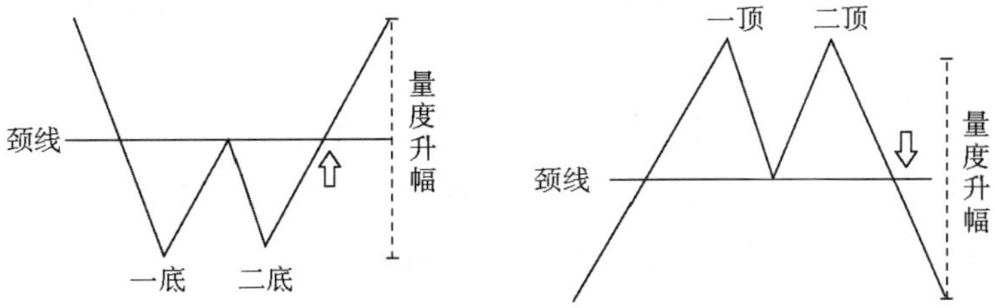

图6-65　双底和双顶的量度涨跌幅

③双顶和双底形成的时间越长，转势的信号就越可靠，逆转的趋势就越可能是长期趋势；时间越短，就越有可能是中期趋势的顶部和底部。

另外，形成的时间越短，就越可能走出失败的图形，从而成为三角形、矩形、楔形等整理形态。

（2）成交量方面。

①双顶两个头部的成交量都会有显著的放大，但第二个头部的成交量一般比第一个头部明显减少，反映出交易者继续追高买入的信心减弱。

②双底两个底部的成交量都十分清淡，第二个底部更加稀疏，表明已经没有交易者愿意继续卖出股票。

③双底突破颈线时，如果没有成交量同步放大的配合，突破失败的概率较大。而双顶跌破颈线时，成交量放大与否，均不影响跌破的有效性。

八、三重顶和三重底

三重顶（底）形成的过程和双顶、双底的一样，只不过多出一个顶部或底部。技术含义也和双顶、双底相同。

任何头肩模式，只要头部与肩部价差相差不明显时，就是三重顶（底）的形态。如图6–66所示。

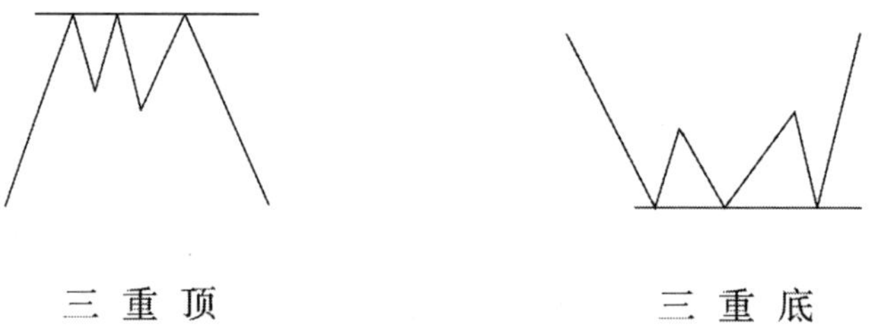

图6–66　三重顶和三重底

1. 三重顶（底）的技术特征

（1）出现在上涨或下跌趋势中。

（2）三重顶的三个高点基本上处在同一位置，三重底的三个低点基本上处在同一位置。

（3）成交量都是从左往右依次减少，但三重顶向上攻击时成交量显著放大；三重底向上突破颈线时，如无成交量的配合，则突破的有效性需要观察。

（4）三重顶（底）的颈线一般是过两个回落低点或反弹高点的连线。

2. 三重顶（底）的技术含义

（1）三重顶跌破颈线后，继续看跌，是卖出信号。

图6-67是康恩贝（600572）的周线图。从图中可以看到，股价持续上升，几乎未作停顿。由于获利盘增加，场内抛压沉重，导致股价从第一个峰顶回落。回落不久，即有看好后市的交易者入场，此前高位抛出的资金也有一部分逢低回补，行情再度回升。由于市场人气已大不如前，成交量明显低于第一次高峰的成交量，股价略高出前一高峰随即走软。在前一次回档的低点附近，有后知后觉者、短线交易者和部分高位沽售的交易者入场买进，股价第三次上升。但由于股价已经形成两个高峰，很多交易者的信心受到影响，成交量虽然仍呈价涨量增之势，但较前两次上涨整体上显著减少，股价也未能超越第二次的高点，显露疲弱之态，随后股价第三次下跌。这次股价走势比上两次更弱，一度跌穿颈线（即前两个低点的连线）。虽然股价很快被买盘拉起来，但并未像前两次一样继续上攻，而是在放巨量收出一根射击之星后快速回落，随后有效跌穿颈线，三重顶技术形态完成。

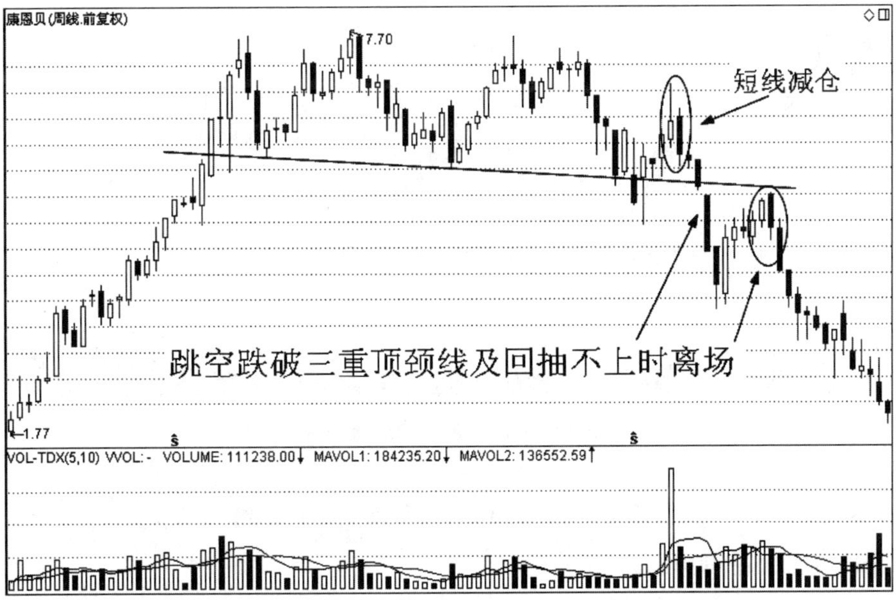

图6-67　三重顶的离场标准

跌破颈线之后，股价回抽颈线，未能及时离场的交易者，此处是一个补救的最后机会。

在已走出三个高峰的情况下，巨量射击之星是多方主力出货的可能性很大。次日又收出大阴线，与射击之星形成穿头破脚之势，K线组合形态发出卖出信号，此时可以短线减仓。

（2）三重底突破颈线后，后市看涨，是买入信号。

三重底大多出现在长期下跌后的底部区域，也可以出现在中期调整趋势当中。

通常股价下跌一段时间后，由于多空双方的力量此消彼长，随后股价开始回升。回升至某一价格时，逢低入场的短线交易者和解套盘开始卖出，股价第二次回落。在前一低点附近，再度有交易者进场，从而推升股价。如此反复，在图形上形成三个基本上在同一价格水平的底部。在最后一次上升时，股价放量突破颈线（即前两次反弹高点的连线），表明三重底形态完成。

如图6–68所示，曙光股份（600303）的股价放量突破颈线，此时可以进场买入。该三重底的颈线略向上倾斜，向上倾斜的颈线表明多方力量更强，买入信号也更可靠一些。

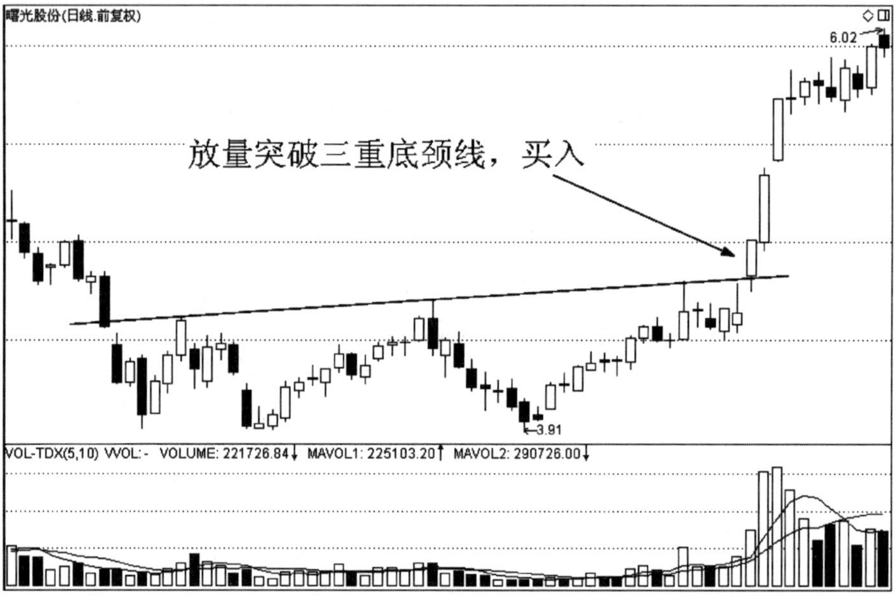

图6–68 三重底的进场标准

如图6–69所示，潍柴重机（000880）的颈线略向下倾斜，但技术含义相同，股价放量突破颈线时交易者可以入场。

该股的三重底，也可以看作是一个头肩价格位置比较接近的头肩底。头肩底的颈线和三重底的颈线完全重合，股价突破头肩底的颈线时可以进场。

3. 特别提示

（1）三重顶的三个顶部，以及三重底的三个底部，价格不一定完全相同，价差幅度在3%之内，就可以认为是三重顶（底）。

（2）突破三重底颈线时，如无放大的成交量，则突破的有效性有待观察；成交量发生的任何变化，都不影响股价跌破三重顶颈线的有效性。

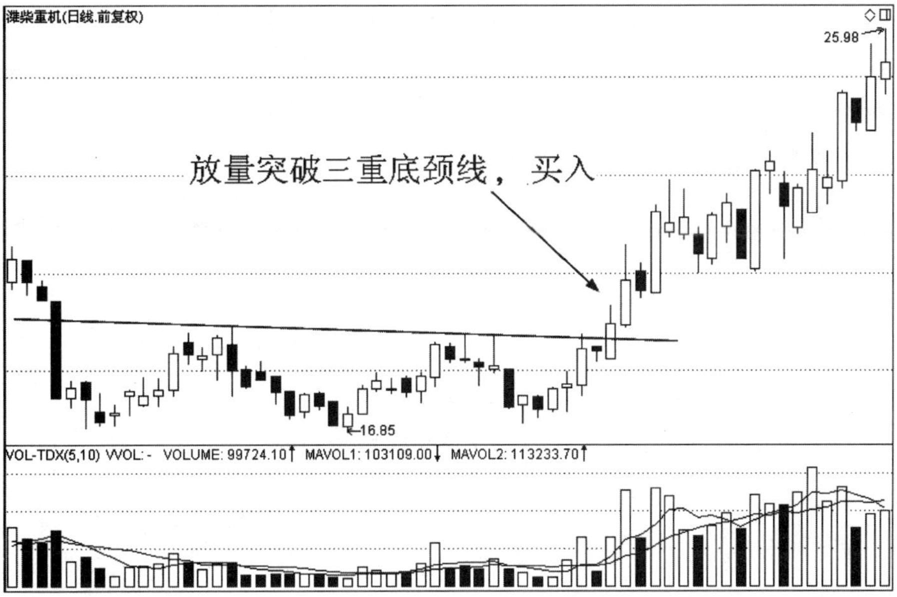

图6-69 三重底的进场标准

九、潜伏底

潜伏底是指股价或指数经过大幅下跌后，长时间在一个极其狭窄的价格范围内横向整理，每日股价的波幅极少，成交量也十分稀疏，在图形上形成一条横线或极为狭长的矩形形状。如图6-70所示。

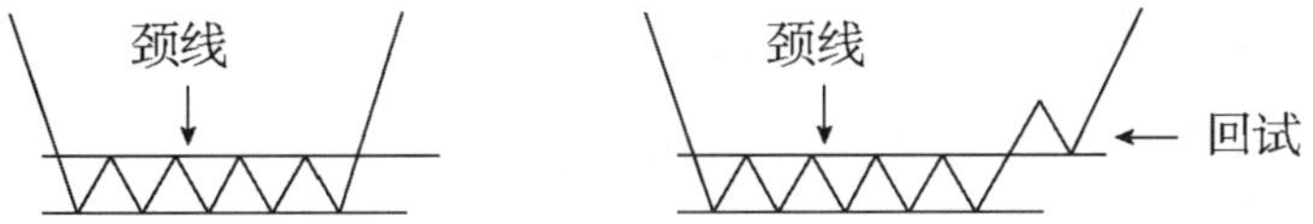

图6-70 潜伏底

潜伏底经过长时间的潜伏后，通常股价会在成交量的配合下大幅向上飙升，因此是所有技术图形当中最具爆发力和最容易把握的形态，但也最容易被交易者忽略。

1. 潜伏底的技术特征

（1）一般出现在股价大幅下跌之后。

（2）股价或指数波幅极小，长时间在一个很狭窄的范围内横向整理，成交量极为稀疏。

（3）最后放量向上突破，股价大幅向上扬升。

2. 潜伏底的技术含义

潜伏底放量向上突破之时，是买入信号，后市看涨。

如图6–71所示，长城开发（000021）的股价长时间蛰伏在一个非常狭窄的范围内，每日的波幅很小，几乎全是上下影线非常短的小阴线、小阳线和小十字星，成交量非常稀少。这说明买卖双方似乎都无心于交易，持仓的交易者好像忘记了这只股票，持币的交易者好像没有看见这只股票。股价既没有上升，也没有下跌，这的确是一件耐人寻味的事情。

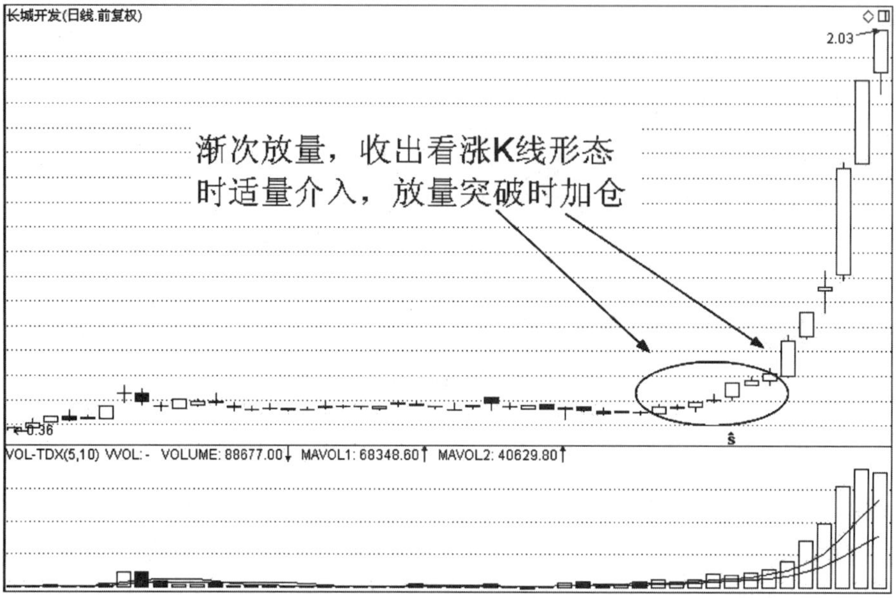

图6–71　潜伏底的进场标准

股价和物体一样，是有重力的。没有人买，没有人卖，股价自然会慢慢下跌。现在股价维持横盘不跌，说明有先知先觉者在暗中收集买入。

体现在消息和基本面上，这段时期的个股大多会处在一个真空期，既没有正面的报道，也没有负面的事件，业绩普通，总之，一切都不引人注意。但公司往往已经开始发生根本上的变化，或者业绩大增，或者有实质上的利好，只是尚不为公众所知罢了。

趋势交易者完全不需要了解公司经营的所有变化，因为所有的变化都会体现在股价的走势上面。该股无量不跌，股价整体振荡，每日波幅都非常小，是主力在里面运作的痕迹。表明主力一方面吸筹，另一方面在等待一个契机。整体振荡和每日波幅很小，说明主力买入的筹码已经差不多了，不需要大幅振荡进行洗盘和震仓，同时也避免短线交易者借机抢进抢出，扰乱主力的计划。

终于，一根放量的大阳线像清晨的红日喷薄而出，接着股价一发不可收拾，如大鹏一样扶摇直上。交易者可以在逐渐放量上行的时候跟进做多，收出放量大阳线的时候抢筹跟进。一般情况下，潜伏底后市涨幅巨大，涨势迅猛。

图中的大阳线特别长，是因为当时沪深股市尚未实行涨跌停板制度。

图6-72是天业股份（600807）的日线图。在股价放量向上突破颈线，脱离潜伏底时，交易者可以大胆买入。

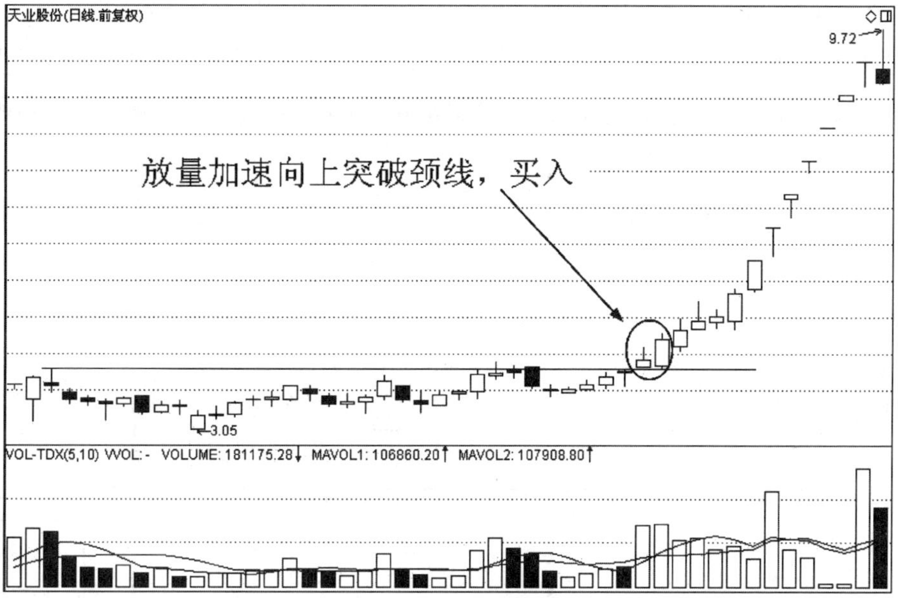

图6-72　潜伏底的进场标准

图6-73是山鹰纸业（600567）的周线图。图中的潜伏底和圆底有点相似，有底有边沿，并且也可以画出颈线。交易者可以在放量突破颈线时入场。回试颈线不破，则继续持仓或加仓。

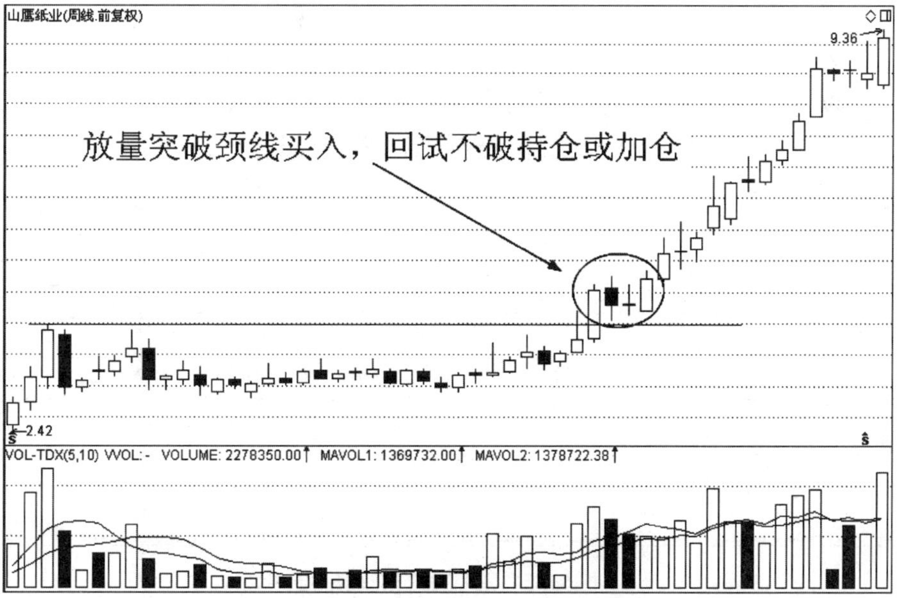

图6-73　潜伏底的进场标准

图6-74是方正科技（600601）的日线图。这里的潜伏底和圆底的界限已经很模糊了，看做圆底或潜伏底都可以。在这个图形上，二者的技术含义和进场标准完全一样，都是突破颈线以及回试不破时进场。

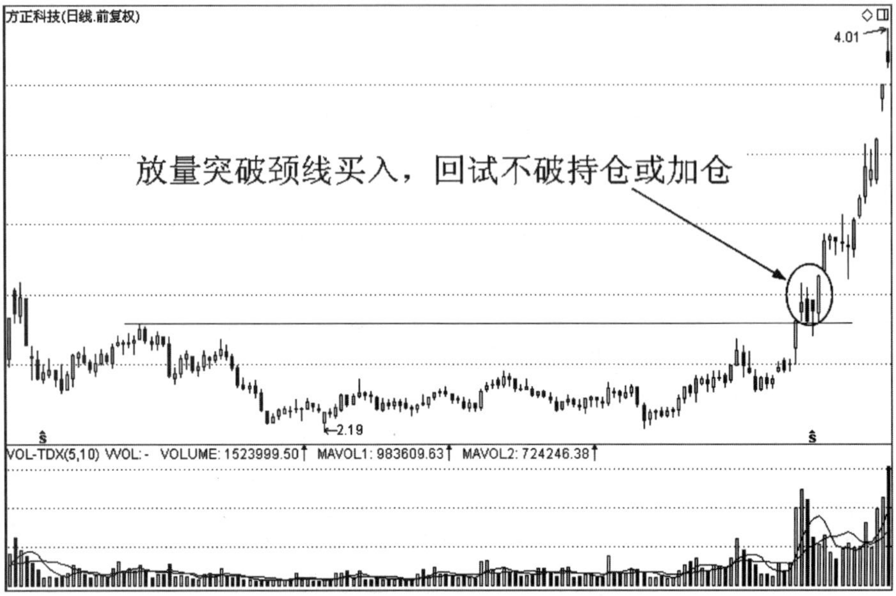

图6-74 潜伏底和圆底的进场标准相同，突破颈线及回试不破时进场

图6-75是方正科技（600601）另一段日线图，图上是一个极具爆发力的潜伏底。

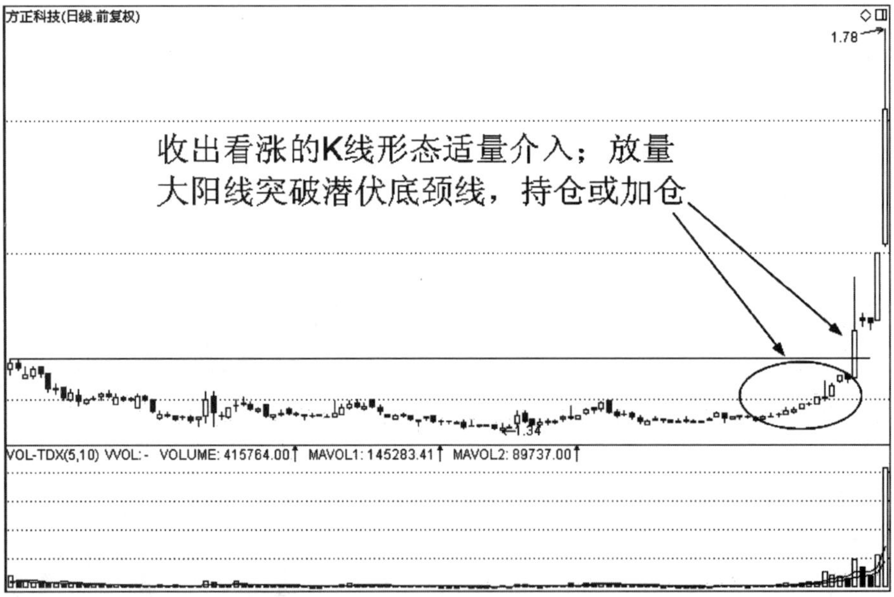

图6-75 潜伏底的进场标准

在潜伏底的末期，股价开始逐渐上升，成交量同步放大，K线走出徐缓上升或者是上升弧形线的组合形态，表明人气恢复，买盘增多，可以适量介入。收出放量突破的大阳线，宣告多方的总攻全面发动，此时可以进场买入。

大阳线突破之后，收出上涨两颗星的K线形态，上涨两颗星是看涨形态。

图中收出超大阳线，是因为当时沪深股市尚未实行涨跌停板制度。

图6–76是方正科技（600601）的周线图，图中走出一个比较完美的潜伏底。交易者可以在股价放量向上脱离底部、突破颈线时及时跟进。

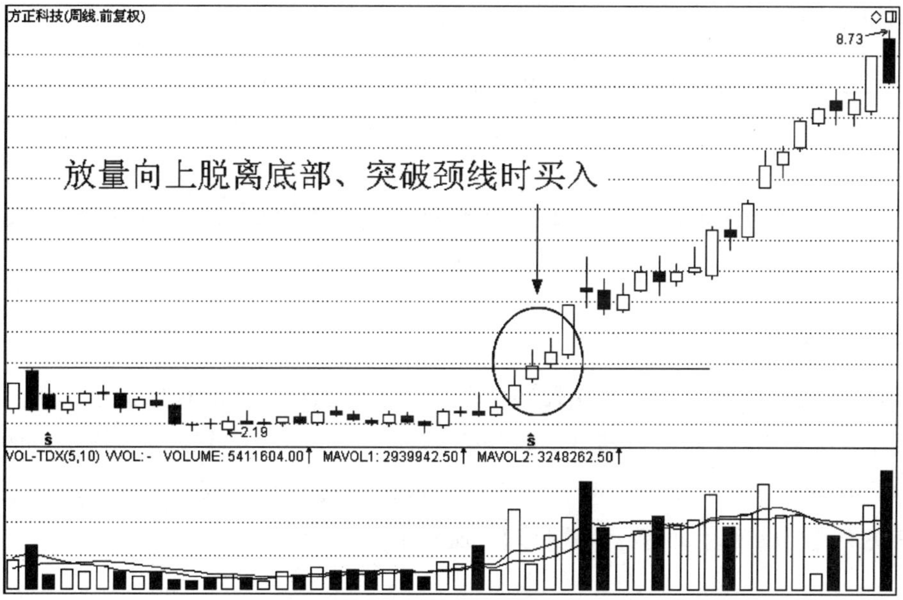

图6–76　潜伏底的进场标准

如图6–77所示，海虹控股（000503）由于主力控盘极好，所以向上突破潜伏底时并没有放量，但是K线走势非常强劲。交易者可以在股价连收大阳线并脱离潜伏底底部时及时进场。

该股的潜伏底画不出明显的颈线。

3. 特别提示

潜伏底向上突破时，如无成交量的放大，则需要继续观察，等待确认突破的有效性。成交量不是判定突破有效与否的必然条件，但却在很大程度上反映了一种概率。

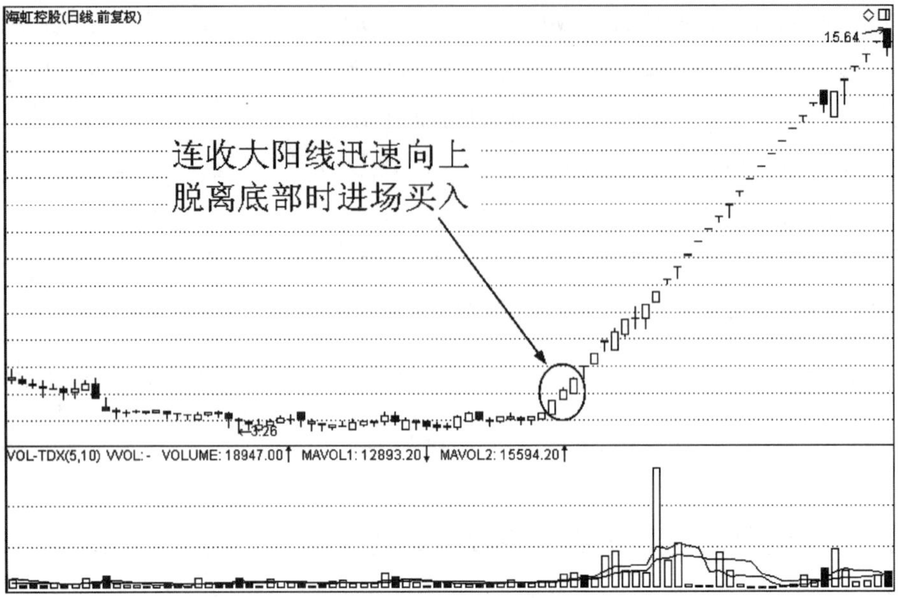

图6-77　潜伏底的进场标准

十、V形反转（V形底）

V形反转是指股价或指数在快速向下杀跌时突然止住，接着在成交量的配合下快速向上飙升。由于V形反转由跌转升的时间非常短，一般在两三个交易日内，有的甚至当日反转，走势很像英文字母“V”，所以称为V形反转。有一部分V形反转形态，在上升或下跌阶段会出现时间很短暂的整理区域。如图6-78所示。

图6-78　V形反转

V形反转是转势技术图形，但逆转的大多是中期趋势，很少有以V形反转方式结束的短期趋势和长期趋势。

1. V形反转的技术特征

（1）出现在下跌过程中，跌速很快，下跌角度十分陡峭。

（2）底部非常尖锐，一般在两三个交易日内急速由跌转升，有些是单日反转。

（3）反转之时，成交量较之前下跌阶段明显增多。上升阶段的成交量跟随价格上涨同步放大。

（4）有一部分V形反转形态在上升或下跌阶段会出现时间很短暂的整理区域。

2. V形反转的技术含义

V形反转放量止跌并开始回升之时，是买入信号。

V形反转一般发生在下跌末期或突发利空消息时。由于市场中空方的力量非常强大，令股价或指数像瀑布一样急速坠落，有时甚至连续跌停。很多交易者还没有来得及弄明白是怎么一回事，就已经深度套牢。当终于忍受不了连续的杀跌，奋不顾身地割肉出局时，才发现股价或指数已跌至深渊。此刻大量买盘开始涌入，成交量显著放大，股价或指数止跌。随后，在那些刚割完肉、摸着伤口还在迷迷糊糊地考虑是不是卖错的时候，戏剧性的事情发生了，股价或指数几乎是以与下跌同样的速度向上猛烈飙升，像高铁一样呼啸而过，根本就不给那些下跌中途和底部离场的交易者考虑的时间。已经出局的交易者只能遥望高高在上的股价或指数捶胸顿足，懊恼不已。直到此时，还有些交易者没有发现当初的利空原本是传言。

图6–79是ST金谷源（000408）的日线图。股价缩量以连续跌停板的方式下跌，只在接近底部的地方有两天放量，使得一些一直没有机会卖出的交易者能够在底部割肉出局。

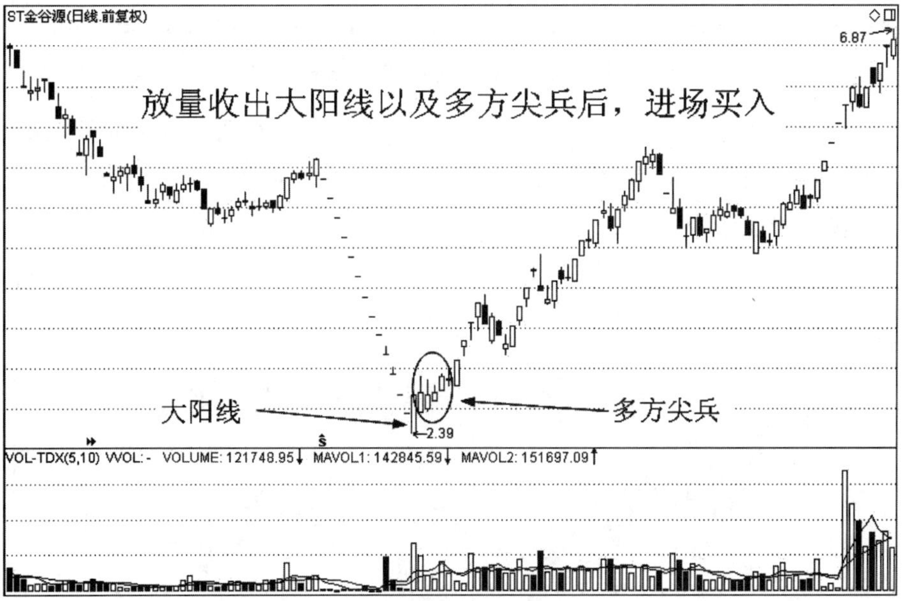

图6–79　V形反转的进场标准

连续下跌了13个交易日之后，在第14个交易日，巨量打开跌停板，并最终以涨停板报收。此后股价一路带量涨升，很快就将失地全部收复。

交易者可以在股价放量收阳后及时介入，也可以略作观察，在股价持续放量并收出多方尖兵之后进场。进场时应当控制仓位，宜轻不宜重。

图6-80是ST金谷源（000408）的日线图。从图中可以看到，股价快速下跌后，连续两日无量跌停，接着放量收阳。交易者可于放量收阳当日适量介入，次日继续放量上涨时加仓。

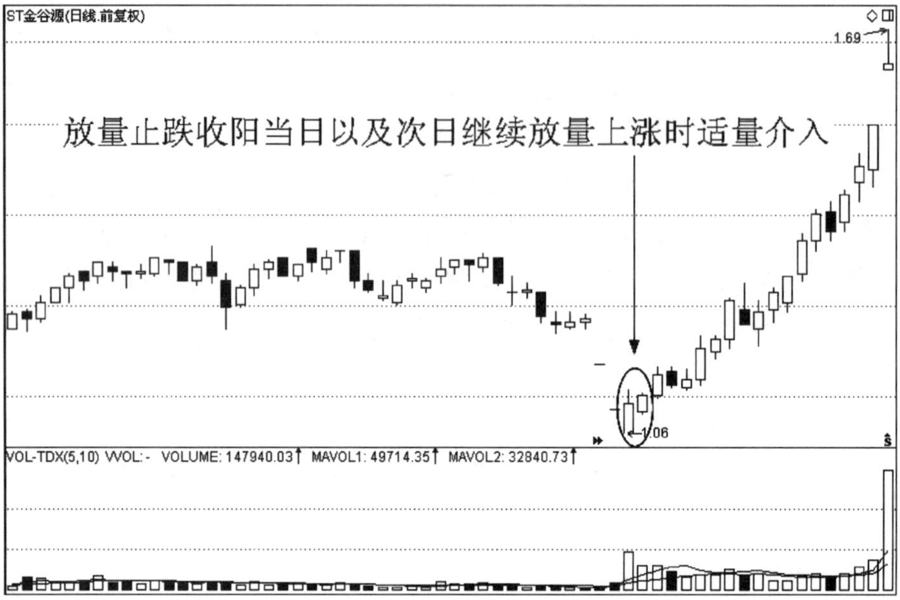

图6-80 V形反转的进场标准

图6-81是绵世股份（000609）的日线图。从图中可以看到，股价跌破收敛三角形后快速探底，然后收出一根跳空向上的放量大阳线，预示股价有可能V形反转。收出大阳线当日收盘前可以适量买入。

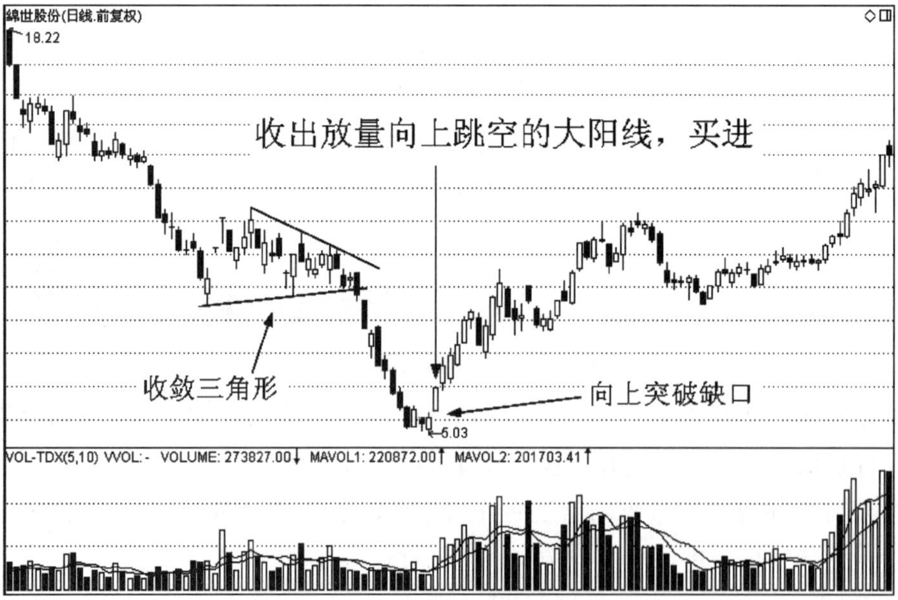

图6-81 V形反转的进场标准

向上跳空缺口是突破缺口，向上突破缺口后市看涨。

图6-82是国农科技（000004）的日线图。该股跌破整理形态后，连续无量一字跌停，令那些犹犹豫豫的持仓者心理完全崩溃，却又无可奈何，最后在底部收出一根巨量倒锤头线。倒锤头线虽然是见底信号，但对于手中持有股票并深度套牢的交易者来说，此时已经无法顾及许多，大多交易者此时心里只有一个念头：总算可以跑出来了。

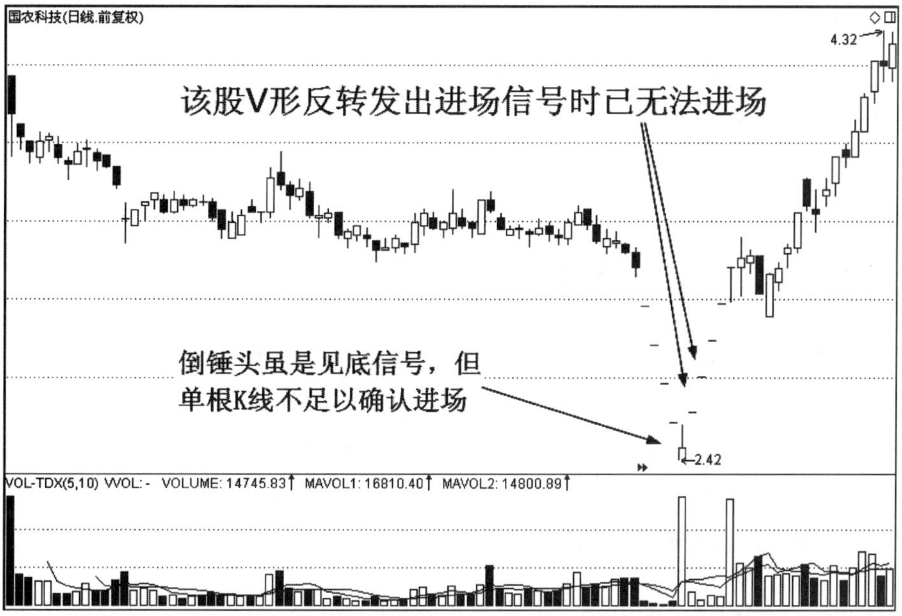

图6-82 V形反转发出买入信号时已无法进场

谁知造化弄人，该股自次日起即连续收出无量一字涨停板，股价一直冲到下跌前的整理区域才略做停顿。底部割肉的交易者先是像被人当头打了一棒，懵懵懂懂，接着就是锥心的疼痛和压抑的追悔。只有股市，才会经常让人在短时间之内经历大喜大悲。

具体到该股，如此强悍的走势，其实几乎没有什么可以操作的机会。只有底部收出的倒锤头线，给了公众交易者一次短暂的机会。但倒锤头线的见底信号并不强，即便进场，正确的做法也是浅尝辄止，以很轻的仓位参与。实际上，对于趋势交易者来说，该股的V形反转走势，他们基本上只能是看看而已。

十一、倒置V形反转（尖顶）

倒置V形反转和V形反转的图形一样，但方向和技术含义相反。股价或指数在狂热情绪的驱动下，一路高歌猛进，甚至连续拉出涨停板。最后股价突然止住上涨的势头，当日即在顶部收出从涨停到跌停的放量大阴线，扭转了上升的趋势。随后股价或指数几乎以和上升时同样的速度下跌，从而在图形上形成一个倒转的“V”字形。因为倒置V形反转的顶部很尖锐，常常两三个交易日就完成由涨转跌的过程，有的甚至当日逆转，所以又称为尖顶。有一部分倒置V形反转图形，在上升或下跌阶段会出现短暂的整理区域。如图6-83所示。

倒置V形反转和V形反转一样，逆转的大多是中期趋势。

图6-83 倒置V形反转（尖顶）

1. 倒置V形反转的技术特征

（1）出现在上涨过程中，涨速很快，上涨角度十分陡峭。

（2）顶部非常尖锐，一般在两三个交易日内就由涨转跌，甚至出现单日反转。

（3）反转之时，成交量一般会有所放大，但下跌阶段的成交量没有技术方面的特别意义。

（4）有一部分倒置V形反转形态，在上升或下跌阶段会出现时间很短暂的整理区域。

2. 倒置V形反转的技术含义

倒置V形反转放量滞涨和由涨转跌时，是卖出信号。

倒置V形反转一般发生在上涨末期或市场流传某些朦胧的传言时，市场主力利用消息不对等的优势，大幅拉升再大幅杀跌，因此是一种很明显的主力出货形态。

很多倒置V形反转，在反转之前并无明显的反转信号提示交易者离场。类似于倒置V形反转右侧那样短期连续暴涨的股票，可以在出现以下三种情况时减仓或清仓。这种三种情况是：放量滞涨，出现见顶的K线组合形态，股价跌破5日均线。

如图6-84所示，东方银星（600753）一路无量一字涨停（当时该股是特别处理股票），接着收出两根放量的T字线，可以推断主力出货的可能性很大。收出T字线时，交易者至少要减掉一部分仓位了。

最后是一根带量的穿头破脚大阴线，从涨停板一直打到跌停板，表明主力做空的决心很大，此时减仓或者清仓是明智之举。

当日没有离场或者挂卖单没有成交的，次日继续挂单卖出。次日是跌停板，如果还没有成交，第三日继续挂单卖出。仍旧没有成交的，第四日继续挂单。第四日放量下跌，盘中也有振荡，此时可以不必考虑卖出价格，只需要考虑如何卖出即可。因为

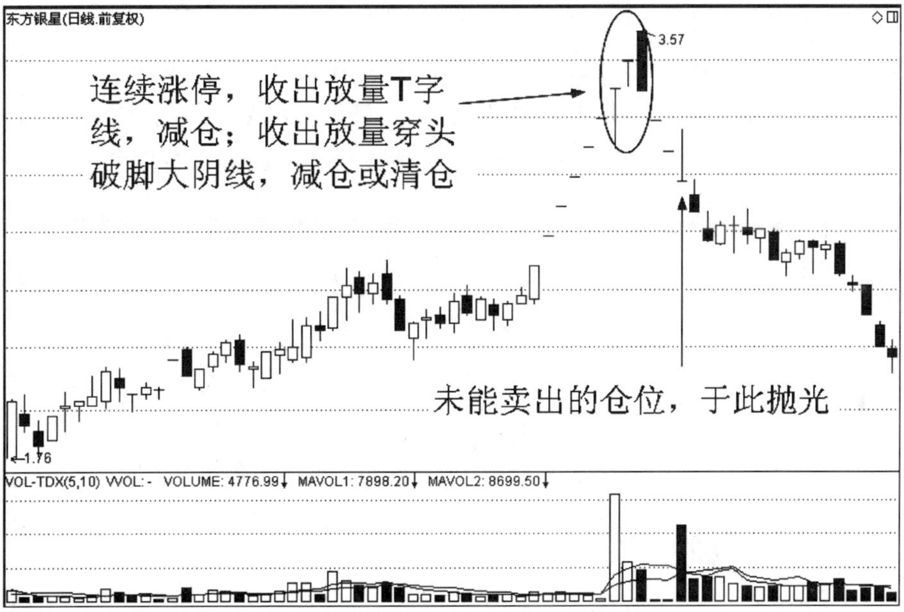

图6-84 倒置V形反转的离场标准

此时形态已经走坏，趋势已经反转。

如图6-85所示，力生制药（002393）在前高压力处放量收出大阳线，但股价没有有效突破前高，次日收出阴线。阴线和大阳线形成淡友反攻的K线组合形态，所以此时要减仓。

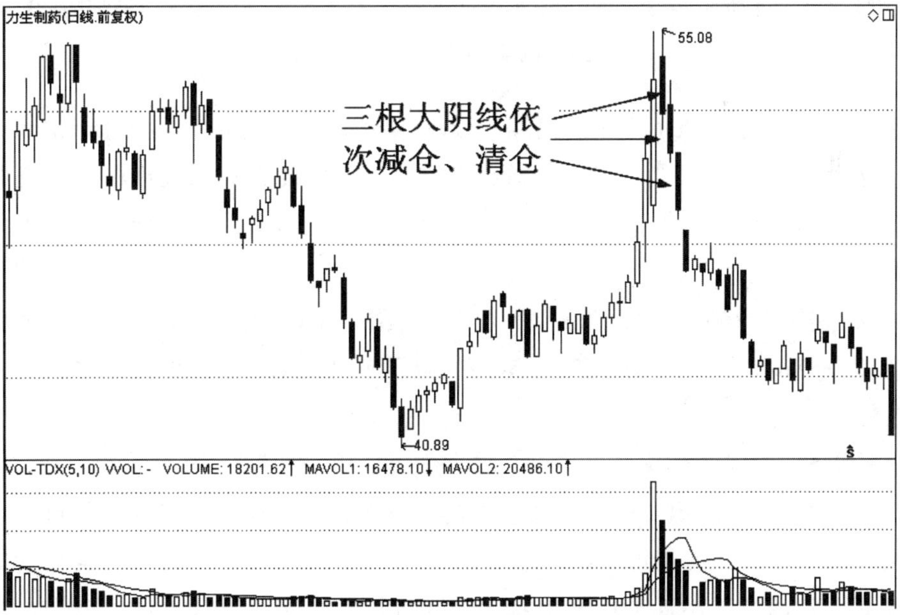

图6-85 倒置V形反转的离场标准

第三日继续收出大阴线，应继续减仓或清仓。第四日再收大阴线，形成下跌三连阴的K线形态，且图形已经明显呈倒置V形反转的形状，此时交易者要坚决清仓。

如图6-86所示，深信泰丰（000034）在连续上涨过程中，缩量涨停之后（当时该股是特别处理股票）收出一根放量的T字线，此时需要减仓。接着是一根低开的放量大阳线，继续减仓。第三日是一根低开低走的阴线，行情明显露出疲弱之态，继续减仓或清仓。第四日是十字星，见顶信号，继续减仓或清仓。第五日是阴线，继续减仓或清仓。

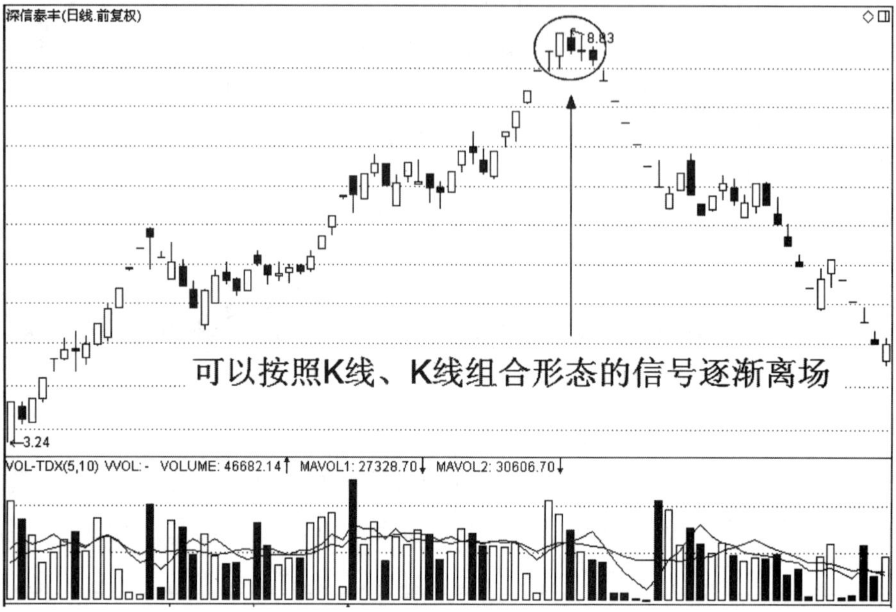

图6-86 倒置V形反转的离场标准

对于走势类似倒置V形反转的股票，千万不要指望全仓吃完整段上涨行情。如果存有这种念头，一旦股价回头，交易者想卖出股票，可能要面对两大难题：一是股价常常下跌极快，有时连续跌停，挂卖单难以成交；二是能够卖出时，利润已经大大缩水甚至被套。

图6-87是图6-86同一时间段的日线图。从图中可以看到，顶部十字星之后的阴线，开盘即在5日均线之下。遇到这种走势，短线应该全部清仓。即使是中长线交易，也应该出掉绝大部分仓位。

像这种沿5日均线连续飙升的走势，离场标准一般有三种：放量滞涨，股价跌破5日均线，收出见顶的K线组合形态。按这种标准离场，可以有效锁定部分利润。

如图6-88所示，大有能源（600403）连续上涨一段时间后，场内积累了大量的获利盘。随后股价滞涨，出现了快速杀跌。杀跌过程中成交量没有放出，表明主力尚未出局。股价止跌后，马上V形反转，这种走势说明主力挖了一个空头陷阱。

但是多头也高兴不了多久。股价超越前次高点之后，很快就以一根放量大阴线顶头杀下来，股价走出倒置V形反转。这次主力是挖了一个多头陷阱。主力翻手为云覆手为雨的操盘手法，在这只股票的走势上表现得淋漓尽致。

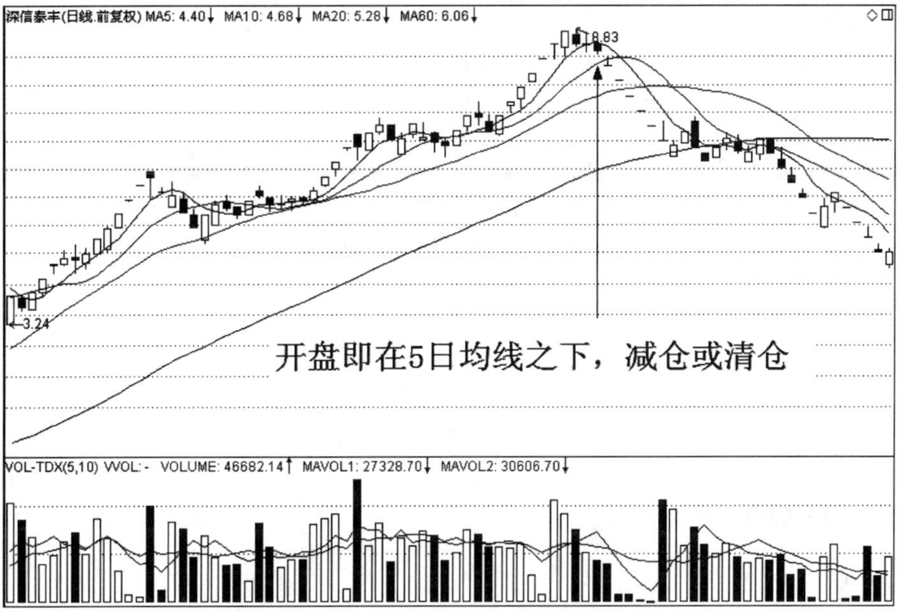

图6-87　倒置V形反转的离场标准

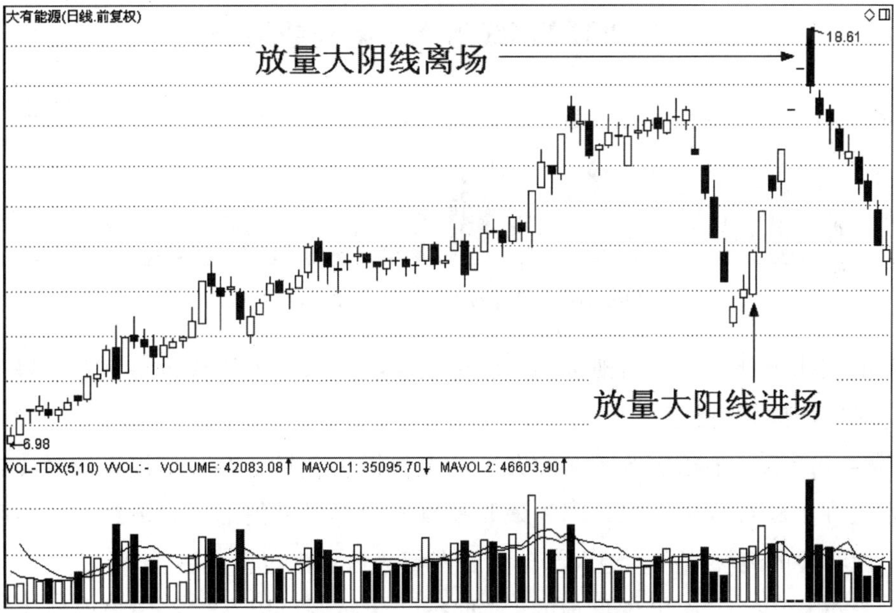

图6-88　V形反转和倒置V形反转的进出场标准

主力这样做并非毫无意义。先前的空头陷阱，洗掉一部分获利盘和短线交易者。股价走出陷阱并创出新高后，进一步强化了场内交易者的多头思维。这样持仓的交易者就不会害怕下跌，甚至股价破位也无动于衷。后面的多头陷阱很显然是主力为出货而营造看多的市场氛围，以便为自己出货创造更大的空间。

无论是空头陷阱也好，多头陷阱也好，只要交易者严格把握趋势交易的原则，就不至于损失惨重。

该股的进场点在V形反转的第一根放量大阳线，离场点在倒置V形反转的第一根大阴线。在上涨趋势的任何时候，回避大阴线总是利大于弊。

如图6-89所示，ST星美（000892）的股价之前上涨势头很猛，连拉涨停板。随后顶部收出放量的T字线，这是股价见顶信号，此时交易者应主动减仓。次日收出长十字线，是见顶信号，继续减仓。接着连收两根阴线，股价已经掉头，连续上涨势头已经结束，此时交易者应清仓。

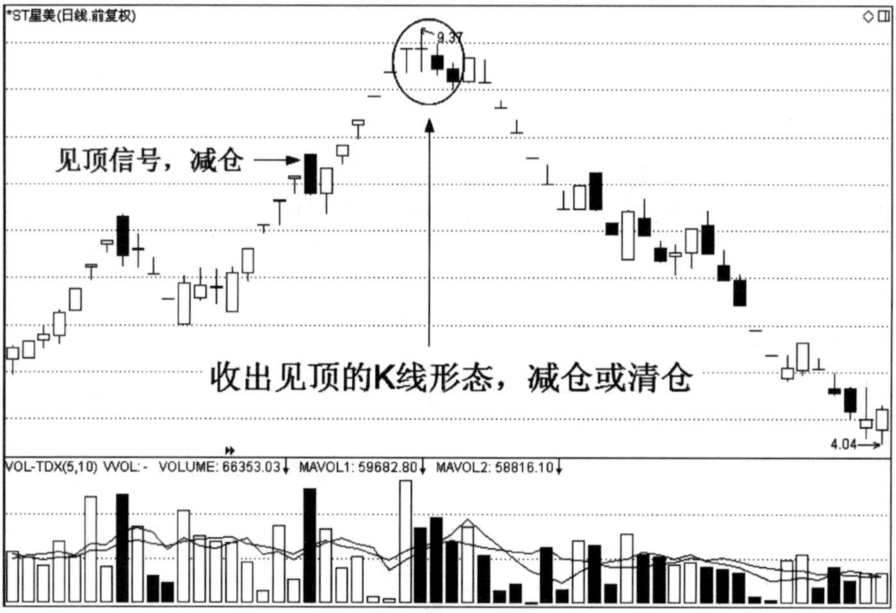

图6-89　倒置V形反转的离场标准

在股价到达顶部之前，出现过一根放量大阴线。这根大阴线也是见顶信号，当时交易者应减掉一部分仓位。

如图6-90所示，中福实业（000592）的走势极为独特，在顶部没有及时离场的交易者，很难在下跌过程中卖出，因为该股是以连续无量跌停的方式下跌的。该股在顶部没有出现明显的离场信号，绝大部分交易者都会被迫坐过山车。

在上升过程中，三次出现见顶的K线形态，交易者可以在这些信号出现时逐步减仓。减仓之后，股价继续上涨，导致交易者部分资金踏空了一段行情，但这是保障资金安全必须付出的代价。

如图6-91所示，武钢股份（600005）走出了一个近乎经典的对称倒置V形反转。上升的过程中，K线形态出现过三次短线交易减仓信号。顶部收出下跌三连阴K线形态时，应果断离场。

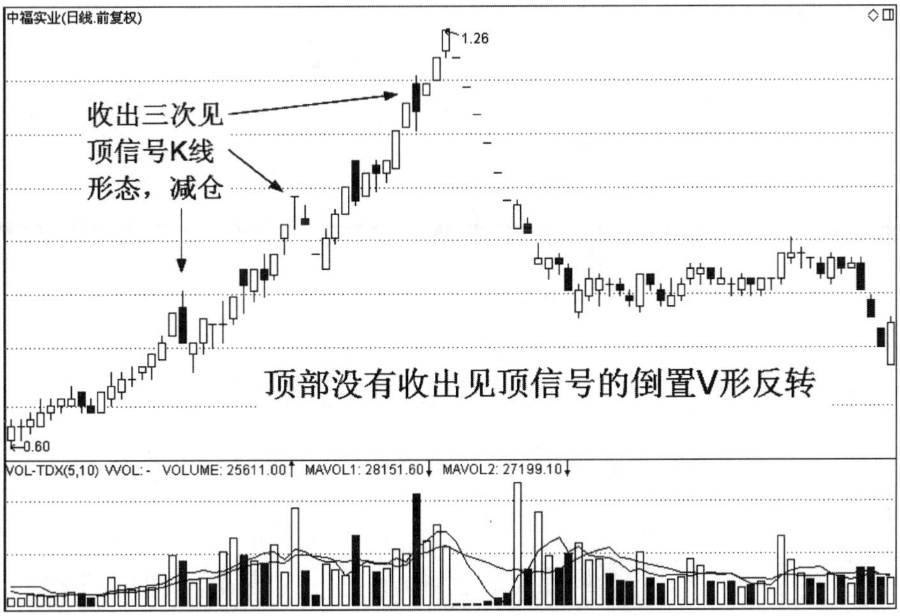

图6-90　没有明显见顶信号的倒置V形反转

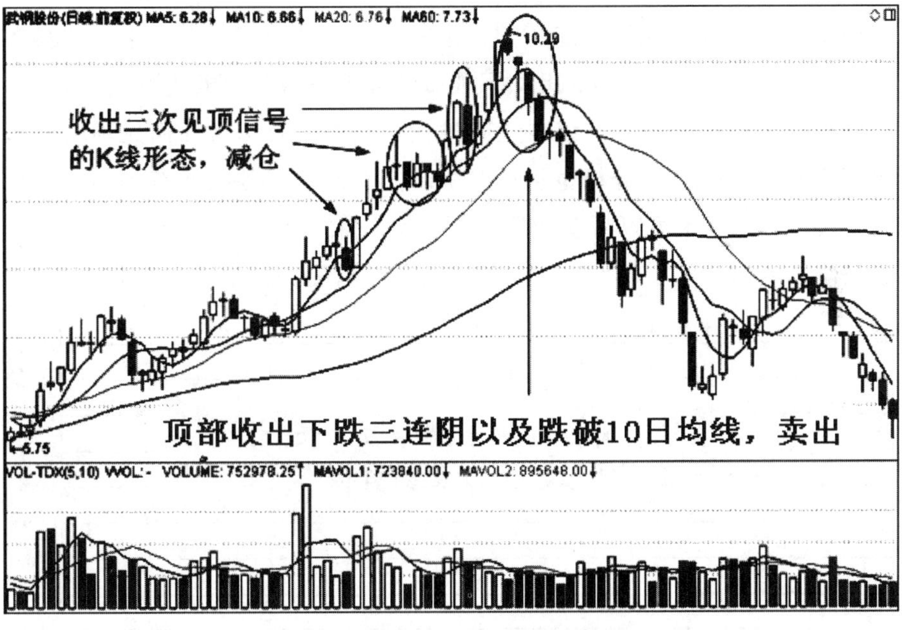

图6-91　倒置V形反转的离场标准

沿10日均线陡峭上涨的股票，在股价跌破10日均线时应短线离场，中长线交易者也应减掉大部分仓位。因为该股有可能走出倒置V形反转形态，所以交易者至迟在股价跌破10日均线时清仓。

如图6-92所示，ST磁卡（600800）顶部收出一根上影线很长的下跌倒T字线，是非常明显的见顶信号，交易者应坚决离场。

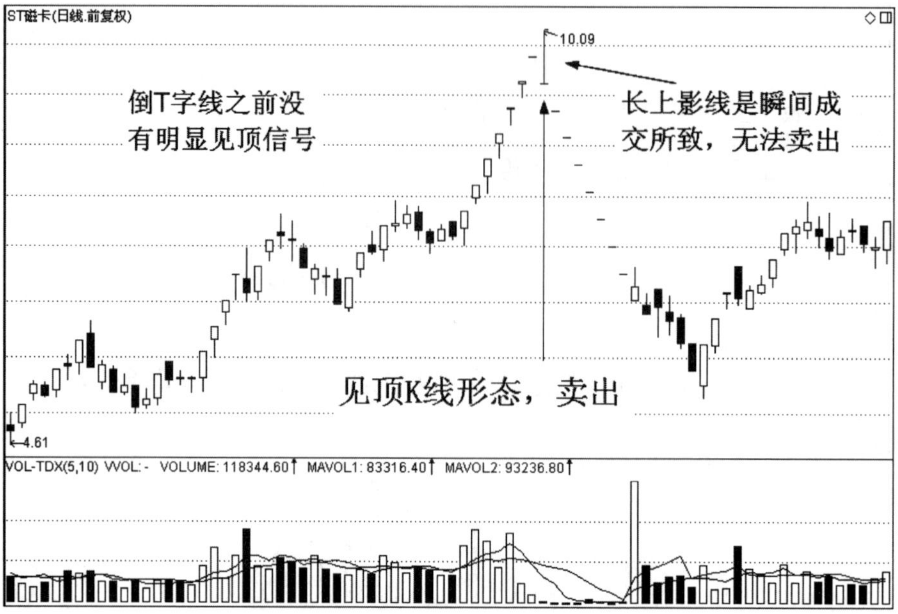

图6-92　倒置V形反转的离场标准

收出倒T字线时，开盘即无量封住跌停板，长上影线仅仅是瞬间成交所致，因此很多交易者根本无法卖出。此后是连续的无量跌停板，公众交易者几乎无法卖出，所以在上涨过程中没有减仓的交易者，此时只能眼睁睁地看着股价极速下跌。

另一件很让人纠结的事是：该股上升过程中居然没有出现任何见顶的技术信号。从这里可以看到，有时技术分析也不能解决现实交易中遇到的所有问题。但是交易者应该坚信，技术分术一定可以帮助做到盈多亏少，持续获利。

图6-93是图6-92中长上影倒T字线的日分时走势图。从图中可以看到，虽然该日交

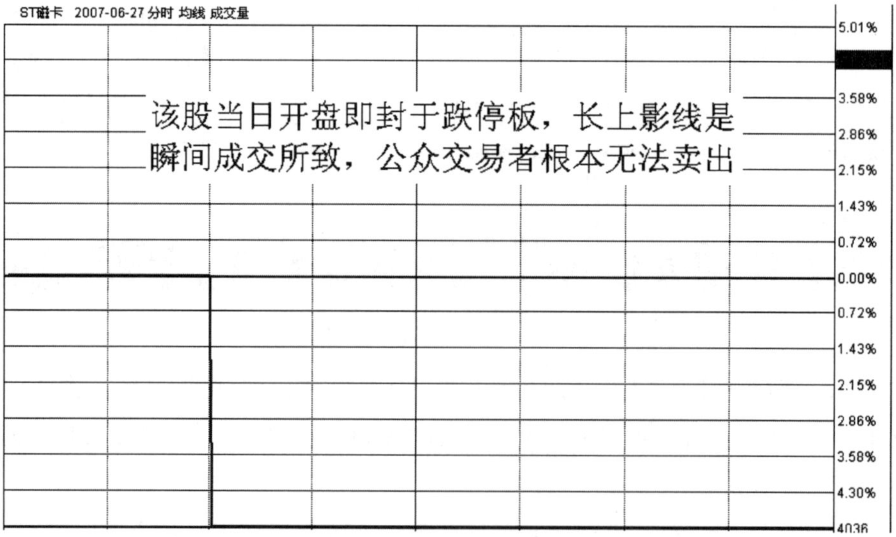

图6-93　形成长上影倒T字线的日分时走势图

易者应该离场，但是基本上卖不出去。所以骑上大黑马后，在享受连续涨停板的乐趣之时，也别忘了边涨边减仓，否则一旦股价以连续跌停板的方式形成倒置V形反转，交易者就很可能乐极生悲，白白坐了过山车不说，甚至还会被套牢。

3. 特别提示

（1）V形反转走势令人热血沸腾，但实际上却很难把握。即使在转势位置有显著放大的成交量配合，后市没有形成V形反转的例子也不鲜见。

V形反转是市场极端情况下的个例，通常趋势反转都需要时间和空间，所以交易者介入V形反转一定要慎重，仓位控制和及时离场是必不可少的两项保障。放弃V形反转的机会，有时也不是什么坏事。

（2）倒置V形反转涨得越猛烈，则下跌同样凶狠的可能性越大。在股价坐着火箭向上冲时，千万不能放过任何一个见顶形态给出的减仓机会。事先锁定一部分利润，当此后发生极端走势时，可以让交易者的操作依然从容。

十二、缺口

1. 缺口分类

缺口主要是指在上涨或下跌趋势中，股价或指数跳空开盘，至收盘时仍旧留有一段没有任何成交的空白区域。在日本，缺口也称为窗口。

当股价重新回到缺口价位，将原来没有成交的空白区域完全填补时，称为缺口封闭，又称为缺口回补。

依据缺口所处位置不同，可以分为普通缺口、突破缺口、持续（衡量）缺口与竭尽（消耗）缺口四种。

（1）普通缺口。这类缺口通常出现在密集成交区域，例如三角形、矩形等整理技术图形当中。普通缺口不具有转势的技术含义。

（2）突破缺口。突破缺口一般出现在密集成交的转势或整理技术图形形态末期，此时股价或指数以跳空的大阳线或大阴线突破盘局，完成形态，并留下突破缺口。缺口显示了沿缺口方向一方所具备的强大力量。突破缺口愈大，力量对比悬殊就越大。

（3）持续（衡量）缺口。持续缺口是在突破缺口之后，出现在上升或下跌途中的缺口。持续缺口具有衡量股价或指数未来涨跌幅的作用，因此又称为衡量缺口。其量度的方法是：从持续缺口处的点位，加上股价或指数突破点至持续缺口点位的垂直距离，就是未来股价将会达到的位置。换句话说，持续缺口表明股价或指数已经走完二分之一的行情。

（4）竭尽（消耗）缺口。出现了突破缺口和持续缺口之后，股价或指数继续延续原来的趋势并且越来越急，越来越快，这时出现跳空开盘并留下缺口，就是竭尽缺口。竭尽缺口又称为消耗缺口，意为股价或指数的上涨或下跌动能将尽。竭尽缺口通常在恐慌性抛售或狂热化抢进的末段出现。

因为送股、转股、配股、派息等原因，股价也会在K线图上留下缺口，但这是除权缺口，没有技术分析上的意义。交易者可以将默认的不复权行情走势修改为前复权行情走势，这样行情界面的K线图上就不会留下除权缺口。方法如下：先在K线图界面空白处点右键，弹出一栏菜单，再点“复权处理”弹出子菜单，然后选中“前复权”即可。

2. 向上缺口

根据缺口的方向，缺口分为向上缺口和向下缺口。

向上缺口是指股价或指数见底或整理之后，向上突破留下的缺口。如图6-94所示。

图6-94　向上缺口

（1）向上缺口的技术特征。

①一般出现在股价见底回升的上涨初期，以及上涨途中整理形态的末端。

②缺口一般伴随着较高的成交量。如果成交量萎缩，则缺口有可能很快被封闭。

（2）向上缺口的技术含义。

①向上突破缺口是买入信号。向上突破缺口经常在转势技术图形如头肩底，以及整理技术图形如上升旗形、下降楔形等形态突破时出现。

股价或指数以缺口的方式突破整理或转势技术图形，要比那些没有缺口，只是一点一点慢慢突破技术图形的走势更为有力。这是因为在形态内经过长时间的换手，多方积聚了空前强大的力量，而供给已经完全被吸收，买进的交易者只能在更高的位置才能成交。

如图6-95所示，齐翔腾达（002408）放量突破矩形上边线，虽然当时收出阴线，但缺口却一直没有回补，是突破缺口，此时可以进场买入。

如果突破缺口之前的成交量相对较大，缺口之后的成交量却相对萎缩，则缺口短时间内被封闭的可能性很大。突破缺口一旦被封闭，将失去突破缺口的技术含义，表明趋势没有因此逆转，股价也不会继续保持强势。

如果缺口之后成交量持续放大，股价或指数也很快远离缺口，则缺口突破的有效性值得信赖。

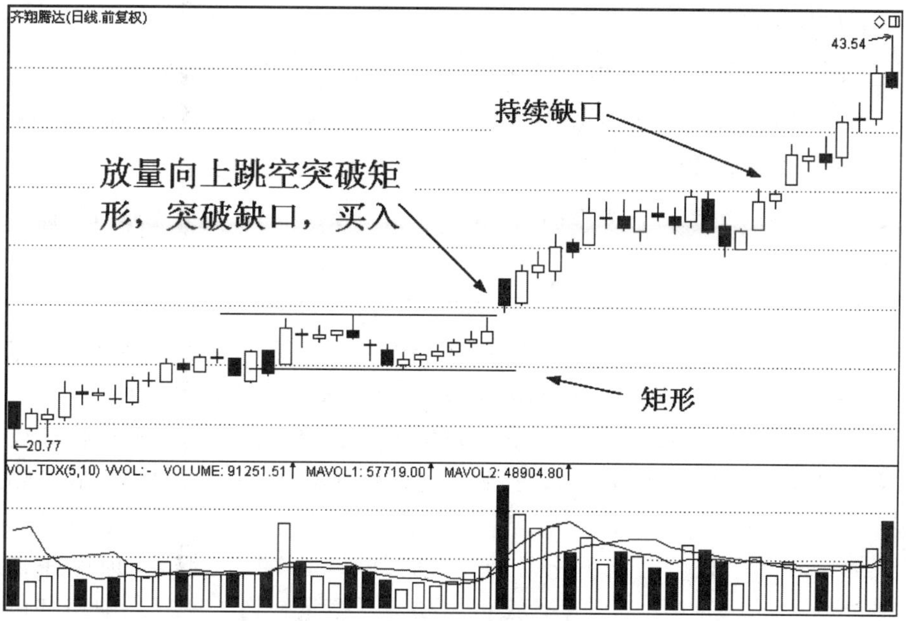

图6-95　突破缺口是买入信号

②向上持续缺口是买入信号。向上持续缺口通常出现在突破缺口之后的上涨中途。向上持续缺口是衡量缺口，表明股价或指数的上涨行情至少还有一段大致等于突破起涨点至持续缺口处这种空间的涨幅。

图6-96是ST罗顿（600209）的周线图。从图中可以看到，收出持续缺口后，股价继续上涨。交易者可以在收出缺口当周的最后一个交易日临近收盘时进场，也可以在

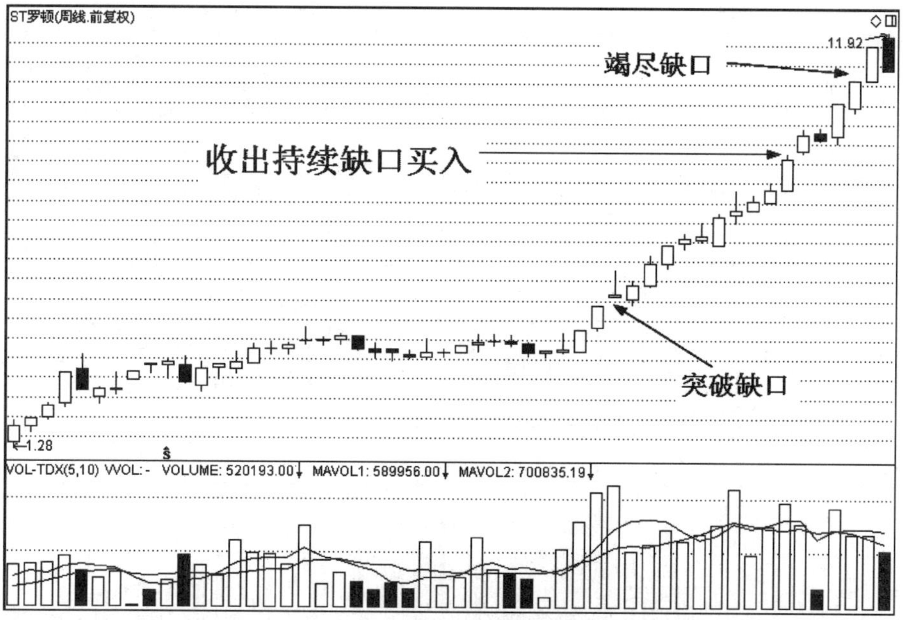

图6-96　持续缺口是买入信号

次周的交易日择机进场。

该股从2.16元开始起涨，持续缺口的缺口区间价位是6.24–6.27元，理论上可以上涨到10.35元（6.27元+6.24元- 2.16元=10.35元）。实际上该股一直上涨到最高价11.92元，超出了理论涨幅。交易者在缺口位置介入后，可以有不菲的收益。

因为周线比日线更稳定，更难出现缺口，所以周线图中的缺口，其可靠性要远远强于日线。

③向上竭尽缺口是卖出信号。向上竭尽缺口预示股价或指数的上涨已经接近尾声，有些个股可能因此转涨为跌。虽然竭尽缺口并不必然意味着趋势反转，但是交易者逐步卖出股票，锁定利润并静候行情走势明朗，仍不失为正确的选择。

收出缺口的当日或次日，如果成交量较之前显著放大，但此后的价格和成交量却都无法持续增加，那么基本可以判定该缺口是竭尽缺口而非持续缺口，股价随后见顶的概率很大。

持续缺口和竭尽缺口可能不止一个，有时判断起来颇费周折，但也并非无迹可寻。一般可以从以下四个方面入手：A.持续缺口是衡量缺口，所以新缺口和持续缺口之间的距离可以作为一项判断的依据；B.股价或指数的涨幅越大，就越有可能是竭尽缺口；C.竭尽缺口大多是市场极度狂热的表现，所以竭尽缺口的宽度一般会比持续缺口宽；D.持续缺口不会在短时期内封闭，而竭尽缺口经常会在几天之内封闭。

如图6–97所示，安信信托（600816）经过连续上涨，收出竭尽缺口并很快被封闭，预示股价即将见顶，是卖出信号。交易者可在收出竭尽缺口当日离场，也可以在股价或指数封闭竭尽缺口时离场。该股收出并封闭竭尽缺口之后，尽管股价依旧向上，但已是强弩之末。

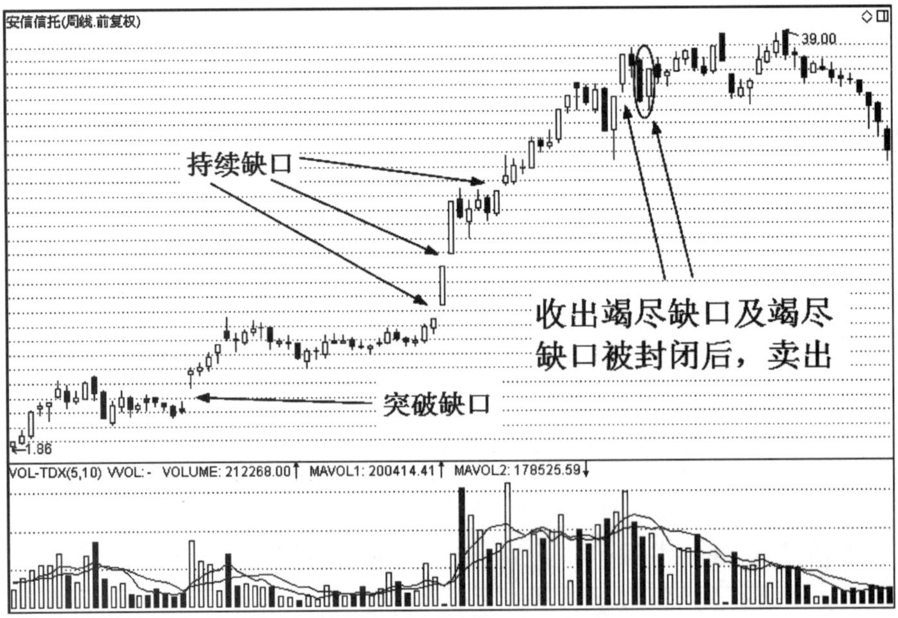

图6–97　竭尽缺口是离场信号

该股出现竭尽缺口之前，收出三个持续缺口。判断第一个持续缺口之后的缺口是竭尽缺口还是持续缺口，没有非常明确的标准。一般是以股价上涨的形态、缺口与缺口之间的距离和时间周期来区分的。缺口之后上涨态势很坚决，再次形成缺口时，与前一个缺口的距离很近，或者时间很短，通常还是持续缺口。反之则是竭尽缺口。

图6-98是两面针（600249）的周线图。收出竭尽缺口后，股价很快见顶并封闭了缺口，是离场信号。

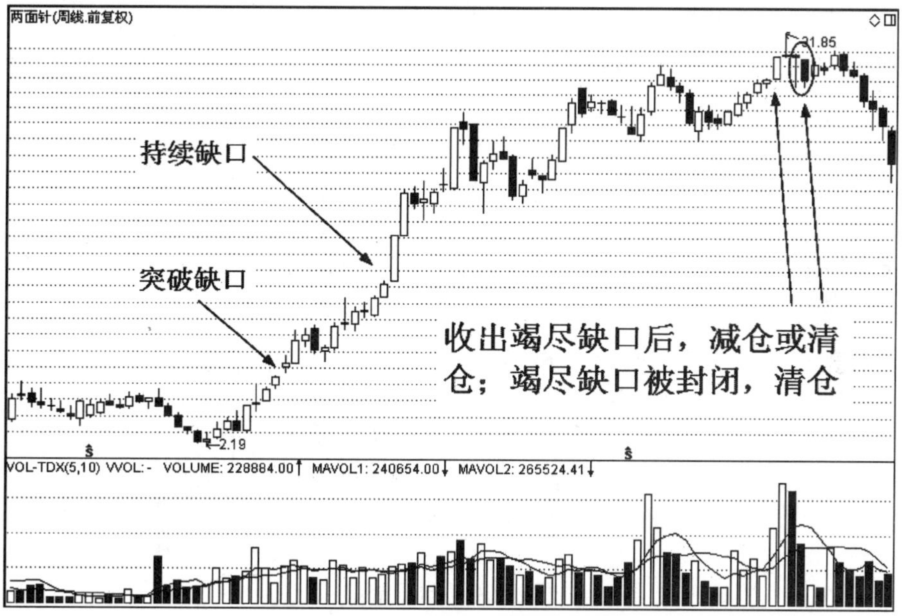

图6-98 竭尽缺口是离场信号

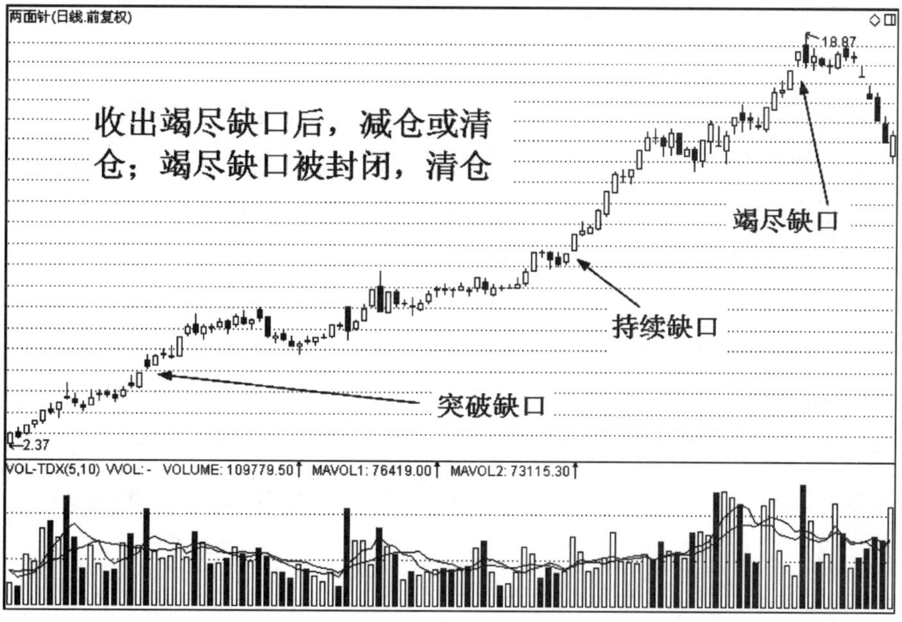

图6-99 竭尽缺口的判断和见顶作用

该股竭尽缺口的缺口宽度只有1分钱，但是由于股价涨幅已高，且前面突破缺口、持续缺口清晰无误，所以很容易就可以判定最后的那个缺口是竭尽缺口。

交易者在见到竭尽缺口后，应当减仓或清仓。在竭尽缺口被封闭后，应当清仓。

图6–99是两面针（600249）的日线图。在股价涨幅巨大的高位出现的缺口是第三个缺口，缺口前后的成交量很大，基本上可以判断该缺口是竭尽缺口。交易者此时可以离场，至少也要减仓。此后不久缺口即被封闭，确认该缺口是竭尽缺口。竭尽缺口被封闭后，交易者应当清仓。

需要提醒的是：由于沪深股市实行涨跌停板制度，因此经常出现一字涨停板。一字涨停板之间留下的缺口，具有独特的技术含义，一般不作为向上缺口看待。

3. 向下缺口

向下缺口是指股价或指数见顶或整理之后，向下突破而留下的缺口。如图6–100所示。

（1）向下缺口的技术特征。

①一般出现在股价见顶回落的下跌初期、下跌途中以及整理形态的末端。

图6–100　向下缺口

②缺口前后一般伴随着较高的成交量。如果缺口形成后成交量萎缩，则缺口有可能短期内被封闭，无量一字跌停板形成的缺口除外。

（2）向下缺口的技术含义。

①向下突破缺口是卖出信号。向下突破缺口经常在转势技术图形如头肩顶，以及整理技术图形如下降旗形、上升楔形等跌破时出现。

股价或指数以缺口的方式跌破整理或转势技术图形，很显然是一种强烈的离场信号。这时出现的缺口表明，在转势或整理技术形态内，多空双方经过长时间的博弈，空方完全取得了主动权，股票需求很微弱，交易者想要卖出股票不得不竞相杀价，只能在更低的股价或指数区域里成交。

如图6–101所示，英力特（000635）见顶回落时，收出向下突破缺口，预示着下跌才刚刚开始，交易者要果断清仓离场。同时，这个缺口的出现，表明顶部岛形反转技术形态形成。顶部岛形反转是转势技术图形，形态完成后应离场。两种分析方法的离场点完全一致。

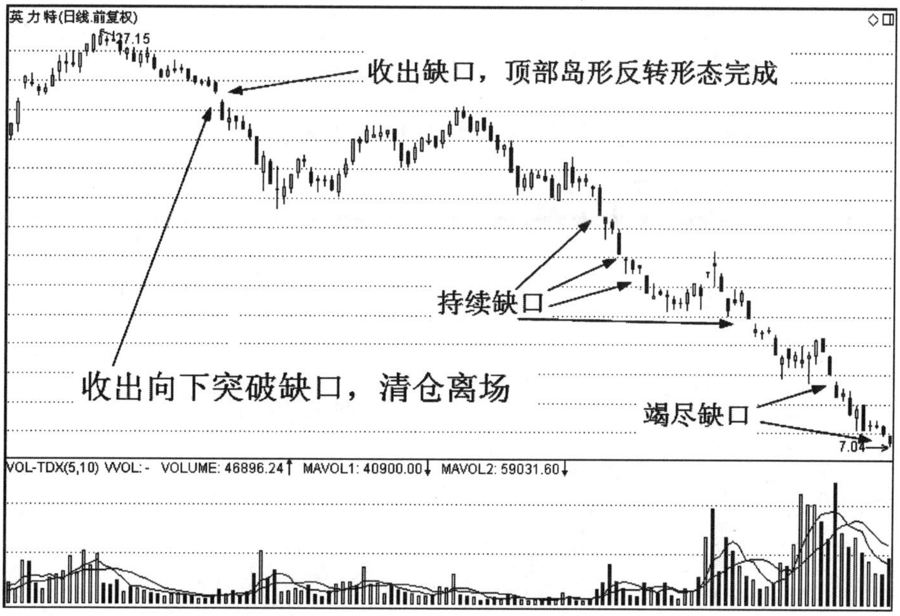

图6-101　向下突破缺口是卖出信号

图中的整理区间是一个下降旗形，下降旗形大多向下突破。

向下突破缺口不需要成交量的配合。判断突破有效与否的唯一依据是：短期内缺口有没有被封闭。

向下突破缺口一旦被封闭，股价或指数后市继续下跌的概率和幅度都将大打折扣。突破缺口封闭后，交易者不必再急于卖出或全部清仓，可以暂时先持有部分仓位，观察一段时间再决定去留。

②向下持续缺口是卖出信号。向下持续缺口通常出现在向下突破缺口之后的下跌中途。

向下持续缺口是衡量缺口，表明股价或指数的下跌至少还会持续一段与自见顶形态完成后的起跌点至持续缺口处跌幅相等的距离。

如图6–102所示，上海机场(600009)在下跌途中收出两个持续缺口。一个出现在菱形整理形态之前，一个是在下跌突破菱形时收出的。无论是哪一个持续缺口，收出缺口后交易者即行离场，一般来说都不会犯错。

因为该股有两个持续缺口，所以衡量后市跌幅有一些困难。按照第一个向下持续缺口计算，后市理论上将会下跌到12.45元。按照第二个向下持续缺口计算，大约会跌到8.14元。该股后市实际跌到9.9元，恰好在上述区间的均值附近。

③向下竭尽缺口是见底信号。向下竭尽缺口虽然不一定意味着趋势反转，但是预示着股价或指数的下跌至少已经接近尾声，有些个股的确就此转涨为跌。

向下竭尽缺口的成交量变化，不像向上竭尽缺口那么有规律。成交量的放大和缩小，都有可能使股价或指数很快转向而将其封闭。成交量放大，一方面有可能是很多

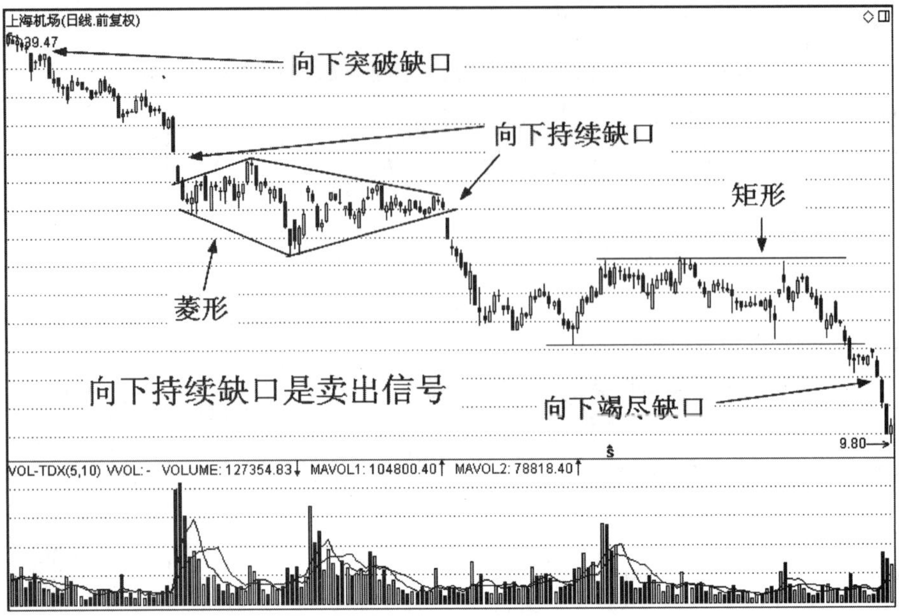

图6-102 向下持续缺口是卖出信号

交易者终于忍耐不住，恐慌性割肉出局。另一方面也表示有等量买盘涌入，所以见底自然是大概率事件。成交量缩小，则表明想出局的套牢盘差不多都已经出局，没有出局的也不会割肉了。股票供应量减少，卖压因此很轻，股价或指数止跌回升也就为期不远了。

向下持续缺口和向下竭尽缺口的区分，和向上持续缺口与向上竭尽缺口的区分一样，一般也从以下四个方面入手：A.观察新缺口和持续缺口之间的距离；B.股价或指数的跌幅越大，就越有可能是竭尽缺口；C.竭尽缺口大多是市场恐慌性抛售的表现，所以竭尽缺口的宽度一般会比持续缺口宽；D.持续缺口不会在短时期内封闭，竭尽缺口则经常会在几天之内封闭。

如图6-103所示，长城信息（000748）的股价跌破上升楔形后，收出向下竭尽缺口。此时成交量已极度萎缩，显示没有多少卖盘。此后股价很快转跌为升，将缺口封闭。

交易者不一定要在收出竭尽缺口之时入场，可以持币观望一阵，等到其他趋势技术分析方法给出买入信号时再入场。以该股为例，可以等到股价再度回落不创新低，随后突破下降趋势线时适量介入。

4. 特别提示

（1）股价或指数出现缺口之后，并不必然出现突破缺口、持续缺口和竭尽缺口。通常情况下，单独出现突破缺口的可能性最大。

交易者在向上突破缺口和持续缺口处进场后，离场时可以参考其他趋势技术分析方法，不可拘泥于缺口理论，死守股票等待竭尽缺口的出现。一旦收出向下突破缺口，交易者即应立即清仓离场，不必等待持续缺口和竭尽缺口的出现。

（2）缺口一般是信心强大或者情绪极端的表现，所以当趋势发生变化，或交易者冷静下来之后，缺口就会被封闭。

突破缺口和持续缺口不能在短期内回补，否则将会失去突破缺口和持续缺口的技术含义，不能作为买进或卖出的依据。即使趋势没有向缺口的反方向转化，也不会沿原来的趋势方向延续多久。因为缺口回补后，缺口对股价或指数的支撑就会变成压力；对股价或指数的压力，就会变成支撑，同时也意味着多空双方的力量对比已经发生转化。

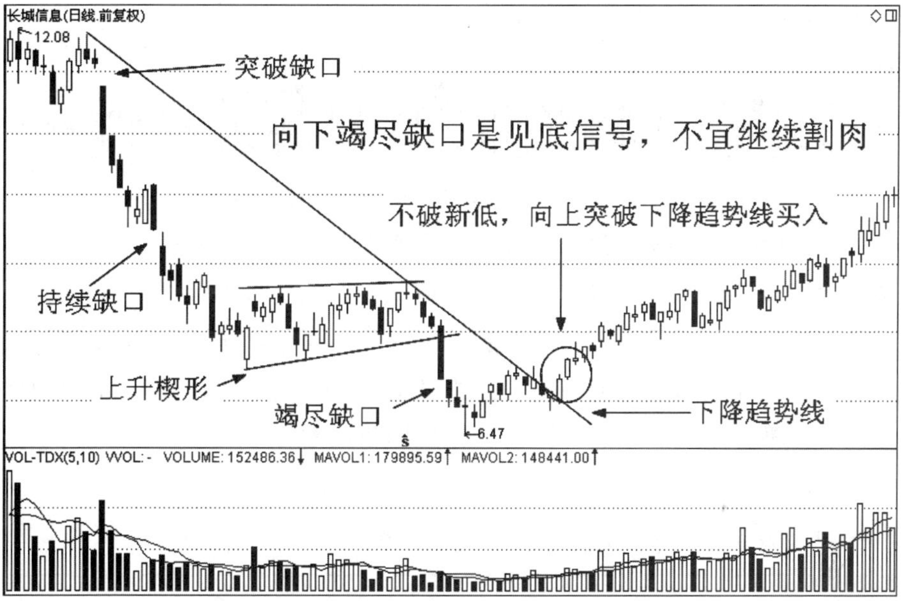

图6-103　向下竭尽缺口是见底信号

图6-104是上证指数（999999）的日线图。从图中可以看到，指数形成一个不是十分标准的头肩底，然后一根跳空高开的阳线突破头肩底的颈线。但是不久之后，指数就封闭了缺口，表明后市趋弱。期间指数虽然又重回颈线和缺口之上，但终究未能持续走强，不久之后又转升为跌。

（3）连续涨停板和连续跌停板产生的缺口，不适用于缺口理论。

（4）有人认为，突破缺口、持续缺口和竭尽缺口必须出现在两段中期趋势之间的长期趋势当中，或者偶尔出现在两段短期趋势之间的中期趋势当中。如有出现在不连贯的趋势中，则被认为趋势重新开始，直接看作突破缺口即可。另一种看法则认为不必考虑缺口和缺口之间是否有过调整或反弹，只须剔除被短期走势封闭的缺口，就可以连续计数，作为三种缺口看待。本书倾向于第二种观点。

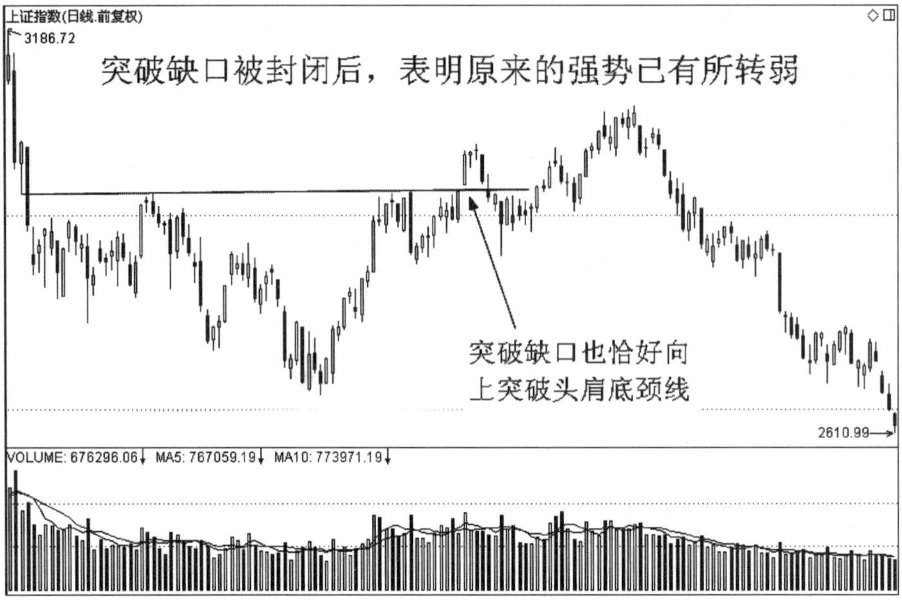

图6-104　封闭后的向上突破缺口不再是买入信号

比如，整理形态的突破，意味着行情将沿着突破方向继续延续，因此将每一次突破整理形态的缺口都看作是突破缺口也不无道理。但是趋势不可能一直延续，经过上涨（或下跌），整理（或反弹）；再上涨（下跌），再整理（或反弹），如是反复几次，股价或指数已经到达很高的高位（或极低的低位）。这时，即使缺口刚刚突破重要形态，行情也不一定能走很远。此时如果仍旧将其看作是突破缺口，买入做多（或卖出做空），显然风险极大。

如图6-105所示，紫金矿业（601899）上涨途中，股价依次跳空突破塔形底、上升

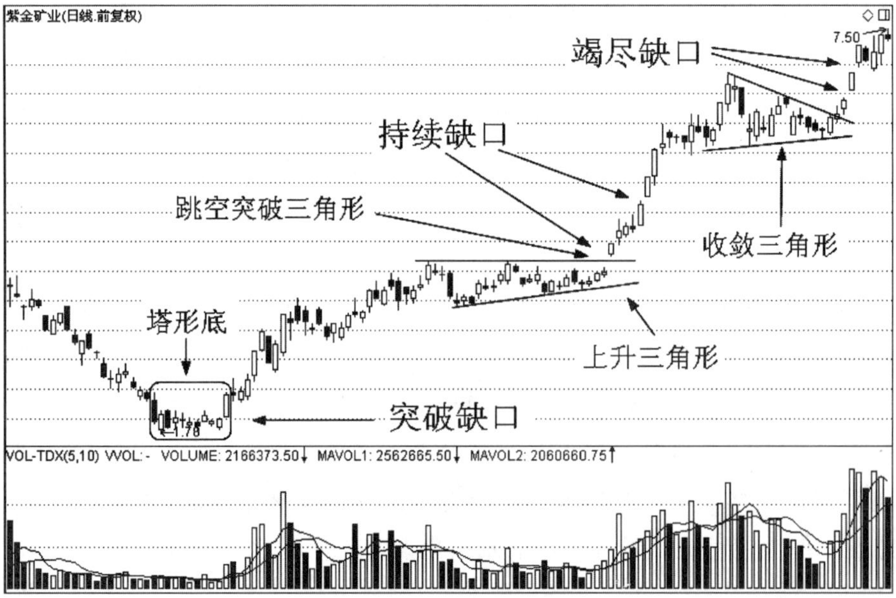

图6-105　三种缺口

三角形、收敛三角形，形成的缺口依次为突破缺口、持续缺口、竭尽缺口，并非每一个缺口都是突破缺口。

（5）向上突破缺口和向上竭尽缺口前后的成交量，对于缺口是否会在短期内封闭，以及缺口是否有效和成立，有一定的预判意义。但是对于向下突破缺口和向下竭尽缺口而言，则不具有特殊的技术含义。

下跌过程中，支撑位和压力位发出缺口是否会被封闭的信号，比成交量传达的信息更为可靠。

（6）在行情上升或下跌的过程中，缺口出现的数量越多，则离趋势反转的距离就越近。

十三、底部岛形反转

岛形反转是股价或指数跳空下跌或上涨，缺口一直未补。运行了一段时间后，股价或指数又反向跳空上涨或下跌，留下另一个缺口，两个缺口的点位大约在同一区域范围内。从图形看，缺口一边的成交K线像一座孤零零的岛屿，所以称为岛形反转。

岛形反转是转势技术图形，经常出现在长期或中期趋势的顶部或底部，分为底部岛形反转和顶部岛形反转。

底部岛形反转是指股价或指数持续下跌，忽然收出向下的跳空缺口。接着股价或指数在底部徘徊，不久之后回升，但是缺口一直没有回补，然后又收出一个向上的跳空缺口。两边的缺口大约在同一价格区域，使底部区域的众多K线在图表上看起来就像是一个岛屿。如图6-106所示。

图6-106　底部岛形反转

1. 底部岛形反转的技术特征

（1）出现在下跌或调整趋势中。

（2）下跌和上升时的两个跳空缺口，基本上处在同一价格或指数区域。

（3）底部岛形反转向上跳空突破时，一般伴随着成交量的放大。

2. 底部岛形反转的技术含义

放量向上跳空突破之后，是见底回升的信号，买入。

图6-107是三爱富（600636）的日线图。从图中可以看到，股价处在下跌趋势当中，以向下跳空的方式跌破收敛三角形下边线，然后在缺口下方整理。整理期间，多方渐渐积蓄了做多能量，最后收出一根向上跳空的大阳线，完成了底部岛形反转形态。交易者可以在大阳线处买入，也可以在股价回试不补缺口时进场。

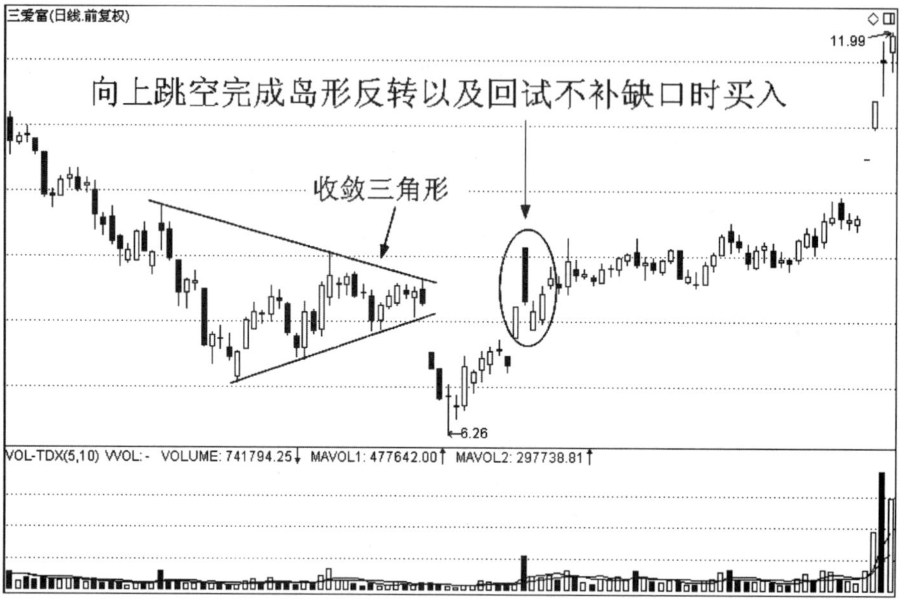

图6-107 底部岛形反转的进场标准

如图6-108所示，海隆软件（002195）的股价在整理行情末端向下跳空，随后在底部走出一个松缓的头肩底技术形态。最后股价放量向上跳空突破，形成底部岛形反

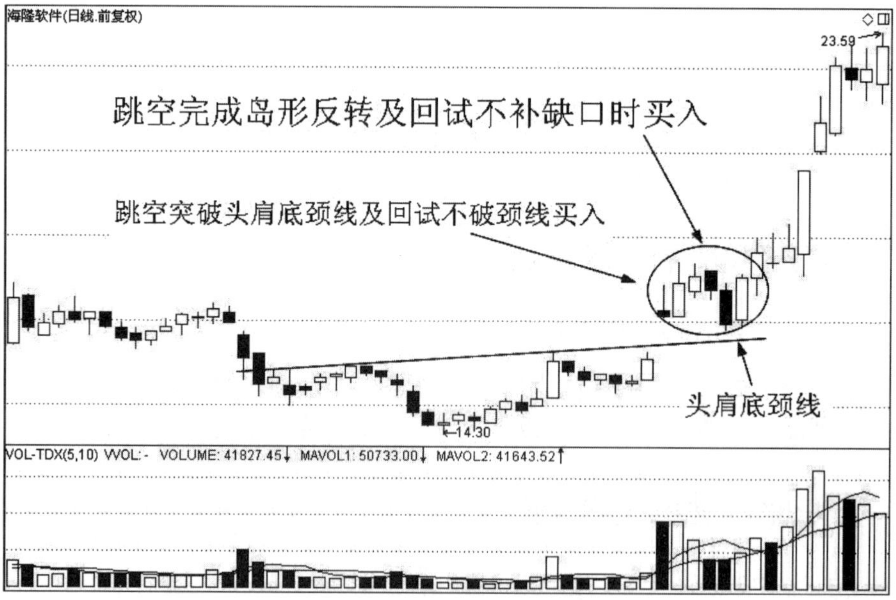

图6-108 底部岛形反转的进场标准

转。交易者可以在跳空向上的当日适量介入，也可以在回试不补缺口时进场或加仓。

由于该股底部是一个头肩底形态，交易者也可以按照头肩底的进场标准进场。从图上可以看出，该股头肩底的进场位置和底部岛形反转的进场位置完全一样。

如图6-109所示，安信信托（600816）以一个无量一字涨停板完成底部岛形反转。虽然当日没有放量，但是一字涨停板是主力控盘和多方气盛的表现，所以可以介入。

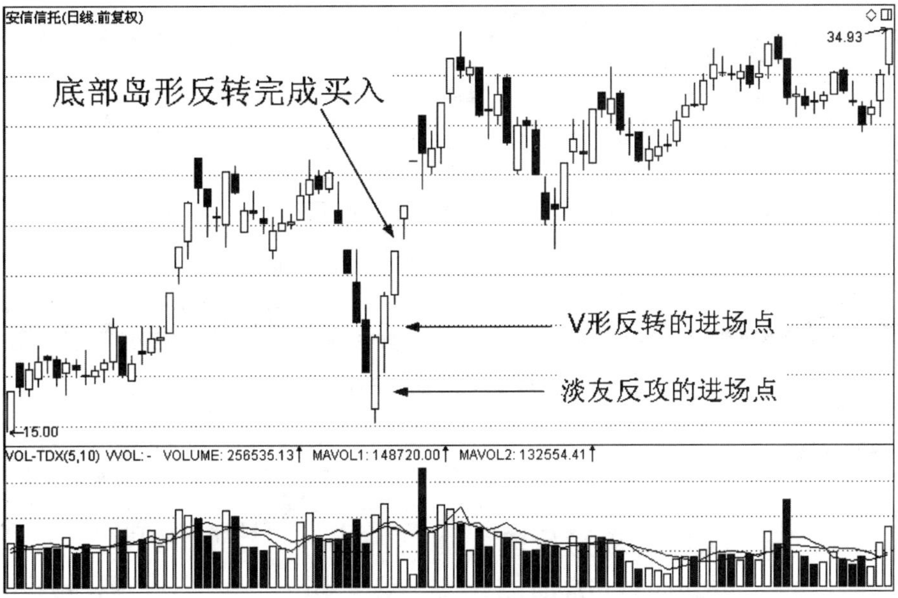

图6-109　底部岛形反转的进场标准

该股后市的走势未能如突破之时表现得那么强势，突破之后一直在进行横盘整理。不过若操作得当，盈利应当不成问题。

该股的岛形是一个V形反转的技术形态，交易者也可以按照V形反转的进场标准进场。从图中可以看到，该股V形反转的进场点早于底部岛形反转。

岛形底部还出现了淡友反攻的K线形态，淡友反攻也是见底信号。交易者可以按照淡友反攻的进场点轻仓介入。

如图6-110所示，安信信托（600816）以跳空的方式向下跌破收敛三角形，股价快速下跌。随后进行整理，整理完成后再度跳空向下，继续下跌。最后股价反身向上，连拉一字涨停板，完成底部岛形反转。

有意思的是，该股在一个大的底部岛形反转里面，还包含有一个小的底部岛形反转。但该股是以连续无量一字涨停板的方式向上突破的，交易者无法买入。等到可以买入时，风险已大。遇到这种走势，交易者可以不必介入，或者以很轻的仓位介入。

如图6-111所示，荣之联（002642）上市不久即快速下跌，下跌途中出现向下突破缺口、持续缺口和竭尽缺口。竭尽缺口封闭后，股价开始在底部整理。整理后期，股价收出稳步上涨的K线形态，此时交易者可以适量买入。

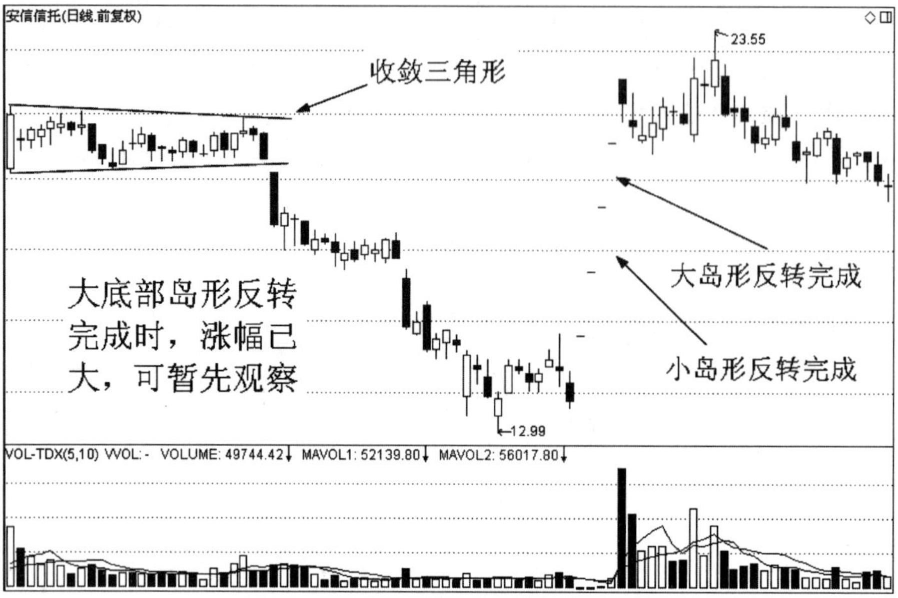

图6-110　底部岛形反转的进场标准

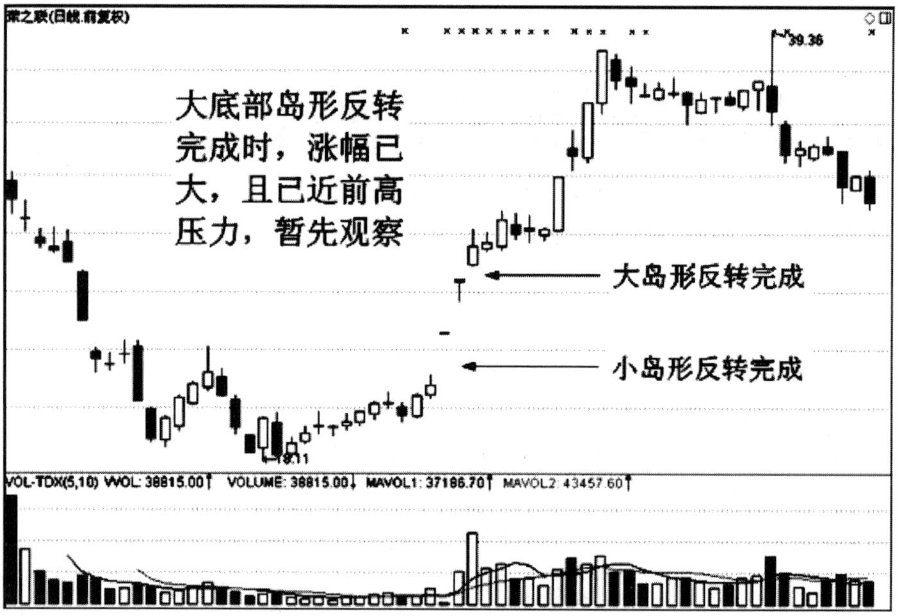

图6-111　岛形反转的进场标准

随后股价以无量一字涨停板的方式向上突破整理形态，完成底部小岛形反转，此时交易者可以进场买入。但因为完成岛形反转采取的是无量一字线，实则交易者很难买入成交。

此后股价继续向上跳空涨升，完成底部大岛形反转。大岛形反转完成时，股价已高，涨幅已大，此时交易者不宜继续追高买入，可以暂时先观察一下后期走势。

如图6–112所示，韶能股份（000601）几乎是图6–107三爱富（600636）走势的翻版，进场点依旧是跳空完成底部岛形反转时进场，回试不补缺口时加仓。

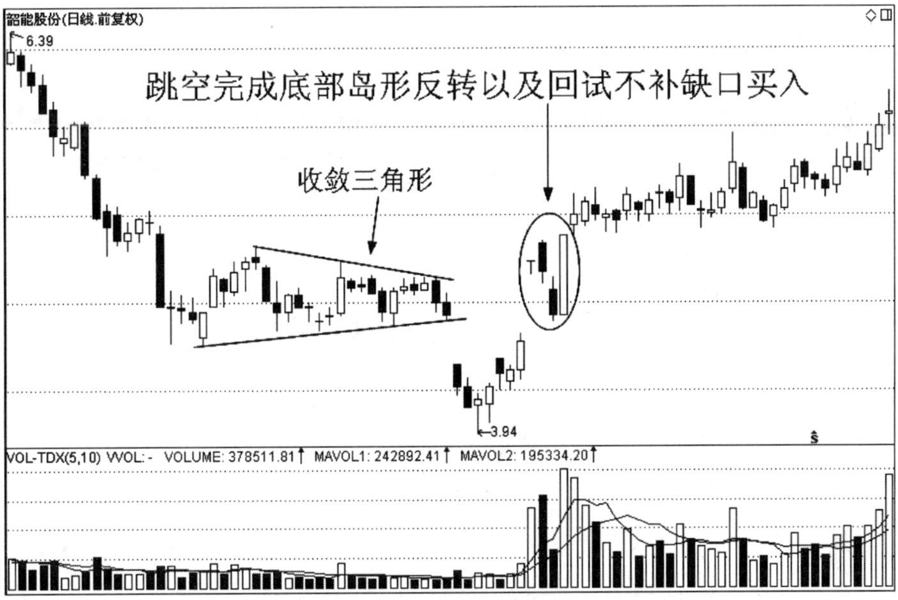

图6–112　底部岛形反转的进场标准

十四、顶部岛形反转

随着股价或指数不断上升，那些犹犹豫豫一直想要跟进的交易者，总是无法在预期的价位买入，踏空的折磨、强劲的升势终于使他们耐不住性子，开始不计代价地抢进，于是就在图形上形成一个上升缺口。形成上升缺口后，股价却未能继续维持此前的强势，在高位遇压力盘整。经过一段时间的博弈，空方终于彻底击溃多方，取得了压倒性的优势，股价以跳空的方式跌破整理区域。两边的跳空缺口差不多处在同一价格区域，使顶部区域的众多K线形成一个岛屿。如图6–113所示。

图6–113　顶部岛形反转

1. 顶部岛形反转的技术特征

（1）出现在上涨趋势或反弹趋势中。

（2）上升和下跌时的两个跳空缺口，基本上处在同一价格或指数区域。

（3）无论成交量放大与否，只要股价或指数向下跳空完成顶部岛形反转，该技术形态就值得信赖，失败的情形很少。

2. 顶部岛形反转的技术含义

向下跳空突破之后，是下跌信号，卖出。

如图6-114所示，安信信托（600816）向下跳空形成缺口后，顶部岛形反转完成。此时交易者应立即清仓离场。

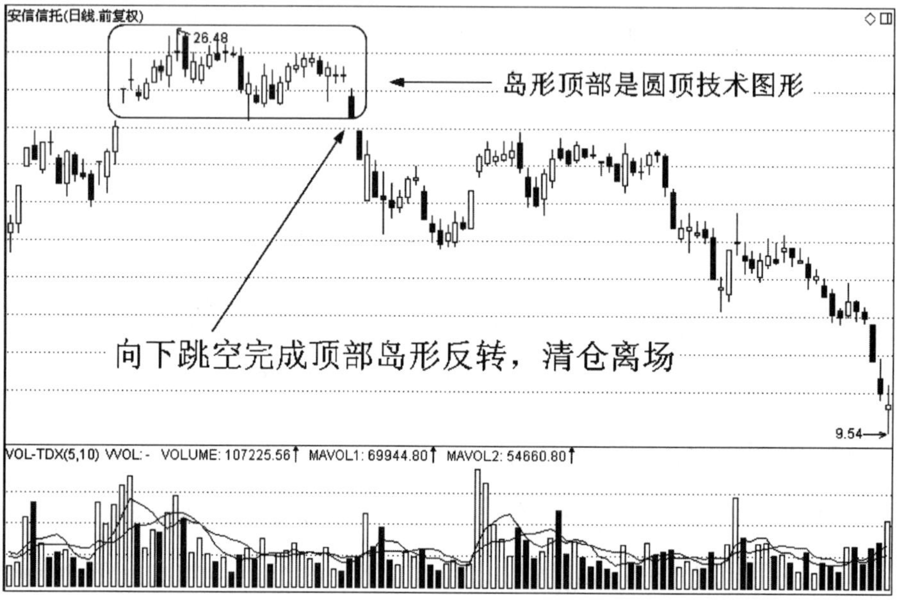

图6-114 顶部岛形反转的离场标准

顶部的岛形还是一个圆顶。圆顶的离场标准基本上和顶部岛形反转的相同。

图6-115是莱钢股份（600102）的日线图。从图中可以看到，在下跌过程中股价反弹，整个反弹走出一个岛形反转形态。股价向下跳空完成岛形反转形态时应清仓离场（该股已于2011年2月28日退市重组）。

如图6-116所示，郑州煤电（600121）顶部的岛形虽然比较小，但离场标准不变，向下跳空完成顶部岛形反转形态时清仓离场。

如图6-117所示，江西铜业（600362）顶部形成岛形反转，向下跳空时应清仓离场。

密集成交的岛形同时是一个圆顶，该圆顶画不出颈线，离场标准可以按照K线组合形态给出的信号确定，至迟要在黑三兵处减仓。

K线组合形态的信号早于顶部岛形反转。

如图6-118所示，安居宝（300155）上市后，做了一个潜伏底。可惜潜伏底完成时，虽然跳空放量向上突破，上涨依然失败。股价在顶部放量横向整理一段时间后，

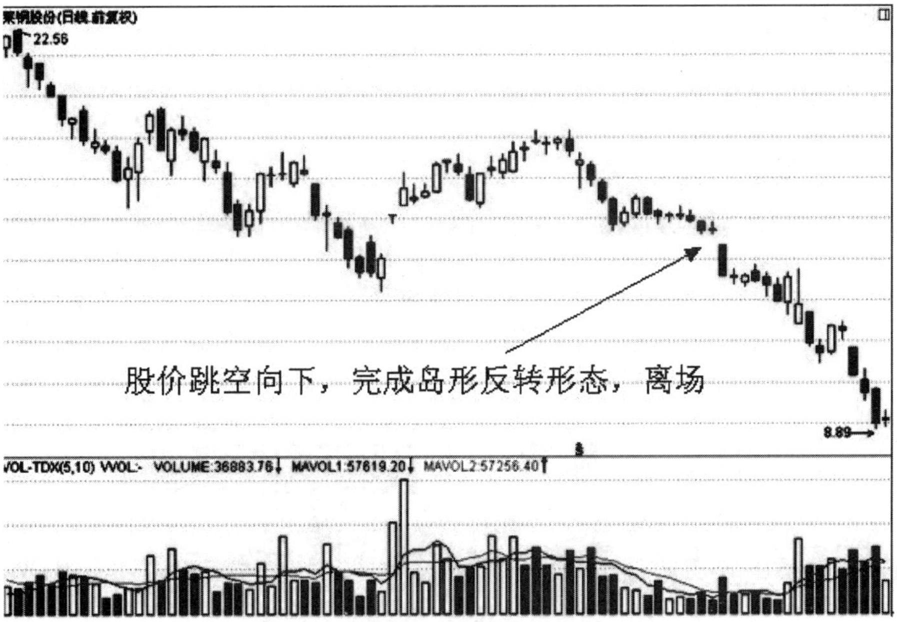

图6-115　顶部岛形反转的离场标准

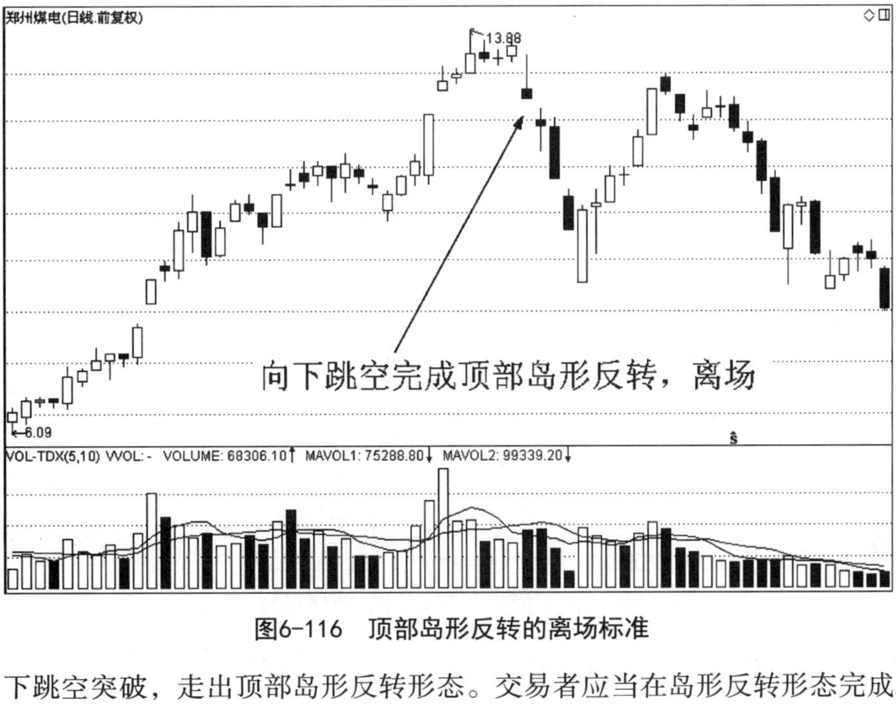

图6-116　顶部岛形反转的离场标准

接着向下跳空突破，走出顶部岛形反转形态。交易者应当在岛形反转形态完成之时清仓离场。

K线形态、技术图形都只表示一种概率，向上突破跟进，向下跌破离场，这是基本的操作原则。趋势交易者跟随的是趋势，所做的就是站在大概率事件的一边，然后通过资金和仓位管理提高利润，减少损失，并不是追求绝对的胜率。

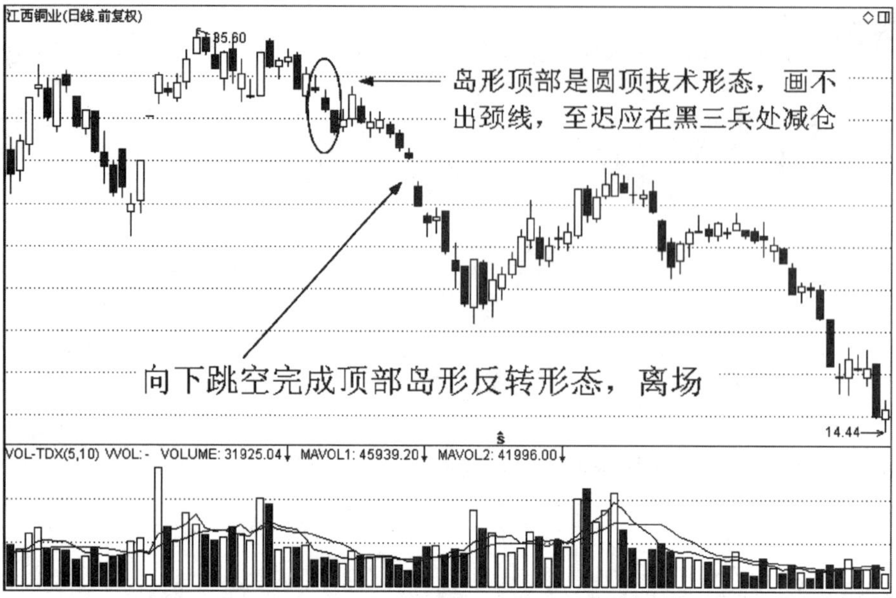

图6-117　顶部岛形反转的离场标准

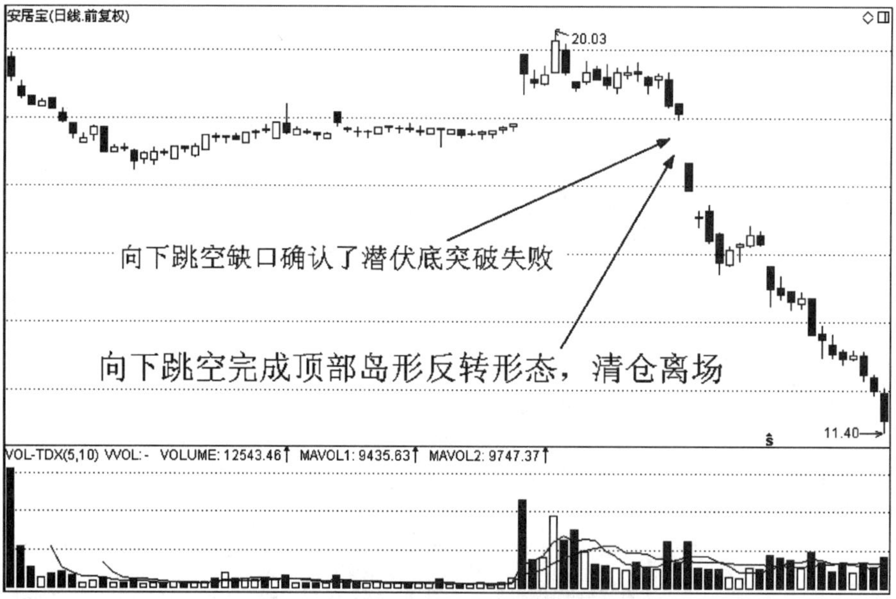

图6-118　顶部岛形反转的离场标准

图6-119是龙星化工（002442）的日线图。这只股票的走势非常有意思，主力在其中多次设置陷阱诱多和诱空，逼迫短线跟风交出筹码。从图中可以看到，主力先是向下跳空低开低走，跌破收敛三角形的下边线，做出由多转空的态势，技术交易者会在此减仓。该日成交量较之前有所放大，表明的确有交易者减仓。

接着主力马上缓慢地以小阳线小成交量向上抬升股价，目的显然是不想引人注意，同时表明主力很可能还在吸货。

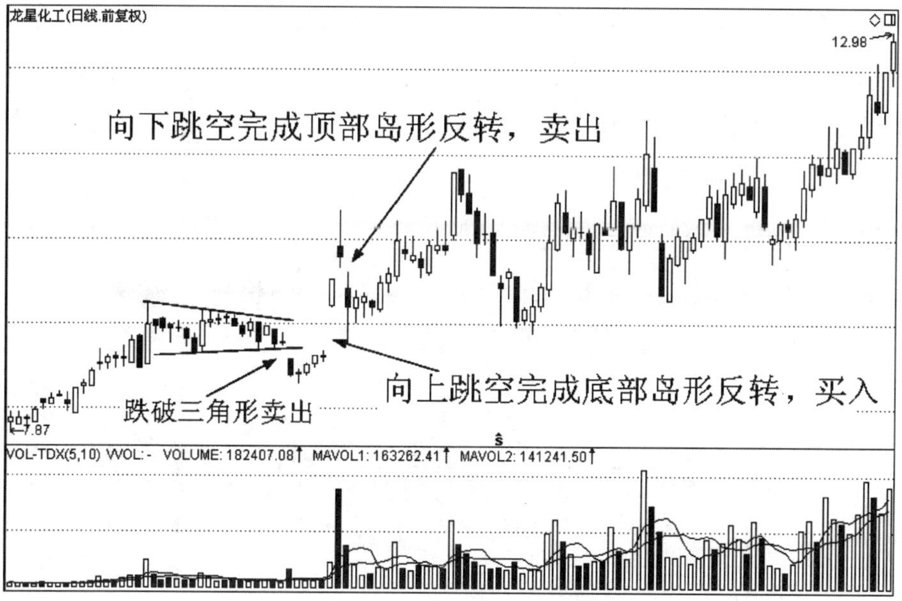

图6-119 复杂形态的进出场标准

接着一根跳空放量涨停的大阳线向上突破，完成底部岛形反转。底部岛形反转是见底回升的转势技术图形，预示后市看多。这根大阳线既是对岛形反转形态的完成，也确认了前面跳空跌破三角形形态是空头陷阱。

出人意料的事情还没有结束。出现大阳线次日，股价即收出一根巨量换手的螺旋桨阴线，螺旋桨是见顶K线形态。然后接着又是一根带量向下跳空的阴线，完成了顶部岛形反转形态。顶部岛形反转预示后市看空，在此又确认了前面底部岛形反转是多头陷阱。

之后股价并没有下跌，而是在前期收敛三角形的密集成交区支撑下，重新向上涨升，并超越巨量螺旋桨的高点，继续向上直至创出历史新高。这一次上涨确认顶部岛形反转是空头陷阱。

很少有股票可以在如此短的时间内挖出三个陷阱。陷阱是主力洗盘和震仓的手段。

无论是多头陷阱还是空头陷阱，都是事后才可以知道。但是陷阱也不是非常可怕的怪物，交易者只需要把握住趋势交易的原则，熟练运用各种技术分析方法，就不至于遭受巨大损失。

以该股为例，各技术图形进出场点如下：跌破三角形离场，大阳线向上跳空突破时进场，阴线向下跳空突破时再次离场。

第一次离场后，再次进场是追高；第二次离场的价格和进场价格差不多，所以微盈微亏。当然，巨量螺旋桨是见顶的K线形态，当日可以减仓。

这仅仅是根据上述三种技术形态，简单地就形态论形态而谈的，实战当中不必如此拘泥和死板。

实战中如何运用呢？图6-120是图6-119同一时间段的日线图。从图中可以看到，第一个离场点没有什么变化，跌破三角形整理形态即应离场。第二个进场点也没有什么变化，跳空放量涨停板大阳线，开盘即在三角形密集成交区上方，跳空站在所有均线上方，如此之多的强烈信号，此时不进场更待何时？

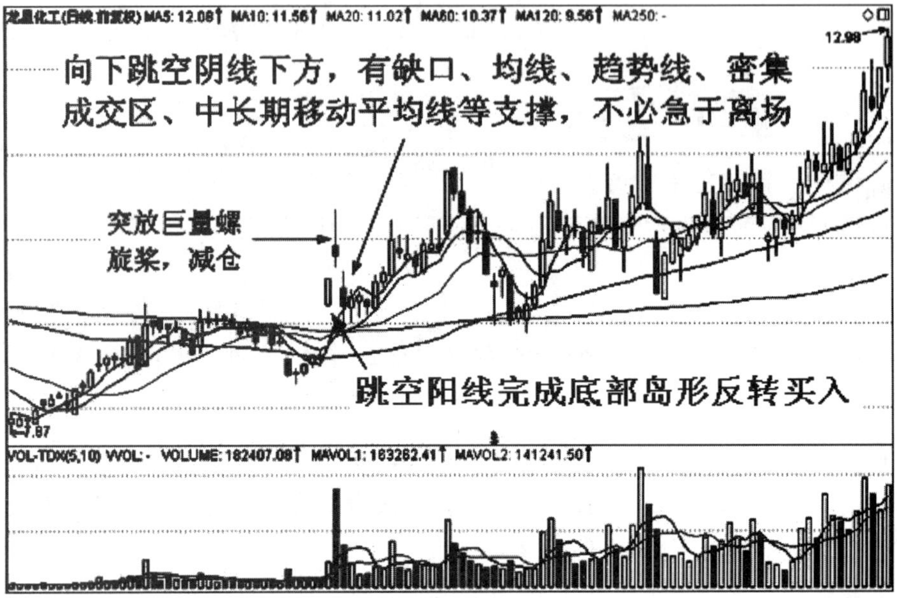

图6-120　有多种支撑，不必急于离场

后面的情况将有所变化。巨量螺旋桨要减一部分仓位。除了K线是见顶信号的原因之外，突放巨量也应引起足够警惕。一般情况下，突放巨量意味着市场参与者产生了巨大分歧，同时后续的成交量也很难接续，股价上升的动能消耗太大。

跳空向下的阴线可以继续减一部分仓，也可以不减。为什么呢？原因如下：

（1）螺旋桨处已经减过仓。

（2）此处除了是顶部岛形反转形态完成的标志之外，还是对底部岛形反转缺口的回试。回试不破，不仅不应该减仓，还可以继续加仓。

（3）各长期均线向上且在下方支撑股价。

（4）收敛三角形密集成交区有较强支撑。

（5）趋势线未破。

顶部岛形反转形态完成离场是一般性的原则，实战操盘时的应用，还要具体问题具体分析。

凡是成功的趋势交易者，都是正确掌握和熟练运用各种趋势技术分析理论和方法，然后不拘一格，灵活运用于股市操作当中的。善于灵活运用，方法和手段像天地一样变化无穷，像江海一样取之不竭。

3. 特别提示

（1）如果行情的时间周期比较长，那么岛形前部的缺口多为竭尽缺口，后部的缺口多为突破缺口。

（2）岛形内整理的时间，最短只有一个交易日，长的可达几个星期，偶尔可达几个月。

（3）岛形反转的趋势可以是长期、中期、短期三种趋势当中的任一种。一般情况下，岛形整理的时间越长，反转之后的信号就越可靠，反转的趋势就越有可能是长期趋势；反之，反转信号就越弱，反转的趋势就越有可能是短期趋势。

如图6-121所示，ST盛工（600335）的岛形只有三个交易日，反转的趋势很有可能是短期趋势，可靠性也不是很强。在该例中，中长线交易者可以在岛形反转完成后减去大部分仓位，而不一定是全部清仓。但是顶部岛形反转是很明确的看跌信号，所以短线交易者应当清仓。

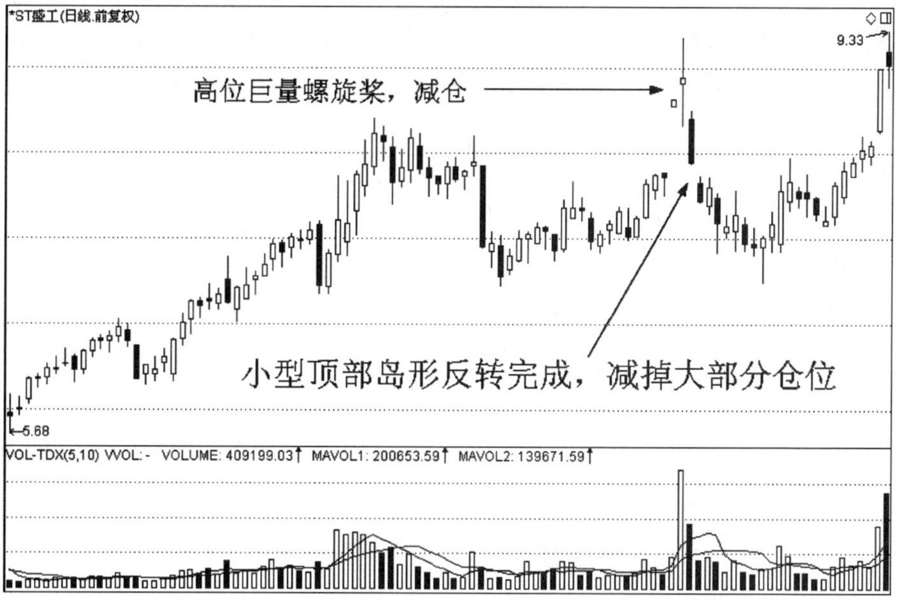

图6-121　只有几日的岛形形态，可以不必全部清仓

岛形的顶端是一根放量的螺旋桨。螺旋桨是转势信号，突放巨量意味着市场的参与者分歧很大，多方消耗弹药过多，股价有可能进入弱势，因此交易者可以在此位置先减掉一部分仓位。

当然，任何技术分析方法都不是绝对的，都只是一个大概率和小概率事件的问题。如图6-122所示，南京化纤（600889）同样也形成了三个交易日的岛形，但其反转的却是一个中期趋势。离场点没有什么变化，依然是岛形形态完成之后，交易者至少要减掉大部分仓位。

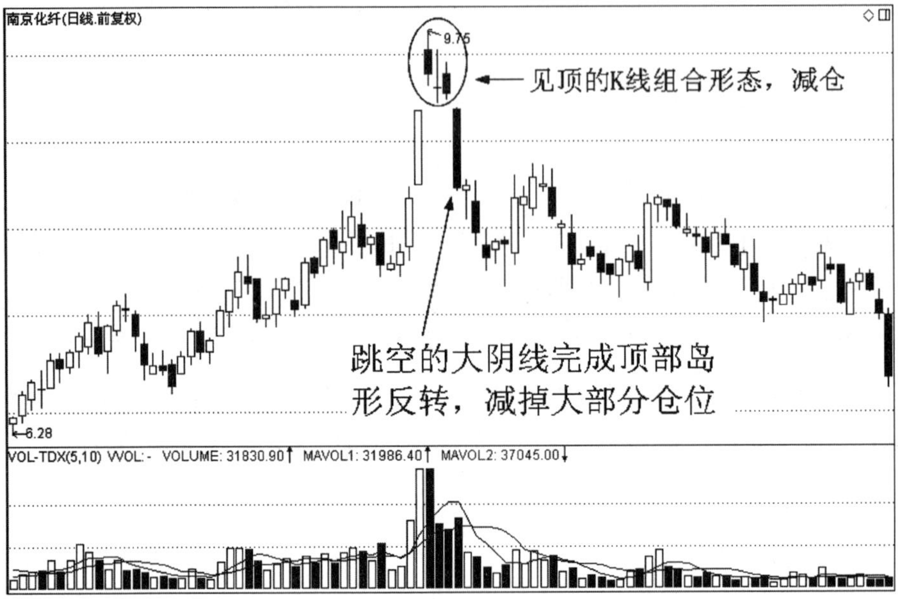

图6-122　虽是三日的岛形，反转的却是中期趋势

岛形反转之前，曾经收出一根放量阴线，这是滞涨信号，当时应该减仓。之前还收出一根收盘下跌的长十字线，这也是见顶信号，收出该K线应注意减仓。

第七章　整理技术图形

一、上升三角形

股价或指数上涨一段之后，在某个价位上遇阻回落。但下跌不久即遇到买盘上升，然后在上个高点水平位置，股价或指数再度下跌。还没有跌到上一个低点，就遇到强烈的买盘，促使股价上升，之后在上次高点的水平位置再次遇阻回落。如此反复，形成一个上边线水平，下边线向上倾斜的直角三角形。如图7–1所示。

图7–1　上升三角形

因为股价或指数走出该形态后大多向上突破，预示后市还会继续上涨，所以称为上升三角形。

上升三角形每次下跌的低点越来越高，本身就是一种多方力量较强的信号，所以后市向上突破的概率较大。当股价或指数向上突破上边线时，符合道氏理论关于上升趋势的定义：后低高于前低，后高高于前高。所以上升三角形大多表明后市继续看涨。

1. 上升三角形的技术特征

（1）一般出现在上涨过程中，少数出现在下跌过程中。

（2）每一次上升的高点基本处在一个水平线上，下跌的低点却逐渐升高。分别连接高点和高点、低点和低点，就形成上边线是水平的直角三角形。

（3）成交量沿着三角形尖端方向整体逐渐萎缩。

（4）股价或指数突破上边线后，有时会回试边线。是否回试，目前尚无技术手段可以预知。

2. 上升三角形的技术含义

（1）上升三角形向上突破上边线后，后市看涨，是买入信号。

大多数上升三角形都会选择向上突破，但是只有向上突破上边线时，才是真正的进场信号。突破之前，除非有其他趋势分析方法明确给出进场信号，否则最好持币等待。

上升三角形展现了多空双方相互拉锯、休整、进攻的过程。在这个过程中，多方更主动一些，每次等不到股价跌至上次低点便积极买入。而空方守着最后的底线，每逢股价或指数到达特定的位置就大量出货，于是就形成了一条水平的阻力线。

一般而言，造成上述情形的原因，主要是多方主力有计划的操纵行为。主力刻意在某一价格和指数水平打压股价，是为了达到逢低大量吸货的目的。

当然，也有可能是主力出货。由于市场参与的热情很高，所以每一次股价或指数回落，都有大量的交易者逢低买进。但每逢股价或指数涨到某一区域，主力就开始大量出货，令股价或指数回落。

在三角形整理期间，究竟最终会向上突破形成上升三角形形态，还是受阻于水平压力掉头向下，跌破三角形下边线，从而形成多重顶部形态，这是一个未知数。只有成功突破上边线后，才是交易者进场买入的时机。这也符合道氏理论关于上涨和下跌延续的定义。

上升三角形整理期间，虽然每一次的低点都比上一次高，但高点却是每次都相同，没有形成明确的上升趋势。只有在向上突破的时刻，才最终确定了后高高于前高的上升趋势。

如图7-2所示，百利电气（600468）的股价上涨一段之后遇阻回落。阻力有可能来自获利盘抛压，解套盘涌出，或者主力出货等。具体到该股，由于三角形整理的位置是历史新高，所以获利抛压的可能性最大。

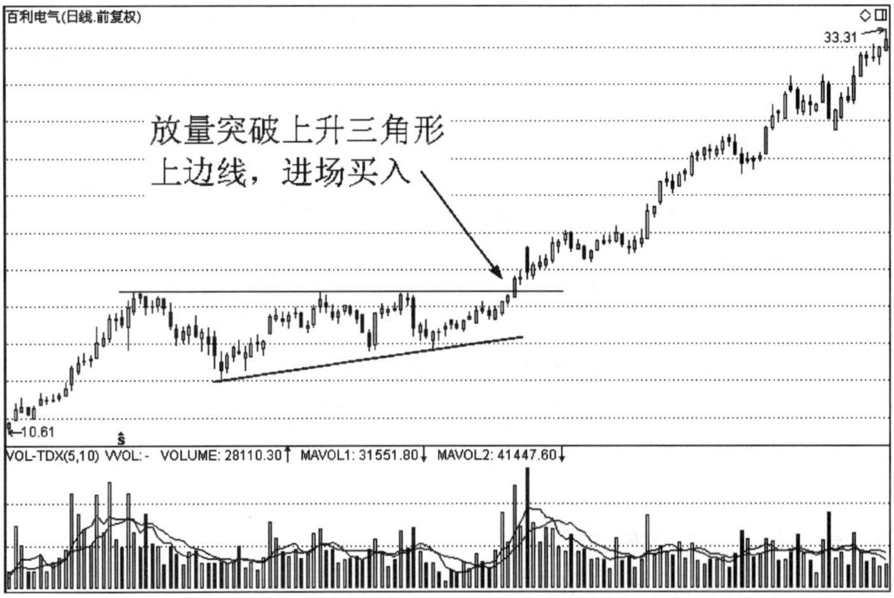

图7-2 上升三角形的进场标准

股价回落过程中，成交量显著萎缩，进一步表明抛压是获利盘所为。因为随着股价下跌，先前高点没有卖出的交易者越来越后悔，很多交易者的利润也渐渐缩水，甚至有一些交易者开始由盈利转为亏损，所以大家都不愿意在低位继续卖出。抛盘越来越少，股价下跌之后很快企稳。

股价可以连创新高，大多是主力所为。因为解放历史上所有的套牢盘，单凭公众交易者很难做到，所以股价很快企稳再次上攻。

到达上次高点的时候，错过前次高点卖出的交易者，怕再次失去机会，于是开始卖出。股价回落时，低位进场的短线交易者也开始获利了结。有一部分技术交易者感觉股价有可能形成双顶，预先卖出以规避风险。所以股价再度遭遇抛压，但已经比第一次小了很多，成交量明显小于第一次。

股价第二次回落，成交量萎缩得更加厉害，股价也没有跌去多少就开始上涨。这次上涨势头很猛，成交量急剧放大，甚至超越了第一次上涨高点的量能。股价也在此次上涨过程中，一举突破水平阻力，创出新高。股价突破上边线是买入信号，此后股价一路走高。

图7-3是深物业（000011）的日线图。进场点依然在股价突破上升三角形上边线时。该股三角形内的成交量并没有萎缩，突破时也未明显放量，所以介入时需要控制仓位。

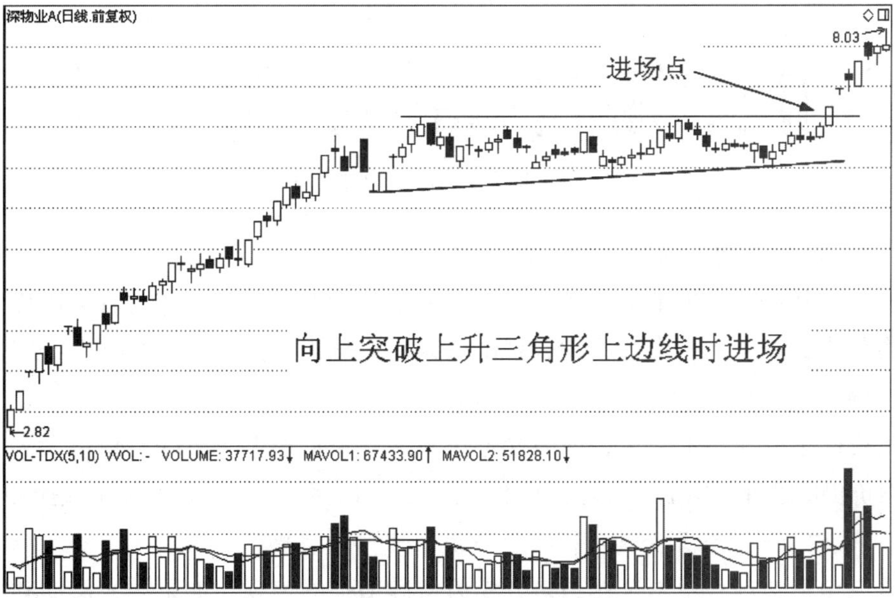

图7-3　上升三角形的进场标准

股价在高位走出三角形形态，在三角形内大量换手，有两种可能性最大：一是主力出货，二是换庄，即有新主力入驻。如果是换庄，水平阻力就是压低吸货的特征；如果是出货，水平阻力就是逢高甩货的结果。无论是哪一种情况，都不能作为买入和卖出的依据。

趋势交易者的进出场标准，永远都应当以价格趋势作为依据。成交量仅仅是用来选择股票，以及在某些特定的时间和空间，对价格趋势的有效性进行辅助确认。

图7-4是春晖股份（000976）的周线图。从图中可以看到，股价形成上升三角形时，成交量从宽端到尖端，整体上依次减少。在三角形的后半段，随着股价的上涨，成交量同步放大。最后一根放量的大阳线向上突破三角形上边线，整理及突破时的量价配合都非常经典。交易者可以在股价向上突破三角形上边线时进场买入。

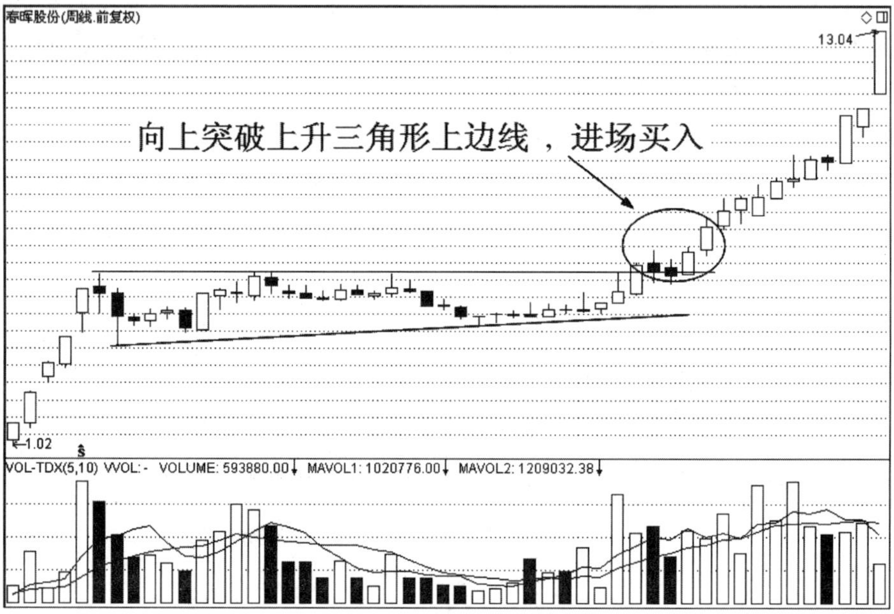

图7-4　上升三角形的进场标准

如图7-5所示，南方航空（600029）收出极其狭窄的上升三角形。股价波动范围小，说明主力控制股价的能力比较强。在相同走势的股票里面，交易者可以优先选择类似南方航空这样主力控盘能力比较强的股票。进场点依然是股价突破上升三角形上边线时进场。

向上突破上升三角形之后，该股又走出下降三角形形态。下降三角形大多向下突破，但股价仍旧选择了向上突破。交易者可在股价向上突破三角形上边线时进场买入。

（2）跌破上升三角形下边线，后市看跌，是卖出信号。

上升三角形整理，也不全然是多方实力持续增强的表现。如果主力借助利好和市场上高涨的参与热情逢高派发，或者在股价或指数下跌过程中展开反弹，多方多次努力都无法超越上次反弹高点，那么三角形水平上边线的压力就不会因为股价或指数多次上攻而减弱，相反，随着主力越来越多的减仓，以及出逃的交易者竞相涌出，抛压将会越来越重，并最终跌破上升三角形下边线。在这种情况下，虽然完成上升三角形

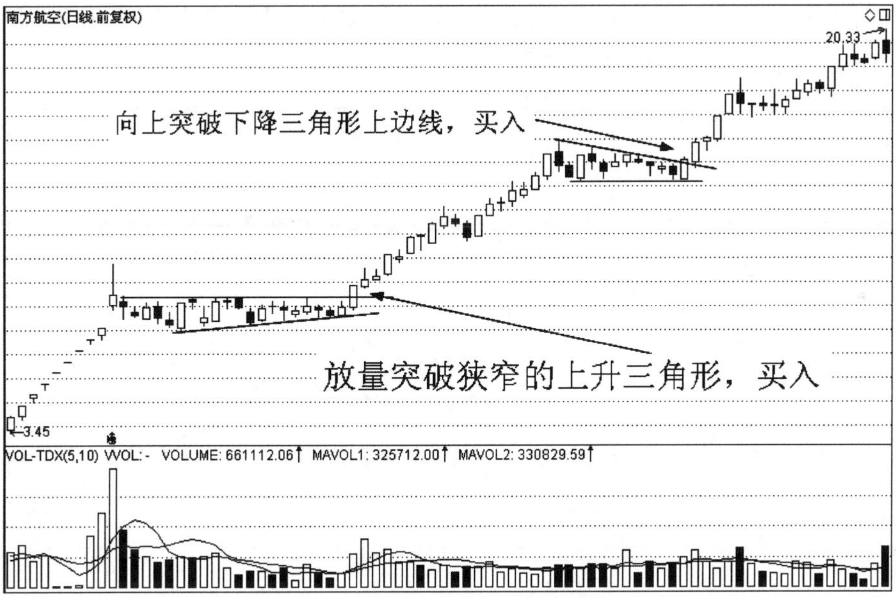

图7-5　上升三角形的进场标准

整理形态，但却是看空信号，交易者可以在跌破下边线时离场。

向下跌破下边线的上升三角形，多发生在股价或指数连续上涨之后的高位和下跌过程中。

如图7-6所示，ST东盛（600771）在下跌过程中，股价反弹走出上升三角形形态。虽然每一个低点都比上一个低点高，表面看上去似乎下跌结束，上涨开始，但最终还是以一根大阴线跌破下边线。后市看空，交易者应清仓离场。

图7-6　上升三角形的离场标准

图7-7是安纳达（002136）的日线图。股价在连续下跌过程中展开整理，收出一个扩散三角形，股价向下跌破三角形下边线，卖出离场。

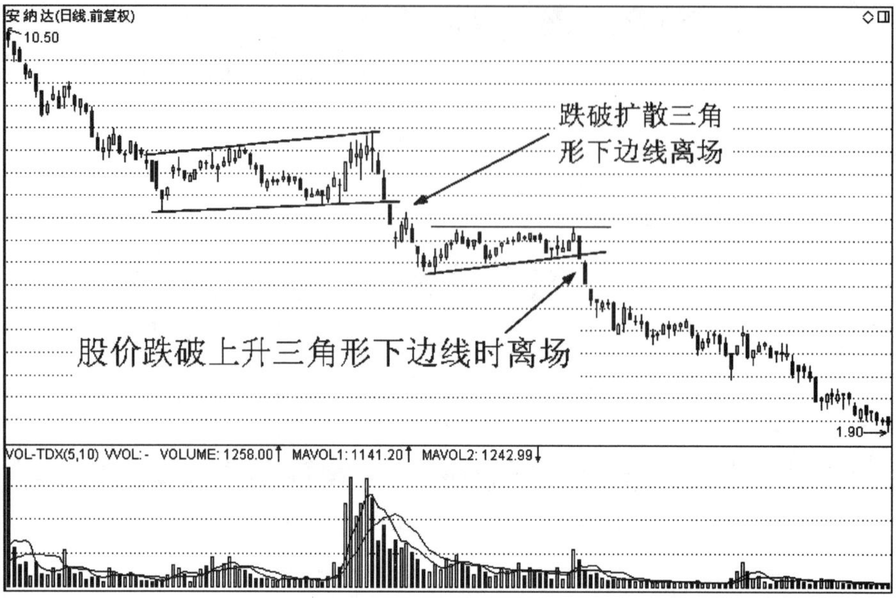

图7-7　上升三角形的离场标准

在跌破扩散三角形后，股价向上回抽了一下下边线，回抽未能重上下边线。持仓的交易者此时应卖出。

接着又收出上升三角形。在上升三角形末端虽然放量上攻，但未能向上突破上边线，反而是以一根大阴线跌破下边线，接着又收出一根跳空向下的大阴线。交易者可

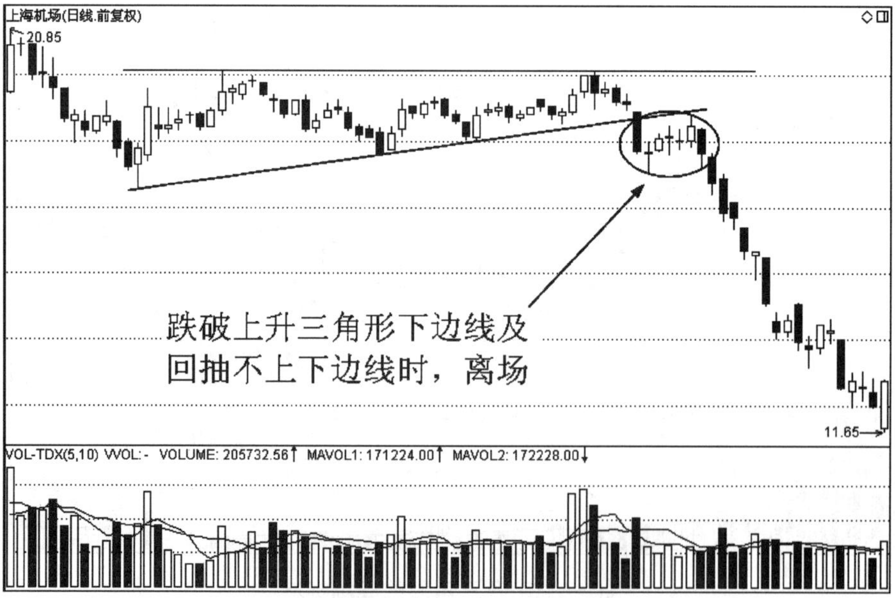

图7-8　上升三角形的离场标准

于股价跌破上升三角形下边线时离场。

图7–8是上海机场（600009）的日线图。从图中可以看到，该股在顶部形成了上升三角形。在三角形末端，股价曾出现放量上攻的走势，但未能突破第一次反弹的高点，显示此处压力重重。随后股价很快跌破下边线，此时交易者应果断离场。

该股跌破下边线之后，回抽了一下下边线。回抽未能重新有效站上下边线，是另一个技术上的离场点。

二、下降三角形

下降三角形的情形和上升三角形恰好相反。股价或指数下跌一段时间之后，在某个特定的价位区域上出现稳定的购买力，股价或指数每次回落至该水平就止跌回升，连接每一个低点就形成一条水平的直线。但股价或指数每一次反弹的高点却都较前高低一些，连接每一个高点就形成一条向下倾斜的直线。与上升三角形相同的是，成交量沿着三角形尖端方向整体上逐渐递减。如图7–9所示。

图7–9　下降三角形

股价或指数走出该形态后，大多选择向下突破，预示后市还会继续下跌，所以称为下降三角形。

下降三角形每次反弹的高点越来越低，本身就是一种向淡的信号，所以后市向下突破的概率较大。当股价或指数向下跌破下边线时，符合道氏理论关于下降趋势的定义：后高低于前高，后低低于前低。所以下降三角形大多表明后市继续看跌。

1. 下降三角形的技术特征

（1）一般出现在下跌过程中，少数出现在上涨过程中。

（2）每一次下降的低点基本处在一个水平线上，上涨的高点却逐渐降低。分别连接高点和高点、低点和低点，就形成上边线是水平的直角三角形。

（3）成交量沿着三角形尖端方向整体逐渐萎缩。

（4）股价或指数突破下边线后，有时会回抽边线。是否会回抽，目前尚无技术手段可以预知。

2. 下降三角形的技术含义

（1）跌破下降三角形下边线后，后市看跌，是卖出信号。

下降三角形同样是多空双方力量在整理区域内此消彼长的过程。一般情况下，下降三角形表明市场内看空的力量越来越强，每次不等股价或指数反弹到上次高点就争相卖出。多方虽然坚守着某一水平位置的价格和指数防线，却无力向上推高。

下降三角形的另一种情形是，有看淡后市的主力，刻意维持股价不跌，以利以更好的价格卖出更多的股票。当筹码出得差不多时，股价或指数就会像断线的风筝一样从空中跌落。

如图7-10所示，TCL集团（000100）的股价在顶部收出下降三角形，随着成交量的逐渐萎缩，价格高点也一浪低过一浪。最后，一根大阴线跌破三角形下边线，表明后市向淡，交易者应卖出离场。

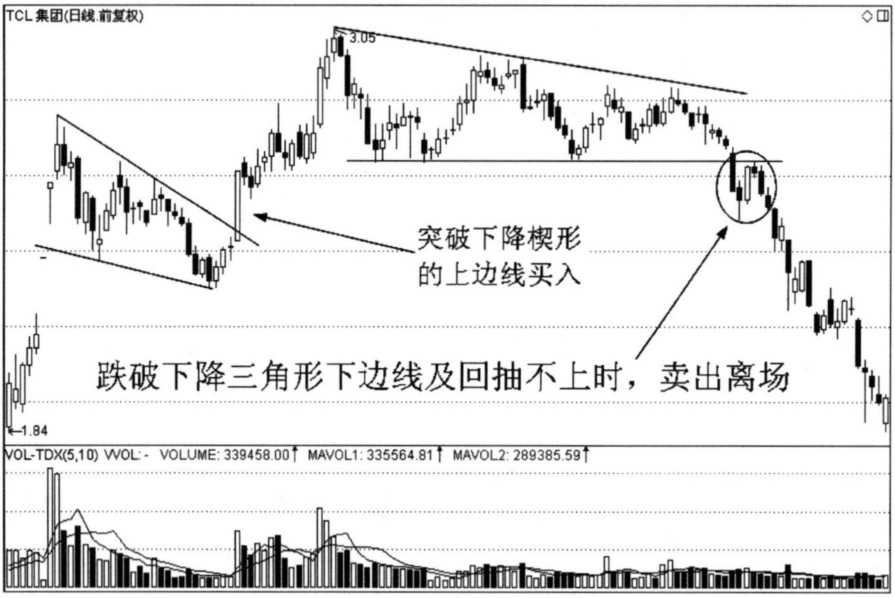

图7-10　下降三角形的离场标准

该股跌破下边线后马上回抽，遇下边线阻力下跌。回抽遇阻回落，是市场给那些动作迟缓、做事犹豫的技术交易者最后一次离场的机会。

下降三角形之前，该股收出一个下降楔形。下降楔形后市大多向上突破。

如图7-11所示，光大证券（601788）。该股和图7-10中的TCL集团一样，在顶部走出了一个下降三角形。一根向下跳空的大阴线跌破三角形下边线，此时交易者应清仓离场。

跳空的阴线处形成了向下突破缺口，此处向下突破缺口的离场标准和下降三角形的相同。

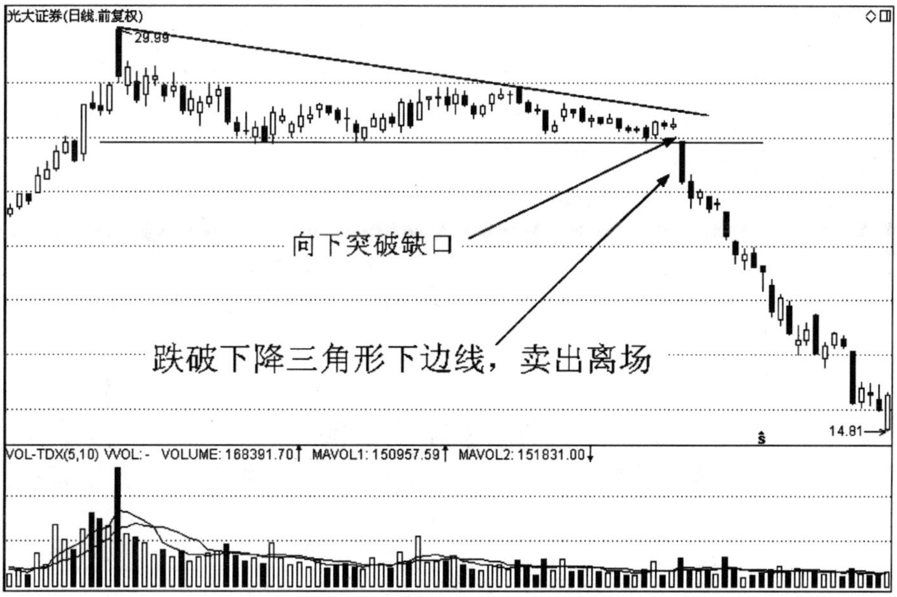

图7-11　下降三角形的离场标准

图7-12是安纳达（002136）上市之后的日线图。该股刚上市就走出一个下降三角形。跳空大阴线跌破三角形下边线后，交易者应该离场。接着股价进行整理，走出矩形形态。矩形形态也是整理技术图形，跌破下边线时离场。

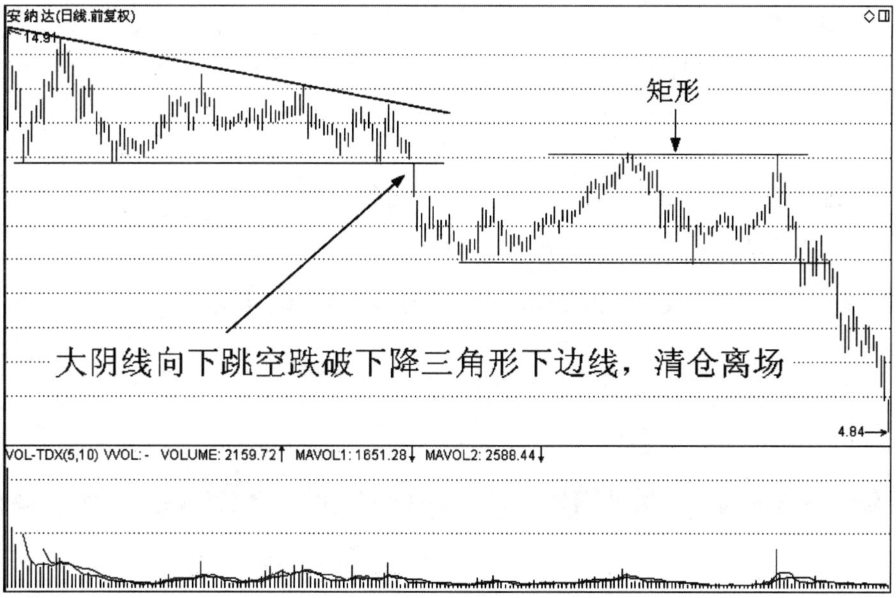

图7-12　下降三角形的离场标准

图7-13是图7-12中下降三角形整理形态的放大图。从图上可以看出，K线组合形态先于下降三角形多次发出卖出离场信号。

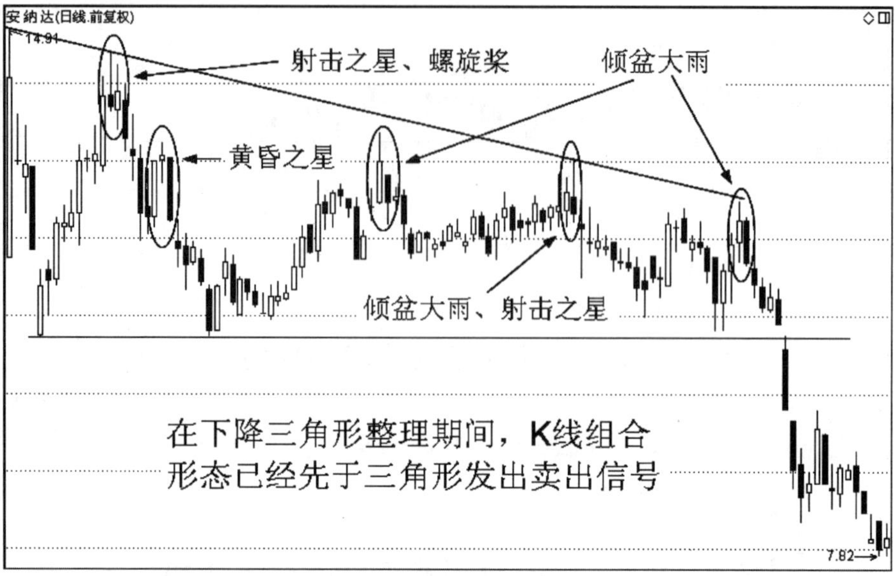

图7-13　K线组合形态的卖出信号早于下降三角形的离场标准

如图7-14所示，ST梅雁（600868）在下跌过程中股价出现反弹，走出下降三角形，跳空阴线跌破三角形下边线时应该离场。

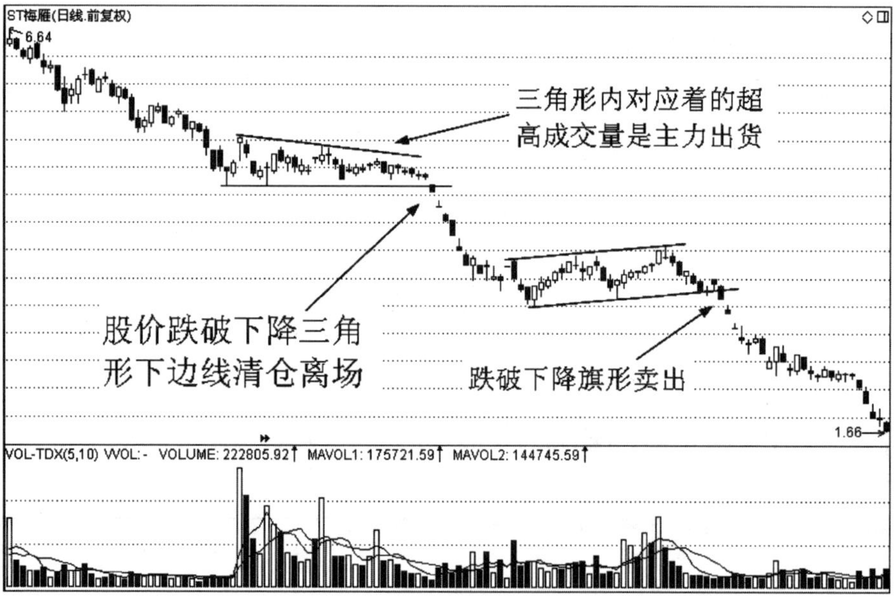

图7-14　下降三角形的离场标准

三角形整理区域内，成交量虽然呈整体逐渐萎缩的态势，但是和之前下跌过程相比，仍旧可以算是急剧放大。这表明有可能是主力对倒放量，以便造成底部有人进场的假象，诱使交易者买入，从而达到顺利出货的目的。

下降三角形之后，该股又走出下降旗形整理形态。下降旗形大多向下突破，跌破下边线时应离场。

（2）股价或指数向上突破下降三角形上边线时，后市看涨，是买入信号。

整理期间，下降三角形虽然每次反弹的高点都比前高低，但是每次回落的低点全都相同，所以形态本身并不表示趋势已经走坏，只是略微向淡。因此下降三角形的突破方向极为重要，决定了三角形之后股价或指数的趋向。

下降三角形向下突破，则表明后高低于前高，后低低于前低，股价或指数步入下降趋势；下降三角形向上突破，则表明后高高于前高，后低高于前低，股价或指数运行在上升趋势当中。

下降三角形向上突破，大多出现在上涨过程中。由于获利盘过多，抛压逐渐沉重，且多空分歧也日趋加大，股价或指数上涨艰难，从而走出下降三角形整理形态。一方面，有一些技术分析人士见到该形态，在选择突破方向之前不会入场；另一方面，不断弹升、回落且低点越来越低的过程，令很多获利交易者失去耐心，抛出筹码。越来越少的成交量，表明抛压越来越轻。最终，当获利盘清洗得差不多时，股价向上突破，再度继续上涨。

图7-15是鲁泰A（000726）的周线图。从图中可以看到，股价稳步上涨，然后进行整理，走出下降三角形整理形态。三角形整理结束后，股价成功向上突破三角形上边线，后市看涨。

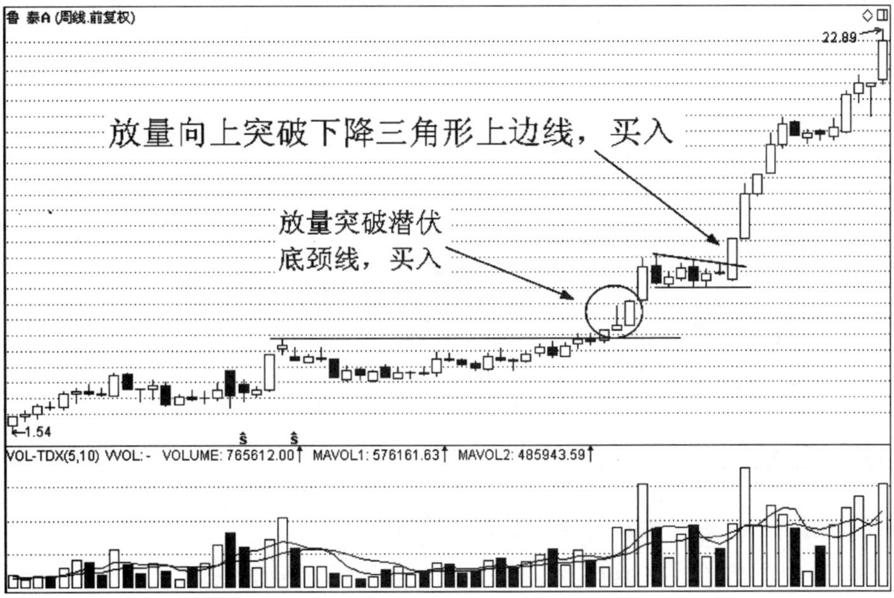

图7-15　下降三角形的进场标准

走出下降三角形之前，该股先走出一个大潜伏底。交易者可在放量突破潜伏底颈线时买入。

三、底部三角形

底部三角形是指股价或指数下跌后，每一次探底几乎都在同一水平位置上，而每一次反弹却一次比一次低，成交量也越来越萎缩，最后放量向上突破上边线阻力，完成底部三角形形态。如图7-16所示。

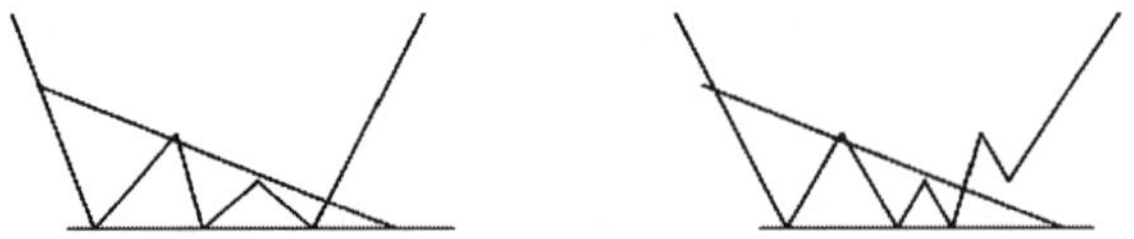

图7-16　底部三角形

底部三角形是下降三角形当中的特例，特指那些出现在长期下跌底部区域，突破方向选择向上的下降三角形。因其向上突破后，趋势由跌转涨，所以有一些技术分析人士将其单独列出，作为一种转势技术图形。

底部三角形从形态来看，终归属于下降三角形，之所以选择向上突破，主要其所处位置不同。所谓的底部区域，在下降三角形向上突破之前，根本就无法判断。底部三角形一旦向下突破，就和下降三角形没有任何区别。所以本书仍将其归于整理技术图形之列。

对于底部三角形技术含义的判断，和下降三角形完全相同，仅以突破方向作为后市涨跌的依据。

1. 底部三角形的技术特征

（1）股价或指数大幅下跌之后，几次探底都在同一水平位置上获得支撑。

（2）每一次反弹的高点逐渐下移，形成三角形的上边线。

（3）成交量越靠近三角形尖端就越不活跃。

（4）突破时伴随成交量放大。

2. 底部三角形的技术含义

底部三角形向上突破上边线时，是买入信号。

图7-17是中国建筑（601668）的周线图。该股自上市以来，走了一个长期下降的大熊市，之后在底部横盘整理。整理后期，走出底部三角形形态，最后股价放量突破三角形的上边线，预示后市将止跌回升，交易者可以买入。

图7-18是图7-17中底部三角形放大以后的日线图。从图上可以看出，底部三角形的成交量呈现上升增加、下跌缩量的态势，整体上越靠近三角形尖端，成交量就越趋清淡。股价突破三角形上边线之后，上边线的延长线对股价有支撑作用。

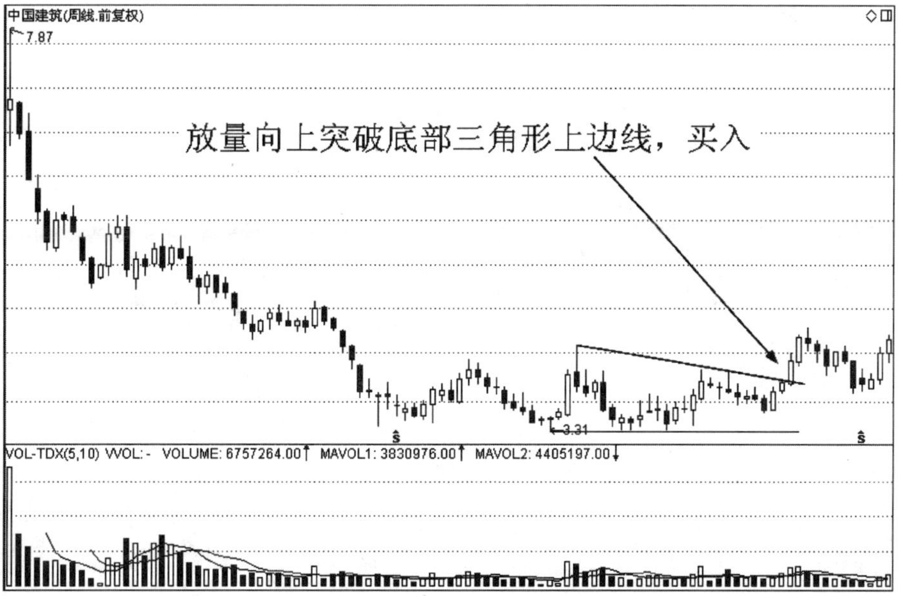

图7-17　底部三角形的进场标准

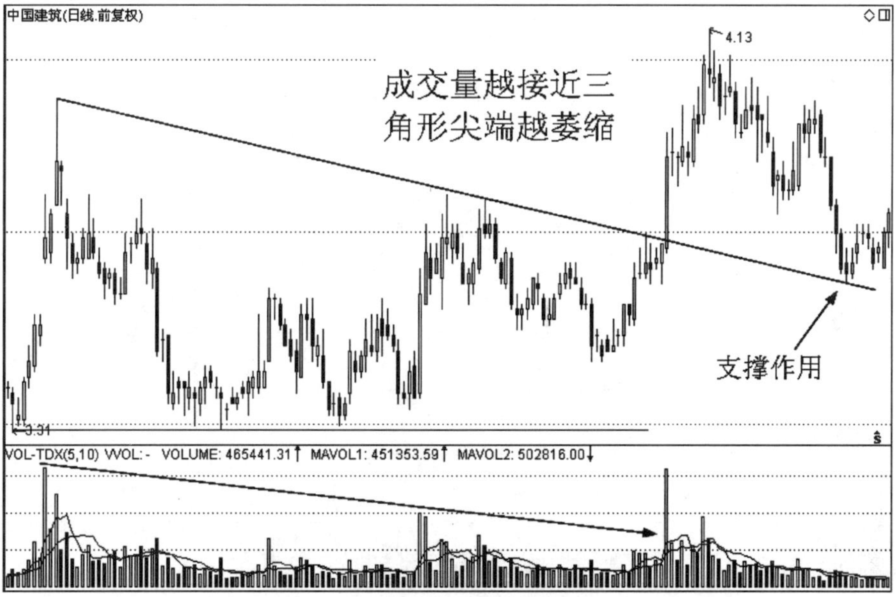

图7-18　底部三角形成交量的变化

如图7-19所示，特锐德（300001）在底部构筑了一个宽幅的底部三角形。越靠近三角形尖端，成交量就越不活跃。最后股价放量突破上边线，买入。

股价突破之后，有过两次回试，回试不破是进场点或加仓点。

底部三角形也有很多失败的例子。

如图7-20所示，键桥通讯（002316）上市之后仅短暂冲高，就像大海退潮一样，一浪低过一浪。之后在低位收出一个各项特征都符合底部三角形的形态。形态内的成

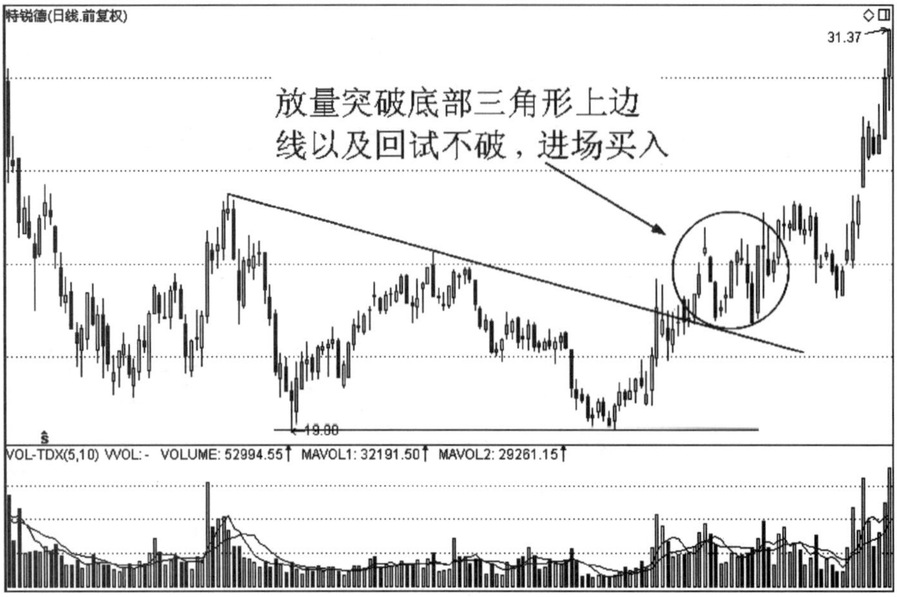

图7-19　底部三角形的进场标准

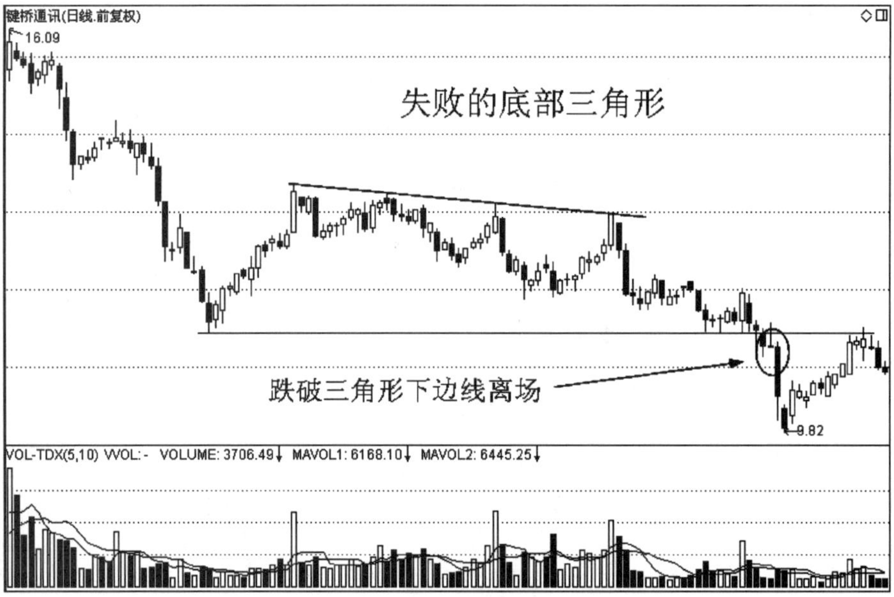

图7-20　失败的底部三角形

交量已经算得上非常萎缩了，并且也是越接近尖端越不活跃，但该股最终还是选择了向下突破。交易者应当在向下跌破三角形下边线时离场。

图7-21是键桥通讯上市以来至收出三角形时为止的日线图，大家可以仔细观察一下。

如图7-22所示，赣锋锂业（002460）。该股前期走势和上例比较类似，也是上市后短暂走高，然后持续下跌。最后在低位收出底部三角形特征的技术图形，结局也是最终选择了向下突破。交易者应当在股价跌破三角形下边线时离场。

图7-21　下跌很久，跌幅很大，收出底部三角形后依然走出失败形态

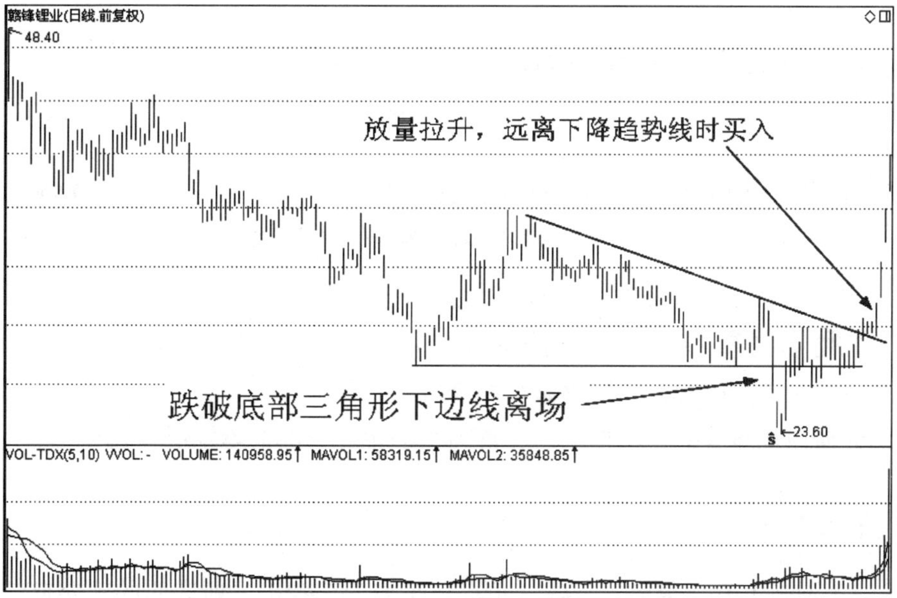

图7-22　向下跌破做空头陷阱的底部三角形

与上例不同的是，该股股价很快重新回到三角形形态之内，说明该股向下跌破三角形是空头陷阱。接着股价继续向上突破上边线，连续放量涨停拉升。

实际上，股价跌破三角形之后，作为技术图形的三角形已经完成其技术含义。此后股价重新回到三角形上边线附近，三角形上边线对股价有压力，但此时已经不存在三角形以及三角形边线的问题。所谓的三角形上边线，其实就是中期下降趋势线。

交易者可以在股价突破中期下降趋势线时密切关注，因为向上突破时，量能和幅度都很有限，不足以判定突破的有效性。在股价回试中期下降趋势线成功并放量涨升时，可以及时买入。

图7–22中三角形上边线，除了是中期下降趋势线之外，同时也是该股长期的下降趋势线，如图7–23所示。当股价突破下降趋势线时，同时也完成了后低高于前低，后高也高于前高的过程，确立了至少是一段中期行情的上升趋势，因此交易者可以进场买入。

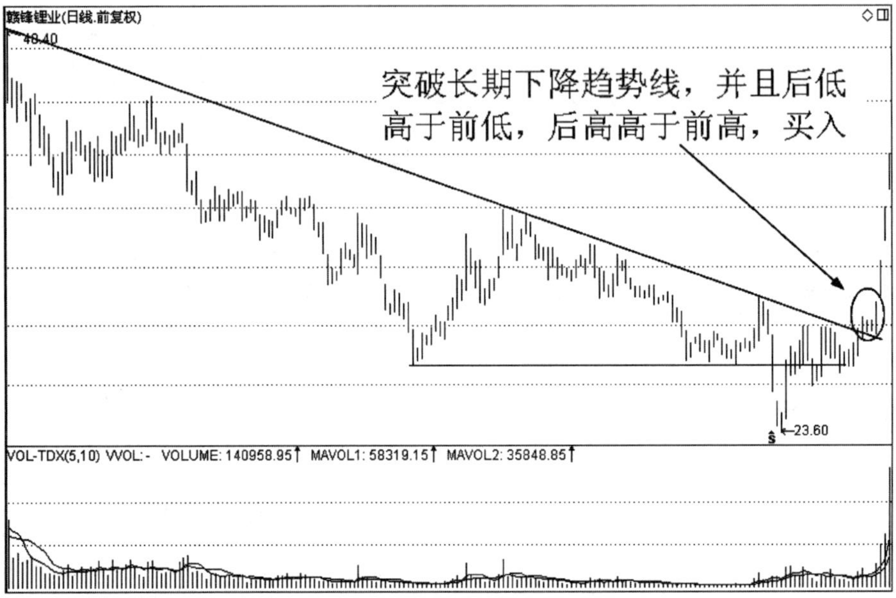

图7-23 突破下降趋势线的进场标准

当底部三角形出现失败时，其技术含义和下降三角形完全一样，所以交易者在实战当中无需考虑底部三角形还是下降三角形，可以将其全部看作下降三角形。判断进出场也和下降三角形一样，只以突破方向为准。

本书之所以仍将底部三角形单列，是因为传统技术图形将其单独归为一类。

3. 特别提示

（1）无论是上升三角形、下降三角形还是底部三角形，所表明的后期走势都是一种大概率的或然性事件。交易者不能按照其形态含义从而预先入场埋伏，除非其他趋势分析方法明确给出了进场信号。三角形形态结束后，股价是上升还是下降，不取决于形态的形状和形态所处的位置，而是取决于形态最终选择的突破方向。

总之，在三角形整理的范围内，都只有一个意向性的趋势方向。只有突破边线之后，股价或指数才真正体现道氏理论的精华。如果后低高于前低，后高也高于前高，则继续上涨；如果后高低于前高，后低也低于前低，则继续下跌。

（2）上升三角形向上突破时，必须伴有放大的成交量，否则容易出现突破失败的情形。下降三角形向下跌破的有效性与成交量的变化无关。

（3）三角形无论是向上突破还是向下跌破，都是越靠近宽端位置突破，后市涨跌就越有力，越靠近尖端位置，后市的涨跌就越虚弱，甚至出现失败的情形。

（4）上升三角形向下跌破，大多出现在下降趋势中；下降三角形向上突破，大多出现在上升趋势中。

四、扩散三角形（喇叭形）

扩散三角形又称喇叭形。股价或指数整理时上升、下跌，然后再上升、再下跌，每次上升的高点都较上次为高，下跌的低点也比上次的低点为低，整个走势的波动越来越剧烈。分别将高点和高点、低点和低点连接起来，就可以画出一个尖端朝左的开口三角形。因为其形状像一只喇叭，所以又称为喇叭形。如图7–24所示。

图7–24　扩散三角形（喇叭形）

1. 扩散三角形的技术特征

（1）大多出现在上涨趋势中，较少出现在下跌趋势中，几乎不出现在底部。

（2）股价每次上升的高点都比上一次的高点高，低点也比上次的低点低，是一个尖端朝左、向右扩散的三角形。

（3）在三角形整理过程中成交活跃，且无明显规律性变化。

2. 扩散三角形的技术含义

（1）股价或指数向下突破扩散三角形的下边线，后市看跌，是卖出信号。

大多数扩散三角形的突破方向是向下的，交易者可以在已经明显看出是扩散三角形形态时减一部分仓位。

扩散三角形大多是交易者热情高涨、情绪失控的结果，通常出现在上升趋势的最后阶段，或者是下跌初期的强势反弹阶段。

在上涨趋势最后阶段，市场上投机盛行，蛊惑人心的利多传言犹如满天飞舞的柳絮。很多交易新手受到市场气氛的感染和长期牛市赚钱效应的影响，潮水般涌入场内，每天新开的交易账户数量和指数一样迭创新高。由于市场内有太多的新手，他们对市场行为和前景一无所知（不懂技术分析），对公司前景和国家经济政策一无所知（不懂基本面分析），在狂热的市场面前迷失了自己（不了解自己）。当股价上升时便疯狂追涨，当股价下跌时又恐慌地加入抛售行列，导致股价或指数越来越不正常的大起大落，形成扩散三角形。

在牛市见顶转为跌势初期，很多交易者尚处在大牛市的兴奋当中，期待和幻想蒙蔽了双眼，完全看不到股价或指数已经步入漫漫熊途。因此每逢股价或指数反弹，都会有很多交易者蜂拥而上，以为牛市还在继续。

至于不规则而巨量的成交，同样是交易者冲动买卖的反映和结果。

当市场处于疯狂状态之时，常常是在牛市末期和熊市初期。因此，扩散三角形大多选择向下突破。

如图7-25所示，老凤祥（600612）的股价下跌不久出现反弹，成交量异常放大，但股价并没有太大起色，说明市场狂热气氛还在，但股价已经义无反顾地走下坡路了。交易者可以在股价跳空向下跌破三角形下边线时离场。

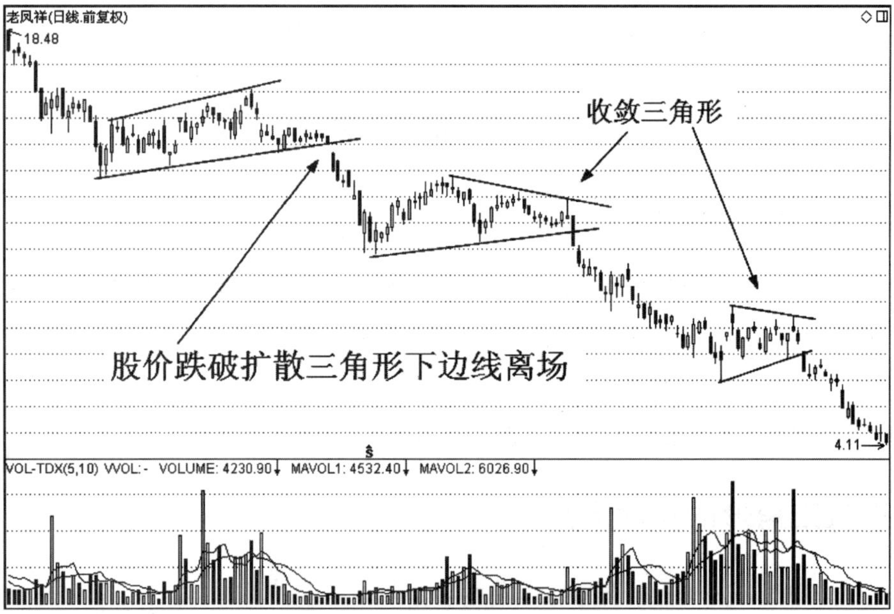

图7-25 扩散三角形的离场标准

扩散三角形之后，股价继续下跌，并相继走出两个收敛三角形。

如图7-26所示，山东墨龙（002490）一上市就收出扩散三角形形态，交易者应于股价跌破扩散三角形下边线时清仓离场。

跌破扩散三角形下边线之后，股价两次回抽下边线。第一次遇阻回落，是离场点；第二次虽然站上下边线，但第三日马上再度跌破，没有满足价格超过3%、站上时间超过三天的有效条件，所以应清仓离场。

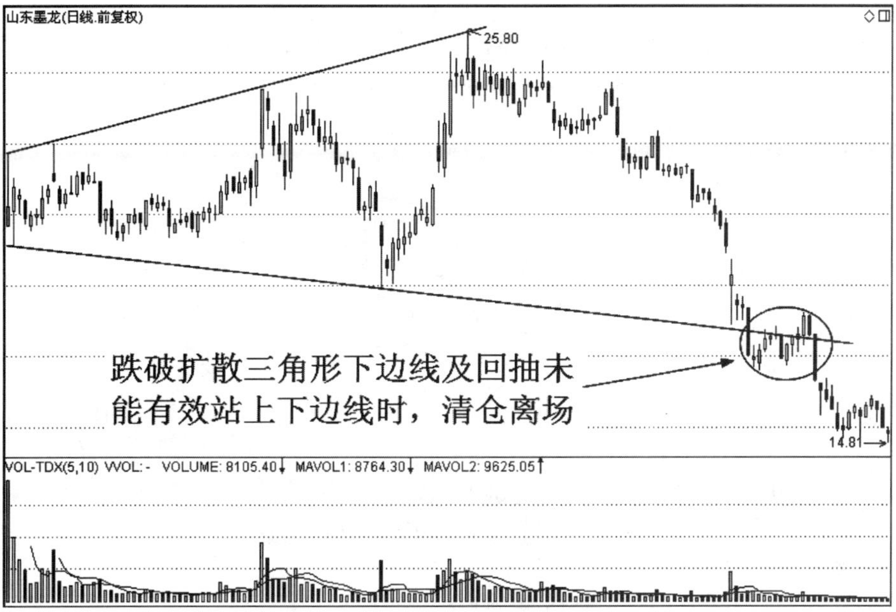

图7-26　扩散三角形的离场标准

如图7-27所示，ST磁卡（600800）在下跌初期走出扩散三角形，并最终向下突破，预示后市将有很大一段跌幅，此时应当清仓离场。

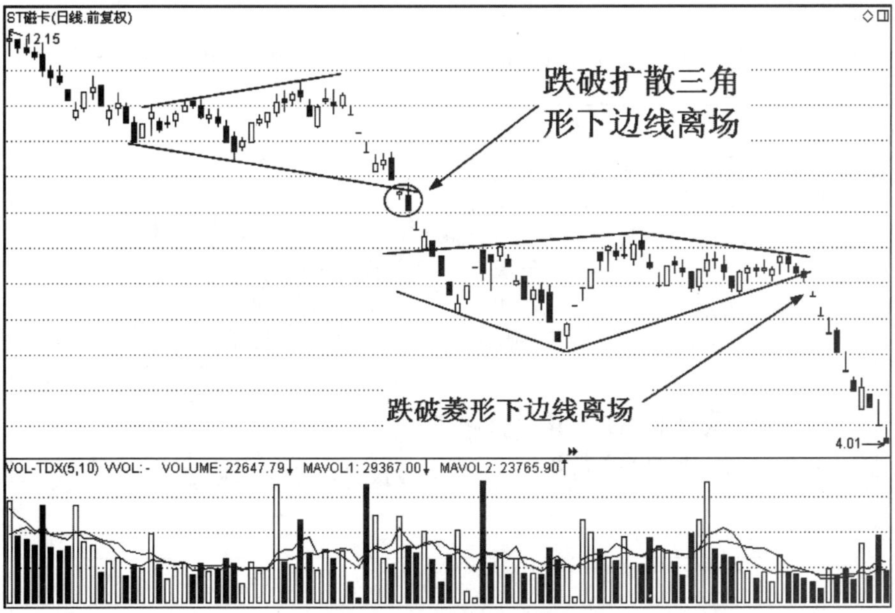

图7-27　扩散三角形的离场标准

扩散三角形之后是一个菱形形态。菱形是一个大多选择向下突破的整理技术图形，跌破下边线应清仓离场。

如图7-28所示，东力传动（002164）经过连续上涨，在历史高位收出扩散三角形，最终股价选择向下跌破。交易者可于股价跌破三角形下边线时清仓离场。

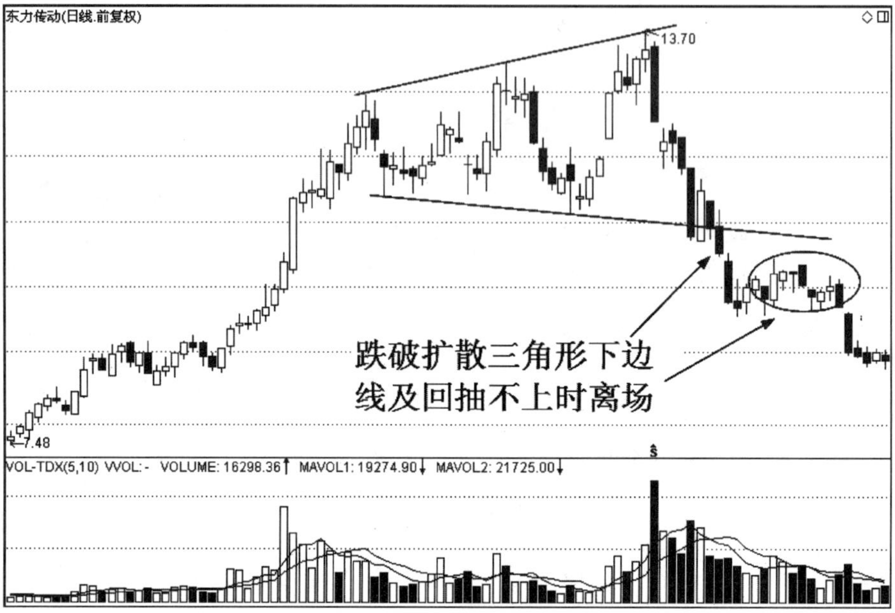

图7-28　扩散三角形的离场标准

图7-29是安纳达（002136）的日线图。和前面几个例子不同，这个扩散三角形形

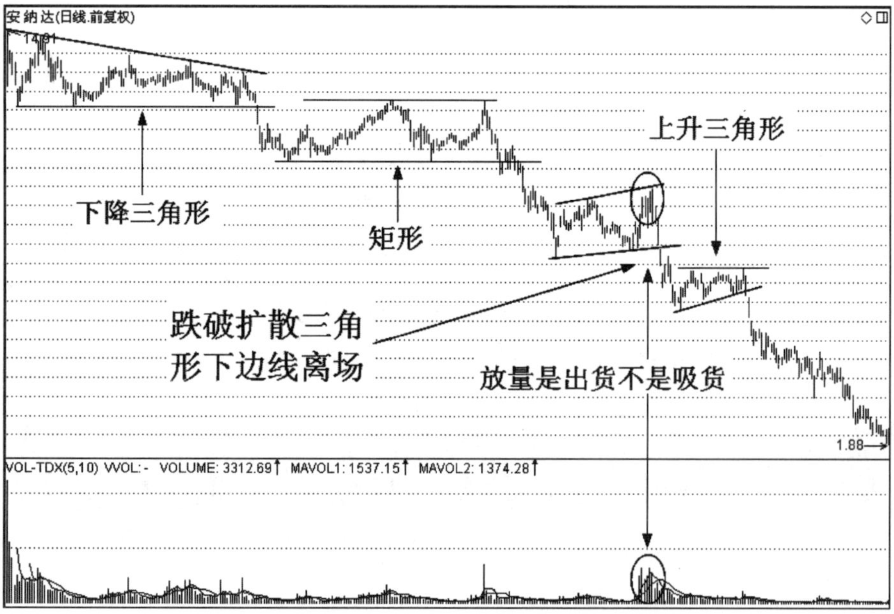

图7-29　扩散三角形的离场标准

态出现在下跌行情中途。在反弹过程中，股价低点高于前低，高点也高于前高，看起来像是熊市已经结束，一轮牛市即将展开的样子。最后一次上攻的反弹高点，伴随着巨大的成交量，似乎也证明了这一点。但股价最终并未延续反弹，而是在走出扩散三角形整理形态后跌破下边线。这也佐证了三角形内的放量是主力的对倒行为，其目的是诱使交易者进场买入。后市股价继续下跌，并且跌幅巨大，进一步验证了上述主力行为。交易者可以在跌破下边线时清仓离场。

股价跌破扩散三角形后，确认了形态内反弹顶点的放量，是主力出货而不是多方入场。

总之，在已有较大跌幅的情况下，股价或指数开始反弹并放量上升。如果走出的形态是扩散三角形，交易者还是要慎重对待，因为扩散三角形是由交易者冲动和不理性交易的结果。如果是真正的底部，被套的交易者早已心灰意冷，短线交易者是见风就逃，有远见的交易者都在悄无声息地逢低吸纳，几乎不可能出现非理性的狂热情绪。所以扩散三角形绝少出现在市场的底部。如果交易者发现了处在相对底部的扩散三角形，在股价或指数尚未选择突破之前，最好还是将其看做诱多为好。

处在相对底部的扩散三角形，量价做得越逼真，则向下突破的可能性越大。

（2）股价或指数向上突破扩散三角形上边线，后市看涨，进场。

虽然扩散三角形向上突破的概率不是很大，但一旦突破，后市的升幅和涨速都很可观。这是因为扩散三角形虽是交易者冲动和疯狂的结果，但持续不断的高成交量，表明了市场分歧极其尖锐。多空双方在三角形内以越来越剧烈的振荡方式大量换手，令市场的平均成本向该区域集中。一旦股价或指数向上突破，无论是主力强力解放三角形内的密集成交，还是因为市场资金更加疯狂地涌入，都表明多方力量空前强大，必然导致股价或指数远离该密集成交区域。

一般而言，多空分歧严重的时候，大多是上升或下跌中继，基本无法形成市场的底部和顶部，至多是中短期的底和顶。牛市和熊市差不多都是在市场人士几乎一致看多或看空的时候终结的。

如图7–30所示，三爱富（600636）是一个交易极端过热的例子。股价向上突破扩散三角形的上边线后一路上涨，几乎未作停顿。交易者可以在突破扩散三角形上边线时进场买入。

扩散三角形之前，该股收出一个上升楔形。上升楔形是大多选择向下突破的整理技术图形，但该股却选择了向上突破。

这个例子说明市场虽有一定规则，却不可拘泥。

对于该股的详细分析过程如下。

图7–31是三爱富的长期日线图。从日线图上可以看到，该股经过一段时间的上升之后，成交量突然急剧放大，同时股价飙升。接着股价开始整理，先期走出一个上升楔形。上升楔形是看跌的整理技术图形，加之楔形右端加速上扬时有过巨量成交。从

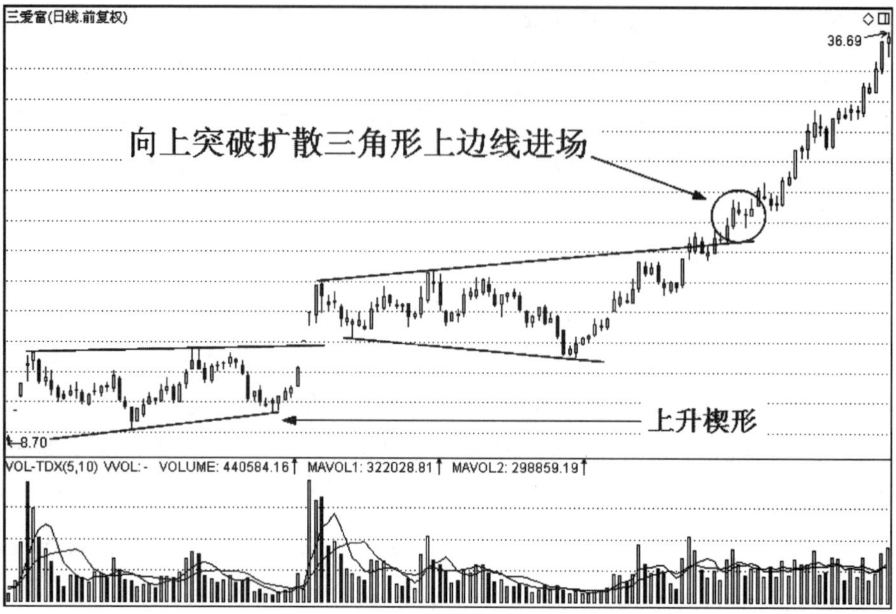

图7-30　扩散三角形的进场标准

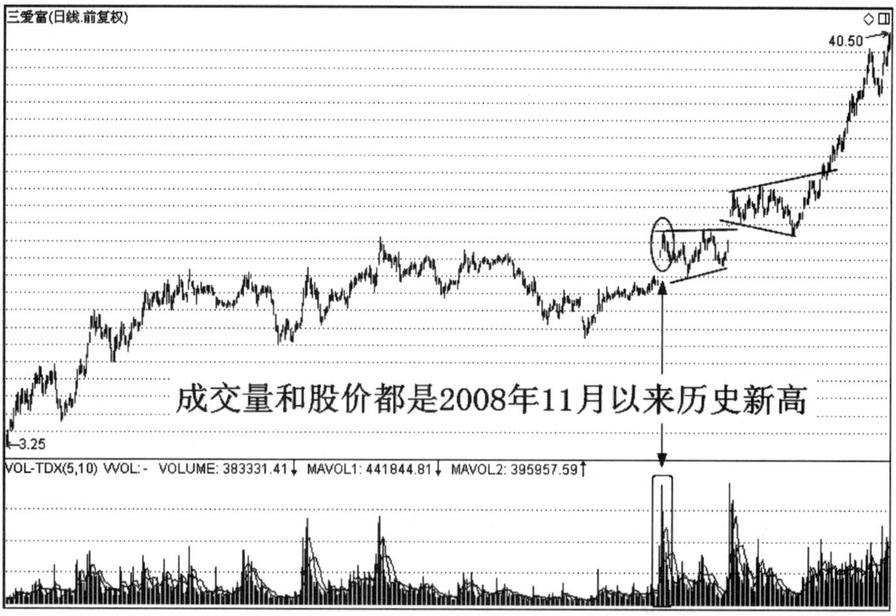

图7-31　量价均创历史新高

表面上看，主力出货的可能性很大。不过，股价放量急升的位置已经是2008年11月份以来的历史新高。

如果可以确认这样一个事实，即几乎不可能存在疯狂的公众交易者共同进场拉升股价至历史高位这一情形，那么放量新高无非有以下两种可能：主力对倒出货，或者主力过顶吸筹。

第一种可能很值得怀疑。因为就清仓速度而言，公众交易者永远比主力机构快，所以主力拉出新高出货，会让所有在这之前买入的交易者全部获利。主力究竟是自己出货呢？还是帮别人出货？答案显而易见。

由此可见，主力过顶吸筹的可能性最大。楔形整理形态内，股价曾缩量再创新高，更增加了这种可能性。但是此时股价走势尚没有给出明确的进场信号，交易者只能密切观察。

接着如图7-32所示，股价以连续涨停板的方式向上突破上升楔形，再次创出新高，放出巨量。单就技术图形而言，突破上升楔形上边线是看涨信号，应买入。但连续几日换手率均接近30%的高成交量，这意味着什么呢？已经解放了一次套牢盘，还要再解放一次，包括第一次放量时入场的交易者？很显然，这种出货方式非常不合情理。因此基本上已经可以确认，两次放量都是主力过顶吸筹。

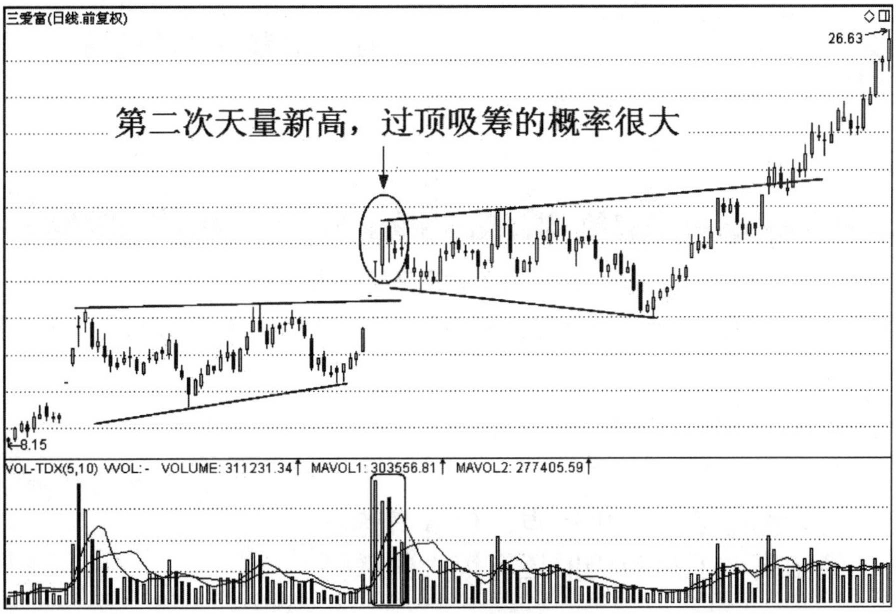

图7-32 第二次天量新高，过顶吸筹

接着股价走出扩散三角形形态。因为主力采用的是过顶吸筹的方式，吸货时间很短，股价上涨过快，吸引了很多跟风盘，因此股价在扩散三角形形态内巨幅上下振荡，以达到洗盘和震仓的目的。

在三角形内，股价缩量创出新高，表明抛压已大大减轻。接着股价缩量下跌，然后再放量上涨，此时成交量已明显小于前两次高点的成交量，表明浮筹差不多洗净了。最后股价向上突破扩散三角形的上边线，继续上涨。交易者可以在向上突破扩散三角形上边线时进场。

下面来看一下比三角形突破点更早的入场信号。

如图7-33所示，股价第二次缩量创出新高之后开始回落，回落时成交量显著萎缩。在上升趋势线和楔形整理形态内的密集成交区上方获得支撑，展开攻势。交易者可以在获得支撑处进场。

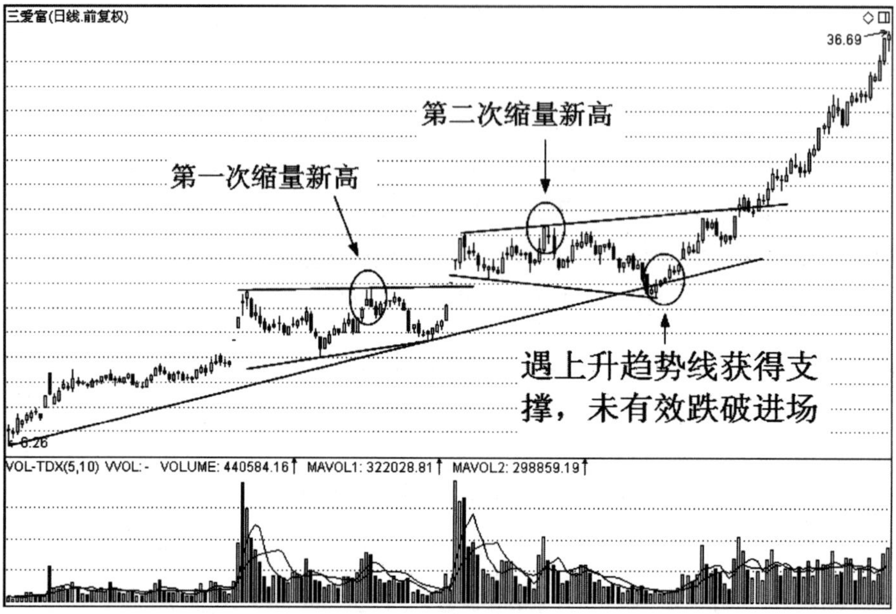

图7-33 早于三角形突破的进场点

缩量新高表明主力控盘比例已经比较高，市场内的抛压和分歧都比之前放量的地方小很多。

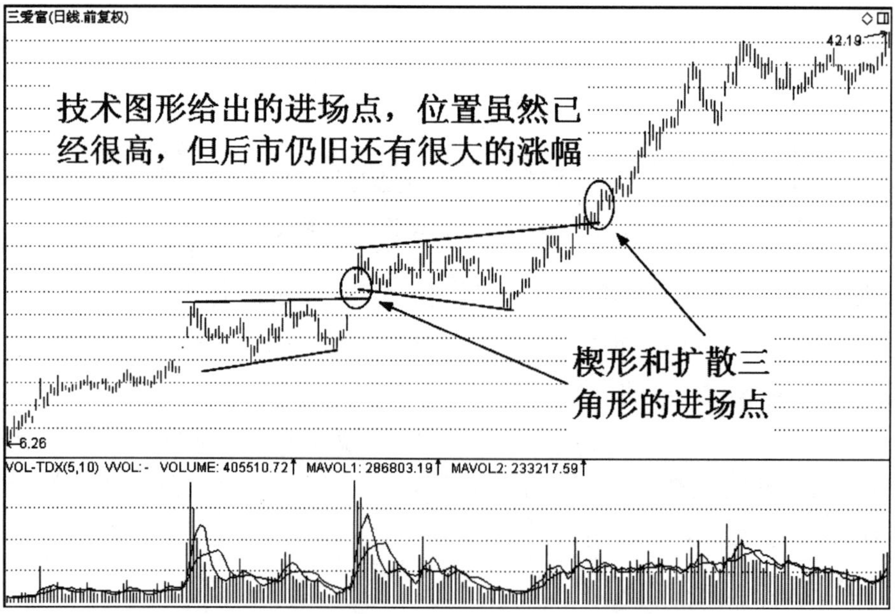

图7-34 进场点的确定仅依据技术信号，与股价高低无关

如图7–34是三爱富走出扩散三角形形态前后的日线走势图。交易者可以仔细观察各形态内的走势，以及所对应的成交量变化。

从图上可以看出，股价突破下降楔形时，已经上涨约一倍；股价突破扩散三角形上边线时，涨幅已经过半。但是趋势交易者进场，一定是在趋势分析方法发出明确信号时，所以吃不到整段行情，这是为了保证资金安全必须付出的代价。

顺势而为意味着趋势交易者不能因为股价已经下跌很久而买入，不能因为股价已经上涨很多而不敢买进。

需要提醒的是，上述进场标准是仅就上述分析的技术图形而言的。实际操盘的进出场标准，则要根据各种趋势技术分析方法综合判断确定，与本段文字分析的结论会略有不同。

图7–35是豫能控股（001896）的周线图，这也是一个扩散三角形向上突破的例子。股价先收出一个下降楔形，突破之后形成宽幅振荡的扩散三角形。在三角形整理末端，股价放量向上突破，后市看涨，进场买入。

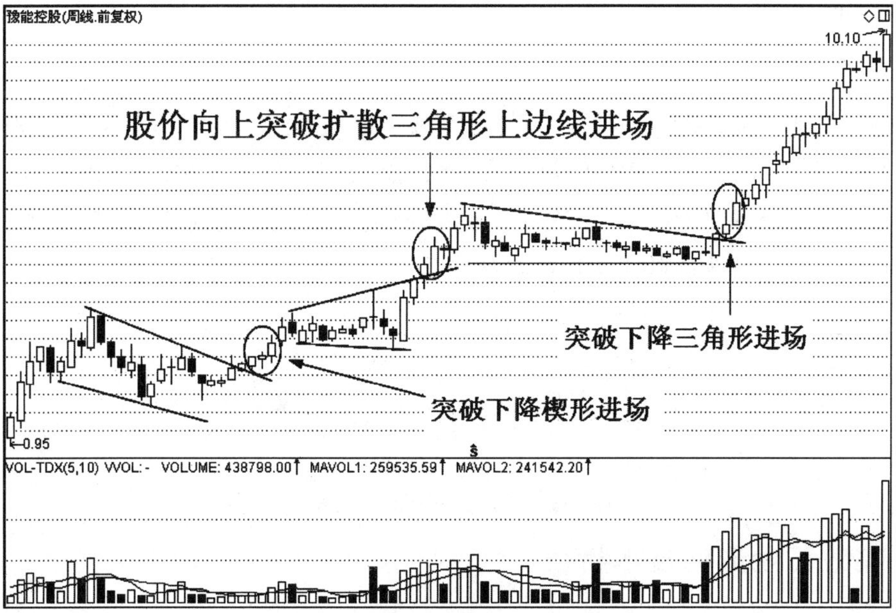

图7–35　扩散三角形的进场标准

紧接着扩散三角形之后，股价又收出一个下降三角形，但是股价依然选择向上突破。

如图7–36所示，中弘地产（000979）的股价放量向上突破扩散三角形的上边线时，是买入信号，进场买入。接着股价回试不破上边线，可以加仓买入。

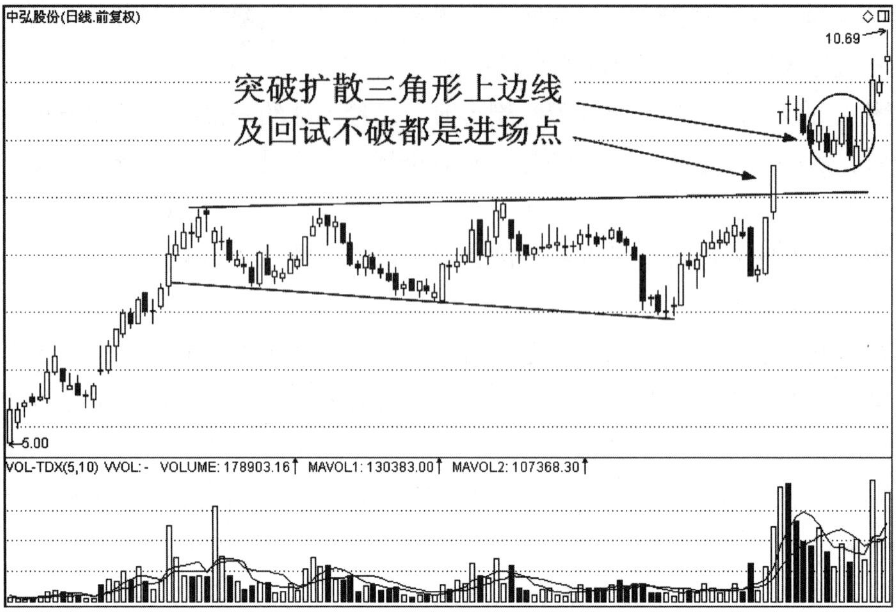

图7-36 扩散三角形的进场标准

五、收敛三角形

收敛三角形又称对称三角形。股价上升或下跌过程中，股价开始整理，每次弹升的高点都较前次高点为低，而低点也较前次低点为高。分别连接高点和高点、低点和低点，就画出一条向下倾斜、一条向上倾斜的直线。两条直线逐渐收敛，形成角度对称的三角形，所以称为收敛三角形或对称三角形。如图7-37所示。

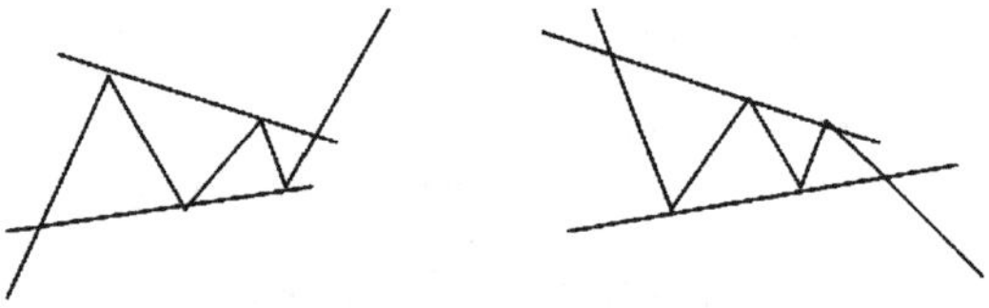

图7-37 收敛（对称）三角形

1. 收敛三角形的技术特征

（1）既出现在下跌趋势中，也出现在上涨趋势中。

（2）三角形内的价格波动幅度越来越小，即每次弹升的最高价总是低于前高，回落的最低价则高于前低。

（3）成交量随股价上升增加，随下跌萎缩，但整体上越来越清淡。

2. 收敛三角形的技术含义

收敛三角形是多空双方势均力敌的表现。双方对后市发展前景均感不甚明朗，攻守极为消极，都在静观其变，等待机会，所以股价的波动日渐缩窄，成交量也随之萎缩，趋于沉寂。

一般情况下，收敛三角形整理完毕后，股价会延续整理之前的趋势。但交易者必须在股价选择了突破方向之后，才可以采取行动。

收敛三角形属于衡量技术图形，其量度方法是：无论股价向上还是向下突破，从突破点量出三角形最高点和最低点之间的垂直距离，就是股价后市可能到达的涨幅或跌幅。

（1）股价或指数向上突破收敛三角形上边线时，是看涨信号，买入。

上涨过程中出现的收敛三角形，大多选择向上突破。

图7-38是中捷股份（002021）的周线图。在上涨趋势中，股价收出收敛三角形。三角形内的成交量显著减少，表明各方心里都不很踏实，所以大家都在静观其变。交易者可以在股价放量突破收敛三角形上边线时进场买入。

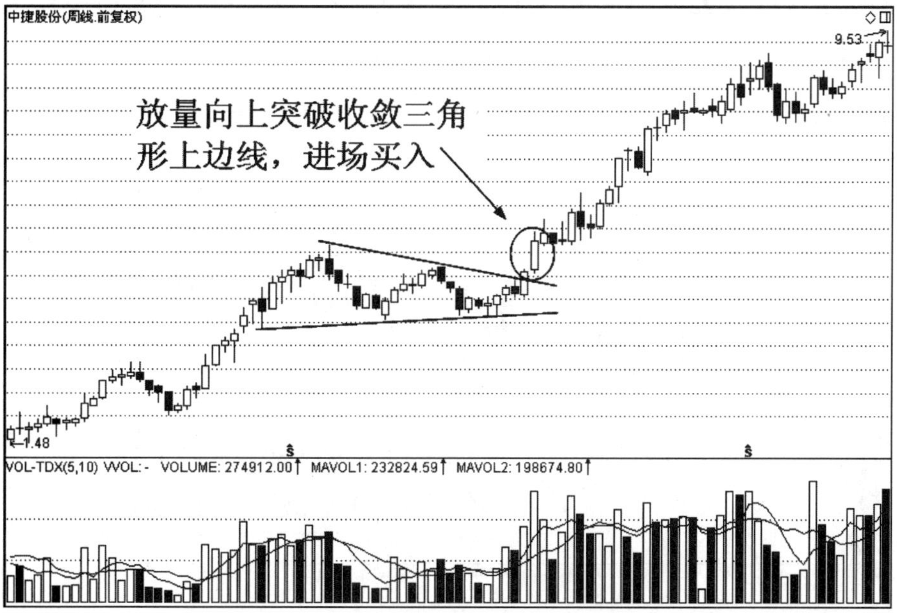

图7-38　收敛三角形的进场标准

图7-39是老凤祥（600612）的日线图。该股也是在上涨趋势中收出收敛三角形，交易者可以在股价放量突破收敛三角形上边线时进场买入。

该股在收敛三角形之前还走出一面上升旗形，交易者也可以在股价突破旗形上边线时进场买入。

图7-40是春晖股份（000976）的周线图。股价以跳空大阳线的方式突破收敛三角形上边线，此时可以进场买入。股价回试不破收敛三角形上边线，可以加仓买入。

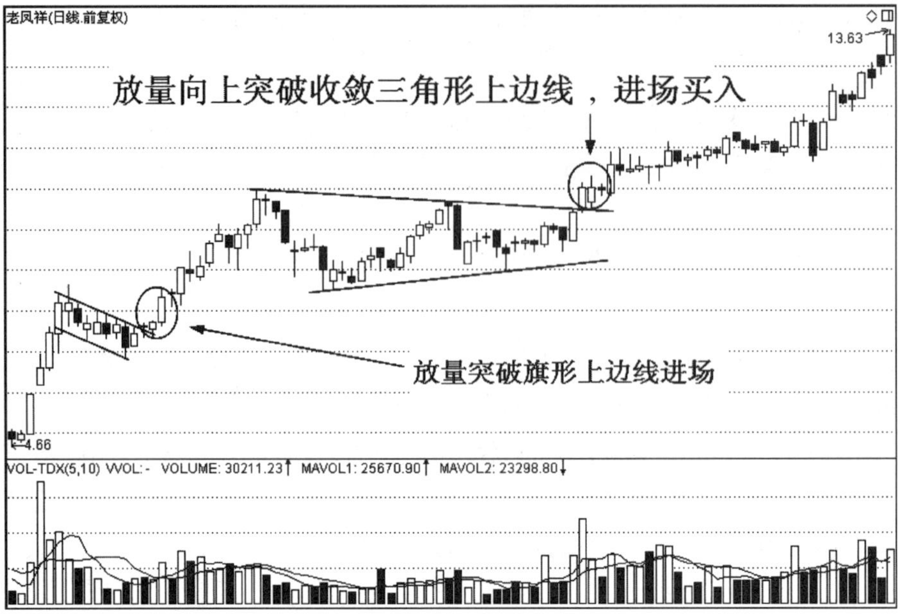

图7-39　收敛三角形的进场标准

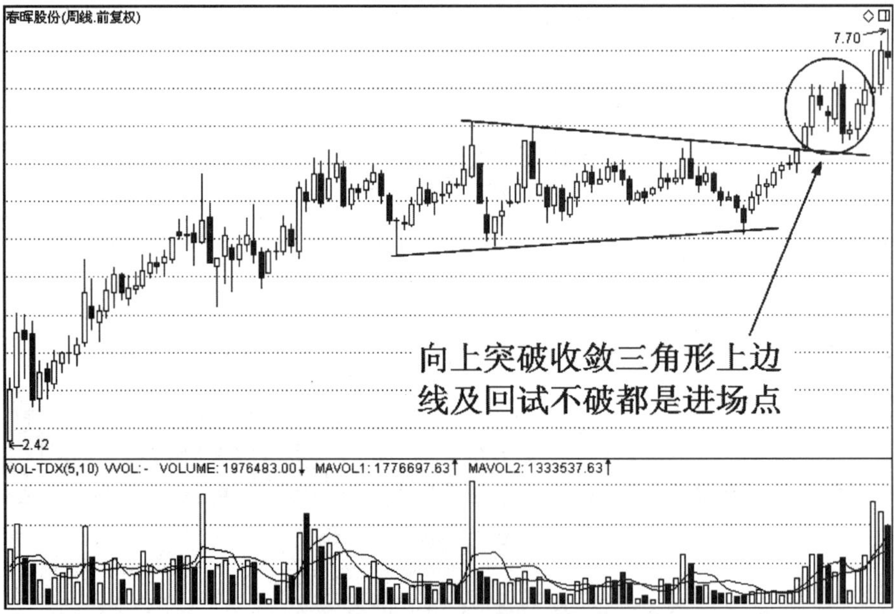

图7-40　收敛三角形的进场标准

（2）股价或指数跌破收敛三角形下边线时，后市看跌，离场。

出现在下跌过程中的收敛三角形，大多选择向下突破。

图7-41是长春一东（600148）的日线图。从图中可以看到，股价下跌过程中出现反弹，走出收敛三角形形态。股价最终跌破收敛三角形的下边线，此时应清仓离场。跌破收敛三角形的下边线之后，股价有回抽动作。回抽不上收敛三角形下边线时，是

技术上最后一次正确的清仓离场点。

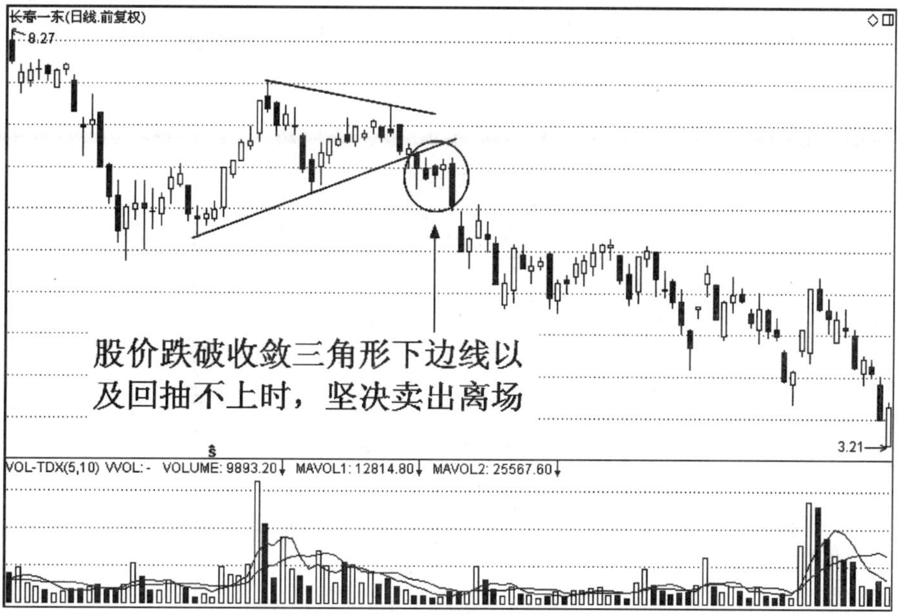

图7-41　收敛三角形的离场标准

如图7-42所示，老凤祥（600612）的股价连续下跌，收出收敛三角形，然后一根大阴线跌破三角形下边线，此时应清仓离场。股价继续下跌，再次收出收敛三角形，依然选择了向下跌破下边线，要注意清仓离场。

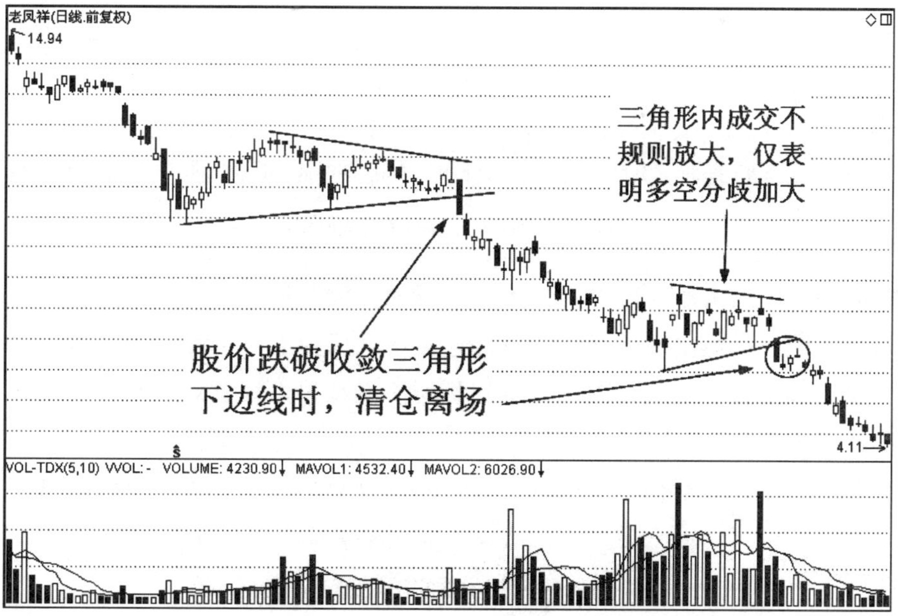

图7-42　收敛三角形的离场标准

需要提醒的是，第二个收敛三角形整理形态内，成交量呈不规则的显著放大。其含义或者是有主力进场，或者是主力借利好出货。但是有一点可以确定，在一个后市趋向不明的收敛三角形整理形态内，成交量显著放大，很显然是多空分歧加大的表现。

多空分歧很大的时候，基本上不可能是底部。所以即使是主力入驻，股价也会继续下跌一段时间。交易者在股价跌破收敛三角形时，仍然应该离场。

大家需牢记一点：任何时候，价格本身已经包容或表明了一切，成交量只是从另外一个角度对价格进行佐证或反证罢了。

如图7-43所示，ST磁卡（600800）在菱形整理之后，收出收敛三角形。股价跌破三角形下边线时应离场。

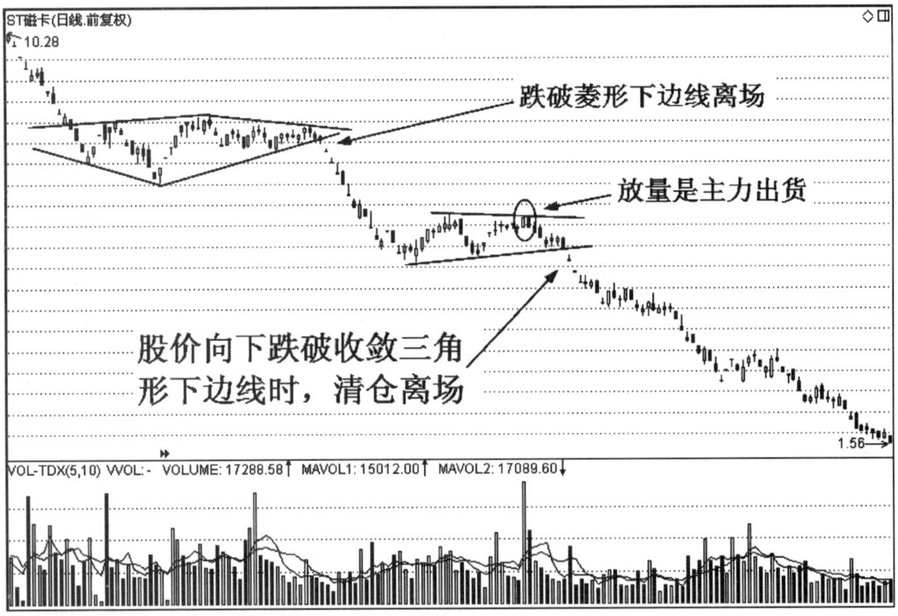

图7-43　收敛三角形的离场标准

该股形成收敛三角形的过程中，第二次反弹突放大量，和经典收敛三角形成交量的变化情况不同。虽然出现放量，股价却连第一次反弹的高点都没有越过，说明要么上升压力过大，要么就是主力出货，价涨量增不过是主力释放的烟雾弹而已，目的是引诱交易者进场买入。

这里又一次表明，技术图形的形态最为重要，成交量仅是辅助判断的重要因素。

3. 特别提示

（1）收敛三角形的突破越接近尖端，突破后上涨的力度和涨幅就越小，突破有效的概率也越小。通常在三角形一半或四分之三处突破，突破有效性和上涨力度都较为可观。

（2）收敛三角形向上突破时，需要大成交量来确认，否则有可能是多头陷阱。向下突破则无需成交量的配合。

（3）收敛三角形虽然是整理形态，但偶尔也有可能出现在长期趋势的顶部或底部。

（4）向上突破的收敛三角形大多出现在上升趋势中，向下跌破的收敛三角形大多出现在下降趋势中。

六、菱形（钻石形）

有技术分析人士认为菱形是一种顶部反转形态。的确，菱形几乎从不出现在底部。但是一方面，菱形往往只是中期趋势的顶部，并且在一个很强势的市场里，菱形也经常以整理形态的方式出现。另一方面，从形态上看，菱形是一个扩散三角形和对称三角形的结合，所以本书将其放在整理技术图形一节中，和扩散三角形、对称三角形一起讲解。

菱形是价格和指数波动幅度先扩展，之后又慢慢缩窄，形状像几何图形中的菱形，所以称为菱形。又因为形状像钻石，所以又称钻石形。如图7–44所示。

图7–44　菱形（钻石形）

1. 菱形的技术含义

菱形通常出现在长期趋势转折的顶部和中期趋势调整的顶部，偶尔会以整理形态的方式出现在下跌过程或上升过程中。总的来说，菱形形态并不是一种常见的技术图形。

菱形可以看作是由两种不同的三角形整理技术图形组合而成的。先是一个扩散三角形，然后是一个收敛三角形，偶尔也可以是上升三角形和下降三角形。菱形还可以看作颈线是V形的头肩顶。之所以不叫头肩底，是因为几乎找不到在底部出现的菱形形态，绝大多数菱形都选择向下突破。

扩散三角形和收敛三角形正好揭示了两种不同的状态。扩散三角形越来越剧烈的振荡，往往是参与的交易者越来越情绪化的表现。收敛三角形是整理形态，主要表现为越来越多的交易者对后市看法不明，转为观望，等待市场作出方向性选择。因为交易者已经经历了狂热状态，此时便很少再有继续买入的激情，所以菱形调整后，大多数选择向下突破，而不是像收敛三角形一样或上或下。

菱形也是一种衡量技术图形，突破或跌破菱形边线后的涨跌幅，为菱形最高点和最低点之间的垂直距离。

（1）股价或指数跌破菱形右边的下边线时，后市看空，是卖出信号。

如图7-45所示，TCL集团（000100）在下跌过程中收出菱形技术图形。菱形的左半部分是一个扩散三角形，右半部分是一个收敛三角形。成交量也和形态的组成一样，左半部分除了成交量比较大之外，没有明显的规律可寻。右半部分则服从收敛三角形的规律，成交量整体上渐次减少。股价在菱形的尖端跌破下边线，此时应清仓离场。

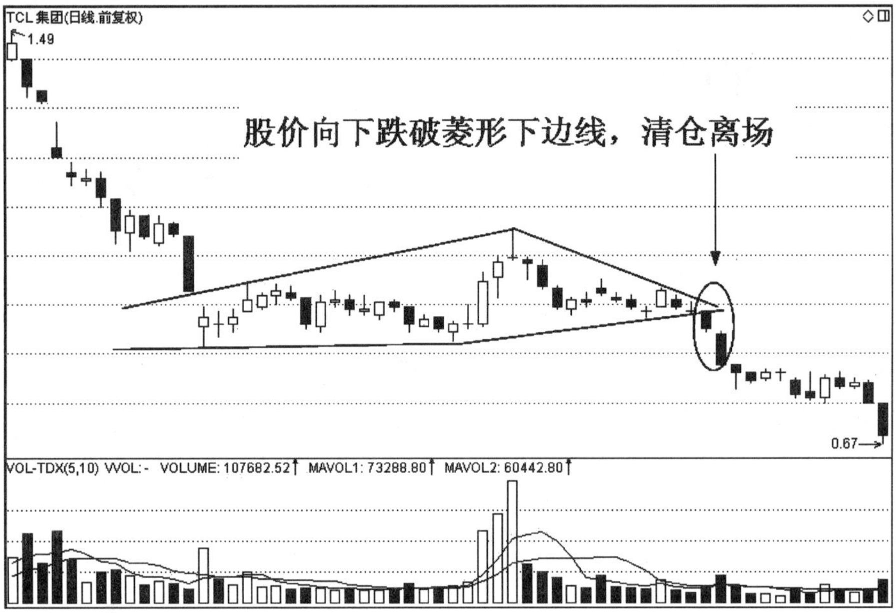

图7-45　菱形的离场标准

如图7-46所示，ST磁卡（600800）的股价见顶回落之后，先收出扩散三角形形态，然后收出菱形形态。清仓离场的位置在跌破菱形下边线处。

图7-47是普洛股份（000739）的日线图。该图是一个非常少见的接近于底部的菱形，但这是事后才知晓的，所以股价跌破下边线时，仍应清仓离场。

（2）股价或指数突破菱形的上边线后，后市看涨，是买入信号。

这种情况一般发生在上涨过程中。菱形左半部分扩散三角形形状和较高的成交量表明，市场内多空双方的分歧越来越大，看多的坚决做多，看空的坚决做空，双方互不相让，拼命厮杀。后半部分收敛三角形形状和整体渐次萎缩的成交量则表明，经过几次狂热追涨和恐慌抛售之后，双方消耗都非常大，谁也没有力量进行猛烈反击，于是股价或指数的波动就渐趋平静，双方都在歇息、观望，等待趋势进一步明朗。

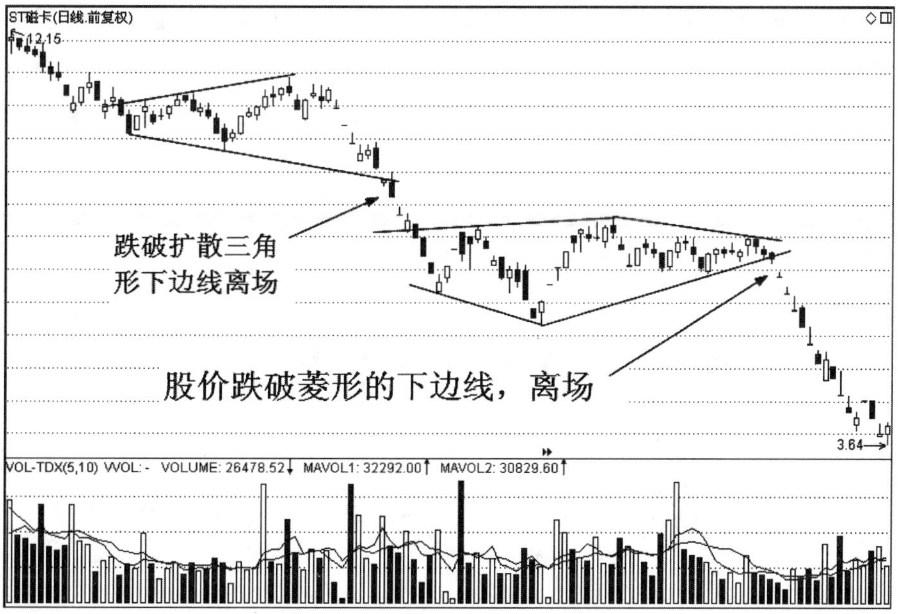

图7-46　菱形的离场标准

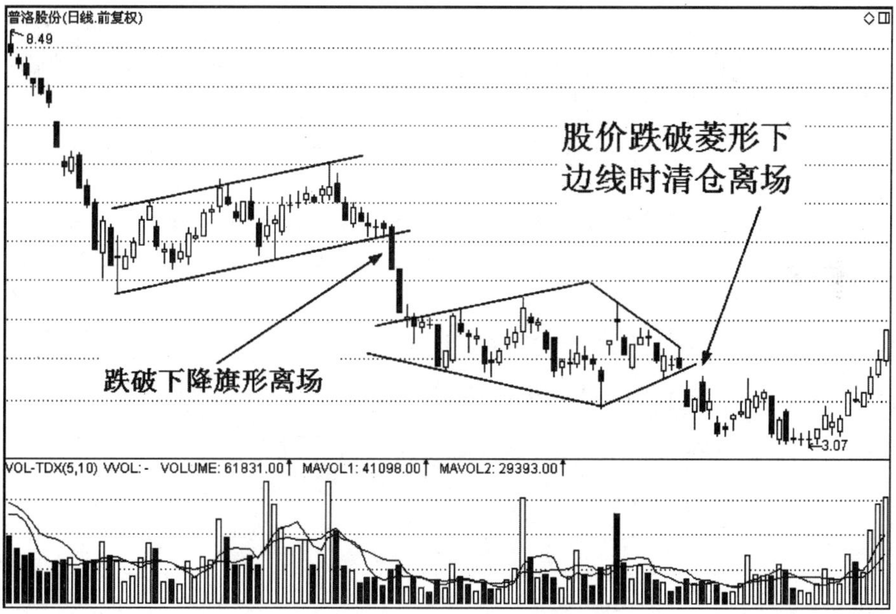

图7-47　菱形的离场标准

接下来股价或指数向上突破上边线，指明了未来趋势发展的方向。趋势如江流，交易如舟。顺流而下者事半功倍，逆水行舟者事倍功半。所以当交易者逐渐平静，不再狂热的时候，就好比是人为动力消失，这时船的行进方向就是江流的方向。菱形后半部分收敛三角形整理期间，是多空双方都比较平静的时刻。

图7-48是2006年3月至12月的上证指数（999999）日线图。指数经过连续上涨，涨幅已经很大，因此多空双方产生了巨大的分歧，指数走出菱形形状。从图上可以看到，前半部分成交量很大，后半部分则整体萎缩。指数最终向上突破菱形上边线阻力，后市看多，交易者此时可以进场买入。

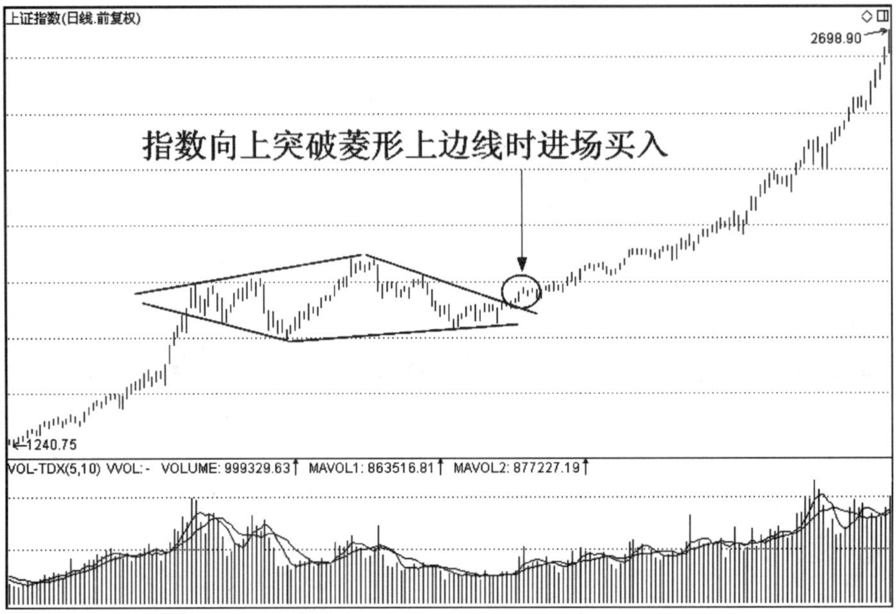

图7-48　菱形的进场标准

图7-49是2006年11月至2007年5月的上证指数（999999）日线图。这是上证指数

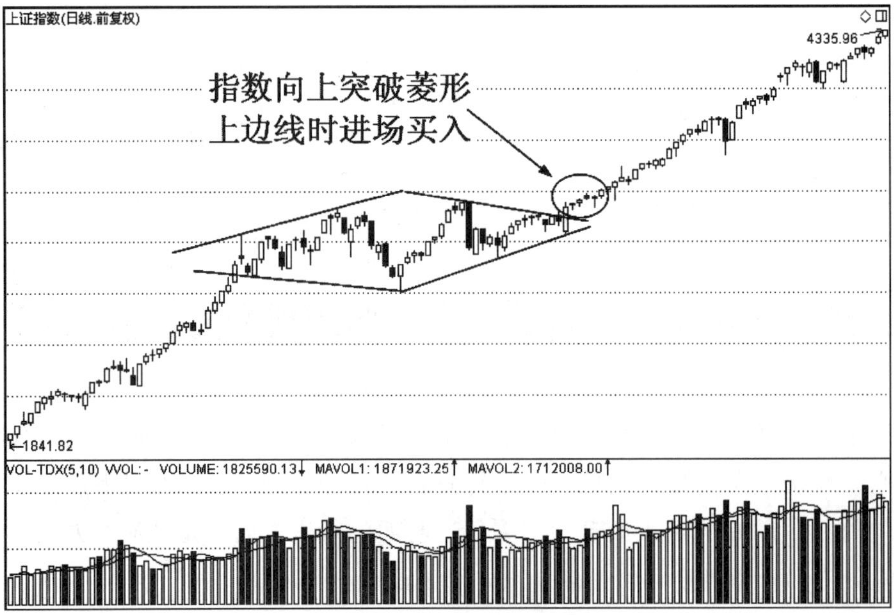

图7-49　菱形的进场标准

第二次走出菱形整理形态。与上一次不同的是，这一次菱形内的成交量呈整体放大之势，表明市场内新入场的资金越来越多，有点像开足马力顺流而下的江船。交易者依然是在指数突破菱形上边线时进场买入。

图7-50是2005年12月至2007年10月的上证指数（999999）周线图。周线图上可以更清晰地观察到菱形形态和菱形形态内成交量的变化。在一波大行情当中，接连收出两个菱形形态，并且都选择向上突破，市场的狂热程度可见一斑。

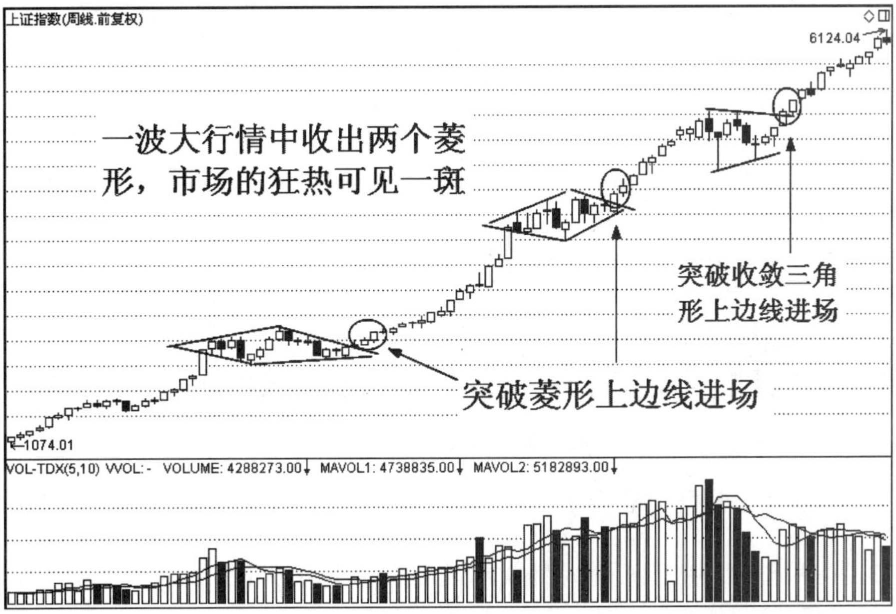

图7-50　牛市中的狂热气氛

2007年“5・30”暴跌形成一个收敛三角形。突破收敛三角形上边线时，交易者应该进场买入。

如图7-51所示，ST厦华（600870）虽然在股价高位收出菱形形态，但是股价仍旧向上突破，后市继续看涨，进场买入。

3. 特别提示

（1）菱形经常是转势技术图形，但几乎不可能是底部反转形态。通常出现在中期趋势的顶部或长期趋势的顶部。

（2）菱形作为整理技术图形时，大多选择向下突破，一般出现在下跌趋势中途。只有很少一部分菱形是上升中继整理形态。

（3）菱形是衡量技术图形，其量度方法是：无论向上还是向下突破，其最小涨跌幅都是沿突破方向加上菱形最高点和最低点之间的垂直距离。但实际走势当中，股价常常超越量度涨跌幅度。

（4）菱形上面两条直线的交点并非正好处在菱形内股价的最高点上，下面两条直线的交点也不一定正好相交于菱形内股价的最低点上。

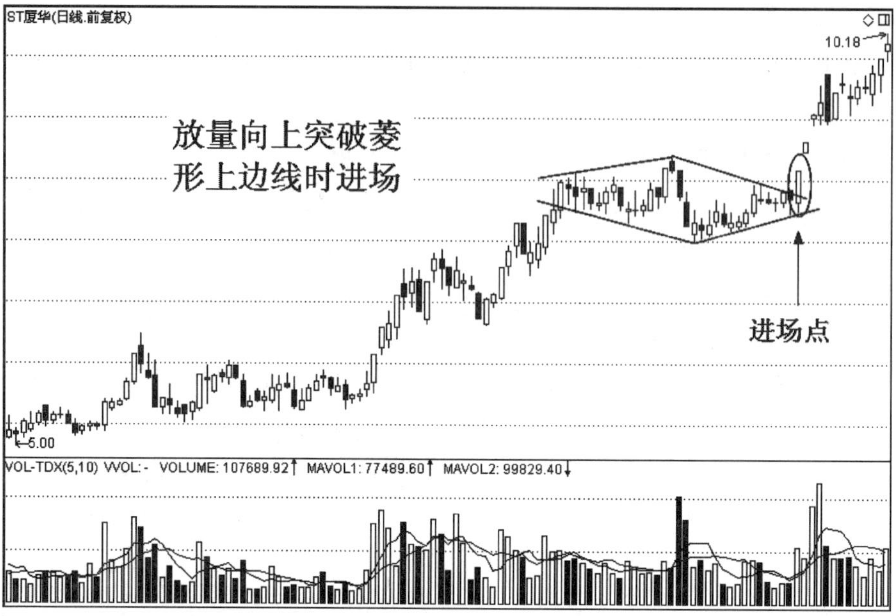

图7-51　菱形的进场标准

七、上升旗形（下飘旗形）

旗形是一种整理、巩固形态，经常出现在快速上升或下跌的长期趋势中途，几乎从不出现在牛市顶部和熊市底部。

旗形分为上升旗形和下降旗形。

上升旗形整理结束后，大多选择向上突破并继续上涨，所以称为上升旗形。因为上升旗形旗面向下飘，所以又称下飘旗形。下降旗形整理结束后大多选择向下突破并继续下跌，所以称为下降旗形。因为下降旗形旗面向上飘，所以又称上飘旗形。

大多数情况下，旗形本身往往就是长期趋势调整或反弹时的整个中期趋势。所以上升旗形整理结束后，继续上升；下降旗形整理结束后，继续下降。

上升旗形又称下飘旗形，是指股价或指数经过快速甚至是连续涨停的上升后，开始整理，形成一个略向下倾斜的长方形整理形态。因为其形状像一面飘在旗杆上的旗子而得名。如图7-52所示。

图7-52　上升旗形

1. 上升旗形的技术特征

（1）出现在上涨行情中。

（2）股价或指数以陡峭的角度几乎没有停顿地飙升后，形成旗杆。接着股价或指数开始整理，形成一个波动幅度不大、略向下倾斜的价格密集成交区。把密集成交区域的高点和高点、低点和低点分别连接起来，就可以画出两条平行直线，形成旗形的旗面。

（3）在旗形形成过程中，成交量整体上显著渐次递减。

2. 旗形的技术含义

上升旗形突破旗形上边线后，后市看涨，是买入信号。

急速上升的行情容易出现上升旗形。股价在上升趋势中运行，忽然开始连拉大阳线，呈现暴涨之势，成交量也随之增加，形成旗形旗杆。过猛的上涨势头耗尽了多方的能量，短期内积聚的大量暴利获利盘，也加重了多方的损耗，随后股价开始停滞和下挫。因为暴涨本身说明主力和很多交易者看好该股后市，股价暴涨过后的示范作用又吸引了很多交易者的眼光和资金，所以会有持续的买盘进入，下跌的速度不快，幅度也不是很大。成交量显著减少，反映出市场的抛盘在回落中不断地减少。

之后股价展开一轮上涨，但是没有超越之前的高点，成交量也未能达到此前的高交易量。于是股价再次回落，低点已经略低于上次低点，成交量继续萎缩。类似的小型涨跌起伏了若干次，每一次的高点和低点都比前一次的高点和低点略低。成交量整体上呈逐渐萎缩的状态。在价格走势图上，就形成了一个波动幅度不大、略向下倾斜的价格密集成交区。密集成交区的高点和高点、低点和低点连接起来，大致是两条平行线，形成上升旗形旗面。

经过一段时间的整理，股价突然放巨量上升，和前面的旗杆一样，陡峭得几乎成一条直线。大多数上升旗形差不多都是这个模式。

上升旗形内的上升和回落，虽然每一次的高点和低点都比前一次的高点和低点略低，表面看上去预示后市还会继续下跌，但是大多数上升旗形后市看涨。这是因为旗形本身往往是长期趋势的整理趋势，即旗形本身就是一个中期趋势，所以上升旗形内不断下降的高点和低点，是旗形在确认自身的趋势，而不是确认上升的长期趋势。

道氏理论关于牛市和熊市的定义，同样适用于中期趋势和短期趋势。

如图7–53所示，ST东盛（600771）在日线图上形成一个非常标准的上升旗形形态。在旗形整理末端，股价放量突破上边线时是买入信号。

图中突破的次日，股价回试了一下旗形的上边线。回试不破时是买入信号，交易者可以继续买入。错过突破买入机会或突破时先行观察的交易者，此时可以进场买入。

旗形也是衡量技术图形。突破旗形后的涨幅，一般和旗杆的涨幅相等。计算的方法是，从突破上边线的点位，加上从旗杆的起涨点到旗形下边线和旗杆相交处的价格之差，就是旗形突破后可能到达的最小理论上涨幅度。也可以是突破上边线时，从突破起涨点的价格，加上旗杆的长度（从旗杆的起涨点到旗形上边线和旗杆相交处的价格之差）。两者计算出的高度基本上相差无几。

图7–53中，ST东盛突破后的涨幅已经超过理论涨幅。因为本书的K线走势图使用的全都是对数坐标，所以图上相等的上下两段距离表示的相同的涨幅，并不是价格之差相等。相等的涨幅比例，股价越高，价格之差就越大。

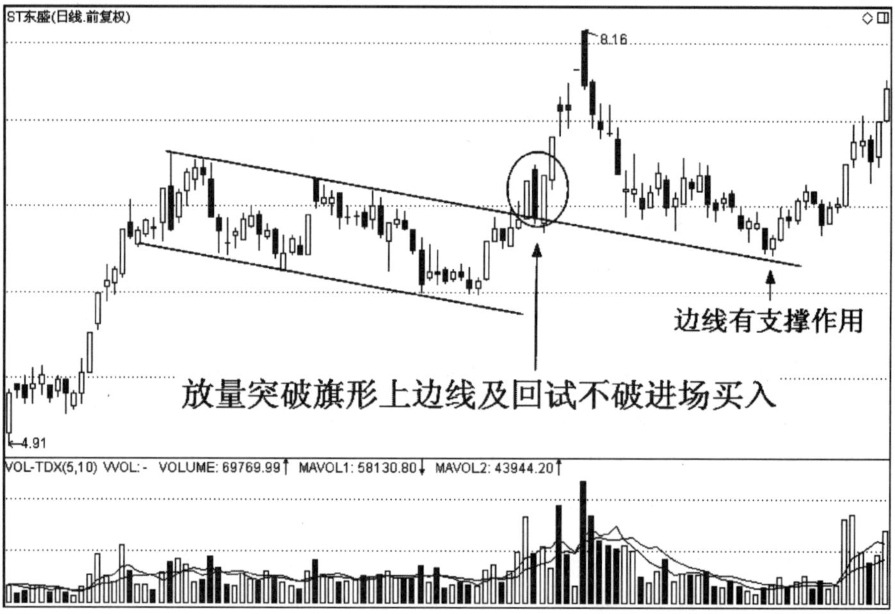

图7–53　上升（下飘）旗形的进场标准

从图上还可以看出，旗形的上边线对股价有支撑作用。该股旗形突破后，股价又回到了旗形突破的点位区域。但股价顺着旗形上边线下滑，显示上边线对股价有较强的支撑作用。

旗形的上下边线延长部分，都对日后的股价有支撑或压力作用。

图7–54是图7–53同一时间段普通坐标上的日线图。从普通坐标上观察，旗形的衡量作用就显得更直观、更准确一些。

如图7–55所示，迪康药业（600466）。该股以一根大阳线跳空涨停突破上升旗形，此时可以进场买入。突破后同样有一个回试动作，回试不破继续买入或进场。

该股很好地体现了旗形的衡量作用。该股旗杆的长度是：旗杆与旗形上边线相交处的价格8.96元，减去旗杆的起涨点3.84元，等于5.12元。旗形突破后的理论升幅是：

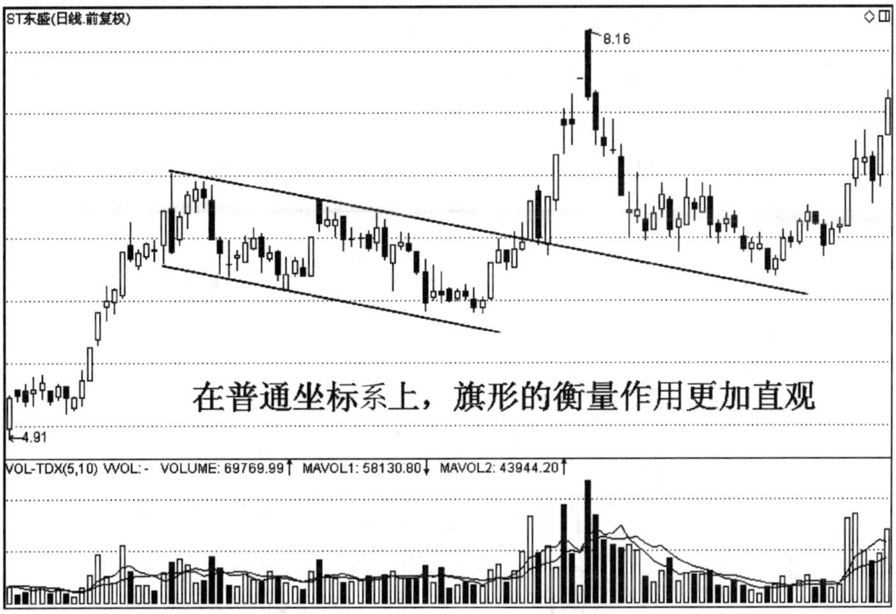

图7-54　在普通坐标系上，旗形的衡量作用更直观一些

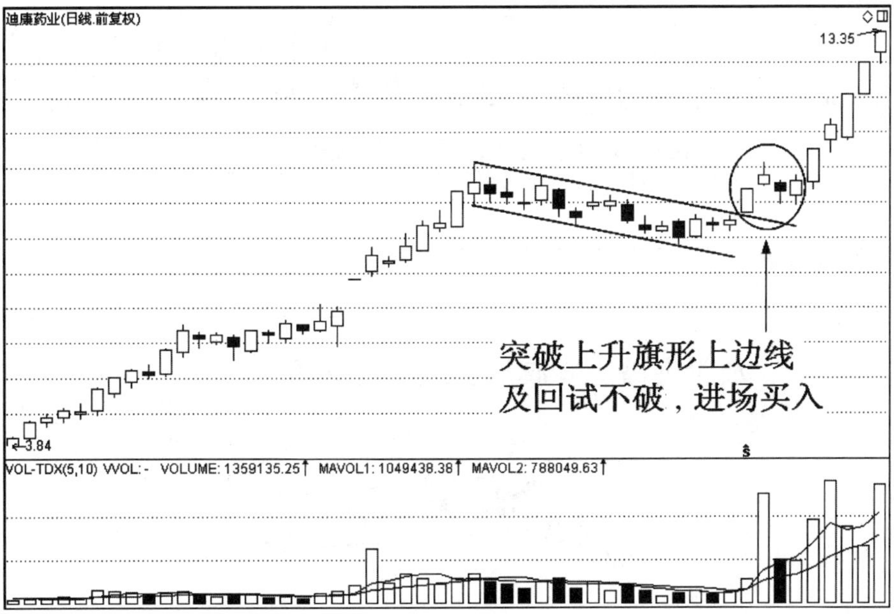

图7-55　上升旗形的进场标准

突破的起涨点7.04元，加上旗杆的长度5.12元，应为12.16元，实际涨到13.35元。

一般情况下，旗形突破后，实际的涨幅都会大于理论涨幅，但是不会相差太大。预测理论涨幅对于实战操盘还是有很重要的技术意义的，在到达理论涨幅时，即使没有出现卖出信号，交易者也可以先减掉一部分仓位。因为涨幅巨大和涨速过快的股票，在到达顶部区域时，经常会剧烈振荡，有时连封一字涨停板后，接着就连封一字跌停板。在这种情况下，交易者很难及时离场。另外，面对巨幅振荡，交易者坐过山车不说，还要受主力震仓、洗盘或出货时股价巨幅波动带来的痛苦折磨，搞不好有可能全部卖在低价区。

图7-56是图7-55的后期走势。从图中可以看到，股价到达顶部后巨幅波动，连续

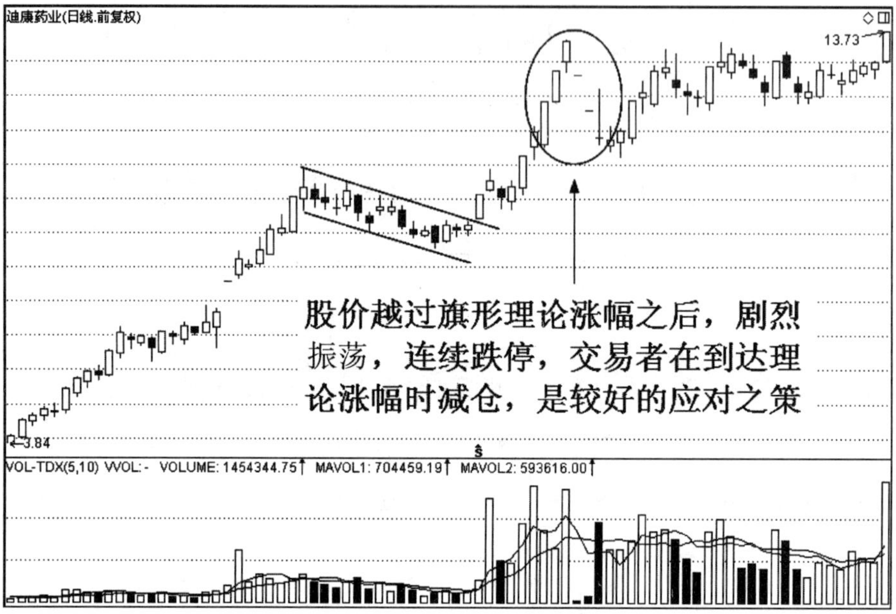

图7-56 暴涨之后，股价在顶部剧烈波动，未及时离场的交易者将会坐过山车或卖在低位

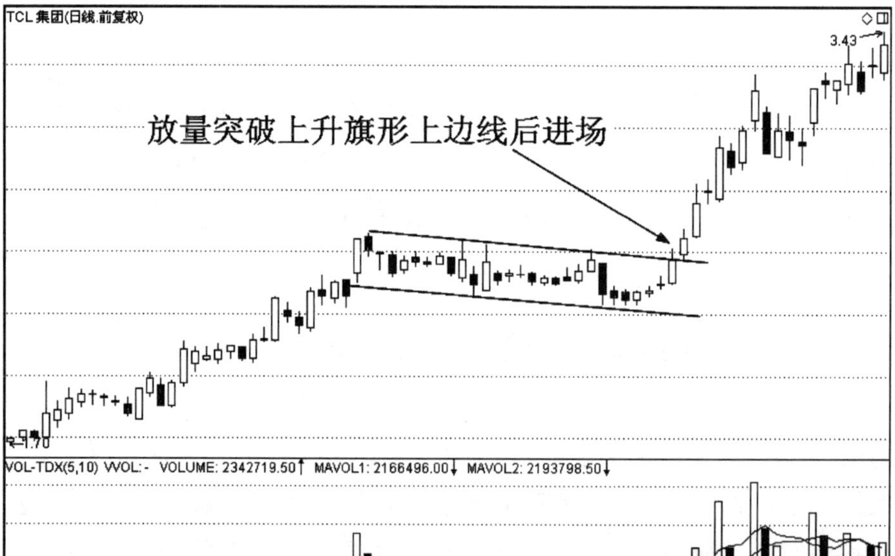

图7-57 上升旗形的进场标准

收出无量一字跌停板。不知有多少交易者可以完全把握这种走势，估计卖在第三根长十字线的交易者不在少数。

该股顶部横盘整理，成交量一直不减，交投活跃，不排除过顶吸筹的可能。交易者可以在严格遵守趋势交易原则的前提下密切关注。

图7-57是TCL集团（000100）的日线图，该图也走出了一个接近完美的旗形。进场点依然是旗形向上突破处。

八、下降旗形（上飘旗形）

下降旗形是指股价或指数经过快速下跌甚至是连续跌停后开始整理，形成一个略向上倾斜的长方形整理形态。下降旗形与上升旗形的形状相同，只是上升旗形的旗杆是正插的，下降旗形的旗杆是倒插的。由于下降旗形的旗面是向上飘扬的，所以又称为上飘旗形。如图7-58所示。

图7-58　下降（上飘）旗形

1. 下降旗形的技术特征

（1）出现在下跌行情中。

（2）股价或指数几乎是以垂直的角度急速下跌，形成旗杆。接着股价或指数开始反弹，形成一个波动幅度不大、略向上倾斜的价格密集成交区。把密集成交区域的高点和高点、低点和低点分别连接起来，就可以画出两条平行直线，形成旗形的旗面。

（3）成交量在旗形形成过程中是显著地渐次递减的。

2. 下降旗形的技术含义

跌破下降旗形，后市看跌，卖出。

下降旗形的形状和上升旗形完全相同，只是方向相反。股价几乎呈一条直线急速下跌，然后遇到支撑反弹，同时成交量增加。但每次反弹的幅度都不大，反弹之后很快回落，回落时成交量随之减少。如此反复，形成旗形形状。经过一段时间的整理，股价向下跌破旗形下边线，完成旗形形态。

如图7-59所示，ST梅雁（600868）在下跌过程中，先收出一个下降三角形形态，然后收出下降旗形形态。

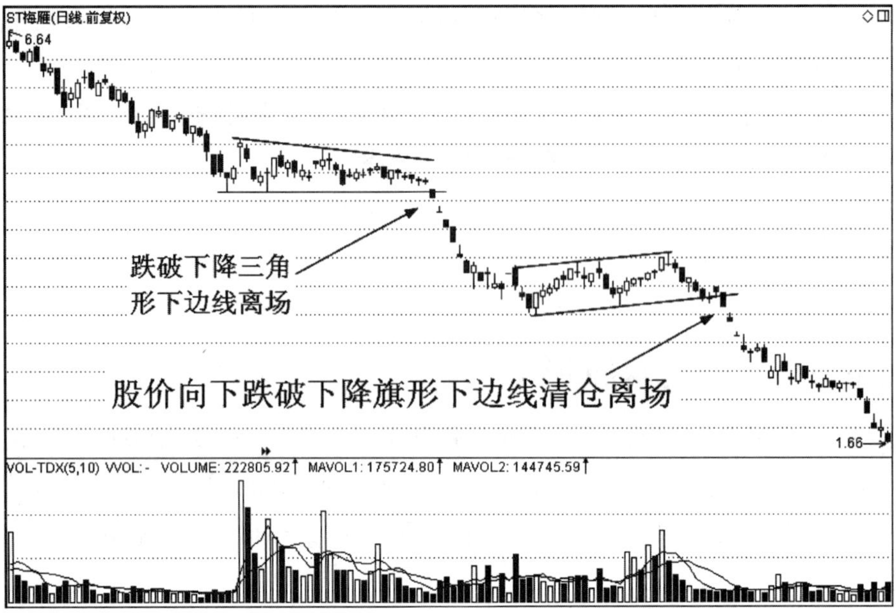

图7-59 下降旗形的离场标准

在旗形形态内第二次反弹时，呈现出价涨量增的良好态势，股价也已突破第一次反弹的高点，大有转跌为涨、熊去牛来之势。但是反弹依然止步于和下边线平行的上边线压力位置，说明抛压很重。接着股价回落，并轻松跌破旗形下边线。旗形突破之后，后市看跌，此时应清仓离场。

如图7-60所示，鑫富药业（002019）在下跌时走出了一个时间很短、幅度狭小的下降旗形。随后一根大阴线向下跌破旗形下边线，此时应清仓离场。

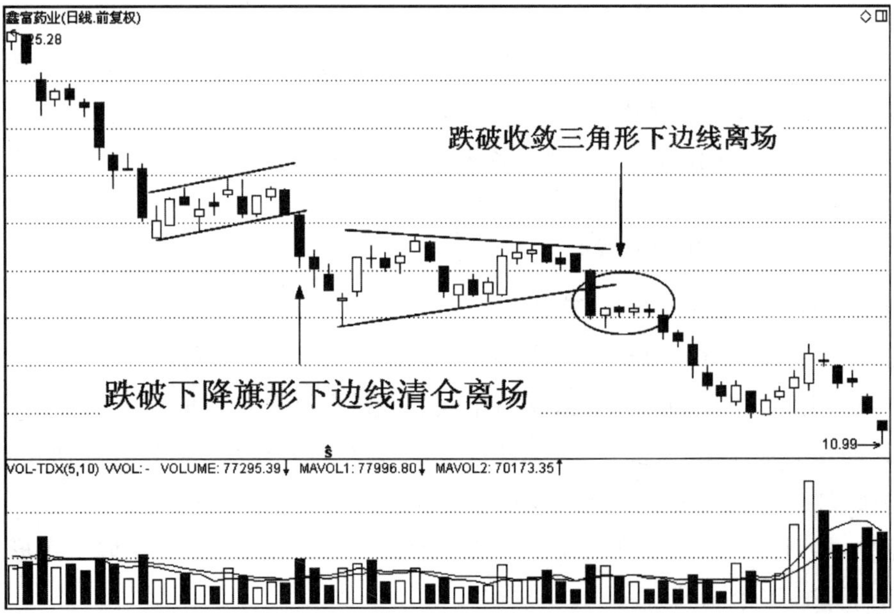

图7-60 下降旗形的离场标准

旗形下方收出一个收敛三角形形态，股价跌破三角形下边线也应清仓离场。

如图7-61所示，老凤祥（600612）在下跌过程中出现反弹，走出下降旗形整理形态。在下降旗形整理过程中，股价向上涨升时，成交量明显放大，大有再起一轮牛市之势。但股价并未能上涨多少，随即转头向下，跌破下降旗形下边线，表明下降旗形内的高成交量，很有可能是主力出货。交易者可以在跌破下降旗形下边线时清仓离场。

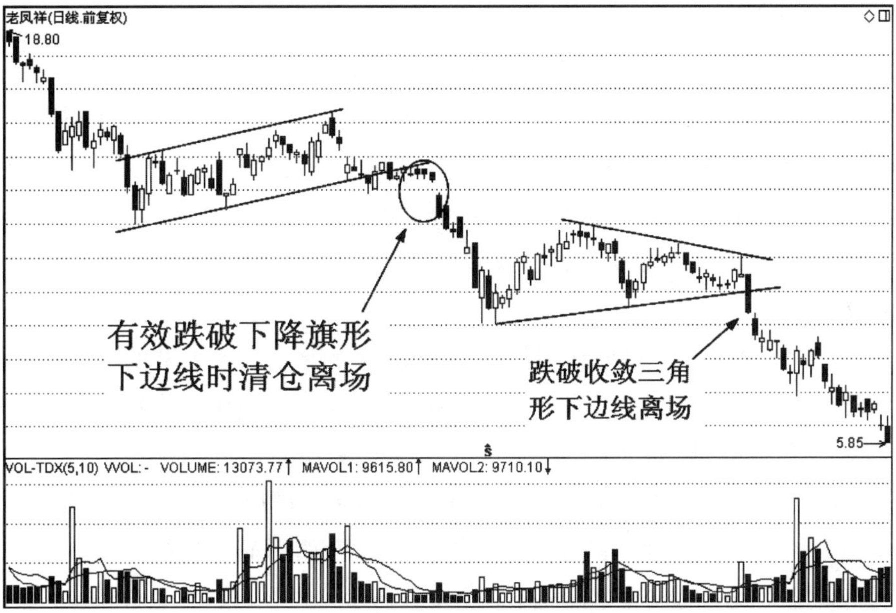

图7-61　下降旗形的离场标准

如图7-62所示，大唐电信（600198）在下跌过程中走出一个上升楔形，之后继续

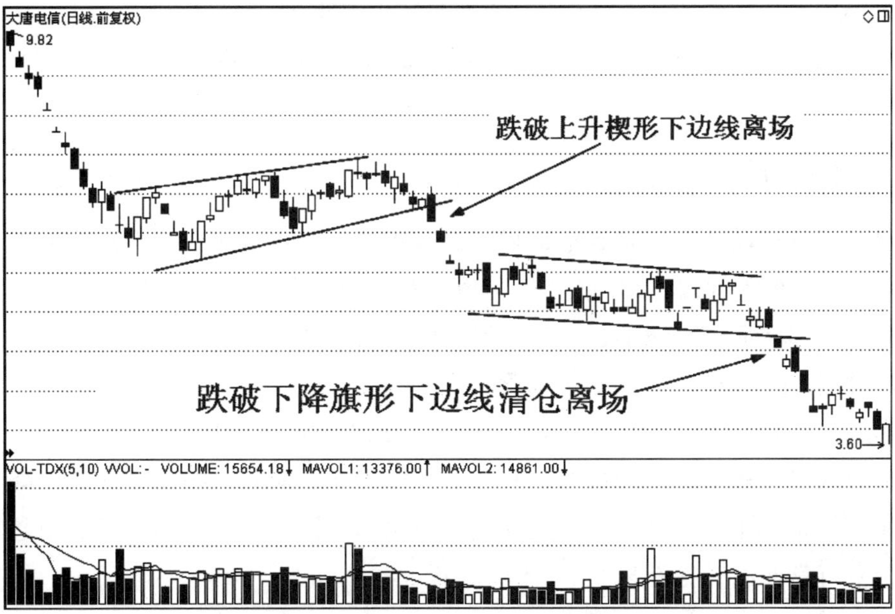

图7-62　下降旗形的离场标准

下跌，然后整理，形成下降旗形。这个旗形非常奇怪，是向下飘的，但是技术含义不变，跌破旗形后就要清仓离场。

也可以将这个旗形走势看作是一个下降通道，股价跌破下降通道的返回线，表明空方力量更强了，股价将以比通道内更快更猛的方式下跌。

3. 特别提示

（1）旗形必须是在急速上升或下跌行情当中出现的。

（2）上升旗形向上突破时，必须要有成交量的配合，否则有可能是假突破。但是真假突破要以价格为准，交易者可暂先观察。下降旗形向下跌破时，无需成交量的配合。旗形的突破以价格超越旗形边线的3%为有效。

（3）旗形整理期间，成交量大多整体上逐步减少。但是成交量发生例外情形，不影响旗形成立。

（4）大多数情况下，旗形整理的时间大约相当于一个中小型的中期趋势，持续十几天到几个月不等。超过八个月的旗形整理，本身就相当于一个小型熊市或小型牛市，已经失去了旗形的技术含义，可以直接将其作为熊市或牛市看待。

（5）上升旗形整理期间，整理时间的长短是不可预知的，除非有其他趋势分析方法明确显示进场信号，否则不能经股价正在形成上升旗形而入场操作。旗形整理后向上或向下突破是大概率的或然事件而不是必然事件。

（6）当上升旗形向下突破，下降旗形向上突破之时，旗形实际上逆转了趋势。因为这种走势是小概率事件，且旗形作为转势技术图形时，实际上是不规则的圆顶或圆底，所以很难将其看作是旗形形态，所以旗形仍旧是整理技术图形。

（7）当下降旗形向下倾斜，上升旗形向上倾斜时，实际上是下降通道和上升通道。

九、上升楔形

股价或指数波动范围越来越窄，将股价或指数的高点和高点、低点和低点分别连接起来，就形成两条同向收敛的直线。因其形状很像一个楔子，所以称为楔形。

就其几何形状而言，楔形也是三角形。但是楔形整理形态与三角线的不同之处在于，楔形的两条边线同时向上或向下倾斜。

楔形成交量的变化和三角形一样，整体上沿顶端方向逐渐递减。

楔形分为上升楔形和下降楔形。其中上升楔形向上倾斜，技术含义和下降三角形相同；下降楔形向下倾斜，技术含义和上升三角形相同。但是楔形对于后市趋势的指向，其信号可靠性强于三角形。

需要特别提醒的是，楔形的命名方式和三角形、旗形是不同的。上升楔形预示着趋势将会转为下跌，下降楔形预示着趋势将会转为上升。至于为什么以这种方式命名，以致名称表面上的含义和实际的技术含义方向相反，不得而知。这里依旧沿袭传统，不作改变。

上升楔形是指股价或指数大幅下跌之后开始反弹，然后回落，低点较前次为高。之后上升至新高点，高于上次反弹的高点。如此反复，形成一浪高过一浪之势。把反弹高点和高点相连，低点和低点相连，就可以画出两条向上倾斜的直线，其中上面的一条角度较为平缓，下面的一条则较为陡峭。如图7–63所示。

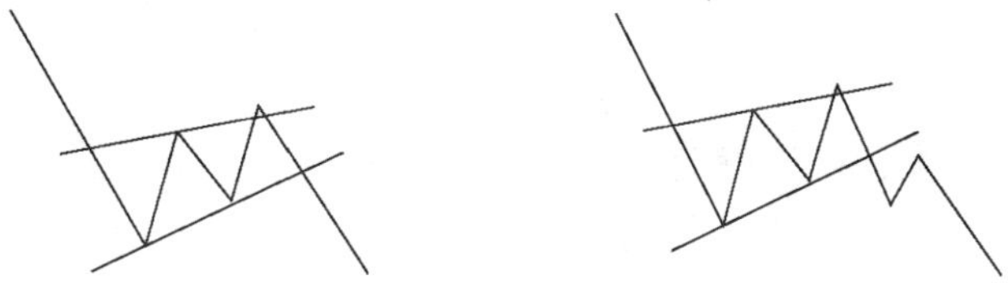

图7–63　上升楔形

1. 上升楔形的技术特征

（1）一般出现在下跌趋势中。

（2）每次反弹的高点均高于前高，低点也高于前低。

（3）成交量整体上渐次萎缩。

2. 上升楔形的技术含义

股价或指数跌破上升楔形的下边线后，后市看跌，清仓离场。

上升楔形就其形状而言，是更为狭长的三角形，只是两条边线都是向上倾斜。上升楔形的形状和下降旗形、上升三角形的最为接近，技术含义与下降旗形的相同，与上升三角形的相反。

表面上看，上升三角形只有下边线向上倾斜，整理形态内的多头力量虽然略强，但尚未取得绝对优势。而上升楔形两条边线上倾，已经是明确的上涨趋势，理论上应该更强，但实际上二者的技术含义却正好相反。这主要是因为大多数上升楔形本身是长期下降趋势的整理趋势，即上升楔形本身是一个中期反弹趋势，所以上升楔形内不断上升的高点和低点，是楔形在确认自身的趋势，而不是确认下降的长期趋势。

上升三角形大多数出现在上涨行情中，显示的是市场内越来越强大的多方力量。当然，上升三角形也出现在下跌趋势中。在下跌趋势中的上升三角形，大多数的技术含义和上升楔形相同。

如图7–64所示，中海发展（600026）经过连续下跌，之后出现反弹，整个反弹行情走出上升楔形的技术形态。在形态末期，股价跌破楔形的下边线，继续漫漫熊途。交易者可以在楔形有效跌破后清仓离场。

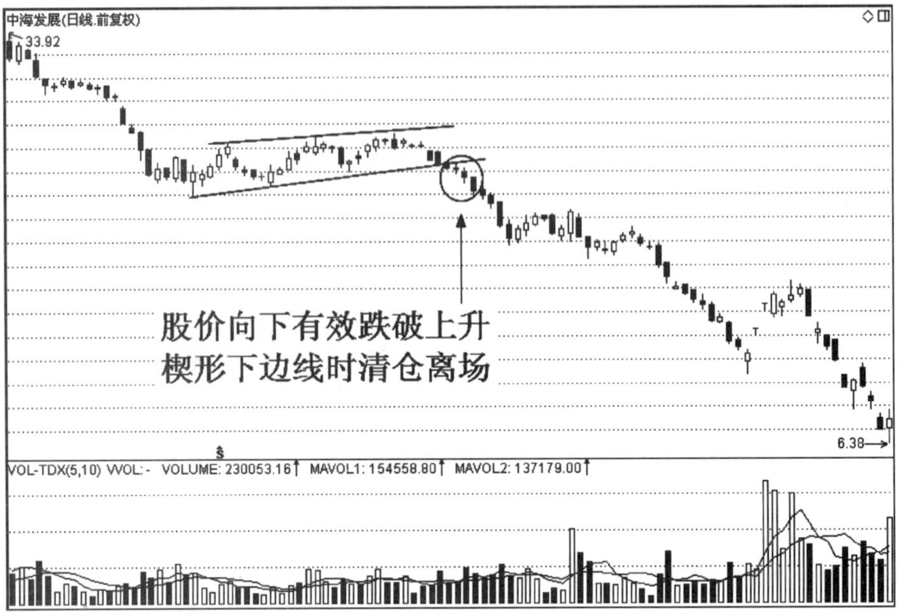

图7-64　上升楔形的离场标准

图7-65是万力达（002180）的日线图。该股下跌过程中收出两个上升楔形。交易者可在跌破上升楔形下边线后清仓离场。

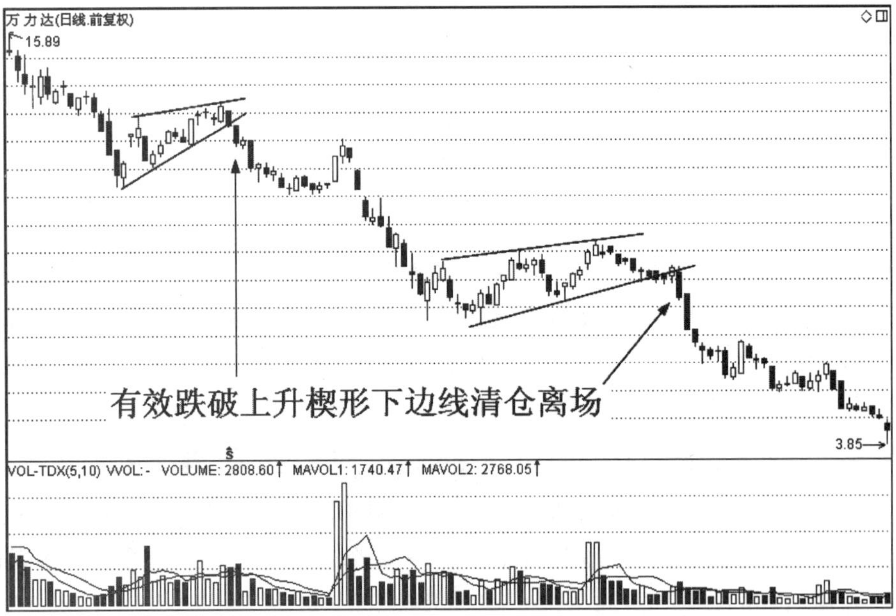

图7-65　上升楔形的离场标准

该股收出的两个下降楔形，在楔形整理期间，成交量均有所放大。成交放大的原因，主要是主力故意制造股票交投活跃的假象，诱使交易者进场，从而达到顺利出货的目的。

如果趋势交易者恪守技术图形整理期间不参与的原则，选择方向之后再做决定，那么无论是哪一种技术图形，其整理期间成交量的变化都可以完全忽略不看。

技术图形的技术含义，对交易而言最为重要的是股价的突破方向，然后才是成交量的辅助判断和确认。

图7–66是大唐电信（600198）的日线图。该股下跌中途收出上升楔形，成交量在楔形内没有明显变化，只是最后一个反弹高点处连续两个交易日放量，显示上方压力比较沉重。交易者可在股价跌破楔形下边线时清仓离场。

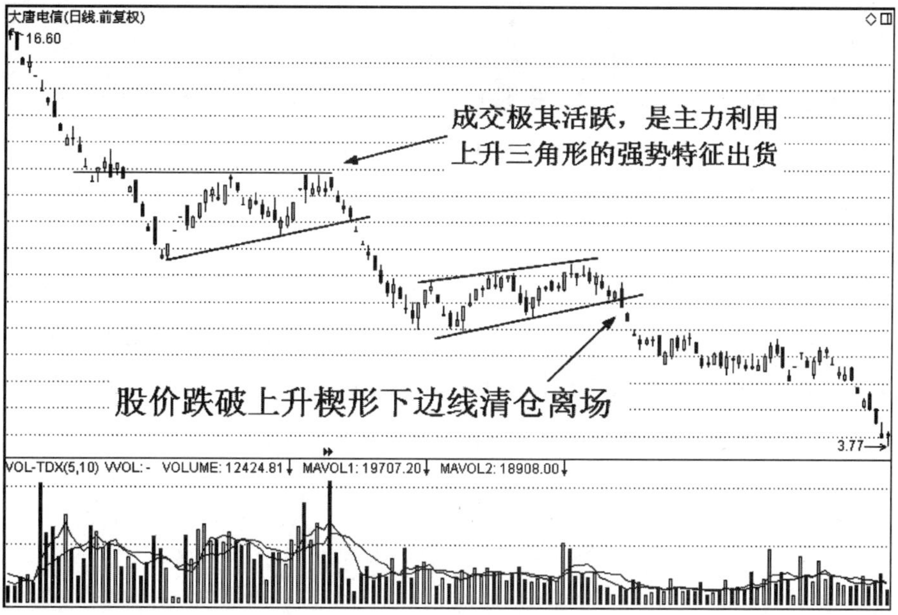

图7–66　上升楔形的离场标准

收出楔形之前，该股走出一个成交极其活跃的上升三角形形状，其实这是主力利用上升三角形的强势特征在出货。

图7–67是实达集团（600734）的日线图。该股收出上升楔形时，成交量较之前下跌阶段明显放大，且整体上渐次增加。后期走势确认楔形内的放量是有主力进场，但是交易者仍应当在股价跌破上升楔形下边线时清仓离场。

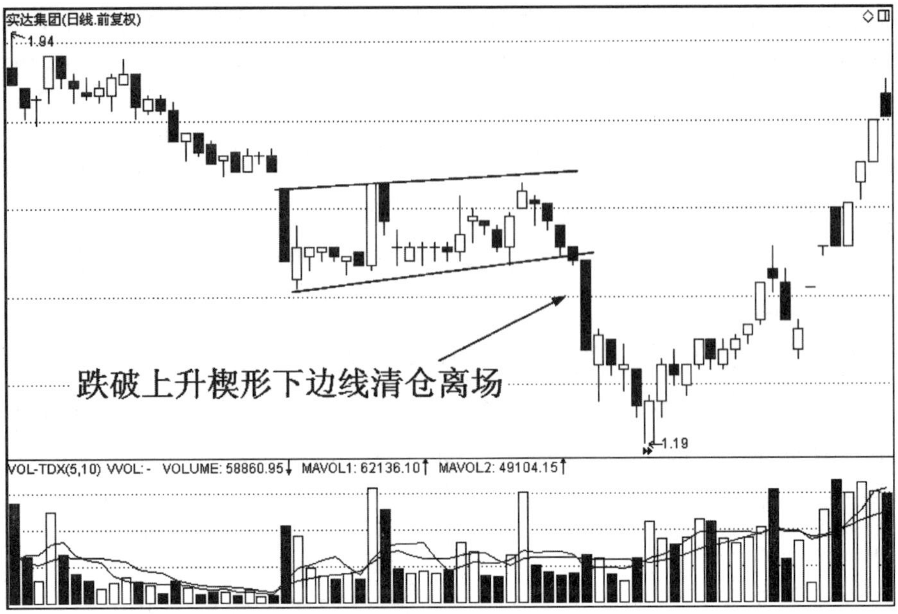

图7-67　上升楔形的离场标准

十、下降楔形

股价或指数大幅上涨之后开始调整，之后出现反弹，但反弹高点较前次高点为低。之后又回落，低点也低于前低。如此反复，形成一浪低过一浪之势。把高点和高点相连，低点和低点相连，就可以画出两条向下倾斜的直线，其中下面的一条直线角度比较平缓，上面的一条则较为陡峭。如图7–68所示。

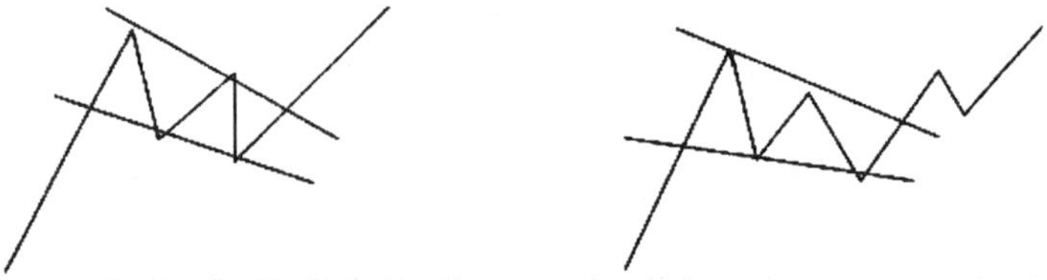

图7–68　下降楔形

1. 下降楔形的技术特征

（1）一般出现在上涨趋势中。

（2）每次反弹的高点均低于前高，低点也低于前低。

（3）成交量整体上渐次萎缩。

2. 下降楔形的技术含义

突破下降楔形上边线后，后市看涨，进场买入。

和上升楔形正好相反，下降楔形的形状和上升旗形、下降三角形最为接近，技术含义与上升旗形的相同，与下降三角形的相反。

与上升旗形相同的是，下降楔形内不断上升的高点和低点，也是在确认自身的趋势，而不是确认上涨的长期趋势。

如图7-69所示，三一重工（600031）的股价走出一个旗杆式的上升走势，然后进行整理，收出下降楔形形态。形态内的成交量也是非常标准，呈现整体渐次萎缩的状态。交易者可以在股价突破下降楔形上边线时进场买入。该股突破之后，有过回试动作。回试不破进场或继续加仓。

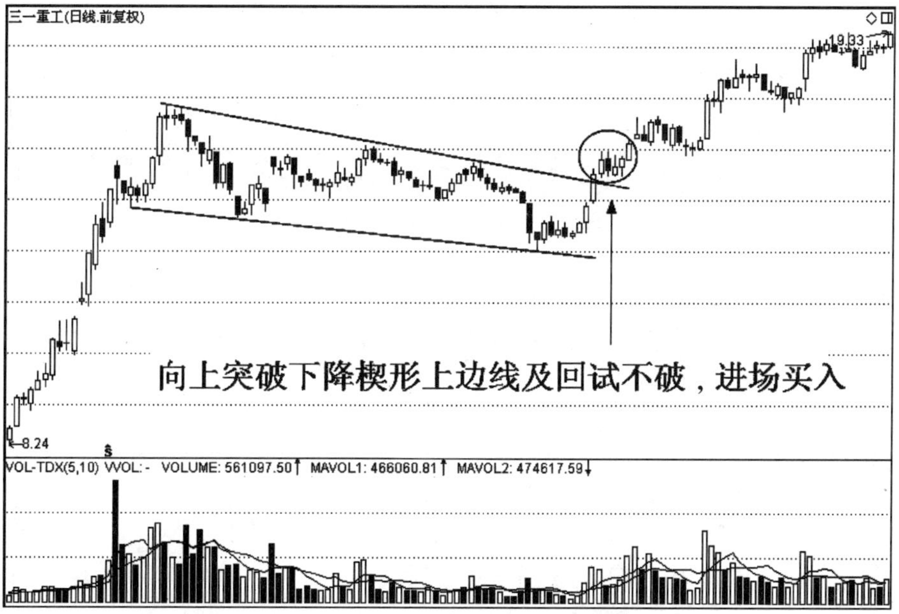

图7-69　下降楔形的进场标准

如图7-70所示，中粮屯河（600737）也走出一个价量都比较完美的下降楔形。交易者可以在股价向上突破下降楔形上边线时进场买入。其后股价再度回试，回试不破进场或继续加仓。

3. 特别提示

（1）大多数楔形本身是长期趋势的中期调整（折返）趋势，或较大一级波浪的次级浪。楔形整理的时间一般不会低于两个星期。

（2）上升楔形如果不跌反涨，向上突破，则意味着趋势反转。这种情况下，上升楔形可以看作是一段逐渐收窄的上升通道，或者看作上涨趋势中不同上涨角度的一段，少数是圆底的底部。

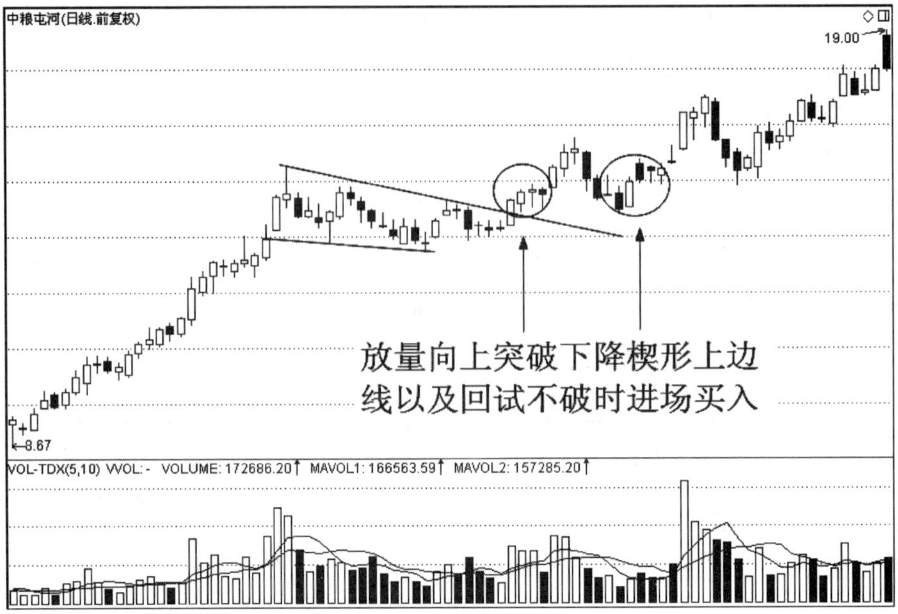

图7-70　下降楔形的进场标准

如图7-71所示，苏州高新（600736）的股价跌破平台后，收出上升楔形形态。但股价没有继续向下跌破形态，而是放量向上突破，表明趋势就此逆转。交易者可在股价向上突破楔形上边线时进场。

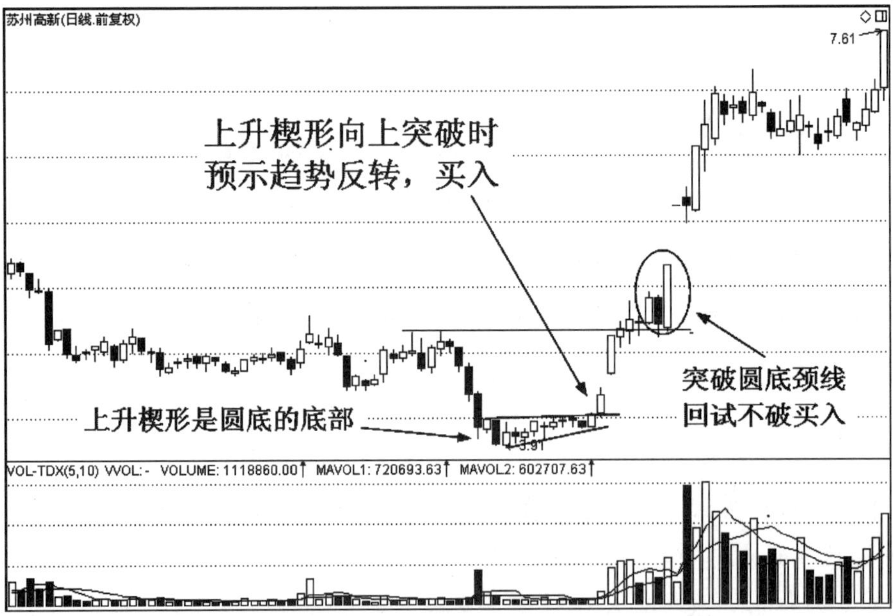

图7-71　上升楔形的进场标准

该上升楔形同时可以看作是圆底的底部。圆底是转势技术图形，交易者可在向上突破圆底颈线时进场买入。

（3）下降楔形如果向下突破，不涨反跌，则意味着趋势反转。这种情况下，下降楔形可以看作是一段逐渐收窄的下降通道，或者看作下跌趋势中不同下跌角度的一段，少数可以看作是圆顶的顶部。

如图7-72所示，苏州高新（600736）放量上涨，然后整理并走出下降楔形形态。在整理过程中逐渐跌破了楔形的下边线，没有出现通常所说的向上突破。交易者可在跌破下降楔形下边线时清仓离场。

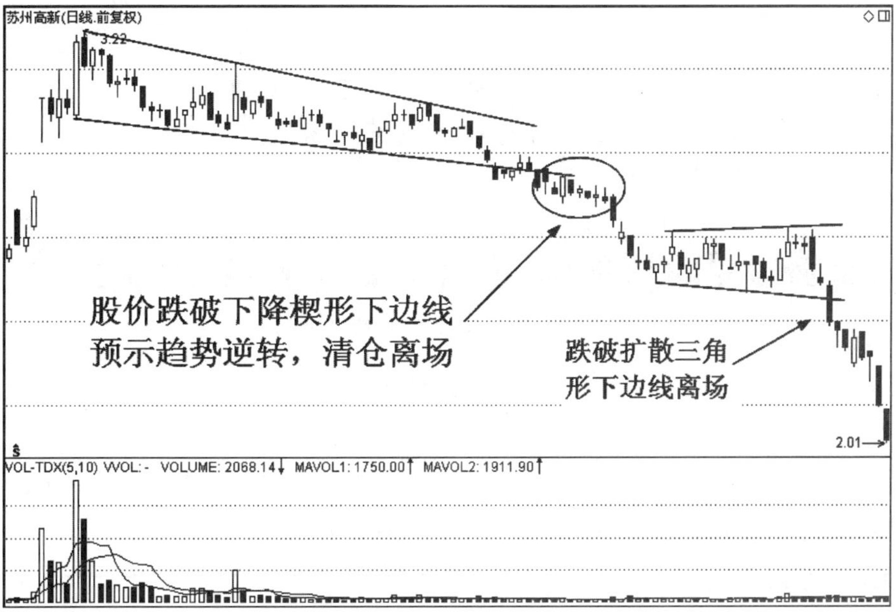

图7-72　下降楔形的离场标准

下降楔形之后，股价收出扩散三角形形态，交易者在股价跌破扩散三角形下边线时应清仓离场。

（4）出现在下跌趋势中的下降楔形，技术含义和下跌趋势中的上升楔形一样，大多数向下突破，后市继续看跌。

如图7-73所示，中粮屯河（600737）的股价持续下跌，反弹时收出一个完美的圆顶。在圆顶的碗柄处，股价回抽圆顶的颈线，并收出一个下降楔形。但是该下降楔形没有向上突破，反而向下跌破了楔形的下边线。交易者应在跌破下边线时离场。

下跌趋势中的下降楔形，可以看作是逐渐收窄的下降通道，也可以看作是下降趋势的角度和力度发生了变化，楔形的上边线就是新趋势的下降趋势线。整个形成过程是：快速下跌；然后是慢速下跌，形成下降楔形；最后是跌破下降楔形，快速下跌。

该股跌破下降楔形之后，又走出一个角度非常陡峭的下降旗形。同时，下降旗形又是失败的圆底右半部分。

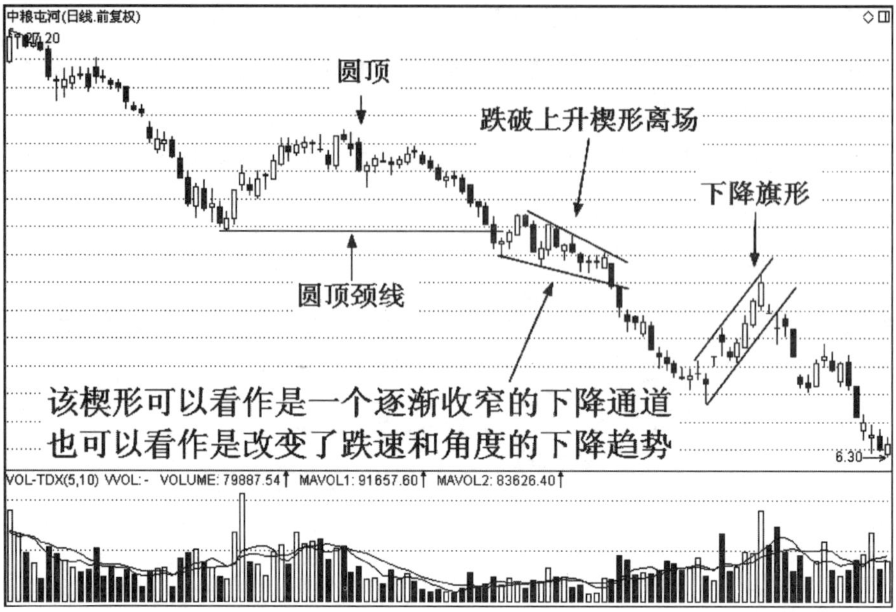

图7-73　下降趋势中的下降楔形

（5）出现在上涨趋势中的上升楔形，技术含义和上涨趋势中的下降楔形一样，大多数向上突破，后市看涨。

如图7-74所示，精诚铜业（002171）就是上升楔形向上突破的例外情况，出现在上涨趋势中。交易者可以在股价向上突破上边线时进场。

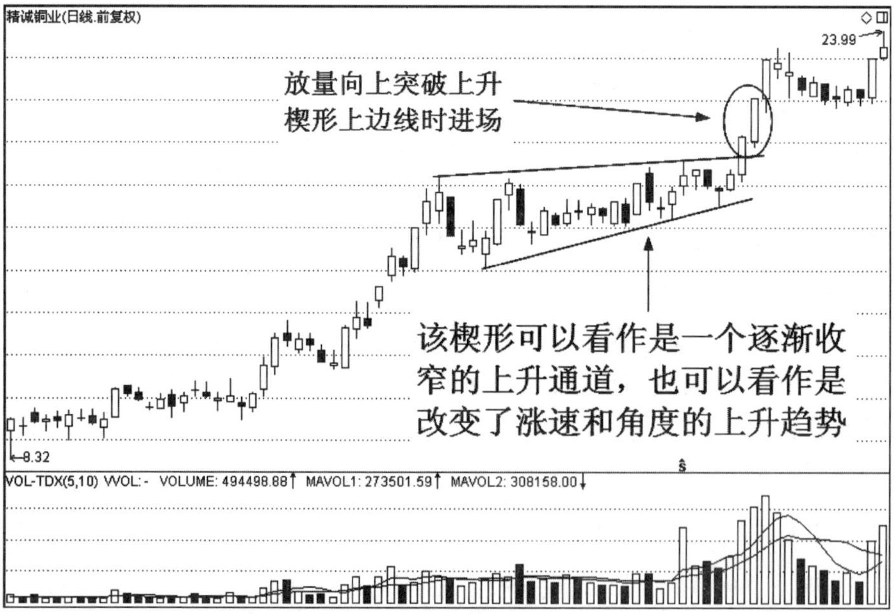

图7-74　上涨趋势中的上升楔形

该上升楔形可以看作是逐渐收窄的上升通道，也可以看作是上升趋势的角度和力度发生了变化，楔形的下边线就是新趋势的上升趋势线。整个形成过程是：快速上涨；然后是慢速上涨，形成上升楔形；最后是突破上升楔形，快速上升。

（6）上升楔形在跌破下边线后经常出现急跌，但下降楔形向上突破阻力后，股价有可能横向整理，徘徊不上，成交也十分低沉。经过一段时间之后，才会慢慢爬升。和地球上的物体都受到重力一样，印花税和佣金造就了股票天然的阻力，涨难跌易由此产生。卖要果断，买要慎重，这是应对的最好方法之一。

十一、矩形（箱体）

矩形又称箱体、股票箱。股价或指数每次下探时都在同一水平线获得支撑而上升，上升时都在同一水平线遇到压力而下降。连接高点和低点，就形成了矩形这一技术图形。矩形是一种整理技术图形。如图7–75所示。

图7–75　矩形

1. 矩形的技术特征

（1）经常出现在上升或下跌的途中，较少出现在底部和顶部。

（2）股价或指数在一个上有压力下有支撑的平行箱体里来回运动。

（3）矩形的成交量变化：上升时增加，下跌时缩小，并且随着时间的推移整体上逐渐萎缩。

（4）股价有效突破矩形上边线或下边线后，矩形形态完成。突破的方向基本上就是股价后市运行的方向。有效突破的标准一般以突破边线超过3%为准。

在实战交易当中，很难发现完全标准的矩形，一般矩形会略有倾斜，或者末端略有收缩，但这已经是一个了不起的事情了。想想看，千百万个互不相识的交易者，年龄、个性、资金、学识、职业、文化等各不相同，却在表面上看似无任何规律的博弈中，共同缔造了一个完美的或接近完美的几何图形，并且这种图形会反复重现。这难道不是奇迹吗？用随机漫步来解释，很难令人信服。任何事物，包括交易者心性、心理变化，无不是按照一定的、不以人的意志为转移的规律运行。

2. 矩形的技术含义

（1）出现在上涨过程中的矩形，大多选择向上突破。突破后继续看涨，买入。

上升趋势途中出现矩形，主要由以下几方面的原因形成。

一是主力洗盘所致。多方力量强于空方，股价就上升。但上升到一定高度，上升动力就会减弱，阻力则会增加。为了洗掉一些获利盘和解套盘，减轻抛压，主力就会使用上下振荡的方法，在上方某一个位置抛出一些筹码，促使股价下降，然后再跌到一定的价位，买进一部分股票，托住股价。如此反复，就形成了矩形。

很多交易者忍受不了矩形的上下振荡和长时间的股价整理，就在矩形整理期间抛出了手中持有的股票。这时市场的抛压减轻，主力就会再度拉升。于是股价突破矩形上轨，绝尘而去。

二是多空主力势均力敌的结果。

首先需要强调一下本书当中主力的含义。主力主要是用来方便对比看多或看空力量而言的。主力是一个集合体，不专指哪一个或哪一些有实力的交易者，不是庄家的同义词。庄家主要是指通过大量持有某一只或若干只股票，从而对股票价格走势产生重大影响的交易者，如机构、基金、私募等。

回归原题，当股价涨到某一价位，有一些多方主力认为股价偏高，存在泡沫，于是加入空方阵营，将手中的股票卖出，导致股价下跌。同时可能另有一些主力发现该股后市潜力巨大，于是趁股价回落买入，促使股价再度上升。双方都在股价上上下下的过程中找到了有利于自己的买入或卖出机会，直到有一方打破这种平衡为止。

三是囤积购买股票所致。某一只股票的一些潜在改变或利好，被一些先知先觉的市场人士提前获知。为了在市场上的公众交易者知道之前，抢先大量持有低价股票，并迫使那些低价入场的交易者离场，先知先觉的主力就开始压低股价，造成股价回落。然后低位再买进。无论主力如何小心，大量的买入累积起来，一定会促使股价上涨。为了不引起市场注意，获取更多廉价股票，主力故伎重施，抛售股票以压低股价。如此反复多次，形成矩形走势。

四是短线投机客所为。比较宽的矩形经常会出现这种情况，当股价上升到一定阶段，由于获利盘和解套盘增多，阻力增加，多空力量暂时取得平衡，双方一边积蓄力量，一边观望。这时很多短线交易者在里面频繁进出，从而形成矩形形态。

无论怎样，出现在上升途中的矩形，大多数都在整理结束后向上突破。交易者可以等待市场自己做出选择，在股价有效突破矩形上边线时及时跟进。

如图7-76所示，ST新太（600728）的股价连续放量上涨之后，横向整理收出矩形形态。在矩形形态内，成交量十分清淡，整理时间也非常漫长。很多交易者耐不住性子，在整理过程中抛出了股票。最终股价放量向上突破矩形上边线，然后再次快速上涨。交易者可以在股价向上突破矩形上边线时进场买入。

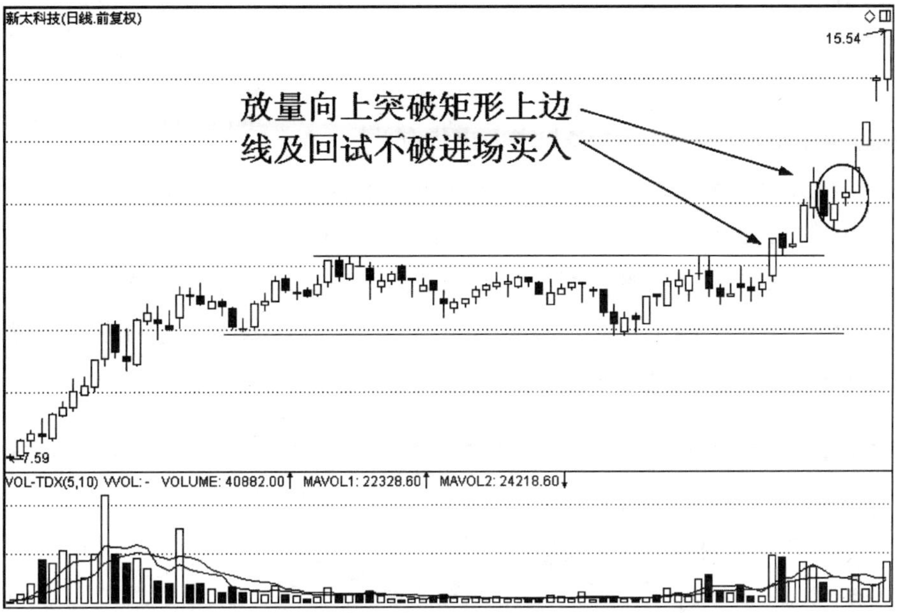

图7-76 矩形的进场标准

如图7-77所示，同力水泥（000885）在上升途中遭遇空方打压，双方势均力敌，互不相让，在一个箱体内拉锯，形成矩形。最终，多方以放量大阳线的方式突破矩形上边线，股价脱离僵持区域的箱体，继续上攻。交易者可在股价突破矩形上边线时进场买入。

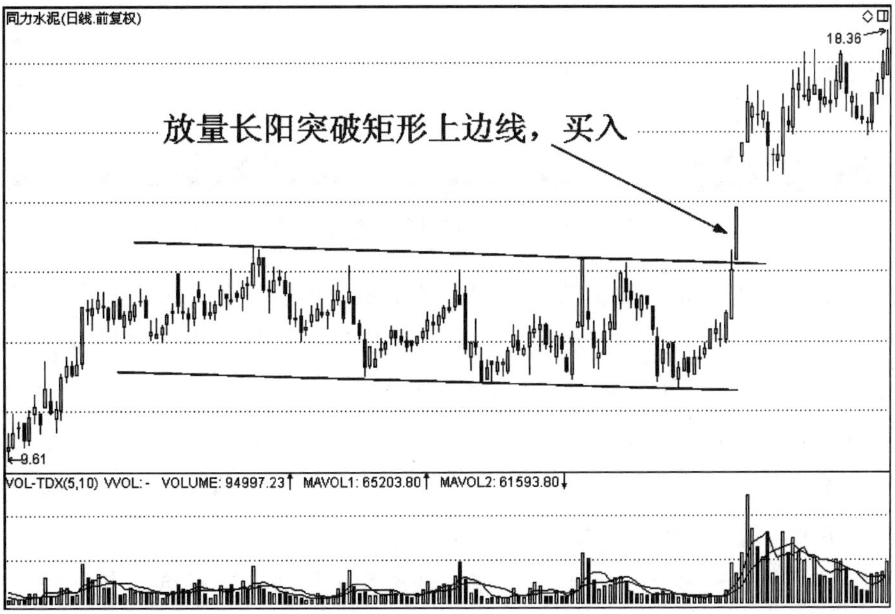

图7-77 上升途中的矩形

这个矩形略向下倾斜，也可以看作一个不是十分标准的上升旗形。技术含义也和上升旗形相同。还可以看作是股价整理时形成的一个不明显的下降通道，股价突破下降通道上边线是买入信号。

（2）出现在下跌过程中的矩形，大多选择向下突破。突破后继续看跌，卖出。

下跌过程中形成的矩形，大多与主力出货有关。

如图7-78所示，华远地产（600743）在下跌过程中形成一个完美的矩形。请大家留意一下矩形形态内的成交量：上升时增加，下降时缩小；随着矩形整理时间的推移，成交量逐渐萎缩。这些都是标准矩形的标准规律。但是在矩形整理将近结束时，放量收出一根十字星，股价却并没有突破矩形上边线，这暴露了主力出货的意图和痕迹。股价跌破矩形下边线时应清仓离场。

图7-78　标准的矩形及离场标准

图7-79是安纳达（002136）的日线图。图中矩形形态完美，但在股价第二次向上冲击矩形上边线时，放出大量。放量是主力对倒所致，目的是诱使交易者以为股价将要向上突破，从而进场买进，然后主力借机继续抛售剩余股票。

股价随后走出一个不标准的三只乌鸦K线形态，随后股价快速回落，跌穿矩形下边线。虽然反弹后又重新站上下边线，但终究大势已去，主力回天乏术。交易者可于股价最终跌破矩形下边线时清仓离场。

如图7-80所示，ST新太（600728）在下跌过程中形成非常标准、非常完美的矩形整理形态，交易者可在股价跌破矩形下边线时清仓离场。

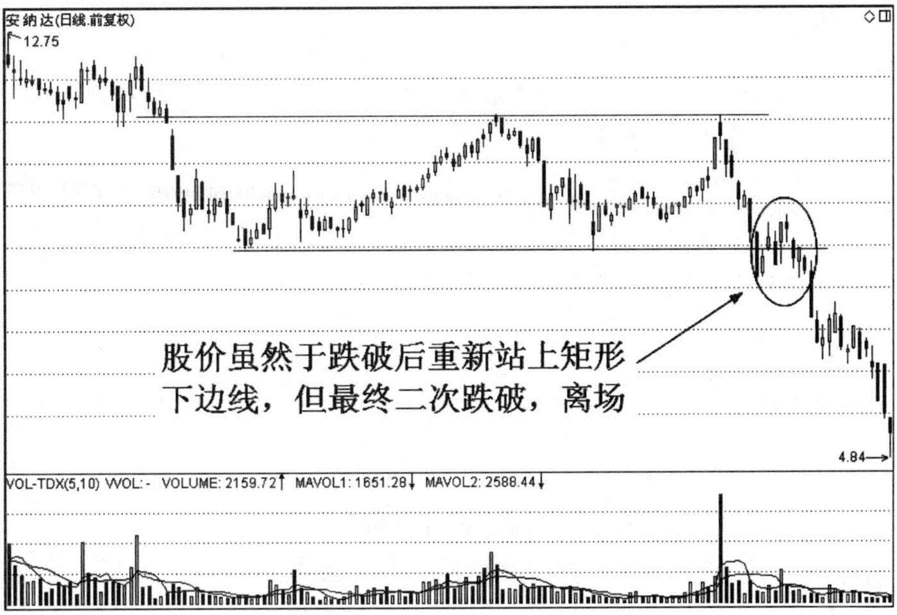

图7-79　矩形的离场标准

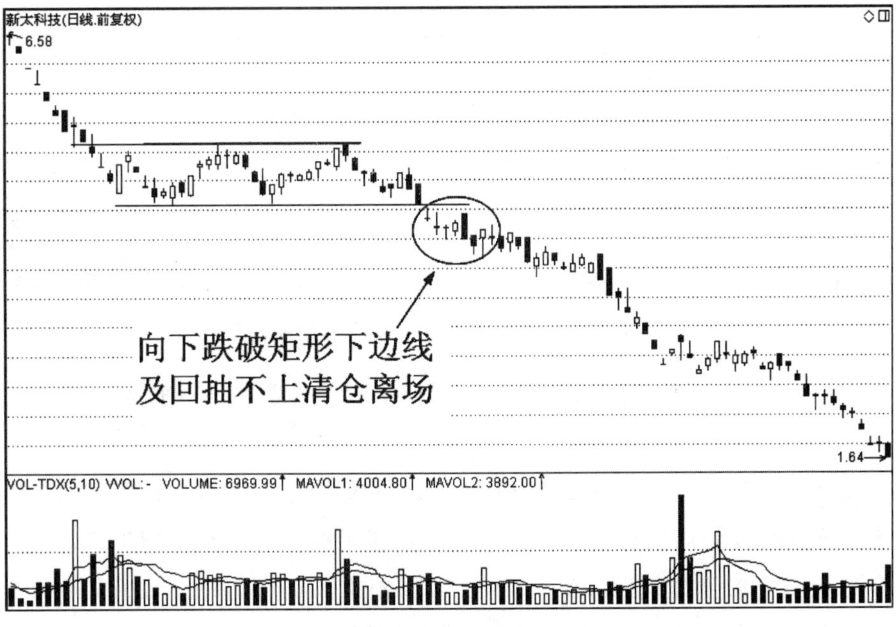

图7-80　矩形的离场标准

矩形内第二次反弹高点有过一次放量，但是却未能超越前次反弹高点，表明上升阻力较大，或者主力无意解放前期套牢盘，反倒借机出货。

3. 特别提示

（1）矩形是整理技术图形，但是整理过久，或恰好处在顶部或底部区域，整理结束后，股价没有按先前的趋势方向突破，矩形就意味着趋势反转。

如图7-81所示，豫能控股（001896）急速杀跌后，在底部形成一个时间周期很长的宽幅矩形。在矩形末端，股价以一字涨停板的方式突破矩形上边线，完成趋势反转。交易者可以在有效突破上边线时进场买入，由于当日是一字涨停板，很可能无法成交，那么次日继续放量上攻时可适量追进。

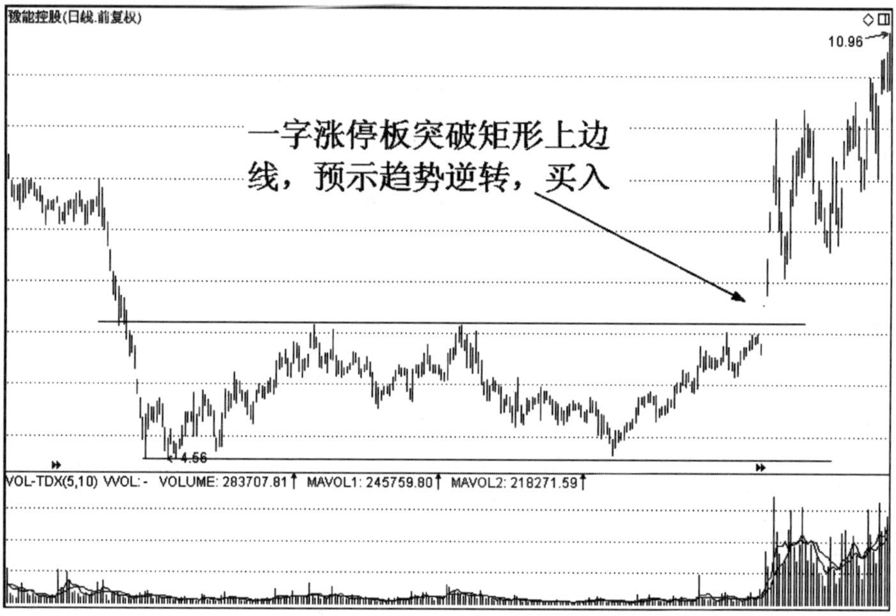

图7-81 处于底部的矩形是反转技术图形

该股矩形的下边线略向上倾斜，但不影响矩形形态成立。矩形形态同时还是大圆底的底部。

图7-82是图7-81放大以后的日K线走势图。从图上可以看到，突破当日是一字涨停板，走势十分强劲，公众交易者很难买进。交易者可在次日继续适量追进。

图7-83是图7-82豫能控股（001896）的周线图。从周线图上可以看到，该股底部既是矩形形态，也可以看作是双底形态，或者是圆底（碟形底）形态，双底、圆底的颈线与矩形上边线重合。交易者可以在大阳线放量跳空向上突破矩形时进场买入。

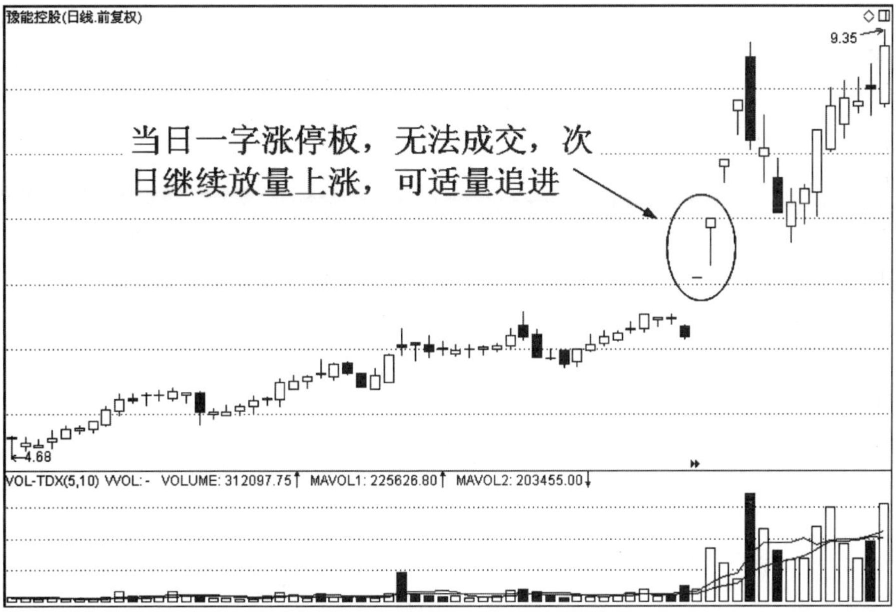

图7-82　突破当日很难买进，可在次日适量追进

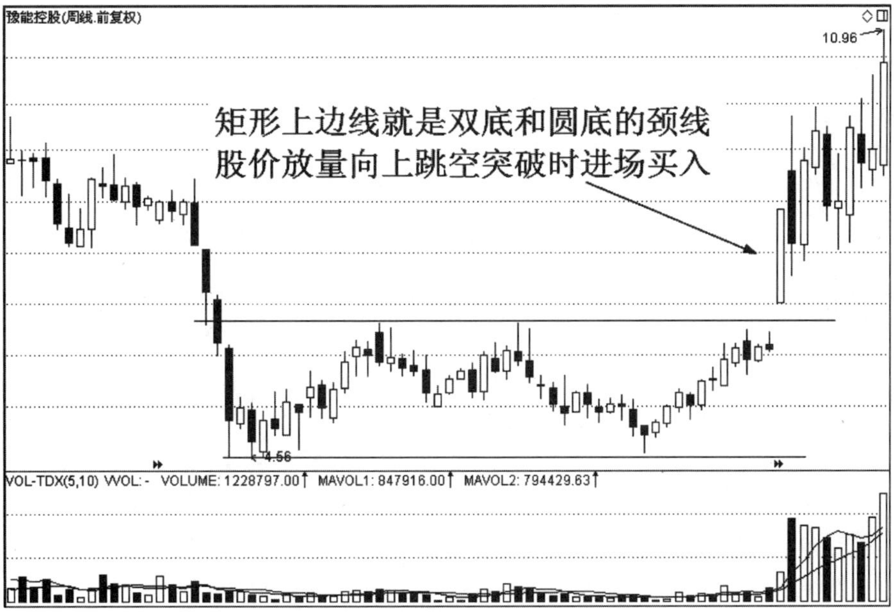

图7-83　底部转势矩形的进场标准

（2）转势的矩形形态大多可以看作是圆顶和圆底，或者是双顶（包括多重顶）和双底（包括多重底）。上下波幅较小的底部转势矩形，实际上是周期比较短的潜伏底，因此矩形仍旧是整理技术图形。